荣仕星　著

Case Study of University Administration

高校行政管理实例分析

中央民族大学出版社
China Minzu University Press

图书在版编目（CIP）数据

高校行政管理实例分析 / 荣仕星著 . —北京：中央民族大学出版社，2019.8（2022. 9 重印）

ISBN 978-7-5660-1689-8

Ⅰ. ①高… Ⅱ. ①荣… Ⅲ. ①高等学校—行政管理—研究—中国 Ⅳ. ①G647.2

中国版本图书馆 CIP 数据核字（2019）第 137200 号

高校行政管理实例分析

著　　者　荣仕星
责任编辑　杨爱新
责任校对　肖俊俊
封面设计　舒刚卫
出版发行　中央民族大学出版社
　　　　　北京市海淀区中关村南大街 27 号　　邮编：100081
　　　　　电话：68472815（发行部）　传真：68933757（发行部）
　　　　　　　　68932218（总编室）　　　　68932447（办公室）
经 销 者　全国各地新华书店
印 刷 厂　北京鑫宇图源印刷科技有限公司
开　　本　787 × 1092　1/16　印张：33
字　　数　421 千字
版　　次　2019 年 8 月第 1 版 2022 年 9 月第 3 次印刷
书　　号　ISBN 978-7-5660-1689-8
定　　价　138.00 元

序

许多人喜欢请领导、名家、名人作序，以增加著作的光环，提高作者的身价，但我更偏爱亲自动手。我手写我心，序，其实就是自我表白。在科学研究的道路上一次次翻越高峰，出版的著作一部比一部深刻新颖，在坎坷的人生旅途中一步一步地实现自我价值，这些融入了序中，使自我超越的心得及感受能同大家共享，“鸳鸯绣出凭君看，且把金针度与人”，这确实是一种美好的享受。

我是行政管理学的博士生导师，又曾在广西民族学院（现广西民族大学）、中央民族大学、宁夏大学三所高等院校担任过党政领导，这给我的学科建设理论与实践创造了得天独厚的条件，使我能从1989年第一部专著《实用行政管理学》问世到出版这部《高校行政管理实例分析》，我奋斗了30年，笔耕了30年，思考了30年，实践了30年，出版了四部共185万字的专著，终于构建了完整的高等院校行政管理理论与实践的学科体系。书中许多深入浅出、浅入深出的实例分析还真是一看就懂，一懂就会用，一用就有效。概括地说，就是“三个一”“三个层次”和“三个突出”。

“三个一”：一是构建了一个高等院校行政管理的学科理论体系。以2004年人民出版社出版的《实用行政管理学》为标志，构成了一个比较完整的高等院校行政管理的理论体系。该书作为中央民族大学民族地区公共行政管理博士点考试的指定阅读书、本科行政管理学专业指定教科书，已使用了15年。理论体系经过了时间的检验，已经基本成熟。

二是贡献了一套高等院校行政管理的学科实践方案。毛泽东同志在

《关心群众生活　注意工作方法》中很形象地说:“我们的任务是过河，但是没有桥或没有船就不能过。不解决桥或船的问题，过河就是一句空话。不解决方法问题，任务也只是瞎说一顿。”理论若不与实践相结合，就是空洞的理论，行政管理这门操作性很强的学科，更是如此。在学科体系中，我为大家贡献了一套行政管理的具体方法和可供操作的实践方案。这些方法和方案从实践中来，又以我曾工作过的三个高校为依托进行了再实践，接受了实践的检验，总结提高后再到实践中检验，周而复始，逐渐趋向成熟。因此，贯通三所高校实践经验的《高等教育行政管理实话说》由中央民族大学出版社出版后，很快就成为全国部分高校指定的领导科学理论教材，成为不少校领导的案头之书、喜爱之书。

三是验证了一批行政管理的学科实例研究。采用了“三个一”的独特分析论证形式。体系中有的案例，是我个人的行政管理实践，是理论和实践相结合中实实在在的感悟，可谓经验之谈。其经验和措施，实际操作的方法，基本原则、基本原理、基本观点都很管用。我有过北上、西进、南下的历练，经历很特殊，案例的时空跨度也比较大。所以，每个具体案例可以复制却不能抄袭。需要对它们条分缕析，才能使其中的经验、规律、道理，给人以参考，给人以启迪。我采用了一个案例、一篇体会、一次启迪的方式，对每个亲身经历的案例，进行深入的分析，向大家实实在在地展现在不同环境和状态下，自己的行政管理思维、管理方式、管理方法以及自我超越的心路历程。书中用的虽然基本上是高校的实例，每个实例都独立成篇，但学科是有共性的，篇与篇之间又有内在的逻辑关联。行政管理实证的研究，其正确的管理方法和答案，对国家、社会、家庭，对地区、单位、部门都应大体相同。这也是本书名为《高校行政管理实例分析》的缘由。概括起来，“三个一”中的理论体系、实践方案、实例研究组成了行政管理理论与实践的学科体系。

三个层次：我曾经在地方重点大学广西民族大学，“211工程”重点大学宁夏大学，“985工程”一流大学中央民族大学工作，这三所大学恰好是中国高等大学三个层次的代表。中央民族大学是民族高等教育的领头雁，宁夏大学是回族自治区综合性大学，广西民族大学是地方培养少数民族干部的摇篮。三个大学层次不同、地域不同、禀赋各异，各有其优点和特点，既有中国普通高等教育的共性，又有民族高等教育的特性。高校的行政管理，需要应对各种复杂多变的场面，需要应对、处理突发事件的智慧、能力、经验和方法，需要斗智斗勇，需要敢打敢拼敢闯敢为、不畏艰险的英雄气概。《高校行政管理实例分析》选了60篇实例，通过三个层次大学的实践活动、实践效果和实践验证，分析论证了行政管理理论与实践的学科体系。

“三个突出”：书中的60个实例涉及的内容很多，在这里不能一一论述，只能择其重点、突出的内容概括为如何做人、做事、为官等进行论述。一是做人。突出做人本分老实的品德。做人本分老实、为人厚实、坦荡忠实、作风扎实，一就是一、二就是二，没有二话。低调做人，无论当多大的官，做出多大的成绩，获得多大的荣耀，都要保持头脑清醒，做到有自知之明。老实做人，做传道授业解惑的贴心人，做严谨治学的睿智人，做心胸开阔的高尚的人。奉行人生“三乐主义”：助人为乐见真情，知足常乐助健康，自得其乐提精神。

二是做事。突出做事求真务实的真劲。教学的精彩之点在于如何讲好课，讲课的要领在于突出重点，抓住观点，解释难点，做到精益求精，发挥三尺讲台的作用。科研的要点就是坚持实施“五多”。一是多读书。博览群书，积累知识，为写好论文和著书立说打下坚实的理论基础。二是多思考。以导入问题为主线，以解决问题为重点，以解决学科持续发展的问题为中心，以学科理论应用为目的。三是多交流。多参加国际国内的学术会议和学术交流，活跃思想，创造新理论，开辟新领域。四是多写作。多练笔头才能出科研成果，多出成果，出好成果。五是多积累。不积细流无以成江海，厚积薄发，知识积累多了就能融会贯通。管理的重点是善于调动一切积极因素，团结一切可以团结的力量，敢想别人不敢想的事，敢做别人不敢做的事，敢于担当，勇于负责，掌握组织、沟通、协调、指挥等领导艺术，出实招、谋实利、求实效，把主政过的三所大学建设成为所在三个不同层次大学的领头雁。

三是为官。突出做官为民的宗旨。为官要做到权为民所用，情为民所系，利为民所谋。需要领导干部具备“九种能力”和“五种气魄”。九种能力：科学判断形势的能力，统筹全局的谋划能力，权衡利弊的决断能力，善于组织管理的指挥能力，擅于交往的人际关系能力，发挥集体合力的推动能力，驾驭全局的依法执政能力，开拓进取的创新能力，求真务实开创事业新局面的发展能力。五种气魄：以正气压倒歪风邪气，以勇气扫荡流氓匪气，以才气镇住庸俗之气，以锐气置换灰心丧气，以静气克服浮躁之气。这“九种能力”和“五种气魄”是我的当家法宝，弄懂、弄通、做实了，就能镇住局面、驾驭局面、开辟新局面。

这本书是我几十年从事教学、科研、管理等工作的实践总结，也是我四十年如一日苦攻行政管理学的深思之悟。这些案例内涵丰富、体会深刻、鲜活生动，具有广泛的指导性，深刻的思想性，管理的实效性，榜样的影响性，运用方法的艺术性，学习的刻苦性，科学研究的系统性，读后能做到谋有思路、干有目标、行有榜样、做有方法。

2018 年 12 月

目录

Contents

系党总支书记报告的冷静处事作风伴随着我的工作生涯

我是广西民族学院政治系政治专业的学生，1975年8月入学，经过三年学习，各门课程都已考试完毕，还剩下教学实习这一关，过关后就完成学院规定的全部学业了。教学实习的地方、方向、形式、结果评比等是由系部统一安排的。1978年5月的某一天，系部领导在梯形教室里召开了教学实习动员大会，参加人员有75级毕业班的全体同学，两个班共92人，还有跟班指导教学实习的老师。系党总支书记麻书记代表系党总支做关于75级学生教学实习的动员报告。报告的中心是说明到改革开放的前沿地区去搞教学实习，体验改革开放的新生活，并且阐述了教学实习的目的意义、指导思想、基本要求、主要任务、注意事项等，都讲得很清楚了。动员大会快要结束时，忽然跳出了一个“程咬金”。麻书记的报告话音刚落，坐在最后一排的一位老师突然站起来，伸出右手的食指，半握拳头，举着手一路骂上来，言辞很激烈，动作很粗鲁，一下子冲到主席台上，用食指点着麻书记的印堂直愣愣地说：“你麻书记不能代表系党总支的意见，你刚才所作的报告的观点是错误的，要求你把报告撤回来，不要蔓延扩大！你所说的让学生到发达地区去搞教学实习，目的是想把学生引向改革开放的前沿地区，接受资产阶级思想的污染和侵蚀。你究竟要培育资产阶级的苗，培养资本主义接班人，还是培育无产阶级的苗，培养社会主义接班人？这是根本的政治立场问题，是举什么旗、走什么路的原则性问题！学生何去何从，这是他们的选择，让他们认真地思考。选择对了，对他们人生的进步和发展很有意义；选择错了，就会影响他们的人生进步和发展，影响学生的前途，影响学生选择工作岗位。”滔滔不绝说了三分钟，这位老师半握着拳的右手还指着麻书记的印堂未放下来，气势汹汹地说，“你麻书记主张的观点得收回来！”双方僵持着。事后，我跟几位同事曾设想过：如果你是麻书记，在这种场合下，会如何处理这个尴尬的局面呢？一位说“我麻书记有哪里得罪你吗？使你发那么大的脾气，现在是在开会，会后请你到我的办公室谈谈心吧”。一位说，“理不在于嗓门大，你说你有理，但你一点都不尊重别人，那你在这个讲台报告啊，我也像你这么做，你心里好受吗？”一位说，“我们少数民族的风俗，最忌别人指着额头。现在你指着我的额头，我也可以以牙还牙，指着你的额头陪你骂，看谁骂得厉害，谁怕谁呢？”还有人说，“你不要太猖狂，做事不要太过分，不要随意伤害别人。在老师和学生面前，我不与你争论了。可我告诉你，有初一就有十五，我也不会放过你的”。此外，还有什么是麻书记可能会说的呢？反正事情已到这个地步，麻书记到了该决断的时候了。

书记毕竟是书记啊！他先是愣了一下，静听着对他的指责，面不改色，很克制，迅速举起他的双手，平行于眼睛，环视了台下的老师和同学，非常冷静地说：“同学们，老师们，刚才这位老师提出了关于教学实习的另一种观点，我也讲了一种观点，至于哪一种观点是正确的，还得请同学们下去进行认真的讨论。至于教学实习往哪个方向走，是去改革开放的前沿地区，还是去革命老区搞教学实习，按同学们和老师们讨论的结果来定。现在我宣布报告会结束，转段进行会议讨论。”大家一哄而散，站在讲台上的麻书记也回办公室了，剩下提意见的那位老师。没有人理，也没有人看。

教学实习动员大会上的麻书记很有涵养，在这种情况下还能冷静思维，克制自己，表现出超常的忍耐性，是一位成熟的领导者。这件事深深地刻印在我的脑海里，对我启发教育很大。从那时开始，冷静处事的作风伴随着我的工作生涯。

1978年8月，我毕业留校任教，由于我处事冷静，擅于克制，擅于学习，擅于总结，在组织的重视关怀、培养帮助下进步很快，经过6年时间锻炼，就走完了系党总支副书记、教学副主任、系主任、学院院长助理、副院长、院长的过程。直至今日，擅于克制、冷静处事，仍是我事业取得成功的真谛。

麻书记这种擅于克制自己，冷静处事的态度和方式给我们提供哪些重要的启示呢？结合我的工作实践经验谈谈。领导者在协调工作中，常常会遇到不被人理解的事情，听到各种各样的议论。遇到这些情况时，首先要沉着冷静。要认真听取别人的意见，对于正确的意见，要及时采纳，使自己的协调工作计划更加完善；对于不正确的意见，也要保持正确的态度，有理、有据、有节地进行批驳。擅于自觉克制、约束自己、冷静处理事情是领导干部道德品质和基本素质的体现。

第一个启示，遇事要冷静分析，注意观察，不要激动。我们做事要先往远处想，正是“人无远虑，必有近忧”，谨慎谨慎再谨慎，以求避免对他人造成伤害，减少自己以后的悔恨，遇事沉着冷静，调查分析事件真相，不要盲目下结论，不急的事情可冷处理。按常规的处事程序是：特事特办，急事急办，常规件按惯例办，复杂事商定办。所谓“兼听则明，偏听则暗，是为官之道”，一个内外失调的人是没有资格成为好的领导者的。

每个人的情绪都会有所起伏。在与人相处的时候，学会控制情绪是成功与快乐的要诀。从心理学的角度来看，所有的情绪，特别是不愉快的情绪，都应该等它消了才会好。动感情是消耗精力、毫无益处的。平常所碰到的事情或大或小，或者直接或者间接，其中涉及原则的事情本来没有多少，在那些无关痛痒的小事上，不要和同事斤斤计较，更不能感情用事。例如，某个同事对某个问题发表了自己的看法，尽管他的观点过于偏颇，你也不用情绪激昂地去和他辩论个胜负，为一句话两句话而伤了同事间的感情，对彼此的心理造成伤害，实在不值得，也没什么必要。像那位老师这么一闹，他心里肯定不好受，大家都在同一系部工作，平时抬头不见低头见，今后见面还不好意思呢。如果一个人不能控制自己的情绪，就难免为别人的过错和无知生气。生气再大一点，就变成了“愤怒”。俗话说，“气能伤身”。当你生气而且情绪激动的时候，瞳孔放大，心跳加快，呼吸也急促，甚至咬牙切齿，浑身发抖，这时候最容易感情用事了。结果害人害己，会造成不能弥补的遗憾。

在工作中，每个人都会遇到心理问题，感到不顺心，不如意。这时，我们只有保持豁达的态度，心胸宽阔，冷静处理，才能使问题圆满解决。那么，具体应该怎样做呢？一是忘掉旧怨新仇，化“敌”为友，握手言欢，和同事愉快合作。大家保持健康的心态，和睦相处，心中无芥蒂，脸上有笑容，才能减少人际摩擦，防止人为冲突，增强集体凝聚力。二是忘掉自己的资历，从“资格”二字中解脱出来。保持进取精神和饱满的工作热情，别躺在“功劳簿”上睡大觉。和新人友好相处，同甘共苦，共担责任。三是忘掉工作中所有的不顺心。将种种不愉快、不顺畅的事情统统抛到脑后。四是用平常心看待工作中的得失。工作受挫不可怕，斗志消失才可悲。常言道：“失意不失志，得志不得意”，应抱着“这不是失败，只是暂时未成功”的心态，屡败屡战，持之以恒地努力，困难就会迎刃而解。在与同事的交往中，忘掉工作中的积怨、挫折、烦恼吧！保持快乐，何事能乐而不“忘”呢！

第二个启示，遇事要沉着应对，站稳阵脚，多出切实有效的对策。如麻书记冷静处理那位老师叫骂的事，我们提出另外四种方式，他一种都没用，只用了克制自己、冷静处事这有效的一招。用哲学的话说，我们生活在一个充满矛盾和冲突的世界，很难想象工作中完全没有冲突对立的情况。我们的兴趣、渴望与嗜好可能与人有冲突，我们的标准与期望都不相同。在这个世界上有太多的事情会出现对立的情况，这几乎是不可避免的。同事之间的关系也是一样，同在一起工作没有矛盾，也是不可能的。因此如何对待冲突、处理矛盾就是一门学问。杰出的领导人就是那种能控制个人情感，以高度的理智，不温不火地做事的人。一要控制感情。既然对立无法避免，就不必将这样的事情看成像是战争，不然，一定是伤感情、有压力、失望的。其实，我们可以很沉着而有效地应付出现的矛盾，这样不但能达到你的目的，而且能让人们在工作或个人领域更容易接近，更容易化解矛盾。二要妥善解决问题。想要解决这种矛盾和对立，就要坚定、沉着，并带着敬意。相信一定能找到解决之道，把事情处理得很好。与其想着谴责与过失，不如想想对方的无辜。与其运用一定会引起防范心理的话语："你完全错了！我们要好好谈谈！"不如试着和颜悦色地说："我有点搞不懂，你能帮我弄清楚吗?"三要找出对策。比语言还重要的是你的感觉。虽然不是每次都能做到，但是如果可以，千万不要在你生气或充满压力时与人对立。最好是等到冷静下来，理智清醒时，再来处理。其实大多数人都是很理性、尊重人，也愿意倾听的，只要他们碰到的对象是冷静、镇定、说话诚心诚意的人。因此，与人意见不统一时，试着用别人的观点来看问题。不行时，先谈意见一致的目标和双方的共同点，再说不同的方面，用争执和吵闹的方法去说服对方，不如用称赞和欣赏的策略去同化对方。当你能沉着应对对立的情况时，不但很快会有结果，你的压力也会消失。换句话说，沉着的心灵同时也是轻松的，就算是面对最困难的情况也不会乱了自己的阵脚。无论你要做的是什么，如总能保持沉着冷静，就会使你觉得心安理得，应付自如。

第三个启示，平时保持心平气和的良好心态，以理智战胜感情冲动。喜怒哀乐，人之常情。同事之间由于性格、修养、思维方式、生活方式等不尽相同，发生某些摩擦或者冲突是难免的，愤怒情绪的出现也是可以理解的。但我们一定要明白，作为一名领导干部，绝不能轻易发怒，使自己失去理智，带着情绪工作，这是非常有害的。如《三国演义》中的张飞为造白袍怒责部下，结果被范疆、张达砍了脑袋；刘备怒气难平，率兵亲征，又被东吴火烧连营。第四次中东战争中，以色列190装甲旅旅长阿萨夫·亚古里与埃军第二步兵师先头部队遭遇时，因三次进攻未成功，便恼羞成怒，把剩余的85辆坦克孤注一掷，结果中计惨败。这方面的事例举不胜举。制怒并不是一件容易的事，这是一个人以理智战胜感情冲动的过程，是一个人长期修炼的结果。擅于制怒不仅需要有“忍人所不能忍”的宽广胸怀和以大局为重的精神境界，而且还需要有强烈的自我控制意识。特别是当你的同级有心搞“小动作”时更要如此。善于制怒并不意味着凡怒都制，它与“适时愤怒”并不矛盾。西德总理艾德诺同美国总统艾森豪威尔见面时，说了一句发人深省的话，即“人要能愤怒”。当然，这里的愤怒不是私愤，而是公愤。坚持于公于私，是非曲直，楚河汉界，泾渭分明的原则，对违反党纪国法、以权谋私等行为敢于愤慨，拍案而起，恰是成熟领导者的崇高境界。

第四个启示，严以修身，心胸宽阔，处理分歧意见不计较。中国儒家提倡“修身齐家治国平天下”，修身是第一位的。做人必须立德修身，做人没有德行修身，做事就没有基本定力，为官就没有基础和威信。人们常说，要学做事，先学做人，做人的问题解决了，成就事业就有了盼头。人之根本在于修身，核心是“克己”。一个人从严以修身做起，首先要做到

“克己奉公”，心正事正。在任何情况下都要稳得住心神，管得住行为，守得住清白。低调做人，潜心做事，保证一身正气，两袖清风，不避繁难，不计得失，讲原则不讲条件，讲奉献不讲索取，讲和谐不争强好胜，时常保持一颗平常心、宽容的心。心胸宽阔，是各级领导干部必备的政治素养。古语中有“雅量”之词，还有“度量大似海”的说法，这都是提倡人们特别是从政为官的人，要有容人容事的气度。领导干部，无论职务多高，无论在何时何地，都是人民的公仆，因此，都必须有为民造福的胸怀，对人民负责，为百姓谋利，是为政者的责任和义务。领导干部心中装着群众，真正做到万事民为先，才能知荣辱，明是非，才能正确对待个人的进退得失，保持“心底无私天地宽”的精神境界。领导干部要有为民的胸怀，才能够善于听取不同的意见，“只要你说得对，我们就照你说的办”，为人民利益坚持对的，改正错的，在班子中或面待下属提出的不同意见、甚至是反对自己的意见都要用宽容的态度，公正的心胸，克服私心杂念，营造一个政治和谐的民主氛围。

处理意见不计较分歧。由于人们所处的地位环境不同，他们对同一事物、同一问题的理解、看法、观点有差异，存在意见分歧是难免的，也是正常的、合理的。“横看成岭侧成峰，远近高低各不同”，世界上有许多事情、许多问题，即使是同一个人，站在不同的角度看，也会得出不同的结论，何况是不同的人呢？下级与下级之间有分歧，同级之间也有分歧，上级与下属群众也有分歧，这种工作中的分歧很正常，系党总支书记麻书记与那位老师的意见分歧也是正常的，关键是麻书记沉得住气，冷静应对，不计较老师提出相左的意见，宽容地处理了这件事，体现了领导干部以德修身、心胸宽广的精神境界。

以上四点启示，对我的工作是很有帮助的，也是我实践的结果，对我的学生、晚辈也很有益处。但愿克制、冷静、制怒成为每个人的座右铭，让和谐的爱洒向人间。“功成不必在我”，在人世间不要把自己捧得过高，看得过重。个人的天赋是存在的，但如果过分地夸大自我，否定其他人，就会处处跟同事过不去，结果不但不能成就事业，甚至会影响事业的发展、事业的进步。这就是我的工作经验之总结。

“狗屁不通”这句话激励我严谨教学、攀登科研高峰

1978年8月我毕业了。当时毕业的学生都由学院包分配，或去学校当老师，或去党政部门当干部，或去工厂企业当管理者，等等。无论去哪里工作事先都要填报个人志愿。我选择了留校。留校是有条件的：一是中共党员，坚持四项基本原则，拥护中国共产党的领导；二是学习成绩优秀，道德品质好，就是品学兼优；三是综合素质高，口头表达好，写作能力强，身体健康。经过个人报名、系党总支筛选、学院学生处政审、校领导讨论决定等程序，我终于获批留校任教，分配在政治系国际共产主义运动史教研室当老师。我是工人家庭出身，父母没有什么文化，能留校任教，的确三生有幸，我十分珍惜这份工作，勤奋读书，刻苦钻研，希望早日成才。指导我的老师是学识渊博的冯琛教授。他德高望重，我能成为他指导下的青年教师，更感到十分荣耀，十分幸运。为此，只要有时间我就往他家跑，求学问，求知识，增智慧，谦虚求教。他见我诚心诚意地向他求学，也就毫不含糊地接纳我这个弟子，十分认真地指导我，首先教我备好课，准备上好第一堂课，上好系部安排的国际共产主义运动史这门课程。

我开始撰写讲稿，花了十天工夫完成了第一章的讲稿，大约5000字左右。当时很高兴，吃完中午饭后，我主动到冯老师家送给他审阅。他看

得很认真，很仔细，每字每句连标点符号都没放过，边看边在旁边空白处批语，时而说这段写得好，时而说这段比较精彩。当看到“马克思主义是由马克思主义哲学、马克思主义政治经济学、马克思主义科学社会主义三个部分构成的”这句话时，他沉思了一下，随手拿起笔来在讲稿旁边的空白处写了“这句话狗屁不通，含意不清”。随后他就把讲稿退还给我，该页他折叠着，我一翻就翻到此页。我当时很认真地阅读、思考，开始百思不得其解，看来看去也看不出有什么不通，似乎没有不通的地方。后来我发现，“构成”和“组成”一字之差，但“构”和“组”引出的意思就不同了。“组成”是一个宏观概念，它只能用来对物质进行宏观描述，用于较大的事件的个体部分，这个词是相对宏观的描述；“构成”是微观概念，它仅用于形容微小的、微观的、精细的、精密的及针对性强的事物。如此看来，两个词的本质区别就表现在“宏观”和“微观”、质和量的规定性上。我们说社会意识由某些方面“组成”，而不是说由某些方面“构成”。因此，对于马克思主义理论体系而言，应该是大而不是小，是博而不是微，马克思主义三个部分是“组成”而不是“构成”了马克思主义。大家知道，马克思是无产阶级政党的政治领袖，是19世纪的风云人物，是无产阶级的政治家、思想家、社会活动家。这与他创造三大理论体系有直接的关系，马克思主义是由三个理论部分组成的。这不是一般的结合，而是政治与经济、思想体系与理论体系相结合，组成了一个完整的马克思主义理论体系。因此，用“组成”不用“构成”，是有深刻含意的，反映的是字句运用的准确性。为了进一步弄清“组成”和“构成”的用法，当天下午我又到冯老师家请教。首先，我诚恳地向他阐明，自己对“组成”和“构成”的理解太肤浅了，这两个词的运用具有很强的针对性和特定的含义。冯老师向我做了专门解释。说实话，冯老师的批语“狗屁不通”对我触动很大，当时我脸都红到耳朵根去了，真是无地自容。从此激发出我严谨教学和攀登科学高峰的决心。冯老师最后还跟我说，要当好一名教师，身上要有三板斧。一板斧是站稳三尺宽的讲台，教学好，概念使用要正确，语句表达要准确；二板斧是立好科研平台，写作好，提高学术水平和能力；三板斧是教书育人，培养好学生。

新的教育，新的启迪，新的努力。为了上好第一堂课，在教学方面我注重抓好4个环节。第一，备课环节。写好讲稿是讲好课的基础。如何写好讲稿呢？我先把指定学生使用的教材通读、熟读、精读，参考书泛读、选读、重点读，然后在读的基础上进行加工，完成读的阶段，吸收消化，抓住每章每节的重点、难点、疑点、热点，举例子进行梳理、提炼，把这5个点和教材的基本原理、基本原则和基本方法结合起来融会贯通。坚持三个讲清楚，就是把马克思主义基本原理、基本立场和基本方法讲清楚，把国际共产主义运动史的历史线索、历史人物、历史事件讲清楚，把马克思、恩格斯总结的革命经验、重大意义、失败的原因教训讲清楚。层层深入，进入理解创新阶段，以问题为导向，带着问题学，带着问题讲，带着问题思考。比如讲到马克思如何从民族主义者转变为共产主义者，如何从唯心主义者转变为唯物主义者，认真分析他转变的原因，从中了解到马克思的思想转变是从批判质疑开始，批判地吸收了黑格尔思想的合理内核，吸收了费尔巴哈唯物论的基本内核，创立了马克思主义哲学；批判地吸收了英国大卫·李嘉图古典政治经济学理论，在研究劳动价值论、剩余价值学说、资本家剥削工人的过程中提出自己的理论观点，从而创立了马克思主义政治经济学；批判地吸收了英国欧文和法国傅立叶、圣西门空想社会主义的合理思想，创立了马克思主义的科学社会主义。每写完一章讲稿，我都送给冯老师审阅，找出存在的问题和我研究的每一章节的重点、难点、疑点。老师的真传使我进步很大，写讲稿的思路清晰了，讲稿的重点也突出了，把握问题也比较准确了。

通过以上三个读教材的环节，三个吸收消化创新的阶段，三个讲清楚的要求，三个带着问题研究的过程，我顺利完成了备课。经过一年的努力备课，我的水平大有长进，也赢得了冯老师的肯定、赞扬和欣赏。

第二，讲课环节。在这个环节，我首先注重的是上好第一堂课。这个“第一”是我站稳讲台的“第一炮”，是“响炮”还是“哑炮”，是站得住脚还是被学生轰下台，就看讲课这一招了。在讲课之前，我采取了四个措施。一是对着讲稿录了音，反复播放，自己反复听，不断纠正错误或改掉不顺溜的地方。二是到教研室，自己关起门来试讲，反复训练，还请冯老师或其他老师来听，帮助我找出问题和纠正过错。三是掌握好语速和语言表达的准确性，讲课既不能太快，也不能太慢，一般是以中等速度为准。四是写好板书，我通常把黑板分成三部分（当时只有“黑+白”，即黑板和粉笔，没有现在的投影仪），首先是固定板书部分，主要写标题、观点等内容；其次是活动板书，主要写重要的句子、重要历史人物、重大历史事件；再次是灵活板书，主要写引文出处，引经据典，或者学生听不明白的词句、成语、名典等。由于我重视试讲，虚心听取老师和同志们的教导，所以在上第一堂课时，初步站稳了讲台，打响了“第一炮”。后来又经过多轮上课实践活动，我真的站稳讲台了，也逐步成长、成熟起来了。年度评比我也进入了优秀教师的先进行列。

第三，课堂讨论环节。问题提得好不好，提得是否有深度，提得是否有现实意义，这是学生讨论问题是否活跃的重要基础。对于课堂讨论，我采取了三个措施。首先，课堂小组讨论。一般来说我一周上6节课，讲完一章讨论一次，每次都有下班老师到学生学习小组去参加讨论。由于我抓问题比较准，问题有意义、有深度、有争论，因此学生每次讨论都不会出现冷场的现象。学生讨论不仅发言积极，而且停都停不下来，经常过了讨论时间，大家还在兴致勃勃地讨论。学习小组长认真地做记录，我进行小结点评。有一次，我在上国际共产主义运动史这门课时，出了一道讨论题：在当代，为什么资本主义"垂而不死，腐而不朽"呢？大家讨论十分热烈，各抒己见，各执一端。后来我又让同学分组，各派一个代表上讲台发言，把小组讨论、个人发言和小组派代表上讲台发言相结合的方式，收到了良好的教学效果。其次，教师学生互动讨论。互动讨论既考验学生的反应能力、口头表达能力和理解能力，也考验老师的归纳能力、应变能力和点评能力。还有一次，我提出一道讨论题：列宁晚年提出了许多正确的新经济理论与加强政党和政权建设的主张，但为什么在实践中不能执行落实呢？开始大家比较沉闷，后来我采用点名重点发言的方法，引导和启发同学们，把他们发言的积极性调动起来了。你一言，我一语，讨论很激烈，气氛很活跃，但观点比较分散，没有抓住中心，没有抓住问题的要害，有时还离题了，我及时把话题引导回来。最后我总结了一句话，就是毛主席说的，"政治路线确定以后，干部就是决定的因素"。列宁晚年的正确主张和思想得不到贯彻落实，关键没有干部做推手，没有执行力。最后，课堂提问。提问能考验学生听课注意力集中不集中。如果不注意听课，他答题就不可能完满，做不到对答如流。如果学生注意听课，他就答得对，答得好。因此，每次课堂提问学生都比较紧张。我也趁这个机会强调学生认真听课、开动脑筋思考问题的重要性，引发学生学习的主动性和积极性。

第四，布置作业，点评成绩的环节。给学生布置作业，这是整个学习阶段检验学习成果的重要环节。我也是高度重视，每一次布置的作业我都考虑到三个适中。一是作业的深度适中，二是作业的题量适中，三是覆盖面适中。坚持每上完一章就布置一次作业，每一次作业都进行一次点评。一方面通过点评考察学生的理解能力和写作能力，另一方面提高学生的汇总能力和应变能力。实践证明，通过这个环节，学生的写作水平和能力大大提高。后来有些同学在大学阶段就发表了多篇论文，有的毕业后分配在党政机关部门工作，进步很快，完全得益于他们在学校打牢的写作基础。

教学的备课、讲课、讨论、布置作业的四个环节，是教学过程中一个链条的四个环节，环环相扣，缺一不可，是我积累教学经验的一大尝试，也是我教好学这一“板斧”的实践效果。

教师的二“板斧”是攀登科研高峰。作为教师，教学效果好是首要的、必需的，但要在外界同行中树威信、有影响，还必须著书立说，有过硬的科研成果。冯老师就教导我说，科研这“板斧”也要锋利，才能在同行中叫得响，有后劲，冲得上。冯老师很注重言传身教，在教我站稳讲台的同时，也开始把我引入科研的殿堂。

第一，多读书。博览群书，积累知识，为写好论文和著书立说打牢理论基础。读书有计划，以专业书籍为主，先把自己的专业理论和专业知识搞懂弄通，如《共产主义运动史教程》《共产主义运动史简明读本》《共产主义运动史大纲》等教材都要认真读、多读几遍，直至完全掌握基本理论、基本知识、基本的历史线索。在读的过程中注意科学研究的方向，找出研究的题目。

第二，多思考。古人言，“学而不思则罔，思而不学则殆”。一个人多看书固然重要，读书结合思考也不可缺少。思考什么呢？思考学科建设，包括学科的理论体系，学科理论应用，学科发展的方向，学科发展的前沿理论和知识。思考学科问题，如开设“马列主义原著选读”这门课有没有必要？如有必要，怎样思考马克思主义在中国的发展？如何研究马克思主义的中国化、民族化、本土化问题？思考学科应用，一门理论学科不与实践相结合，就失去了生命力和发展力。应用的范围越广泛、越深入，这一理论越有价值；应用的内容越丰富、越深刻，这一理论的先导作用越显著，应用的形式也越多样化，理论的导向性越有号召力和战斗力。

第三，多交流。作为一个学者、专家，参加专业学术交流可以拓宽眼界，开辟新的领域，活跃思想，吸收他人的长处和优点，寻求新的问题，研究新的领域，创造新的理论。尤其是跨省界、跨国界的学术交流，有利于中外结合，洋为中用，推陈出新，完善学科理论体系的建设；同时又能为科研选好题，选准题，交流各自的科研成果。具体地说，交流学术观点、学术问题、学术争鸣、学术前沿科学理论、学术思潮，通过充分地交流，让正确的学术观点发扬光大，让错误的学术观点遭到批判，让含糊的学术观点得到正本清源。

第四，多写作。这是通往直接产生科研成果的大通道，这是实战的阶段，多练才能出成果，出好成果。文章靠写出来，会不会写文章，首先强调的是写，在写的基础上才能强调会不会写的问题。正如一个人学游泳前，他有一整套的游泳理论，但他没有下过水，这种人说上一百遍理论，他也不会游泳，如隔靴搔痒，达不到学会的目的。千万不要当学习的空头理论家，而要做真刀真枪实践的实干家。既懂得理论，也要懂得实践。这就需要联系，去实践，从科研的角度来说就是多写作。坚持天天写，形式可以多种多样，写日记、读书笔记、心得体会、小论文、学年论文、学科论文等。写多了，文章自然就写得好。我写的第一篇论文是《恩格斯晚年论党风》，这是比较难写的一篇论文，为了写好这篇论文，我做了大量的工作。一是阅读了恩格斯晚年的著作，从马克思的通信集到《马恩选集》第1至35卷，通读了一遍。特别是相关的著作、信件来往和恩格斯在《共产党宣言》中的序言，认真地精读，反复读，深入学，弄懂弄通，理解恩格斯晚年论党风的重大意义。二是摘抄了恩格斯相关的语录论述，归类写了读书笔记，共写了将近六万字的读书笔记，虽然实际用到文章中去的不到2000字，但已把恩格斯晚年的思想融会在文章中，体现在理论依据中，吸收和消化了恩格斯的思想观点、主题和方法。三是进行文献综述。主要是把恩格斯晚年论党风的思想列出几个方面，有观点，有内容，有论述，实现了观点和内容的统一。我归纳为5个方面：①晚年恩格斯论党风建设的重大意义；②恩格斯列举当时党风不正的各种现象；③恩格斯提出纠正党风不正的措施、方法和基本途径；④恩格斯晚年提出论党风建设的新思想，并告诫全党：党风是关系到党的生死存亡的大问题。⑤要以历史的具体的条件为转移，运用马克思主义的理论原则，加强无产阶级政党的政治建设、思想建设和组织建设。四是撰写论文提纲。以新的视角、新的立场、新的观点、新的起点来进行提纲的撰写，观点非常重要。开始写作时不要过多地考究文字表述，一股脑顺着思路写下来，不要停顿。我一气呵成完成了这篇论文。为了进一步提高论文质量，我送给冯老师，请他提意见。他告诉我，论文写好后先放一放，再思考，头脑一冷静又有新东西出来了。恰逢1981年年底，我到中国人民大学研究生班进修，遇到著名的高放教授。我又把《恩格斯晚年论党风》这篇论文送给他，请他赐教。他说，这篇论文写得不错，再补充一些材料，进一步挖掘恩格斯晚年论党风的思想，再读《马恩选集》第35卷。后来我又通读了一遍第35卷，发现了恩格斯一个很重要的思想，即无产阶级政党从自己失败的痛苦中吸取教训，总结经验，是无产阶级政党进步发展的内在动力。我又把这一思想放到论文中去，按照高放教授的指点对全文进行文字修改、润色，还把相关的成语、谚语、格言放进去，增添文章的可读性、趣味性。最后按照高放老师的意见投稿，在《国际共产主义运动》杂志1982年第4期上刊登，并被评为国家哲学社会科学优秀成果二等奖。以后，勤于笔耕，写论文、著书立说也成为我一生的习惯、兴趣和爱好。写作上手后，文思如涌泉之水喷薄而出，挡也挡不住，科研成果源源不断，硕果累累。

第五，多积累。积累知识我是从两个方面进行的，一方面是直接的知识，把自己工作中的案例记录下来，集中起来，厚积而薄发。如爱国行动

“中国国旗在美国上空飘扬一整天”，就是我的亲身经历，也作为一个实例放入本书。另一方面是间接知识的积累，通过书本积累，积累多了就能熟能生巧，熟能相通，熟能得心应手、收放自如，慢慢也就成为科研上写文章的行家里手了。

教师的三“板斧”就是教书育人，培养好学生。子不教父之过，学生不教老师之惰。对于学生除了传道授业解惑之外，还要教他们做人做事做学问。一是做诚实的人，也就是平常我们所说的堂堂正正做人。二是做实事，要扎扎实实做事，什么事情都要讲“认真”二字。只要认真做事，什么人间奇迹都可以创造出来。三是做学问，写出高水平高质量的学术论文，以一语惊四座的气势震动学术界，影响学术界，如同我国经济学家于光远、苏星、徐禾，政治学家与行政学家高放、黄达强、夏书章等教授。

总之，我的学术进步得益于冯琛教授的教导，包括学术功底、学术水平、学术成果都源自冯琛教授的精心指点，老师的三“板斧”精神使我由“狗屁不通”到师生关系上的感情通、教学通、学术通，综合发展，永放光芒！

班主任是青年大学生的贴心人

大学班主任，顾名思义，班级的主任，是高等学校中全面负责一个班级学生政治思想教育、教学学习协调、健康生活指导等工作的教师。他是一个班学生的管理者、领导者、教育者和服务者，也是一个班中全体任课老师教学教育工作的协调者。他与任课教师的区别是，任课教师只负责本学科教学，而班主任全权负责管理一个班级。大学班主任，则因为多了“大学”二字，具有不同于小学、中学班主任的特征。进入大学的学生，不再像小学生那样，事事需要老师照顾，也不再像高中生那样，需要老师时时刻刻强调升学考试的重要性，大学生们早已是成人，生活自理能力较强，没有升学的压力，学习较自由，可以在不耽误专业课的同时，自己支配时间，可以选择拓展自己的兴趣和爱好。说了这么多，那么大学班主任的职责是什么呢?

一、大学班主任的职责

（一）大学班主任是学生思想工作和教学学习安排工作的组织者和管理者。组织者和管理者，是一个懂得如何让学生发挥积极性和主动性的领导和服务者，不是一个专制者，也不是一个完全放任者，而是采取民主型管理模式的人。大学生即将进入社会，专制与放纵并不可取，前者容易使学生失去自我，后者则容易使学生过度自我同时失去自我，都不利于社会。这两种培养方式培养出来的学生，不仅是家庭的不幸，也会给社会带来不幸。所以，作为大学班主任，我们身上肩负着对所有父母、社会和国家负责的多重责任，不能不慎重。民主性，则是一种理想的模式。如何进行民主管理、民主教育、民主决策，也是班主任工作的主要内容和工作艺术方法。

（二）大学班主任是学生心理健康教育工作的具体执行者。心理问题可以说在学生每个阶段都存在，但比较而言，大学生则较为严重。小学时期的单纯，中学时期紧张的学习考试，使得心理问题离他们相对远些。而大学生已经远离了小学生的单纯，也离开了中学紧张的考试学习氛围，在相对宽松的环境下，他们往往无所适从，习惯了别人为其安排生活，一下子什么都要自己拿主意，甚至自己安排学习，他们就不知道怎么去做，常常出现心理空虚的感觉。这时就需要班主任在学生心理咨询和健康教育工作中发挥积极的作用。因为班主任比起其他老师来说与学生接触更为频繁，对学生的心理状态了解得更为现实，更为具体；工作更有针对性和实效性。

（三）大学班主任应当成为学生就业的指导者。就业已不是某一个人的问题，而是所有大学毕业生普遍面临的社会问题。作为大学生管理者的班主任，无法回避这一严峻而重要的问题，他必须积极参与到这一项艰难的任务当中。当然，并不是让班主任承担为学生找工作的具体任务，他们也不可能具备为所有人找工作的能力，只需要他们在学生找工作时起到指导作用。这一点要求，很多高校的班主任却并没有做到，而认为这完全是学生自己或者某个单位的事，与自己没有多大关系。有一种很明显的趋势：为了提高高校就业率和就业质量，各高校不仅成立了就业领导小组，还设立了就业指导中心等相关机构，可以说，就业指导队伍已颇具规模，但往往忽略了班主任参与就业指导工作的重要性，也未赋予班主任参与就业指导的相应权利和义务，使得部分班主任根本没有参与学生就业指导的意识或片面地认为这是专业人员的事，与自己无关，从而严重影响了班主任的积极性。

总之，大学班主任工作看起来很轻很小很细微，真正执行起来，却有很多学问和方法。从大的方面来说，体现了学校的整体形象及管理工作是否到位；从小的方面来讲，体现了班主任自身的素质和修养。所以班主任必须认真执行各项任务，不断提高自身素质，不断根据社会的需要开展各项工作，真正使中华人民共和国的高等教育宗旨落实到每位大学生的身心之中，并对他们以后的生活和工作产生深刻的影响，最终推进我国教育事业和社会积极向前发展。

二、大学班主任的作用

大学班主任对青年大学生具有多方面的作用，具体是:（一）帮助高校学生树立正确的世界观、人生观、价值观，积极引导学生不断追求更高的目标，使他们树立共产主义的远大理想，确立马克思主义的坚定信念。树立热爱中华人民共和国、热爱中国共产党、热爱社会主义的情怀。（二）帮助高校学生养成良好的道德品质，经常性地开展谈心活动，引导学生养成良好的心理素质和自尊、自爱、自律、自强的优良品格。（三）了解和掌握高校学生思想政治状况，针对学生关心的热点、焦点、难点问题，及时进行教育批评和引导，化解矛盾冲突，参与处理有关突发事件，维护学校安全和稳定。（四）落实好资助经济困难学生的有关工作，组织好高校学生勤工助学，积极帮助困难学生顺利完成学业。（五）以班级为基础，以学生为主体，发挥学生班集体在大学生思想政治教育工作中的组织力量。（六）

积极开展就业指导和服务工作，为学生提供高效优质的就业指导和信息服务，帮助学生树立正确的就业观念，降低就业期望值，提高先就业再选择的适应社会就业形势的能力。（七）组织、协调辅导员、思想政治理论课老师和组织员等工作骨干，共同做好经常性的思想政治工作，在学生中开展形式多样、内容丰富的教育活动。（八）指导学生党支部和班委会建设，做好学生骨干培养工作，激发学生的积极性、主动性，为学生申请入党提供指导。（九）认真做好大学生思想政治教育工作。当代的大学生思想比较复杂，思维比较敏锐，个性比较突出，但也存在意志不够坚定、思维不够稳定的弱点。所以，对大学生的思想政治教育要多管齐下。一方面，要成立以班主任为主体的，有政治辅导员、学生工作部干部、行政管理干部、学生会干部参加的大学生思想政治教育研究会。另一方面，建立思想政治教育信息动态系统办公室，通过这个信息系统办公室，宣传思想政治教育的内容，学习和研究党的基本路线、基本纲领、基本理论。通过这个信息系统平台，发挥校党委、学院党委、分管党委副书记、学生工作部副部长、校团委书记、各学院党总支副书记、班主任、辅导员的作用。让他们统一了解和掌握学生思想动态信息，也通过这个平台发布各个层次机构综合统一的思想教育的内容信息，以保证在政治上、思想上、行动上与党中央保持高度的统一。班主任对学生的思想教育工作发挥最现实、最直接的作用，天天跟着学生，和学生关系最密切、最融洽，所以是做好学生思想工作的骨干力量。（十）班主任要积极做好维护学校稳定的工作。学校的稳定有几个方面，首先课堂上老师要教好书，课堂之外有第二课堂活动、校外课堂文化、校园的各种有益的活动，都是由班主任和学生干部去组织的。比如说组织科学文化技术节，组织文化名人走进校园、组织企业家走进校园、院士专家走进校园、组织艺术家进校园等等活动。这些方面的活动都需要维护，维护稳定，维护大局，维护安全，保障每一个活动顺利开展。

各学院的活动都与我们的班主任分不开，都与我们的班主任有直接关系。从这方面来说，不管是从政治上、思想上、行动上始终与党中央保持高度一致，还是从学校维护稳定本身来说，班主任都是一支重要的力量。其次，积极做好联系学生的工作。班主任是联系学校、联系学生的主要桥梁之一，学校要颁布什么样的政策，要宣传什么，都是通过班主任直接进行的，我们的各位班主任是直接执行者。学校通过班主任这个联系桥梁，把学校有关的方针政策、地方的有关方针政策贯彻到学生中，文件传达到每个学生，要让学生人人皆知。这就是把学校、地方党委、党中央的方针政策都贯彻到位的重要桥梁，这就需要发挥我们每一位班主任的作用。

三、如何做好学生的思想教育工作

我在广西民族学院工作期间，曾先后做了八年班主任，分别是77级一班，78级三班，81级一班，87级二班，还担任85级一二班和86级一二班的政治辅导员。这些班级学生的状况是：一是相当部分大学生是从农村来的，为人忠厚老实，思想品质好，但学习水平参差不齐。二是有部分从城市来的学生，相对见多识广，存在看不起农村来的同学、在日常生活中欺负别的同学、自以为是的现象。三是有些学生学习自觉性比较差，悟性不高，不少课程不及格，学习上的困难和压力比较大。针对学生的这些状况，我的班主任工作主要体现在学生思想政治教育和学习安排中，做到深入学生中，除了课堂教学之外，还到学生教室、宿舍了解和掌握情况，即学生的学习情况和生活情况；以认真的态度对待每一个学生，以高度的责任感对待每一个学生，帮助每个学生不断地进步，关心每个学生的学习，爱护他们学习的积极性和主动性，大力推荐学生积极分子加入中国共产党，认真培养社会主义现代化的可靠接班人和建设者。

举一个例子：不辞辛劳为毕业生就业四处奔波。1989年，我的一个优秀学生，难以落实工作岗位。他叫李石坚，是85级学生会主席，品学兼优，连续四年获得“三好学生”，可是连找了好几个单位，都没有落实。由于我和学生的关系都很好，他就找到我。当时，我也知道这事很难，但还是决定硬着头皮试一试。我带着李石坚到党政机关企事业单位跑，直接找人事处，尽可能说服对方接纳他，往往没有聊上几句话，就被拒绝了。顶着炎炎烈日，不辞劳苦，经历风吹雨打，磨破嘴皮，跑了45个机关单位和企业，最后总算被南宁市一家企业接收了。李石坚同学深知这个岗位来得太难了，工作来之不易呀！他在工作中也分外努力，后来调到了组织部门，工作勤勤恳恳，兢兢业业，从科员一路进步到副厅级。实践证明李石坚综合素质很好，是一个好同志。班主任就是要克服一切困难，让学生有一个工作平台，把大学学习阶段打下的基础、练就的本领和实践结合起来，如虎添翼，展现其才，在社会平台上发挥作用，为社会和经济发展做出贡献。

要做好学生的思想教育工作有五个“要”。一是要与青年大学生交朋友。班主任与大四的学生都处在同一个年代，年龄比较接近，性格个性、兴趣要求和爱好都有共同点，这就是我们班主任和青年大学生交朋友的一个很好的条件。因为我们要做好思想工作，第一步要建立起良好的感情。青年大学生作为祖国的未来，正如毛主席所说，青年人是八九点钟的太阳，是朝气蓬勃的。我们要跟他们交朋友，在平时的学习上、生活上、思想上，多了解，多沟通，多接触，让他们感到我们是良师益友，真心爱护他，关心他，帮助他，这样他就会很自然地接触你，解除心里面的障碍，实现心理的融合。消除了隔阂，消除了内心的戒备，这样朋友般的关系就建立起来了。

二是要善于做好青年大学生的思想教育工作。现在青年人想法很多，要求也高，也有主见，所以我们做思想教育工作就要从各个方面来考虑，要讲究方式方法，要以理服人，以德感人。说什么都要有一个理论依据，事实依据，法律依据。同时我们要以德树威，从一个人的影响力来说，有两个因素，一个是潜在性的影响力。作为政治班主任有一定的潜力，直接管学生的思想教育工作，对学生操行的鉴定、分配工作的建议意见都很重要，但是更重要的还是自然性的影响力，这就靠你的品德、你的智慧、你的经验、你的能力，这些综合性来体现，没有这些方面的体现，学生是不服你的。所以要以德树威。要以诚感人，要诚实，我们经常说要以诚交天下客，以诚交天下友，要真心实意地去做好他的思想工作。同时要讲究方法，不要强压，要正确地疏导。比如说2008年下半年发生的抵制家乐福事件，全国各地有大大小小的游行示威，我们如何疏导？一方面我们要肯定学生的爱国热情，对学生的爱国热情要保护好、培育好；同时我们要告诉学生，要理智，要冷静。特别是不要有偏激冲动的行为，要相信党中央国务院有能力、有信心处理好当前的事情，也有信心和能力举办好北京奥运会。我们要处理好自己的事情，管好自己的人，看好自己的门，办好自己的事，把自身的精力投入到学习和生活中去，这就是最大的爱国爱校爱自己，这是爱国的一个具体体现，所以我们任何时候都要理智冷静。

三是要重点培养学生干部和学生骨干对象。学生干部，还有一些虽然不是学生干部，但他们在学生中间有影响力，是“民间”的领头人或者说是主持人，对这两类学生要重点培养。培养什么呢？培养感情，培养思想，培养他们成才，以便他们更好地为社会主义服务，为思想政治教育工作服务，为稳定校园服务。把他们培养好了，在我们的思想教育工作中就会发挥很大作用。

四是要及时准确地掌握学生思想和行动的信息动态。比如说，现在学生到底想什么、做什么，我们都要了解。为什么我们要进行排查，在学生中没有修够学分的有哪些人，尤其是不及格六门到十门以上的有多少人，有心理障碍的有哪些人，受过行政处分的有哪些人，有其他不良行为的有哪些人。各个学院各个班级都要了解，都要掌握，这样我们做工作才会有针对性和主动性。尤其是毕业班的学生，要格外关注，不及格或好多门不及格，就意味着他拿不到毕业证书了，更拿不到学位证了，遇到这种情况，学生容易有偏激的思想。我们要及时了解他们的思想行为所表现的信息动态，这样才能增强思想工作的针对性、主动性和实效性。

五是建立学生动态信息报送的直通车渠道。班主任要经常联系班级内的一两个学生，了解有关信息，使事件在还没开始或事态还没扩大前能顺利地排查掉。知己知彼，百战不殆，人动我知，人未动我先知，这样才能打得赢。这支队伍要做到拉得出去，站得稳，打得赢，信息及时报送，及时了解，及时把握，这样我们就不会有大损失。就怕不知道，不知道，工作就被动了。

我的讲稿重在突出重点　抓住观点　解释难点　精益求精

我所在的广西民族学院政治系国际共产主义运动历史教研室共有八位教师，教研室主任冯琛，他是广西科学社会主义专业评定的第一位教授，广西第一批享受国务院政府特殊津贴的优秀专家。他对新分配来的年轻教师要求很严，实行"一带一"的传帮带的指导方式，他带的人，就是我。

冯老师的第一次指导，就是要我制定学习计划和进行教学准备，直接分配给我国际共产主义运动史的备课课程，阅读书目主要是马列主义的原著，辅助了解教科书和参考书，规定每一个月向他汇报一次备课和学习体会，并提出需要讨论的问题和弄清的问题，还规定我第一年跟本科生全程听课学习，参加教师下班级讨论，用一年时间写好教案，备好讲稿。共运史这门课程共12章60个学时，我从第二年开始授课，完成了6章30个学时的任务。当老师的首要条件就是备好课、上好课。在冯琛教授的具体指导下，我用一年时间完成了备课的任务。

共运史这门课程历史跨度比较大，课程涉及世情、国情、党情、国与国之间、党与党之间、国外与国内之间的关系，情况比较复杂，难度也比较大，要备好课才能讲好课，那么我是如何备好课、写好讲稿的呢？

一、广泛阅读教科书，熟读专业规定的教材

在备课的开始，我把所有公开出版的国际共产主义运动史课程的教科书都找来，认真通读一遍，对这些教科书能买就买，能借就借，能复印就复印，能写卡片就摘抄卡片，尽量找全弄齐，只要有相关的内容我都阅读。博览群书，吸收各家的长处优点，特别注重学校、教育部推荐本专业学生使用的教材，以教材为主线，做蓝本，精读这本教材，精读马列主义原著，先通读，再复读，比较读，深入读，联系读，读到举一反三、融汇贯通。在读的基础上进行文献综述，比较分析研究，一是看一看学术界教学界达到什么水平；二是看一看教材中有哪些新的观点、新的概念、新的说法或不足的地方；三是看一看哪些观点有需要发展、完善、提高的地方；四是经过分析和研究，自己从哪些方面突破前人的研究。

二、抓住专业教材的重点、难点和热点

第一，抓重点。重点就是主要之点，杠杆的支撑点。国际共产主义运动史，简称共运史。共运史是在共产主义政党领导下在世界各国开展的共产主义运动，其目的是为了推翻资产阶级及其他剥削阶级的政权，建立起人人平等的社会主义，进而实现共产主义理想。

国际共产主义运动历史是以科学社会主义为指导思想的各国无产阶级的政党领导无产阶级和受压迫人民推翻资产阶级及其他剥削阶级的统治，为实现社会主义和共产主义而团结奋斗的历史。包括无产阶级革命政党及其同盟的建立、巩固和发展的历史，无产阶级先进分子及其领袖人物为实现共产主义理想而英勇斗争的历史，无产阶级夺取政权，进行社会主义建设的历史，马克思主义与各国革命实践相结合，并在实践中不断丰富和发

展的历史。以1847年6月2日世界上第一个共产主义同盟的建立为开端，这个同盟至今已经有了一个半世纪的发展历史。在这个过程中，社会主义从空想到科学，从理论到实践，从理想到现实，由一国胜利到多国胜利。同时也出现过挫折，但前途依然是光明的。这部国际共产主义运动史是一部什么样的历史呢？它就是一部揭示社会主义革命发展规律的斗争史，这是我们学习和掌握的重点。具体要掌握的是：(1）共产主义运动史是以科学社会主义为指导，在共产主义政党领导下，无产阶级推翻资产阶级的政权，实现社会主义和共产主义的革命斗争史。(2）把马克思主义基本原理同各国革命具体情况相结合，不断丰富马克思主义理论。(3）在共产主义政党领导下，社会主义已经由理想变为现实，苏联十月革命的胜利，建立了苏维埃人民政权，东欧社会主义国家的建立，不断加入以苏联为首的社会主义阵营。中国革命的胜利，成立了中华人民共和国和人民政权。这些基本观点都是我们学习共运史的重点，要认真学习和掌握马克思主义在革命斗争中总结出来的基本原则并运用这些基本原理指导无产阶级革命斗争。这部革命斗争史揭示了无产阶级政党领导革命斗争的规律和社会发展的规律。

第二，抓住难点。学习共产主义运动史，难就难在史论结合，论中有史，史中有论。它既有历史背景、历史事件、历史阶段、历史人物，各个时期还有无产阶级革命领袖的著作问世，马克思、恩格斯总结了各个时期的革命斗争经验，阐述了马克思主义的基本原理、基本观点。学习共运史时要把马克思、恩格斯、列宁的原著和历史事件结合起来，总结历史的教训，以正确的科学社会主义思想指导无产阶级的革命运动，一步一步地斗争取得革命的胜利。比如代表中国共产党人的毛泽东提出了“枪杆子里出政权”“武装夺取政权”的主张，经过二十八年艰苦卓绝的斗争，最后夺取了中国革命的胜利，成立了中华人民共和国和人民政权。

第三，抓住热点。比如说，在不同的时期不同的历史阶段，国际共产主义运动呈现不同的热点问题，中国共产党的运动发展史作为国际共产主义运动的重要组成部分，当前的热点问题表现：一是在中国共产党领导下，将中国特色社会主义道路、理论、制度、文化“四个自信”的内容吸收进中国特色社会主义的理论体系。二是习近平同志新时代中国特色社会主义思想列入中国共产党的指导思想，在中国高等教育普遍开设这门政治理论课程，大学生正在接受这门课程的教育。这门课程贯穿了“四位一体”的战略布局，“五位一体”的整体布局。在中国共产党的领导下，正在全面建成小康社会，深化改革，进行反腐败斗争，从严治党。三是用马克思主义理论统领高校这个阵地。对大学生进行社会主义核心价值观的教育，牢固树立“四个意识”观念，在思想上、政治上、行动上始终与以习近平同志为核心的党中央保持高度一致。结合当前的热点问题，让当代大学生对马克思主义、中国化的马克思主义真学、真懂、真信、真用，努力把当代大学生培养成为社会主义建设者和可靠的接班人。

三、国际共运史这门课程的理论论述和实践活动贯穿着马克思主义的立场、观点、方法

马克思主义的立场、观点、方法贯穿于马克思主义、列宁主义、毛泽东思想和中国特色社会主义理论体系之中，是马克思主义科学思想体系的精髓所在。我们学习马克思主义，就是学习和掌握马克思主义的立场、观点和方法。学习和运用马克思主义立场、观点和方法，来正确看待历史、现实和未来，科学认识当今中国变革和当代世界变化的一系列基本问题。学习和运用马克思主义立场、观点、方法来观察问题、分析问题和解决中国的实际问题。学习和运用坚持马克思主义活的灵魂，具体情况具体分析，

坚持将中国时代特征和中国具体实际相结合，提高辩证思维的能力，防止形而上学和片面性，不断推进马克思主义中国化向前发展，开创马克思主义在中国发展的新境界。

（一）学习和把握马克思主义的立场

立场是人们观察、认识和处理问题的立足点。从根本上讲这个立足点是由人们的经济、政治、社会利益和地位决定的。1848年2月，马克思、恩格斯在《共产党宣言》中明确提出，共产党人始终坚持为无产阶级、绝大多数劳动人民群众谋利益；列宁则强调无产阶级先进分子要为人民群众服务，代表他们的利益。马克思主义的基本立场：始终站在人民大众立场上，始终不脱离、不动摇这个立场，一切为了人民、一切相信人民、一切依靠人民，诚心诚意为人民谋利益。这也是毛泽东思想、邓小平理论、“三个代表”重要思想、科学发展观、习近平新时代中国特色社会主义思想的根本出发点和落脚点。始终坚持马克思主义的基本立场是我们广大党员干部学习贯彻中国特色社会主义理论体系要解决好的重大问题。

（二）学习和掌握马克思主义的观点

观点，是人们对事物的看法。马克思主义的观点是马克思主义关于自然、社会和人类思维规律的科学认识，是对自然界规律和人类社会实践经验的科学总结，体现在马克思主义哲学、政治经济学和科学社会主义三个组成部分中，涵盖面非常广泛。比如，关于世界观、人生观、价值观的基本观点；关于辩证唯物主义和历史唯物主义的基本观点；关于社会形态和社会基本矛盾运动规律的基本观点；关于社会主义代替资本主义的基本观点；关于社会主义革命和无产阶级专政的基本观点；关于无产阶级政党的观点；关于社会主义本质和社会主义建设的基本观点；等等。这些基本观点贯穿于马克思主义科学思想体系之中，体现在国际共产主义运动中，内容庞大，思想深刻，需要坚持不懈地刻苦学习，深入钻研，需要原原本本地读马克思主义原著，才能领会得更加深透，并运用马克思主义的观点观察、分析和解决我们在改革开放和社会主义现代化建设中面临的实际问题，指导主观世界和客观世界的改造活动。

（三）学习和掌握马克思主义方法

方法，是关于解决思想、说话、行动等问题的门路、程序等，如工作方法、思想方法、学习方法。这里所说的方法，是马克思主义世界观相统一的方法论，它是指导我们正确认识和改造世界的根本思想方法和工作方法。恩格斯指出：马克思整个世界观不是教义，而是方法；包括提供的不是现成的教条，而是进一步研究的出发点和供这种研究使用的方法。马克思主义基本方法，是建立在辩证唯物主义和历史唯物主义世界观、方法论基础上的认识论和工作方法。毛泽东同志指出，马克思主义的方法就是政治上军事上的望远镜、显微镜，是指导我们认识世界、改造世界的根本方法。正是因为我们运用了马克思主义的方法解决具体实践问题，我国才成功走上了全面建设社会主义现代化强国的康庄大道。

马克思主义世界观和方法论是有机统一的，学习和掌握的正确世界观和方法论，始终是马克思主义政党思想建设的重大任务。马克思主义方法论具体可归纳为五个方面：

1.阶级分析方法。马克思主义主张在研究历史和分析现实社会时要把阶级分析作为一种基本方法，认为在充满着矛盾的迷离混沌的阶级革命中，只有以阶级分析和阶级斗争理论作指导，才能发现规律性。马克思、恩格斯在《共产党宣言》里指出：到目前为止的一切社会的历史（原始公社的历史除外），都是阶级斗争的历史。阶级斗争在一定范围内还会长期存在，但已经不是主要矛盾。马克思主义关于阶级分析的方法，对我们正确处理人民内部矛盾和敌我矛盾具有现实意义，但是不能把马克思的某个词句、某个观点教条化，而要结合实际加以正确运用。运用马克思主义阶级分析方法，正确认识人民内部矛盾，必须清醒地认识到我国在现阶段的主要矛盾是人民群众日益增长的美好生活需要和不平衡不充分的发展之间的矛盾。

2.系统分析方法。系统分析是对矛盾分析的丰富和发展，系统论的建立使辩证唯物主义世界观有了更加牢固的科学基础，同时也使人们对物质世界的认识和分析方法更加充实和具体化。马克思系统分析法从系统观点出发，着重从系统和环境、系统和要素、要素和要素之间的相互联系、相互作用综合地、动态地考察对象，并定量地调整和处理它们，运用相应的技术手段和处理方法，把整个系统逐个分成不同等级和层次结构，在动态中协调整体与部分的关系，使部分的功能和目标服从系统总体的最佳目标，以达到系统的最佳化。马克思的系统分析方法，告诉领导干部要树立系统和整体观念，增强大局"一盘棋"意识，正确处理全局与局部、整体与部分的关系，在关系全局的重大原则问题上，以全局利益为重，服从和服务全局。

3.辩证分析方法。辩证法的世界观是一个动态的有机体，这个有机体内部各部分相互作用，促使有机体不断发展变化。包括唯物史观、辩证法和逻辑思维。唯物史观是一种历史观，将社会看作一个有机整体，生产力和生产关系、经济基础和上层建筑的相互作用，促使人类社会不断发展前进。唯物史观的认识论是从社会的经济运动，而不是从意识形态出发来探讨社会的发展规律。从辩证法得出的认识论就是从具体事物内部的要素和联系中寻找事物的本质和发展规律。从逻辑上讲，辩证法的层次比唯物史观高，唯物史观是辩证法的具体体现。所以，唯物辩证法是马克思主义科学研究的根本方法，也是领导干部想问题、定规划、做决策、办事情的工作方法。

4.社会调查方法。马克思对研究材料的收集和占有，主要采取社会调查的方法。在准备和写作《1844年经济学 — 哲学手稿》期间，马克思作为国际工人运动的精神领袖，经常与工人运动的领导人和普通工人密切交往，通过这种交往，马克思掌握了许多有关工人阶级生活及其与资本主义矛盾的第一手材料，也为写《资本论》奠定了理论和材料基础。这就告诉我们领导干部，学习马克思的社会调查方法，是做好领导工作的基本功，也是领导干部提高认识能力、判断能力和工作能力的过程。

5.历史分析方法。马克思主义的科学精神最主要的体现就是与时俱进的理论品质。马克思主义与时俱进的理论品质，是指马克思主义的基本理论及其具体结论要依时间、空间、条件的变化而发展，要结合不同民族和国家的具体实际加以运用。马克思恩格斯多次指出，他们的理论不是教条，而是行动的指南；对他们理论中一般原理的实际运用“随时随地都要以当时的历史条件为转移”。马克思主义自它诞生之日起，就是在根据时代的发展变化，不断适应新形势、总结新经验、提出新问题并寻求理论上的解决方法，找到适应具体历史条件的理论原则用于指导实践，在具体的实践中丰富理论，检验理论的正确性。因此，对于马克思主义的学习一定要用心去学、用心去悟，要真学、真懂、真信、真用，让马克思主义的光辉思想照耀伟大的中国梦。

以上论述是我过去对共产主义运动史这门课程的备课和教学体会，随着时间的推移，也结合当前形势的发展变化，提出了新的论述和新的体会。总之，备课和讲课不能只是停留在书本知识上，不能把这些理论运用到实践中，那结果将是从理论到理论，纸上谈兵。作为一个领导干部，不论做什么事情，都应该运用马克思主义基本原理，认真去思考和研究，只有把学到的理论和实践结合起来，指导实践，它才有强大的生命力，才会产生巨大的精神力量。要学会举一反三，融会贯通，以点带片，以片带面，把马克思主义的立场、观点和方法引入研究，解决中国革命、建设和改革的实际问题，使其在中国大地上开花结果。

做好学生思想政治工作的策略方法

1993年8月，中共广西壮族自治区党委任命我为广西民族学院副院长，主管学生思想政治工作。20世纪90年代初的大学生思想状况不大稳定，担任这个职务任重道远啊！但我有过十年班主任的经历、经验和工作实践，这是我的有利条件。我也有担当这个重任的心理准备和思想准备，有信心有能力做好大学生的思想政治工作。

一、深刻认识做好大学生思想政治工作的极端重要性

第一，大学生是高校思想政治工作的主体对象。大学生思想比较活跃，爱好比较广泛，适应社会进入角色比较快，但心理素质比较脆弱，这就决定了他们有从众心理和不够稳固的思想根基，性格容易冲动偏激。这就需要学校的学生工作处认真研究他们的爱好点、兴奋点、敏感点、燃烧点。在什么情况下、把握到什么尺度才会促进他们向好的方面发展，会产生有利于社会主义核心价值观的确定因素，产生对中国共产党领导的社会主义建设事业的向心力和凝聚力，选择跟什么人走，走什么样的道路？因此，为了正确引导大学生紧跟共产党、坚决走中国特色的社会主义道路，就要做好以下几个方面的工作。

一是正确引导，坚定信仰。大学生在大学时期虽然开始具有价值取向，但取谁的价值呢？坚持谁的方向呢？走谁的道路呢？通俗点来讲，如何动员青年大学生跟着共产党走，坚定中国特色社会主义的共同理想？有了共同理想，精神上就不会“缺钙”，就不会得“软骨病”，身体才能硬朗起来。在革命战争年代，中国共产党如何动员大学生向自己靠近，紧跟共产党走呢？当时共产党能拿出什么条件给大学生呢？只有信仰这个条件，即共产主义信仰。很多青年大学生都是为自己的“主义真”去奋斗，不怕砍头流血牺牲，正如周文雍、张铁军面对被敌人枪决的残酷刑场，视死如归，在刑场上举行婚礼，挺着胸膛手挽手，高呼“中国共产党万岁”！一大批进步的青年大学生冲破层层封锁线，走到中国革命的圣地——延安，加入了中国革命的队伍，参加了中国共产党，为建立新中国而奋斗。1949年10月1日，毛泽东主席站在天安门城楼上庄严宣告：中央人民政府成立了！中国人民站起来了！这时许多仁人志士纷纷投入到建设新中国的伟大事业中，为新中国做出贡献。如果要他们回答为什么在那样艰苦的环境下能投身革命的问题，答案就是一个，信仰马列主义，信仰共产主义。

二是实现就业，发挥作用。中华人民共和国成立已经70年了，中国特色社会主义建设已经有了雄厚的基础，综合国力、经济实力、科技实力、军事实力都在进一步地增强，我国成为世界第二大经济实体，国家完全有条件拿出很多东西给大学生享用。然而，最能吸引他们的是什么条件呢？从物质条件来说，大学毕业了关注点是放在什么样的工作岗位上，应有一份稳定工作，有一份稳定的工资收入，通过工资收入贷款买一套住房，安居才能乐业呀！也只有比较合适的岗位才能较好发挥他们的特长和作用，具备了这些基本的生活条件，思想政治工作也容易多了。反过来说，如果经过四年的本科教育，毕业了找不到工作，在家待业，跟着父母吃住，短时间可以，久而久之就会产生厌倦的情绪，会发生矛盾、产生怨恨的情绪。此时再不加强思想政治工作，放任自流，就有可能产生社会问题。从学校来说，可以用召回座谈的形式开展思想教育工作，帮助政府和社会做点工作，减轻社会的压力。学校作为大学生的母校，还是有号召力和工作的感染力的，齐抓共管总比单枪匹马好得多。现在每年毕业生均在200万—300万人，有一部分人没有就业，当下最紧迫的任务就是安排大学生的就业。就业是民生问题，不得不引起高度重视啊。有了一份工作，心情舒畅了，心情开朗了，还有什么事情办不成的。

三是经常教育，长期灌输。思想政治教育在人生成长的过程中是不间断的，必须长期灌输。“响鼓还得重锤敲”，经常进行马列主义、毛泽东思想、中国特色社会主义理论的教育是十分必要的。理论先行，指导推动，有什么理论就有什么行动。大学生在学习生活中，需要学习的内容太多，但再多也不能忘了主旋律，学好马克思主义理论，学好毛泽东思想的政治立场、观点和方法，学好中国特色社会主义理论体系，学好中国的历史、中共党史，学好法律、经济学、管理学，还有自己所学的专业基础理论和基本知识。始终要牢记没有中国共产党就没有新中国，没有共产党就没有中国特色社会主义。在中国，只有共产党才能带领广大人民群众实现两个“一百年”的奋斗目标。

第二，大学生成才不是一蹴而就，而是一个过程。大学生进校以后就开始实现成人阶段的转变。从成人到成才还有一个过程，这个过程对人生长河来说是短暂的，但对个人事业来说可是漫长的、重要的奠基工程。一般来说，大学本科是学习基础的东西，基础理论、基本原理、基本立场、观点和方法，有了这个奠基的阶段就会如虎添翼，可在蓝天翱翔，也可在大海中跳跃。这个阶段要教育大学生学会怎么样做人。做人要实，实实在在做人，做诚实的人，做有志气的人。尤其是要做政治上的明白人，是大学生首要的选择。政治上的明白人，就是说政治方向、政治路线、政治道路、政治生活、政治纪律都要明白。政治上不清醒、不明白，很容易走错路，入错行，就很难有回头的机会了。一句话，紧跟共产党走。当然，自己也要学会辩证思维，明白道理，分清是非。一个人成才要经历许多曲折的过程，是过坎爬坡一步步走上来的，不会总是顺溜一路跑步过来，是在总结经验的基础上不断进步的。我们要相信，有志者事竟成。

第三，大学生是高校连接社会、影响社会发展的主要因素。高校、社会、家庭三方面都承担着大学生思想教育的责任，“一个好汉三个帮”，一个人的进步和发展离不开社会、家庭的培育。反过来，大学生的活动也影响社会的进步和发展。大学生这个“连接因素”可大可小，大的直接影响到国家的前途和命运，小的也会影响到家庭和个人。因此，在校内校外都要注重做好大学生思想政治工作，虽然工作层面和侧重点不同，但目标都是一致的，都是为了稳定大学生的思想情绪，都是为了使他们跟着中国共产党走中国特色社会主义道路，都是为了他们能成为中国特色社会主义事业的接班人。这个教育的重点不可忽视，高校应主动联合社会和家庭做出三角形阵地布局，形成高校思想政治教育的链条延伸体系，在高校这个体系中纵向到底，在社会联合体系中横向到边，左右兼顾，前后照应，密不可漏。每届毕业生都派出优秀的学生干部到社会各战线工作，一两年到学校回炉一次，保持思想政治工作不间断，保持高校与社会、家庭联系信息不间断。设立固定或临时的联络员，定期召开信息交流会和形势分析会，保证大学生既在思想教育的网络中有“卡号”，又能及时发现他，培养他，把他们真正培养成为中国特色社会主义事业的接班人。

第四，大学生是祖国未来发展和建设的栋梁。中华人民共和国成立以来，我们党的领导干部一批又一批地成长起来，许多人都有一个共同的特点，即从大学校园里走出来的人才，经过数十年的社会历练，成为共和国成立时期和社会主义建设时期的优秀人才。这些人才是一批一批培养出来的，江泽民、胡锦涛、习近平都是共产党自己培养出来的领袖。胡锦涛同志就当过清华大学的团委书记，直接做过大学生思想政治教育工作。很多大学生在毕业之前，就已经是中国共产党党员了。现在是人才不等于永远是人才，要在实践中不断锻炼，不断成长。将一代代的革命传统传下去，薪火不断。

二、如何做好大学生的思想教育工作

我认为要做好大学生的思想教育工作有“五个要”。

一要与青年大学生交朋友。

二要擅于做好青年大学生的思想教育工作。

三要重点培养学生干部和学生骨干对象。

四要及时准确地掌握学生思想和行动的信息和动态。

五要建立学生动态信息报送的直通车渠道。

无论怎么说，实践证明，不论哪一层次、哪一种类型的高校，学生思想政治工作这根弦一定要绷紧，一定要做得扎实，做得到位，做得有成效，让青年大学生茁壮成长，真正成为社会主义的建设者和接班人。

大胆起用能人　创办一流学报

20世纪90年代是广西民族学院（现为广西民族大学）实现跨越式发展的关键。1993年我就任广西民族学院副院长后，就在考虑提升广西民族学院学术水平的突破口究竟在哪里？

1994年7月，我参加了美国哥伦比亚大学高级行政管理研究班的学习。在学习时，我发现高校学报是美国衡量高校学术水平的重要窗口，学报在贮存、传播信息，发现、培养和激励人才方面有着十分重要的作用。1665年1月，法国的戴·萨罗在巴黎创办了世界上第一个连续性定期刊物——《学者杂志》。到1730年，欧洲7个国家已有330余种连续性期刊相继问世。学术期刊的出现，将少数人掌握的个体知识迅速转变为全社会所有，有力地促进了科学技术的进步和发展。科学技术的发展和跨地域的文化交流都需要先进的传播工具，而学报则是其中极为重要的一种。学术期刊有综合性、学术性、知识性、信息性等特点，在揭示客观规律、反映其深刻性上，有着报纸、广播、电视和一般期刊无可比拟的优势，所以在美国高校占有很重要的地位，且国际上顶级的学术刊物大多在美国。而自1906年，现在苏州大学的前身东吴大学创办了中国第一份学术性刊物《东吴月刊》至今，中国的学报史已有100余年之久，现在我国高校学报已发展到1000余家，占全国学术期刊总数的百分之七十。一个大学能不能办好学术期刊，从某种意义上讲，是衡量一个大学学术水平高低的标尺。

20世纪80年代，在中国的高校中我们广西民族学院且不说与综合性大学比，就是在全国民族院校中排名也很靠后。若要脱颖而出，就必须找到一个突破口。那么突破口在哪里？过去我总在学科建设、师资队伍、招生规模、校园基础设施和基本建设、专业设置上去思考，去突破，虽有较大成绩，但离我确定的目标还有距离。若能办出一份全国一流的学报，对学校的建设发展十分有利。（1）以学报为窗口，及时、连续地展示广西民族学院的学术成果和教学科研水平。（2）以学报为平台，和全国学者进行学术交流，吸引高水平的学者支持和参与广西民族学院的学科建设。（3）以学报为培训基地，对校内的老师进行学术指导，既能使投稿的老师提高学术水平，又可提升学报的学术质量，还可增强老师申报高级职称的实力。（4）以学报为桥梁，把广西民族学院的老师介绍给国际学术界，又可把国外学者的眼光吸引到广西民族学院来，搭起一座国际学术交流的桥梁。（5）以学报为集中点，把全校的学术成果聚集到学报中来，一年复一年，积少成多，形成规模效应。总之，学报“船小好掉头”，成本低、辐射广、周期短、影响大，广西民族学院要尽快提升学术水平，在高校中脱颖而出，可以以学报为突破口！我庆幸在美国的学习中找到了广西民族学院提升学术水平的突破口。这就是创办一流学报。

回国后，我在学校领导班子会上汇报了自己的想法，提出必须选拔一流的人才去创办一流学报，这个提议得到了院党委书记奉江及其他领导的赞同和支持。但问题来了，当时《广西民族学院学报》只有一个“哲学社会科学版”，一个编辑部主任，两个已退休的编辑，两个青年编辑。要办一流的学报，这个力量显然是不够的。必须选派一名有名的学者来主办才行。这个人既要有学问，又要有能力，还要会沟通，更要在学术界有一定的影响。找谁呢？在当时，找人，是一个比找突破口更难、更棘手的问题。

我们领导班子经过反复筛选比较，多次开会讨论，难以定夺。一天，学院民族研究所副所长徐杰舜教授到我的办公室来汇报工作，我眼睛一亮，这不是办学报的最佳人选吗？“踏破铁鞋无觅处，得来全不费功夫”。

徐杰舜是浙江人，1985年从浙江调入广西民族学院，任民族理论研究室主任，挑起了领导全校民族理论公共课的担子。徐杰舜十分注重传帮带，当时有一个青年教师没有教学经验，遭到学生的投诉，要求换教师。徐老师就“手把手”地教这位青年教师如何上好课，并以听课的方式，到教室给他壮胆。后来，这位青年教师也成了教学骨干。

徐老师教学能力很强，当时历史系缺中国民族史课程教师，徐老师毅然接受了这个教学任务，边编写教材边教学，一年书教下来，一本《中国民族史新编》的教材也编成了。这本教材后来得到著名学者陈永龄教授、张正明教授和熊锡元教授的高度评价。如张正明教授就说：“徐杰舜同志的近作颇有别出心裁之处。从宏观上看，我以为它好就好在既确认了汉族的主体地位，又摒弃了汉族的本位观念，把汉族和少数民族组合在一个有独特结构和机制的系统中，使读者能得到一个大体符合中国各民族历史真相的认识。”“本书纵横结合，经纬分明，便于读者辨析中国各民族的源和流以及同和异。就作者来说，要做到这个程度，在构思之时，非有观古今于须臾、抚四海于一瞬的功力不可。”徐老师的《中国民族史新编》1988年出版后，成了许多高校的民族史教材。

徐老师的科研能力也很强。他主要的研究方向是汉民族，1985年12月，到广西民族学院不到一年，就出版了《汉民族历史和文化新探》。此书一出版，就引起了中国学术界的关注，当时一些著名的学者，如费孝通、陈鼓应、杜维明、成中英、汤一介、贾敬颜、陈连开等都关注到此书的出版。费先生后来在撰写《中华民族多元一体格局》时还专门托人找徐老师索要此书，并在《中华民族多元一体格局》的参考文献中将其列为第二本。《中国社会科学》杂志社的孟宪范在1989年第2期《中国社会科学》中评论说:“徐杰舜的《汉民族的历史和文化新探》的发表，标志着这一课题在中国的真正开始。”到广西民族学院后，他又充分利用图书馆资料，第三次修改了自己的代表作《汉民族发展史》。1992年出版后,《人民日报·海外版》1995年8月9日在第一版、香港《大公报》1995年8月12日分别以《中国第一部汉族史问世》和《首部汉族史问世》为题发表了中新社记者的电讯稿，向世人宣布:“由广西民族学院徐杰舜教授编著的《汉民族发展史》已于最近出版发行，从而结束了世界上最大民族没有民族史的状况。”

徐老师到广西民族学院7年，先后还合著、主编出版了《民族新论》《民族自治权论》《汉族民间风俗》(8册)、《中国民族政策通论》和《中国民族政策史鉴》等十余部著作；发表论文近70篇。短短几年时间，徐老师在民族学界已大有名气，他主编的《中国民族政策通论》和《中国民族政策史鉴》在国家民委已是人手一册了。

更可贵的是，徐老师不是一个只知埋头做学问的书呆子，他有很强的活动能力、沟通能力。他到广西民族学院不久，即于1987年6月发起召开了全国首届汉民族研究学术研讨会，得到了中国社会科学院民族研究所、广西民族研究所、四川民族研究所、云南大学历史系的响应，从而揭开了中国汉民族研究新的一页，并在校内外组织了多个学术团队做课题，先后完成了汉族民间风俗、中国民族政策史、贺县南乡社会文化变迁等课题研究。1993年徐老师任民族研究所副所长后，雷厉风行，带头苦干，大胆改革，很快改变了民研所的面貌，全所人员为之一振。

这正是我要找的创办一流学报的掌门人！我在班子会上推荐了徐杰舜老师出任学报编辑部主任、常务副主编。1994年8月公布了任命书，把徐老师推上了学报建设第一线。

徐老师深知广西民族学院学报要脱颖而出，就必须站在学科的前沿。学术是不断发展的，作为一个以民族特色为学术生命的学术期刊，如果要保持学术的创新活力，就必须：(1)站在人类学和民族学学科的前沿，及时了解和洞察人类学和民族学的发展方向和走势，及时发表代表该学科发展方向的论文。(2)了解国际人类学发展的成果和方向，了解中国人类学发展严重滞后的现状，了解中国民族学发展与国际人类学脱轨的情况。(3)认识中国人类学和民族学发展的前沿，确定中国人类学和民族学的学科地位，理顺人类学与民族学的关系，以适应人类学在国际上成为许多国家"显学"的趋势，使中国人类学和民族学能尽快地与国际人类学研究接轨，更好地发挥人类学在中国现代化过程中的作用。(4)要积极参与人类学与民族学学科发展的学术活动，广交学术界的朋友，经常参加学术活动，不仅以编辑的身份，也以学者的身份参与学者们的论文讨论切磋，甚至要选择其中的有关课题，积极参与研究。(5)对广西民族学院学报的内部机制必须进行改革，开门办刊，走出去组稿，正确处理内部稿件和外部稿件的关系。这样不仅能及时准确地捕捉到学科前沿信息，而且能很快地组织到高质量的论文，提高办学报的水平。

为了提高办学报的水平，徐老师找我谈心，说了他的想法和改革的措施，我觉得他的意见有道理，我赞成。他不负众望，说干就干，1994年下半年连续召开了教授座谈会、青年教师座谈会、系部领导座谈会，全院上下初步统一了办刊思想，认识到广西民族学院学报要上档次、上水平、扩大知名度，就必须采取有力措施，进一步突出民族特色。为此，校领导签发了《关于进一步办好学报若干问题的决定》的文件，从以下几个方面对学报的内部机制做了改革：

1．调整和充实了学报编委会。学报编辑委员会是学报依靠专家办刊不可缺少的一环。为了充分发挥编委会的作用，不搞挂名编委，学报聘请了院老一辈专家学者参与编委工作，又吸收了学有成就的中青年专家学者参加编委工作。并要求每一位编委承担一两个栏目的组稿和审稿任务，每年至少向学报提供一篇质量较高的稿件。

2. 充实和加强了学报编辑部。学报编辑部是办好学报的关键一环，学报编辑部力量的强弱、水平的高低直接影响到学报的质量。为了进一步突出民族特色，学报从民族研究所选调了一位确有真才实学的教授任编辑部主任。

3. 开门办刊，把学报推向社会。稿源是学报的生命之所在，作者是学报的支柱。要进一步突出民族特色，提高学报质量，重要任务是扩大稿源，这就必须组织一支有一定数量、较高水平的作者队伍。为此学报克服了闭门待客、等米下锅的做法，树立开放意识，转学报传统的内向性为开放性，实行开门办刊，正确处理内稿与外稿的关系，同等优先，平等竞争，按质论稿，不拘泥于比例，既积极组织内稿，尽可能发表院内教师和研究人员的成果，又积极组织外稿，尽可能发表院外专家学者撰写的突出民族特色的稿件，把学报推向了社会，从而建立起了一支包括院外专家学者在内的基本作者队伍。

4. 增加投入，发挥院系（所、处、馆）两级的积极性。要提高学报的质量，除在稿件质量上下功夫外，还必须提高学报的印刷质量和逐步适当提高稿酬。为此，学院从1994年起增加了学报的经费，并决定在条件许可的情况下，以后每年适当增加学报经费。各系（所、处、馆）也把学报作为自己的一个窗口，除组织本系（所、处、馆）的教师和科研人员积极撰稿、投稿外，在经费上也给予学报一定的支持。

5. 搞好规划，努力使编辑工作规范化、制度化。要做好学报工作，编辑部必须搞好规划，首先要做好选题规划，每年根据人类学和民族学学科的发展情况，以及根据国家、自治区的重要项目、交叉学科和边缘学科的研究课题等做出规划，以便目标明确、有的放矢地组稿，使学报能站在人类学和民族学学科的学术前沿。其次，努力做好工作规划，建立切合实际、行之有效的审稿制度，缩短审稿时间，严把审稿关，编辑人员应广泛地、多渠道地收集和了解有关学科发展动态，不失时机地选出有代表性的重要文章优先编排，以确保学报的时效性。全面制定编辑加工规范，注意编排形式的多样化，每季按时出版，使学报既注重内容的质量，又注意形式的质量，取得良好的社会效益和经济效益。

在做了这些准备后，从1995年开始，我们对学报进行了初步的改版，推出了人类学研究、民族学研究、壮学研究、瑶学研究、汉民族研究、民族理论研究、自治法研究、民族经济、南方少数民族研究、民族文学研究等富有民族特色的栏目，给人以耳目一新之感，而且精心设计、精心印刷，从外包装上也给人以耳目一新之感。在1995年第一期新开设的人类学专栏中，发表了香港中文大学人类学系原系主任、讲座教授乔健先生的《中国人类学的困境和前景》一文，一石激起千层浪，引发了中国人类学界的热烈反响。北京的人类学教授和博士还组织了专门的讨论，最近还有学者在《北方民族大学学报》上发表了《1995年：中国人类学的一个“拐点”》一文，可见徐老师编辑发表乔健先生一文的影响如何深远。这已是后话。

当年暑假，徐老师把改版后的广西民族学院学报带到了费孝通先生主办的“社会·文化人类学高级讲习班”上，受到学者们的热烈欢迎。在讲习班首届结业会上，徐老师发言并承诺：第一，将《广西民族学院学报》免费送给讲习班的学员；第二，承诺在《广西民族学院学报》上发表他们的田野报告；第三，优先发表他们的文章。也就是在这一年，《广西民族学院学报》从默默无闻到逐渐被人所知，被人类学、民族学界的学者广泛阅读。这一年学报刊发的文章被《新华文摘》摘发了1篇，《中国人民大学报刊复印资料》全文刊发了10篇。广西社科联副主席张江垠教授致函说："整个学报的确是编得有特色，内容也充实，在大学学报中我以为属优秀之列。"中央民族大学张海洋教授也说：中国人类学因有《广西民族学院学报》而幸运。当然，这些话对《广西民族学院学报》来说既是鼓励，更是鞭策。但不管怎么说，《广西民族学院学报》进一步突出民族特色的路是走对了。仅用了一年的时间，徐老师办学报就风生水起了。

好事多磨。学报在校外风生水起，在校内却受到了质疑。1996年3月，对于徐老师主编的学报比较多地刊发外稿，校内有些人有意见了，甚至有人到校领导那里反映说："有人把学报办成自家的学报了！""一个人编了大半本，学报拿不少编辑费！"……一下子搞得满城风雨。在这风雨中，当时的院长召集了一个编委会扩大会，除编委会的人员外，还到了不少好事者和看热闹者。会上首先发言的一位教授，列出了八大"罪状"。群众心中自有一杆秤，几位教授针锋相对，客观地肯定了徐老师一年多办刊的成绩。矛盾尖锐地呈现了出来，一时间会场气氛十分紧张。在接着举行的全校中层干部竞聘会上，从来都是冷门的学报编辑部竟成了热门，参加竞聘的多达3人。有的竞聘人针对徐老师用外稿的情况，在竞聘中强调"《广西民族学院学报》就是广西民族学院的学报！"在这种态势下，为了平息矛盾，时任院长换了编辑部主任，仅保留了徐老师常务副主编的名义。我1996年4—7月在中央党校地厅级干部进修班学习，同时又被任命为广西民族学院院长（当时还是广西民族学院），等我毕业回校时，学报发生了两件大事，一件是徐老师打了请调报告，要求调往中南民族大学。另一件是新上任的编辑部主任违反编辑工作规定，在增刊中不经三审发表了严重泄密的论文，学校领导被新闻出版局约谈，要求立即全部收回该期学报，否则：1.吊销刊号；2.罚款20万；3.给有关领导处分。这可了不得！刚接手院长职务不久的我，不得不立即处理这件事。

经过领导班子的讨论，我决定尽力挽留徐教授，并根据新闻出版局的意见，免去了违规编辑部主任的职务，重新任命徐杰舜兼主任。已受到伤害的徐老师却执意要调往中南民族大学。怎么办？我决定找徐老师做一次长谈。

我认识徐老师已近十年，深知徐老师是一个热爱民族研究、对事业有责任心的人。我向徐老师详谈了我要创办一流学报和发展民族学院的设想。我恳切地对徐老师说："我知道你是一个有责任心的人，我也刚任院长，希望能与你合作办一个一流的学报。"并向徐老师承诺，疑人不用，用人不疑。为了能留住徐老师，我向徐老师宣布了学校的4个决定：

（1）任命徐杰舜兼任《广西民族学院学报》编辑部主任；

（2）学报编辑部工作人员由徐杰舜挑选；

（3）给徐杰舜教授2万元科研启动费；

（4）分配一套新房给徐杰舜教授，改善其居住环境。

学校的这4个决定，有的是徐老师的要求，如一二两条，有的却是徐老师意料之外，特别是第4条。因为1986年时，教师的居住条件普遍较差，而学校决定分配给徐老师的新房，是按校领导一级标准规定兴建的所谓"院长楼"。精诚所至，金石为开。我的诚意真的感动了徐老师，他最后提出了两个要求，也算是条件吧！一是要他办学报就要相信他，由他负全责，每期编好交主编签字后开印出版；二是把学报与民族研究所合并建立民族研究院，从根本上建设民族学学科。

对徐老师的这两个要求，第一条我当即同意，第二条虽是一个很好的意见，但涉及面较大，需要进一步论证研究。现在想来，徐老师的这个建议可能对广西民族大学的学科建设推动会更大。但当时由于种种原因我未能同意徐老师的这个建议。这样，总算把徐老师挽留了下来。

徐老师是留下来了，学报的工作很快恢复了正常，走上了正轨，但在学校里又掀起了不小的波澜。闻之徐老师不走了，又得了“院长楼”的新房，有的人不服气，跑到我的办公室质问我为什么把“院长楼”的新房分给徐老师？我说：“徐老师有22本著作，你如果有22本著作，我把我住的新房腾给你。”不服气的人走了。

学报风波过去，一切都风平浪静了。疑人不用、用人不疑必须落在实处，任用徐老师创办一流学报的道路终于铺平了。放开手脚后，徐老师在学报就放心大胆地干开了。

通过总结第一次改版的经验我们认识到，办学报，应该有自己的办刊宗旨和编辑思想，正确的办刊目的和意向。编辑思想从何来？不是从天上掉下来，也不是天生就有，更不可能照搬人家刊物的，而应该是对各方面的信息进行综合比较分析的结果，要做到这一点，作为主编，就应该是一个有思想有主见的人，是一个有把握全局本领的人。于是，徐老师提出学报编辑工程论的系统观点：一是精心设计，准确定位是搞好学报编辑工程的基础；二是精心施工，具体落实是搞好学报编辑工程的中心环节；三是重视形象，精心装帧是搞好学报编辑工程的重要举措；四是优化结构，强化管理是搞好学报编辑工程的关键。当时，北京大学社会学人类学研究所周星教授在给《广西民族学院学报》编辑部的信中说：“近来，我注意到贵刊从1995年第1期以来，陆续推出了有关民族学与人类学的一些具有较高学术水准的专论，并且已经在我国的民族学与人类学界产生了较大的影响，引起了良好的反响。鉴于我国民族学和人类学目前正处于学科转型发展的关键时期，因此，我以为贵刊特别突出地发表人类学与民族学的专题论著，展开这些方面的学术讨论，将会对我国的人类学与民族学事业做出更大的贡献。我本人衷心希望人类学和民族学能够在不久的将来，发展成为贵刊的一个悠久的传统，借助这个传统，我相信贵刊将有可能进一步办成我国社会科学第一流的期刊。”

对！我们学校要办一流的学报。这时我找徐老师来商议关于要办一流学报的指导思想、基本原则、主要要求、采取的措施。在吸取了学术期刊、时尚杂志和港台刊物的特点，结合中国学报的背景、要求和价值取向，我们对《广西民族学院学报》进行了第二次大改版：

（1）发表封面学者照片和生平照片掠影；

（2）把人类学专栏作为学报的主打栏目；

（3）开设人类学学者访谈系列；

（4）开设族群问题争鸣专题；

（5）开设国际人类学与民族学联合会各分支委员会介绍专题；

（6）开设人类学与中国社会专题；

（7）开设青年人类学学者专题；

（8）发表学者的系列论文；

（9）开设"海外华人研究""依山依水族群研究""口述史：历史人类学""乡村人类学""都市人类学""教育人类学""文学人类学""审美人类学""生态人类学""医学人类学""旅游人类学"等人类学分支栏目。

这九大改版举措，在中国人类学和民族学界刮起了一股《广西民族学院学报》旋风，席卷了那个时期在中国从事人类学研究的学者；国际人类学界一些著名学者，如美国华盛顿大学的郝瑞（Stevan Harrell）教授、美国太平洋路德大学顾定国（Gregory Guldin）教授、美国哈佛大学的华琛（Jamesl Yy8tsori）教授、原美国人类学学会会长、民族学学会会长高斯密（Walter Goldschmidt）教授、英国伦敦城市大学王斯福（Stephan Feucht wang）教授、荷兰莱顿大学教授、国际人类学与民族学联合会秘书长纳斯（PeterJ. M. Nas）等也卷进了这股"旋风"，在《广西民族学院学报》上发表了论文。

徐老师思路大开，在眼光紧紧地盯着学报编辑部、全面落实改版九大举措的同时，还放眼世界，提出了刊会结合、刊书结合和刊科结合的三大拓展思路。

刊会结合是办一流学报搭建平台的创意。《广西民族学院学报》编辑部自1995年开辟了中国首个“人类学研究”专栏，7年中，把握了中国人类学发展的脉搏和走向，在与海峡两岸和港澳22家有关人类学的科研机构和高校相关负责人充分商讨之后，2002年年初，联合发出了《关于设立“人类学高级论坛”的倡议书》。2002年5月，在广西民族大学50年华诞前夕，中国首届人类学高级论坛在南宁举行。论坛顾问费孝通先生和李亦园先生都为首届人类学高级论坛的举办发来了热情洋溢的贺信。费先生语重心长地说：“在21世纪，随着文化交往的复杂化，随着经济全球化和文化差异的双重发展，研究文化的人类学学科必然会引起人们的广泛关注。在众目睽睽的情景下，人类学者能为人类、为世界做点什么？”“这也许就是新世纪对我们和我们学科的新挑战。”李先生从中国台北发来的贺信寓意深刻地说：中国的“人类学研究实有很灿烂的前景，希望人类学的同仁共同努力，人类学要为中国的民族文化而发展，人类学也要关心全人类的未来而存在。”此后，徐老师作为论坛创建人及秘书长，从2003年到2015年，运用民间力量，年年举办，届届有创新，不仅形成了人类学高级论坛开放的格局、边缘的战略、民间路线等特点，而且铸成了主题论坛加圆桌论坛、青年论坛、高峰论坛、观察家评论的模式，开拓了生动活泼、讨论争鸣、跨学科对话的新会风，使人类学高级论坛作为中国人类学的一个高端学术平台，不仅迅速得到了学界的高度认可，也成了中国学术界的一个学术品牌，为中国人类学发展做出了不少重要的贡献。2004年在银川举行的第3届论坛上，李亦园先生作了著名的《生态环境、文化理念与人类永续发展》主题讲演，会后《文汇报》以整版的篇幅发表这个讲演的主要内容。在海峡两岸圆桌论坛上，与会者就李先生的讲演展开了激烈的争鸣，焦点集中在“发展还是不发展”问题上。最后，论坛起草并通过了《生态宣言：走向生态文明》(即《银川宣言》)，向世人呼吁：“人类社会经历了从自然走向文明的阶段，如今在生态危机的威胁下已处在从文明回归自然的紧要关头，如何摆脱自身行为对生存环境的破坏、在族群互补的基础上重建维护生态和谐的文化理念，这是一个关系到全球人类生死存亡的大问题。对此悠悠大事，全球的人类学者携起手来，走向生态文明！”这一类的例子不胜枚举，人类学高级论坛走到了中国学术的最前沿。

刊书结合是办一流学报拓宽内容的创意。《广西民族大学学报》编辑部在精心打造“人类学研究”特色栏目和建构人类学高级论坛的同时，还开拓了刊书结合、走立体发展的路子，出版了与人类学研究专栏和人类学高级论坛相关的书籍，到2015年9月，已出版了“人类学栏目论文集”4种、“人类学文库”10种、“人类学高级论坛文库”16种、“千手观音书系”3种、“人类学高级论坛论文集”13卷，总计46种，在学术界有较大的影响。如由人类学学者访谈录汇编而成的《人类学的世纪坦言》《人类学的世纪真言》极受人类学界的认同，不少硕士和博士都说：他们是看着访谈录长大的。如现任成都信息大学管理学院院长陈萍教授在接受徐老师采访时说：“我是2005年看到你的《人类学世纪坦言》的。我博士论文的选题曾受到你这本书的影响。”“自从有机会看到你的《人类学世纪坦言》，我就一鼓作气把你每一篇采访都看了，后来觉得还不过瘾，就在网上继续寻找新作，几乎把你这几年在《广西民族大学学报》发表的采访每一个学者的文章都细读了一遍。其中，每一位学者如何走进人类学的机缘以及他们自学的经历、感悟，都对我产生很大的启迪，使我从此与人类学结下了深厚的缘分。这本书对我的影响远不止博士论文的选题，你由此成了我学术道路上未曾谋面的尊者。”

刊科结合是办一流学报练好内功的创意。所谓刊科结合，我明白是徐老师吸取了学报风波的教训，非常注意协调人类学与其他学科的关系。徐老师很清楚人类学可以与其他学科牵手的关系，所以他在与学校各学科老师的交流中，有目的地引导他们运用人类学的理论和方法进行研究，并不辞辛苦地连续五个晚上给文学院的全体教师讲人类学概论。徐老师这样做的效果出奇的好，不仅引导文学院开拓了与人类学有密切关系的文化生态研究方向，还引导不少年轻的教师后来纷纷报考与人类学有关的博士研究生，为文学院后来获得一级博士点授予权打下了基础。现在看来，2013年，广西民族大学一下子获得三个一级学科博士点授予权，与学报实行刊科结合的拓展战略不无关系。

俗话说：功夫不负有心人。《广西民族大学学报》自1995年改版以来，大力刊发人类学、民族学、民俗学等学科学术前沿的高质量文章，受到国内外学术界的广泛关注和好评。学报已成了联络中国人类学界的重要阵地，有力地推进了中国人类学研究的发展。中国台湾著名人类学家乔健教授称赞《广西民族大学学报》为“两岸的人类学家搭建了一个很好的舞台，大家可以在这里交流”;《光明日报》发表题为《高校学报向学术名刊跋涉》的文章，对《广西民族大学学报》“在人类学、民族学、民俗学等栏目，坚持内外稿在质量面前人人平等”的积极发展的办刊意识予以充分肯定，称道“打破近亲繁殖，小刊亦能创品牌”；中国高校文科学报学会理事长龙协涛则热情地称赞《广西民族大学学报》为“学报界的独秀峰”。徐老师竭尽心力地打造《广西民族大学学报》，不仅在人类学、民族学界风生水起，在学术期刊界也声名鹊起。

1.在学术评价方面

1998年,《广西民族大学学报》在民族学类期刊CSSCI中被引次数排名第13名（在高校学报CSSCI中被引次数排名第35名）；2000年，在民族学类期刊CSSCI中被引次数排名上升至第2名。

1998年，入选中国人文社会科学引文数据库（CSSCI）来源期刊。

1999年，入选中国社科院文献信息中心、社会科学文献计量评价研究中心评定的“中国人文社会科学核心期刊”。

2000年，被北京大学图书馆、北京高校图书馆期刊工作研究会《中文核心期刊要目总览》编委会评定为“中国民族学类核心期刊”。

2002年，被中国人文社会科学学报学会评为中国人文社会科学学报核心期刊。

2.在社会影响方面

1999年和2002年，连续两届被广西教育厅评为广西高校优秀学报一等奖。

1999年和2002年，连续两届被评为全国高校百强社科学报。

2001年10月，被国家新闻出版总署评为“中国期刊方阵双效期刊”。

2002年1月，被广西新闻出版局评为第四届广西十佳社科期刊。

2003年，参加第二届国家期刊奖评选，被评为“百种重点社科期刊”。

2004年，“人类学研究”栏目入选教育部名栏工程。

2006年，入选第二批教育部高校哲学社会科学名刊工程。

2012年，入选国家社科基金学术期刊资助名单。

2015年，入选中国“百强报刊”。

对于《广西民族大学学报》在学术界和学报界的影响，评论很多。如《河北师范大学学报》（哲学社会科学版）于2001年第2期开辟“编辑学研究”专栏，针对《广西民族大学学报》在学报定位、“名牌栏目”策划等方面的成功评论说：“《广西民族大学学报》是一个典型的例子。他们经过精心策划，通过几年的努力，在民族学、民俗学的研究方面已处于国内领先地位，他们所策划的许多栏目也成了‘名牌栏目’，学报的品位一下子提升了很多”，“强化和突出（民族学）这一优势学科，目前它已成为该领域国内外闻名的权威刊物”，是“国内最富有特色、最有活力的学报”。新闻出版总署的期刊专家张泽青在《中国期刊协会通讯》发表《2003年中国期刊新现象》一文，也说《广西民族大学学报》“凭借自身实力走向世界，使得期刊得到国际学者的认可，主动向刊物提供一流水平的稿件”。中国人文社会科学学报学会原理事长、《北京大学学报》原主编龙协涛教授说：“《广西民族大学学报》（哲学社会科学版）创刊的30年内实现了四个跨越。第一个跨越是入选北京大学的全国中文核心期刊、中国社科院的社科核心期刊、南京大学中文社会科学引文索引来源期刊。第二个跨越就是入选教育部的名栏建设工程。第三个跨越是入选中国期刊奖的百种期刊。第四个跨越是入选教育部的名刊工程。这四个跨越说明了一所普通院校的学报可以办得不普通，边远地区办的学术刊物可以走进学术视野关注的中心。”国际著名人类学家李亦园教授于2004年9月2日在《光明日报》发表《来自南疆的人类学呼唤》评论道：“《广西民院学报》则自1995、1996两年间的各期中共有十篇以上围绕着相关的问题做讨论，因而奠定了该学报发展我国人类学、民族学现代化研究的热心与呼唤之声。”“该学报编辑的热心有时也非常感人，他们不仅在理论层面上努力探讨如何发展人类学研究，也在实际的行动上企图凝聚不同范围人类学者的向心力。”

《广西民族大学学报》从1995年改版开始，经过20年的发展已今非昔比。广西民族大学也早已不是过去的广西民族学院了，三个一级学科博士点已大大提升了广西民族大学在中国高校中的地位。虽然我1999年12月调任中央民族大学任校长，徐老师主办了12年学报后，也已于2006年退休，但《广西民族大学学报》却一直沿着徐老师团队开辟的道路越走越宽敞。我坚信徐老师能办好学报，更有真本领办好全国一流学报，20年来，从来没有动摇过。

疑人不用　信任放权　发挥办公室主任作用

学校办公室主任是多大的官呢？厅级单位建制的是正处级，处级建制单位是科级。办公室主任具有对内对外的独特作用，对内他是校长的得力助手，发挥内管家的作用；对外他是校长的联络官，发挥外交官的作用。有一个思想好、作风正、能力强、素质高、协调好的办公室主任，校长就很省心省事，省劲得多。当然，这些素质的养成也靠领导的培养，在实践中历练，才能逐步成熟成长起来的。选一个什么样的办公室主任，这是校长必须首先考虑的问题。万事开头在于选人，选什么样的人是校长的第一职责，一句话就是“选好人”，好人的概念应该包括政治思想好、工作好、身体好、敢担当、敢负责，为校长分忧，发挥办公室主任的作用。

办公室主任的职责是：（1）主持学校办公室工作，处理学校日常事务。（2）及时传达校长指令，收集执行情况并向校长汇报。（3）组织校办公室人员履行职责，做好本职工作，加强行政后勤管理人员的思想政治工作。组织政治、业务、技术学习，不断提升他们的政治业务水平。（4）领导学校档案管理人员工作。严格执行保密制度，定期组织开展检查保密工作。（5）加强对小车司机的领导和督促，切实保证小车为校领导公务活动服务。（6）负责学校行政的公布、公告工作。加强对校务公开工作的领导，并做好材料的收集整理工作、编纂年鉴工作。（7）负责学校重大事情的记载。组织学校会议的布置工作并做好会议记录。组织校长的文稿、文件的布置安排工作。（8）坚持原则，管好用好学校的公章。（9）及时处理来信来访接待工作，及时向校长汇报教职工的基本情况，并做好慰问工作。(10)积极做好学校形象宣传工作，大力维护学校形象。(11)及时向校长汇报上级的指示，做好文件收发、传阅和管理工作，整理文书档案和上级文字材料。(12)组织、协调、配合学校其他部门承办各种重大会议。办公室主任不算很大的官，校长、副校长，书记、副书记都是他的领导。

根据办公室主任的职责，归纳起来就是三大作用：一是参与政务，给校长在制定决策方面出谋划策。在校长作出决策之前，需要了解和掌握某个部门相关数字，或需要了解和掌握某个同志的信息和情况，这时作为办公室主任，提供信息是十分必要的。校长需要什么内容的材料就提供什么内容的材料。二是处理事务。除了处理职责范围内的工作外，还有有关学校其他事情要处理的，校长特别交代的事情，尤其是对外联络业务、学校拓展业务活动，如在扩大办学规模、校际交往方面，校长需要了解对外信息，使校长能更有针对性地、有效地做出决策。三是搞好服务。包括三个方面的服务，即服务上级部门，上级领导需要学校服务的事项、需要校长提供支持和帮助解决的事项，办公室都要积极主动地提供服务，这是其一。其二，其他校领导或其他学校或部门提出服务的事项，不违反原则和规定的事项应当予以支持和帮助，保持和兄弟单位的正常联系。其三，本学校的师生员工需要在学校权限范围内提供帮助解决的事项。这些工作都是为了校长与师生员工的联系更密切。上中下的关系都处理好了，做好了“家常事”，要处理十分紧急的事情时，就能招之则来，来之能战，战之能胜，就能保证校长的权威性和良好的形象，就能做到防患于未然。平时建立起来的上中下关系，也能够提供信息，为工作服务，这也是管理学校所必需的工作环节。

既然办公室有如此重要的作用，那么如何发挥好办公室主任的作用呢？关键在于校长给什么权，如何放权，是不是支持办公室主任的工作。

我自己有过与广西民族学院、中央民族大学、宁夏大学三校三位办公室主任相处的经历，我们的关系十分融洽，工作开展十分顺利，效果十分明显。主要是做好了如下工作：

（一）建立感情。校长要和办公室主任建立起感情沟通的桥梁。情感具有极大的激励作用，是人的行为最直接的一种激励因素。上下级之间感情融洽，这是一种比什么都重要的巨大力量，它可以大大地推动工作的进展。建立感情，增进友谊。对下属主动问寒问暖，关心其切身利益，了解其疾苦，解决其困难，把关心爱护渗透到生活的点点滴滴，达到“润物细无声”的效果。一是学习沟通，交流体会，汇集智慧。沟通的过程是汲取智慧的过程。如好的方法、主意、决策雏形等都可以由沟通中获得。一个成功的领导者往往不是一开始即具备非凡的能力，而是不断地向他人学习，吸取别人的长处，在学习的过程中一步一步地完善和发展自己的领导才能。所谓“成功是经验的累积”便是这个意思。在日常工作中，对每一位下属我都可以找出他们的长处，通过有效的沟通，谦虚地向他们学习，尽管他们是下属。二是营造讲真话的氛围。上级领导干部要在发扬民主、加强沟通时以身作则，自己带头讲真话、听实话，学会倾听、乐于倾听不同人群的诉求和意见，做到察民情、知民意，晓民声。要以“言者无罪、闻者足戒”的胸襟，让想说的多说，不说的大胆说，不愿说的主动说，形成“知无不言，言无不尽”的良好氛围。三是领导干部要讲究沟通方式。真话来自基层、来自下属、来自第一线，领导干部要多深入基层、深入一线、深入实际，多调查、多了解，主动和下属交流，用诚心去打动他们，用耐心去开导他们，使那些藏在心里、卡在喉咙、憋在嘴边的肺腑之言倾情而出。这样才能真真切切听到逆耳忠言、有益谏言。

（二）平等看待。当一名合格的领导者，首先要学会平等对待下级。这既是一种态度、一种责任、一种境界，也是一种素质。能平等对待下属的领导者，往往心胸开阔，思想开明，思维健全，具有听取不同意见、容纳不同意见的雅量和民主素质；具有心灵澄明、精神自由的文明品质；具有尊重不同见解、不同民意的法制意识；具有尊重他人、理解他人、关心他人的人文品格和人本观念。这样的领导，一般不会在下属中搞亲疏，或搞以人划线，因而能建立起上下级之间、领导与群众之间的和谐关系，使一个单位或部门充分发挥民主管理、民主决策、民主监督等等。如何才能真正做到平等看待下级呢？一是在人格上平等看待下级。下级在人格上绝无高低贵贱之分，不能把与下属的关系当成主仆关系，言谈举止要平易随和，让下属如沐春风，处处能感觉到人格的平等。平等待人，是一种自信心、自爱心和自尊心的外在表现。能平等对待下级的人，往往也能平等地对待同级和上级，做到不卑不亢，靠自己的真才实学赢得中层职位的人应该如此，靠等级授权获得中层职位的人更应如此。有些靠等级授权取得中层职位的人，容易眼睛向上，密切联系领导而疏远群众。如果不能做到尊重下级，平等对待下级，虚心向下级学习，那么就难以赢得下级的尊重与信任，就无法有效地对下级行使领导之权。下级也会瞧不起你，疏远你，使你无法完成中层职位所承担的职责与任务。二是在政治上平等看待下级。对于下级来说，无论你属于哪个民族，哪个党派，担任哪个职务，拥有哪个职称、哪个学历学位，都应该得到上级平等的看待，受到尊重。能否以尊重的态度平等对待下级，是衡量一个领导者品位高下的重要尺度。真正称得上优秀并能走向卓越的领导者，是懂得设身处地、换位思考问题的。因为相对上级领导而言，你是下级，因而也希望得到上级领导对自己的尊重和平等对待，将心比心，己所不欲，勿施于人，不希望上级领导者怎样对待自己，就一定不要把自己所不希望上级领导者加之于自己身上的东西，再加之于自己的下级。不能以“婆婆”的姿态、方式去对待自己的下级。三是工作上平等看待下级。在日常工作中，上级与下级、部门与部门之间出现意见或分歧是难免的。上级领导在协调这类问题时，应依据分歧的客观情况，从维护大局、有利于工作出发，客观公正地协调，绝不能从个人好恶出发，厚此薄彼，偏心偏向，尤其要防止对有“背景”的人偏袒，对无“背景”的人打压的现象。

（三）充分信任。作为领导者的助手，下属是执行者。领导者拥有得力的执行者，便如虎添翼，工作等于干好了一半。而这一切，也恰好是领导者借力而行的源泉。用人就是发挥人的特长和调动人的积极性以推进事务的过程。用人素质体现在慧眼识才的洞察力、用心育才的态度和大胆用才的气魄等能力要素上，即选择、培养和使用人才的基本要素。领导干部的主要职能首先是用好人、推进工作，其次是出好点子定目标。用什么人、怎样用人是至关重要的。因此，作为领导干部必须深刻理解：“世界一切事物，人是第一可宝贵的”和“不审时度势必宽严皆误”的哲理和道理。必须坚持人事相宜的程序原则、德才兼备的质量原则、管住要人的数量原则、物质手段与管理体制相结合的环境原则和用人所长与容人所短的信任原则。

一是职责范围，不要干预。凡属下级职责范围内的工作，应放手让他们去做，让他们有职有权，不能包办代替。对下级，主要是及时为其定出方向、目标；既讲原则，又教方法，加强督促、检查和指导，帮助他们解决问题，为他们工作创造有利条件。现实中，也有一些单位的领导干劲很足，精力充沛，处事明快，每天忙得不亦乐乎，但他们总是大事小事一把抓，事必躬亲，即使让下属自己做一些小事，也是不放心，处处过问。这只能说明领导对下属极不信任，不敢放手让下属自己做事。这样的话，不仅窒息了下属的活力，自己也孤掌难鸣，事倍功半，不会有好的成绩。把一些重要的事情交给下属去做，能体现他们的能力和重要性，这一举动恰恰表现出你对下属的信任，其他任何方式，都不如这种领导方式来得直接、有效。而且领导人也能有精力和时间去处理更重要的事，何乐而不为呢？放手，就是放手让下属独立思考、独立工作、独立解决问题。在下属分管的工作中，不能插手。但当下属遇到困难时，领导者要主动出谋划策。当下属来不及向领导请示报告而自行处理问题时，领导者要给予谅解。当下属工作上出现差错时，领导者要对下属加以引导，耐心帮助。在处理问题时，只要下属没有违反原则，领导就不要轻易否定。总之，作为领导者要放手让下属大胆地去干，千万不能使下属缩手缩脚，左右为难，无所适从，否则久而久之，下属的主动性就会弱化，斗志就会衰退，内在的动力和潜能就发挥不出来。从而造成工作上的低标准，低效率。因此，领导者只有真正对下属放手，下属才能更好地履行自己的职责，行使自己手中的权力，才能更好地对领导负责。

领导者与下属要建立起一种互相信任的关系，对分管工作，在总体把握上出主意、出思路，在具体问题的处理上，则应放心放手地让下属去干，相信下属能把事情办好。越放手，往往下属对你越负责，如此去激励下属领导干部的工作热情和创造精神，达到下属自我领导的领导最高境界。

二是知人善任，视能授权。知人善任是领导者权力分配中的用人艺术。知人，就是要能历史地、全面地了解别人的长处、短处和优点、缺点；善任，就是能够科学地、合理地任用人才，授予权力，以做到人尽其才，才尽其用，从而有效地发挥人才的作用。知人是善任的必要前提。知人难，难在言行有虚有实；善任难，难在容人之短用其长；知人善任更加难，难在既知人又善任。领导者要做到知人善任、视能授权。

三是信任放权。领导者对于将要被授权的下属一定要有全面的了解和考察。考察的方式可以让他当助理或其他“代理职务”试用一段时间，以便继续观察了解后再决定是否可以授权，以避免授权后不合适而造成不必要的损失。认为可以信任者，则“疑人不用，用人不疑”。一旦相信下属，就不要零零碎碎地授权，应一次授予的权力，就一次全授下去。授权后，就不能大事小事都干预，事无巨细都过问。贯彻信任原则，要做到下属职权范围内的事让人家说了算，只要不违背大的原则，就要支持下属工作。对于出现的小的失误，要采取宽容态度，允许失败，允许有小的差错。领导者一旦选中得力的部下，就不要为其他声音所扰，应倚重有加，无所顾忌。人们感到最扫兴的就是“吃力不讨好”，只要下级公心一片，即使方法效果欠佳，也要多加鼓励，而不要迁怒于人。这样部下才会更加用心做事，否则会失去人心。我十分信任广西民族学院办公室主任容本镇，使其充分发挥作用。在行政决策权上由他行使职权范围内的职权，不需要另外请示或报告，只要有利于学校的建设和发展就可以做出决定；在财务审批方面，他有20万元人民币以下的审批权，这在1996—1998年的广西学校办公室主任当中算是有很大的权力了；在办公室的用人上，他有人事权。经过考核合格，要调到校办工作的人选，由他决定，事后报告，保证工作顺利进行。我给予的三项权力，他们非常珍惜，小心呵护，从不放纵，没发生过任何问题。老容本人在行政岗位上进步也很快，当校长助理、副校长，后来到广西教育学院当校长、党委书记，没辜负大家的期望。

（四）关心下级。作为领导干部，一是关心下级的政治前途。政治上关心，就要关心下属的政治学习、思想进步，为他们创造一个好的工作、学习条件，使其不断提高政治素质和思想理论水平，正确引导他们在努力工作的基础上不断成长进步，即上级要在政治上关心和帮助下级进步。领导者既要给下级压担子，又要注意培养、提高他们的马列主义水平、工作能力和业务水平，使他们逐步成长起来。对于符合干部“四化”标准的，该提拔的就提拔；符合党员条件的，该发展的要及时发展；对有缺点和错误的同志，要从团结的角度出发，帮助他们改正并给予改正的机会；对待犯错误的同志不能迁就、纵容和包庇，也不能一棒子打死不给出路，要尽可能地拉他们一把，帮助他们分析错误的原因，总结经验，吸取教训，继续前进。二是关心下级的业务工作。作为一个领导，要增进与部下的思想感情，必须从业务上关心和帮助他们提高工作水平，使其成才立业；领导者更应乐于接触，用无微不至的关怀感化他们，用精神的甘露慰藉他们，鼓起他们上进的勇气。树木的成长需要肥沃的土壤，人才的成长需要适宜的环境，明智的领导总是根据人才成长的不同阶段，为人才创造适宜的环境。在人才未显之时，给人才创造一个脱颖而出的机遇，搭造一个施展才华的平台，让人才脱颖而出，一展才华。三是关心下属的家庭、生活状况。上下级关系密切的程度与领导者关心自己利益的程度成反比，与关心下级和群众利益的程度成正比。因此，一个领导要尽可能多地关心下级生活，为他们排忧解难，使他们处处、时时、事事感到组织的温暖和领导的温暖。生活上帮助，就要关心下属的家庭生活，尤其是在那些“冷门”部门单位工作的干部和下属中对自己要求比较严格、不愿轻易麻烦组织、麻烦领导，家庭又确有困难的同志，更要帮助他们排忧解难。有些问题的解决也要像抓工作那样亲自过问，抓好落实，尽量不让“老实人”吃亏。四是领导要豁达大度。能容难容之事，能听难听之话，能吃难吃之亏。具体讲：一是容言。正反两方面的话都要听得进去。不能听到好话就笑，听到恶话就跳。二是容过。人各有所长，各有所短。作为领导者要多看下属的长处，少看下属的短处，多看长处会愈看愈顺，多看短处会愈看愈厌。三是容人。特别是能容与自己意见相左甚至竭力反对自己的人，不以个人好恶论亲疏，不以个人恩怨定去留。四是容超。要善于发现和培养人才，敢于让别人超过自己。要像名师对待学生那样，唯求“青出于蓝而胜于蓝”，把下级超过自己当作无上荣光之事。

（五）严格管人。领导干部在严格要求自己的同时，要求下属也应从严，古人说：“没有规矩，不成方圆。”严格管人有助于形成良好的风气、拼搏的精神。严格管人，可以带出一支有理想、有纪律，特别能战斗的队伍。管理松懈，带出的队伍必然是松松垮垮，拖拖拉拉，毫无战斗力，必定要打败仗。要表扬鼓励先进，批评惩罚落后，做到惩罚分明，不放任自流。

有勇有谋处理村民开挖水管的矛盾纠纷

1996年我们广西民族学院面临的最大困难是水和电的供应不足。广西民族学院地处南宁市西郊，用电属三级供电，所谓三级供电是一旦供电不足，先对三级供电地段实行拉闸限电。因此，我院教学、生活常受拉闸限电之苦。为解用电之困，学院决定从十分紧张的经费中拨出一些资金，用于购买较大功率的发电机，给教学和生活差时供电，勉强维持低水平供电。

当时南宁的水厂很少，供水能力较差，加上我院地势较高，因此，水厂的自来水流到我院时，已是强弩之末。在供水高峰期，唯有地势最低的八坡饭堂有水。每到中午、晚上，去八坡饭堂排队接水就成了家家户户必做的功课，提着桶、排着队，一字长龙便成了学校的一大景观。

南宁天气热得早、热得久，没有充足的水来洗漱，对人们是一种煎熬。面对师生员工的怨声载道，我们心急如焚！有一天，我和奉汇书记叫韦茂繁副院长到我的办公室来商量我院用水不足的问题，并要他和总务处尽快拿出解决用水问题方案。经过半个月的调研，总务处向学院提出了供水方案，即在八坡靠近游泳池旁的空地上建一个1200立方米的水池，并在池边建一加压房，水池建成后可在早、中、晚三个时段向院内各坡教师住房和学生宿舍供水，同时在各学生宿舍放置一大水缸，储水供非抽水加压时段做卫生用。由于提出的方案数据精确、措施可行、投资适度、方案顺利获，得院党委常委会和院行政办公会议的批准。

建水池看似简单，但对工程建设质量的要求却非常高！防渗漏是技术难点。为了高质量地建成水池，韦副院长请来广西水电工程局的工程技术人员韦杰，在没有一分钱报酬的情况下，韦杰同志会同我院基建办技术员吕华宁勘查现场并设计出施工方案。

在水池施工的过程中，奉书记和我经常亲临现场，并对总务处及施工人员作出明确指示：这项工程虽小，但事关重大，教职员工都在看着我们，我们要尽快高质量地完成这一为民办的实事，让师生员工及早用上水，兑现对群众的承诺。水池就在八坡的路边，教职员工上下班经过都驻足观看，很多人还提出宝贵的意见，大家都翘首期待水池的建成！

经过两个月夜以继日的奋战，水池终于建成供水。供水当天，很多教职员工见到总务处及施工人员时，紧紧地握住他们的手，不断地说“谢谢”，这像一股暖流，涌进后勤人员疲惫的身体，使他们顿感轻松！说实在话，当时的后勤条件太差，教职员工给后勤说好话是难于上青天！得到一句赞美、肯定和感谢，对后勤人是多大的鼓舞和安慰啊！

高兴劲儿没一会儿，事儿来啦！由于学院的供水管网已使用多年，管壁结垢、管壁变薄、变脆，水压低相安无事，水压增高，水管承受不了，一加压就爆裂！那一段时间啊，水管爆裂的报修电话像一道道“催命符”，让你须臾不敢延迟！韦副院长和总务处的领导、水电科的全体职工俨然成了全天候抢险队。有一次，水管爆裂在四坡与五坡中间的相思湖里，职工们浸泡在湖水里抢修水管，韦副院长跑去小卖部买了两瓶桂林三花，大家上岸喝两口酒，暖暖身子后又跳入凉飕飕的水中，直到水管修好！

有人可能会问，何不把旧水管全部换掉？从那个年代走过来的人都知道，改革开放才十来年，我们的财力依然很弱，当个校长真不容易！做个预算，需要用钱的地方太多了，捉襟见肘，巧妇难为无米之炊啊！

水池建成缓解了用水难的问题，教职员工不再担心缺水造成的生活不便，也不用担着水桶去八坡饭堂焦心地等待那流量本就不大的自来水了。这种情况维持了三四年，1998年南宁市启动了陈村水厂二级工程，这一工程完成后，基本满足了城北区（现西乡塘区）的生活供水需求。经申请，我院获批在学院东门前路边水厂的供水管道上开口取水，这对我院来说，无疑是天大的好事，此后我院将不再为用水问题担忧了！

好事多磨啊！正当我们还沉浸在可以解决一个重大民生问题的喜悦中时，有一天下午，总务处领导报告，可利村的村民擅自在接入我院的水管中开了一个口，把水引到可利村，这样他们就可以不用缴扩容的相关费用及以后的水费。问题的严重性不仅是费用问题，更为严重的是可利村地势低，我院地势高，这样在用水高峰期会严重影响我院的水压，高层住户和学生宿舍在高峰期会依然缺水。还有一个隐患是，可利村周边还有很多村庄，如果都接我院这个水源，那我院必将重返90年代初严重缺水的时代！

韦茂繁副院长心急火燎地向我汇报，说刚才下班后不久，看见四连大队可利村的村民来了二十号人，拿着钢钎、大铁锤、铁铲、十字镐，搞突然袭击，蜂拥而至，一到学校的东大门左侧，就把路面水泥砸开，强行要接入我院的分水管。在场的保卫处、总务处的几位同志拦也拦不住他们蛮横无理的行为，现在他们还在继续撬开路面，怎么办？我当机立断：这事涉及农民兄弟，且我们与后面诸村互为邻里，这事处理不好会影响到学校的安全稳定。“茂繁、韦文政、张九凯、伍广津你们跟我马上到现场去，制止他们的行动。”不到十分钟，我们就赶到了现场，看见村民们还没有停手。韦副院长对村民说：“这位是我们广西民族学院的院长，是学校的法人代表，校长和我们几个来看你们啦。先把你们手头的活停下来吧。”我接着说：“你们是可利村的农民兄弟吧？今天为什么要到我们的地头来刨开路面呢？你们受谁的指使？”有一个好像是村干部模样的人站出来说话了。

他说，我们受村委会领导的委托，村委会领导交代，南宁市自来水厂已经同意，可利村的用水管可以接到广西民族学院的入水管里去。我当场做了一些调查和了解，大致知道了情况，马上告诉村民们不要再撬了。二十多名村民还是不听劝阻。这时从学校东大门走出来100多名身强力壮的大学生，朝着这边走来了，这是学生工作处李处长搬来的"救兵"，拦住村民们继续开挖路面的行为，维护我们学校的正当利益。村民们不得不放弃开挖路面，背着工具离开了现场。第一场"遭遇战"过去了。

但事情没有完。过了两个钟头，天渐渐地黑下来了，又有二十多个可利村的村民上来，继续开挖路面。我当即告诉学生拦住他们，不准再挖。现场双方推来推去，互相对骂起来，达到比较激烈的程度，大有冲突一触即发的可能。看到这种架势，我和韦副院长挺身而出，面对面地劝阻农民兄弟们先回去，不要这样僵持下去了。农民兄弟看到我们人多势众，又是在理的一方，只好带上工具离开了。第二次"遭遇战"又退兵了。我告诉保卫处的同志要24小时值班，防止农民兄弟再次挖路。

回到办公室，我立即召集韦副院长、保卫处、总务处、校产处、办公室、学生处的主要领导商议此事。我冷静思考了一会儿，严肃认真地对大家说，今天下午直至刚才发生的这件事，涉及农民兄弟，且我们与四连大队诸村互为邻里，这事处理不好，会影响到学校的安全稳定，影响师生员工的用水问题，影响到与农民兄弟的和睦相处。长期以来，农民兄弟没有解决自来水的用水问题，也不容易啊！因此，处理这件事首先要冷静沉着，既要依法依规，又要坚持有理、有利、有节的原则，既照顾农民兄弟的情绪又不损害学校的利益。眼下就是要可利村的村民停止他们的行动，完全退出现场，妥善处理此事。

于是大家认真分析了形势，经过认真的讨论，提出了意见和建议。我把同志们的意见归纳为：兵分两路做工作，稳妥做事要成功。一路由韦副院长带领张九凯、伍广津及其他工作人员，做好村民的思想沟通及村领导的工作。关节点在于突破“三种人”。即通过多年来我们职工认识的村里的熟人、朋友、村里的民间领袖，做通村领导的工作，要他们出面解决此事。通过艰难的努力，喝了几桶米酒，感情到位了，话也挑开了，思想工作做通了，最后可利村的农民兄弟表示不到学校来开挖水泥路面。这一路初战告捷。另一路，由我带领办公室工作人员与南宁市自来水厂的领导、城北区政府领导、南宁市政府的相关领导和办公室主任、自治区人民政府领导和有关部门的领导进行沟通协调。在这个过程中，我一个个单位去跑，陈述理由，疏通关系，还发生了争吵，尤其是在与某位主管领导的协调当中，他和我吵起来，这位主管领导说，这件事是广西民族学院和四连大队可利村发生的矛盾纠纷，你们不要动不动就找到市政府里面来，自家的事情自家处理。听到这句话，我有些火了，立即反驳他，这件事不单纯是广西民族学院的事情，也涉及南宁市城北区四连大队可利村的农民利益问题，市政府有没有责任处理好这件事？如果你们不处理，我们就把责任撂下来，我找自治区分管领导去。他回了我一句：你爱找谁都行，脚长在你身上。我当即给自治区政府分管教育的李振潜副主席打电话，请求李副主席支持，并且表明了敢于担当的坚定立场。我汇报了这件事发生的过程之后说，如果南宁市政府不解决学校的用水问题，那么我这个校长只好带上学校的老师和学生上街游行，我相信这会轰动全国。我都把后果想好了，大不了撤了我的职务，为了学校的利益我觉得值！实际上我也不会真的带学生上街游行，这点大局观念还是有的，只是迫切希望领导快速解决我院的用水问题，还我院一个安定团结的校园环境。李副主席听后立即劝导我说，要冷静，不要采取过激行为，我马上派自治区人民政府分管的副秘书长和七秘的同志去协调，告诉市政府副市长要妥善解决好这件事，你等着吧！过了一个小时，我院接到市政府的通知，在我院东大门召开现场协调会。会上大家进行了热烈的讨论，各方摆出充分的理由，我也代表学院讲了解决问题的办法和意见。最后由市人民政府副秘书长主持召开的六方协调会达成了共识，作出了如下决议：（1）责成市自来水厂出面安排好可利村的水管接口，直接接到大市政的分水管，不接到广西民族学院的分水管，这样对双方有利，谁也影响不了谁。在一周之内处理完毕。（2）市政府办公室主任负责督促检查此事的落实情况，并将处理结果主送市政府分管领导和办公室，分送广西民族学院并报自治区人民政府备案。（3）由广西民族学院写一份包括事情发生、发展以及处理过程的备忘录。其中对可利村的做法给予通报批评，引以为戒，以后再也不能发生类似问题。今后双方多沟通、早沟通，以实现和睦相处，互相理解、互相支持。这份协议由广西民族学院、市自来水厂、可利村村委会三方签字。走完这步，我院的供水问题得到了圆满的解决，压在我心头的巨石终于落地了。可利村长期以来无法解决的用水问题也得到很好的解决，真是皆大欢喜啊！

广西民族学院供水问题的解决过程，给我的启示和体会是：第一，牢记全心全意为人民服务的宗旨。作为党的一个领导干部，必须牢记执政为民，心中有老百姓，做事为老百姓，才能得到老百姓的赞成、支持和拥护；才能干大事、干成事、不出事。1996年我任广西民族学院院长之初，就深入基层调查研究，全面了解学院面临的各种问题，在全面深入调研和听取各方面意见的前提下，把所有问题分门别类，分轻重缓急，在坚持以教学为中心的同时，首先解决事关师生员工生活的水电问题，“兵马未动，粮草先行”。后勤保障起不了保障作用，其他事项就很难保障了。因此，我心中时刻都装着师生员工，又关心着学校附近的老百姓，共同解决双方的用水问题。我始终遵循权为民所用、情为民所系、利为民所谋，始终忠于党、忠于人民的事业，为开创学校的新局面而努力工作。

第二，坚持实事求是的思想路线。实事求是是我们党的一贯作风，是党的思想路线的核心，因此，要有实事求是的胸怀，这也是对领导干部从政的基本要求。但在现实生活中，要真正做到实事求是确非易事，有了实事求是的胸怀，才能心胸坦荡，不唯书、不唯上、只唯实，才能在推进各项工作中更好地把握规律性，增强主动性，减少盲目性，克服片面性。想问题、定计划、做决策、办事情，都要从当地当时的实际出发，防止和克服急于求成、急功近利的心态和做法，老老实实地艰苦创业，踏踏实实地推动发展。有了实事求是，才能坚持说真话、说实话、说心里话，办实事、出实招、求实效，把工作的出发点、落脚点放在促进发展和和谐社会的建设上，把精力放在解决群众反映强烈的社会问题上。就拿学校与村民发生用水纠纷的问题来说，从表面和现实来看，村民未经我院同意就私接我院水管是错误的，我们用强硬的态度和措施来处理这一问题也未尝不可！但用历史和辩证的眼光看，村民虽然鲁莽，但他们世世代代生活在这块土地上，为了国家的社会主义建设做出了较大的贡献，我院及周边很多单位的土地都是政府从他们手中征用无偿划拨给各单位的，我们不能不顾历史只讲眼前。另外，我们与他们并非水火不容的敌我矛盾，大家是邻居，邻里和睦才能和谐相处。因此，在维护我院利益的同时，也要考虑他们的困难。基于这样的思考，我亲自出马，帮助找南宁市和自治区政府以及有关部门，为农民兄弟解决用水问题。

第三，要有冷静处事的全局观，有统筹全局的能力。全局观使我们不囿于一隅，跳出一时一地的局限，立足现实，服从全局，这样就不会顾此失彼。大局观是要抓住触一发而动全身的关键问题，也就是抓住主要矛盾和矛盾的主要方面，主要矛盾抓住了，就等于牵住了“牛鼻子”，其他问题和矛盾就会迎刃而解。要正确认识局部和全局的关系。一方面，全局是由一个个局部组成的，局部会对全局产生影响；另一方面，局部只是全局的一部分，如果两者发生矛盾，局部应当服从全局。有些事，从局部来看是可行的，而从全局来看是不可行的，就应当以局部服从全局；反之也一样，从局部看是不可行的，而在全局看来是可行的，也应当以局部服从全局。相对于整个单位的工作大局来说，各处室都是局部，如果全局利益受到损害，最终局部利益也保不住。要维护本单位工作大局，办成一些大事，保持社会和谐，必须有统一意志、统一行动。如果各自为政、各行其是，出现一盘散沙的局面，那就不仅什么事也办不成，而且会给部门和单位带来严重后果。要解决村民开挖路面接入水管的问题，并非要做所有村民的思想工作，做好村委会主任和几个有影响力的村民的工作，就等于做好了全体村民的工作。解决用水问题的实践证明了这一点，在工作中要学会统筹全局的艺术，既要综合施策，整体推进，不要见子打子，一字长蛇。比如我们走好三步棋，三步棋同时下，相互协调、齐头并进，赢得了时间、提高了效率、解决了问题。

第四，沟通协调能力是这次解决村民开挖路面接水管纠纷的重要方法。工作中产生矛盾，大多是因沟通不畅，因此要学会沟通，早沟通、会沟通。用水问题的解决其实应归功于及时沟通和良好沟通。当然，要当好一个学校的领导，还有很多更高的沟通要求。俗话说，灯不拨不亮，话不说不明。领导干部要发挥领导作用，一刻也离不开与群众进行适时有效的沟通。沟通好，相互可以和睦相处，反之，则会造成人际关系紧张，甚至产生对立情绪，导致一事无成。沟通有哪些方面呢？一是工作沟通。领导与群众沟通的实质就是要使群众明白领导的意图和安排，上级领导了解下级领导和群众完成工作的情况，促进各项工作顺利开展。沟通使领导行为具有良好的合作氛围和渠道，促进领导决策的顺利实施，使其最终得以落实。二是思想沟通。与下属沟通思想，是领导工作的重要一环。作为领导，要实现自己的意图，必须与下属进行沟通，沟通使领导者能够更加准确地了解信息，预防盲目性。实现思想沟通，主要通过以心换心的方法，用情感打动对方的心灵，唤起他们的觉醒。有这样一个故事，一个人在森林里迷路，经过多次努力总是走不出去，后来又绕回原地。这时他遇到一个旅人，于是向他问路，那人说他自己也迷路了，走了很多条路还是出不去。于是，他们俩一起找出路，互相帮助，记下走过的地方，克服困难，他们忘掉了疲劳和饥饿，终于走出了森林。其实，人生就像一座森林，我们总会迷失或疑虑，如果我们能够分享彼此的经验和感觉，就会觉得人生旅程没有那么糟糕，有时我们还能够找到更好的道路、更好的方式。这就是沟通的作用。三是生活沟通。我院与可利村的农民兄弟同在一个片区生活，平时抬头不见低头见，见面了、认识了、熟悉了、交上朋友了、沟通多了，就一见如故，像走亲戚一样，越走越近，越走越亲，有什么事情都好说，吱一声就办了。与下属在生活上多沟通可以为领导增加一份人情味，架起沟通人际关系的桥梁，可以有助于上下双方找到契合的共同点，并在心理上强化这种认识，从而消除隔膜，缩小心理距离。上级要赢得下属的心悦诚服，一定要动之以情，晓之以理。所谓以情动人，不外乎亲切的话语及优厚的待遇，尤其是话语。要记得下属的姓名，每天早上打招呼时，如果能亲切地唤出下属的名字再加上一个微笑，这名下属当天的工作效率一定会大大提高，他会感到，领导记得我了，我得好好干。

与下属沟通，还包括关心他们的生活，聆听他们的忧虑，对他们的起居饮食都要考虑周全。人非草木，孰能无情。情感为人类所独具，在人类的生活中起着巨大的作用，人的任何认识和行动，都是在一定的情感推动下完成的。积极的情感，可以使人焕发出惊人的力量去克服困难，消极的情感则会大大妨碍工作的进行。当下属主动找到你时，有可能是他需要你的帮助、支持或者需要你的建议，也有可能是你们之间存在需要澄清的误会，等等。在这种情况下，应用倾听的方法去发现问题，它将决定有效沟通能否顺利实现，沟通后事情能否得到真正的解决。所谓倾听，就是一定要在交流中“用心”去听和理解下属想要表达的意思，抓住下属话语、表情的细节并从中解读其真意。四是学习沟通。沟通的过程是汲取智慧的过程。如好的方法、主意、决策雏形等都可以从沟通中得到。一个成功的领导者，往往不是一开始即具备非凡的能力，而是不断地向他人学习，吸取别人的长处，在学习的过程中一步一步地完善和发展自己的领导才能。所谓“成功是经验的积累”就是这个意思。在日常工作中，对每一位下属都可以找出他们的优点，通过有效的沟通，谦虚地向他们学习，会从他们那里得到更多的知识。

总的来说，处理用水事件，我们既讲智慧和谋略，又讲勇气和胆略，沟通工作做得细，突出工作重点，针对性强，找的人要对路，如我们找村里的熟人、朋友、民间领袖、村委会领导，重点的关键人找对了，问题就迎刃而解了。韦副院长深有体会地说：“经过广西民族学院供水问题的解决，特别是化解与周边村民用水问题的纠纷，我从荣校长身上学到了很多做一个领导干部应有的素质和领导的科学与艺术。他的这种为民思、为民谋、为民忧、为民求的思想和实践深深地影响着我；他的这种站得高、看得远、想得全的领导战略思维启发着我；他那种冷静处事、果断决策的担当精神激励着我。使我在后来担任广西经济管理干部学院党委书记的工作中，依然秉承他为民务实的作风，开创工作的新局面。”

八年奔走　获批国务院硕士学位授权单位

广西民族学院于1952年3月19日成立，到1998年走过了46年的历史，经历了46年风雨兼程。这当中有许许多多的大事、喜事。1998年广西民族学院被国务院批准成为具有硕士授予权单位和硕士学位授权点，是学院学位建设发展史上不可忘记的一个里程碑，是学校发展的重大转折点。这个学位授予权单位的建设经历了整整八年，经过了几代院领导、教职员工、广大学生连续不断的奋斗，终于在我当校长的1998年“取得真经，修成正果”。我兴奋、激动，八年了，漫漫征程，坎坷艰难，酸甜苦辣，用过的办法，采取的措施，都一一浮现在我的眼前。

第一阶段，1990年到1998年8月，准备和论证申报硕士授权单位和授权点工作。这个阶段的重点是整合优势学科、特色学科的资源，重点探讨申报哪些学科，整合充实学科带头人和学科骨干队伍，形成配置科学、合理、高效的教学和科研优势资源。整合哪些资源，做什么事？第一，争取教育部学位委员会的支持和帮助。向教育部学位委员会办公室汇报工作，让学位办的领导、专家了解广西民族学院在申报哪些硕士授权点，请他们到学校来考察申报工作的准备情况，对申报的条件、要求等提出指导建议、意见。例如，学科建设要突出哪些重点，突破哪些难点。师资队伍建设如何形成学术队伍的科学梯队，学科带头人、学术骨干、学术助理如何合理配置。公共服务体系如何发挥共有共享共用的功能，以有限的资源实现无限的效益。这个阶段我们到北京国家各部门沟通联系最多，通过拜访国务院学位办的同志，认识到工作重点应放在基础上，真正打牢基础，特别要注重学科带头人的建设，明白了申报硕士授权单位的基本程序、基本条件、基本要求，同时也了解到硕士学位申报的一些技巧和填报表格要注意的事项。这个环节紧扣规定进行对标，按照申报硕士授权单位的整体论证报告和单个学科专业的单项可行论证报告的要求，来陈述、申报可行性报告的必要性、可行性，因此，我院申报的材料符合要求，资格审查和论证一次就通过了。主管文史材料的国务院学位委员会李处长说：广西民族学院的整体申报和单个申报材料一次性通过，值得肯定和支持。我们的申报材料不仅完整、规范、论证严谨，而且我们的做法也科学规范。在合并学科的问题上，我们集中优势资源整合形成学科优势，从学科的特色、优势、作用等几个方面集中进行充分论证，民族学、少数民族语言文学、非通用国家语言文学等学科整合优势得到充分挖掘和发挥，为实现零的突破打下坚实的基础。

第二，整合师资力量。一方面，加强内部师资力量的整合，把相近的学科带头人都集中到申报的学科上来，形成一个“拳头”，经过多次反复的论证，基本达到了要求。另一方面，鉴于申报学科的学科带头人不足，我们就对外引进，聘请院外该学科的带头人充实我们的学科队伍建设。在申报学科师资力量的整合过程中，学院多次邀请国务院学位委员会办公室的领导来学校指导、考察、预验收和初步验收，虚心请教学位办对我们申报的学科还存在什么问题，需要做哪些调整、补充和完善进行指导，实地检查我们的硬件和软件是否达到学术规范要求，通过反复论证，多措并举，学位申报项目书、学科申报可行性报告基本成熟，等待通知上报材料。

第二阶段，1997年8月到1998年5月，迎接教育部民族教育司组织的对我院进行本科教育工作的评价。这个评价十分重要，是申请硕士学位授权单位和学位授权点能否得到批准的关键环节，如果评价不合格就会被否定。因此我和其他校领导心无旁骛、全力以赴地投入这项工作。通过召开动员大会，提高全校师生员工对我校进行教学工作评价必要性和重要意义的认识；成立教学工作评价的组织机构，将教学评价工作作为当时最重要的中心工作，明确工作目标，层层落实责任，上下配合，全体行动，人人参与，充分做好迎评各项准备工作，争取一次性通过本科教学合格评价。

第一，成立机构，落实任务。1997年8月，接到原国家教委民族教育司关于对我院本科教学进行评价的通知后，学院党政领导高度重视，专门成立了以我为组长的教学评价领导小组及下属的评价办公室，1998年4月初，为了全面扎实地做好迎评和以评促改、以评促建工作，学院又及时调整充实了教学评价领导小组，下设评价办公室、自评专家组和迎评接待组，把任务具体分工，每一个校领导、每个中层领导、教职员工、每个学生都有义务和劳动的价值，任务到人、责任到人，始终保持每个人都有硬指标，做到分工明确，任务落实，责任到人，互相支持，密切配合，形成集体合力，养成不用扬鞭自奋蹄的自觉性。在专家组对本科进行评价的时候，采取一对一的措施，只要专家组提出要材料，不超过五分钟，就能拿到评估材料，专家在短短的三天内，就完成了工作量，效率之高，效果之好，为申报硕士学位授予权单位和硕士点整理材料奠定了坚实的基础。

第二，考察学习，博采众长。他山之石，可以攻玉。为了搞好我院教学评价，特别是为了配合教育部专家组于1998年5月中旬进驻我院进行随机抽样检查，由我、朱副院长亲自带领一行八人，3月底4月初专程到桂林工学院、广西师范学院、柳州工学院、柳州师专等兄弟院校考察取经，借鉴他们的成功经验。事实证明，这次外出考察活动是非常必要和及时的，不仅有助于搞好我院的基础建设和校园建设，更重要的是进一步提高了我们对教学评价重要性、艰巨性和复杂性的认识，防止或减少了我们在迎接和接待工作过程中的失误和疏漏。

第三，统一思想，提高认识。思想统一，就是要上下同心，目标同向，有坚定推动事业发展的必胜信心，统一思想的目的是要坚定政治信仰，保持师生员工队伍思想上的纯洁性，确保在大是大非面前保持清醒认识。向国务院学位委员会申报我院的硕士授予权单位和专业、学科点是我担任校长之后重点抓的一项重点工程，学院领导、广大中层领导和教职员工、广大学生都要有统一的认识。

1998年3月，我们学院接到教育部的通知，要在1998年5月14—17日派出专家到我院进行教学工作评价，为做好迎评工作，我们多次召开全校师生员工动员大会。1998年4月7日下午，我在学院大礼堂召开全院教职工动员大会，8日下午在灯光球场召开全院学生动员大会。奉书记做了重要讲话，强调哪项工作、哪个环节出了问题，就追究当事人和所在单位领导的责任。我在会上重点讲了几个问题。(一)教学评价工作的意义。在高等学校开展教学工作评价，是教育部加强高校教学工作宏观管理、提高教育质量和办学效益的一项重要措施。其目的是加强国家各级教育行政部门对高等学校教学质量的宏观管理和指导；促进高等学校不断明确办学指导思想，加强教学基本建设，改善办学条件，提高管理水平，改进教学工作，以增强学校主动追求经济建设和社会发展的动力，实现办学水平和教学质量上新台阶。(二)关于教育部对我院进行本科教学工作评价的重要性。一是教学评价工作直接关系到我院新增本科专业设置能否获得审批的大问题。二是教学评价工作直接影响到我院能否获得新增硕士学位授权单位和硕士学位授权学科、专业点审批的大问题。三是教学评价工作直接关系到我院能否继续招生和发展的大问题。四是教学评价工作是直接影响到我院的声誉和形象的大问题。五是教学评价工作是直接衡量我院在全国同类民族院校中办学水平和教育质量高低的客观尺度。（三）教学评价的主要内容。教学评价工作的评价指标体系一级指标有4项：教学条件，包括3项二级指标，7项三级指标；教学管理，包括2项二级指标，7项三级指标；教学建设，包括4项二级指标，12项三级指标；教学，包括2项二级指标，7项三级指标。（四）专家组执行教学评价工作的方法。召开座谈会、查询资料、现场考察、问卷调查；进行听课；抽测考试。（五）搞懂弄通教学工作评价三个档次的基本条件和基本要求。教学工作评价结果分为“合格”“暂缓通过”“不合格”三个档次。通过“合格”评价，是我院当前工作的中心目标。

各分管领导分别多次在中层干部会议和专题研究会议上做动员和部署。评价办公室印发了与教学评价有关的文件和我院的自评报告，做到人手一份。宣传部门组织开展了声势浩大的舆论宣传活动。经过反复动员、宣传和学习，广大师生员工深刻认识到了教学评价的重要性，了解了教学评价的基本内容和方法，提高了参与教学评价的自觉性。那段时间，上下心往一块想，力往一处使，大家想的都是申报学位工作，做的都是有利申报工作的事情，提高学历层次已经成为我们师生员工讨论的重点话题，几乎每一个民族学院的人都明白这个道理，人人都在出谋献策，个个都愿为学校申报做出自己的贡献。师生员工的这种统一的认识，这股热情，感动了区党委、政府和主管部门的领导。正因为有这样的热心、专心、爱心，才取得我院申报硕士授予权单位和硕士点的成功。

第四，及时汇报，争取支持。地方政府和主管部门对被评院校的重视程度如何，是影响到教学合格评价能否顺利通过的一个重要因素。奉江书记和我先后向自治区教育厅、自治区民委、自治区人民政府和自治区党委做了汇报。上级领导听取汇报后，十分重视教育部专家组对我院进行的本科教学评价，指示我院一定要做好教学评价工作和迎评的各项具体工作。教育厅厅长、副厅长、厅长助理分别带领有关处室领导到我院检查指导迎评工作的准备情况。5月12日上午，自治区党委杨副书记、自治区吴副主席在教育厅车副厅长等同志的陪同下亲临我院听取关于迎评工作准备情况的汇报，并就迎评工作做了重要指示。5月14日晚上10点，教育厅车副厅长、自治区民委黄副主任等参加了学院向教育部专家组的工作汇报，听取专家组的评价意见。5月17日晚，自治区党委杨副书记、自治区政府吴副主席会见了专家组，向专家组表示感谢，并一再强调：广西不能没有广西民族学院，也没有理由不办好广西民族学院。为了支持我院搞好教学评价和教学基本建设，自治区人民政府、自治区教育厅分别拨给专项经费100万元和60万元整，自治区教育厅还两次组织专家到我院进行预检和指导工作。自治区党委政府和主管部门领导的高度重视和大力支持，给专家组留下了深刻的印象，并让专家组清楚地看到和了解到广西民族学院在广西经济建设和社会发展中的重要地位和作用。

第五，自查自评，评建结合。1996年以来，上级主管部门曾对我院进行过多次专项评估。如五项工作评估、实验室评估、图书馆评估、体育工作评估、函授评估、艺术教育评估、语言文字本科评估、思想政治教育评估等，这一系列评估有力地促进了我院的改革发展和教学质量的提高。但由教育部专家组对我院本科教学工作进行全面评价在我院46年的办学历史上还是第一次。我院本着实事求是的精神，坚持以评促改、以评促建、评建结合、重在建设的方针，在自评过程中找差距、挑毛病，并采取有力措施进行及时整改，使各项工作有了长足的进步，特别是校风、教风和学风建设，校园环境建设和教学装备建设有了明显的改善。

第六，精心准备，材料齐全。教学评价最基本的工作是撰写自评报告和整理相应的背景材料，评价办公室按照系统全面、重点突出、真实准确、简明规范的要求，组织学院各单位广泛搜集整理了文件材料，有自评报告、总结报告、电视专题宣传片和对照学位委员会的规定要求填报相关表格，对缺漏的材料及时打印补齐，然后分门别类立卷建档，做到规范、整齐、合理、完备，卷宗整齐直观，目录简明醒目，易找易查，共计收集和建立档案材料6卷，1.6万多页。与此同时。我们还本着实事求是的精神，精心撰写了《广西民族学院本科教学工作评价自评报告》《广西民族学院关于改革发展的情况汇报》等文件报告，拍摄了反映本科教学工作的电视专题片。由于态度认真，工作扎实，材料准备充分，自我评价实事求是，因而受到教育部专家组的肯定和好评。专家组组长、南开大学教务处处长姜尚谦教授说：如果这次教学评估有优秀这个档次，广西民族学院这次评估应该是优秀档次。

第七，全力以赴，密切配合。专家组进校后，我们根据专家组的日程安排，密切配合专家组开展工作。全院师生员工放弃了星期六、星期日的休息，坚守岗位，随时待命，以饱满的精神状态，做好接受专家组检查的充分准备，保证了专家组在短短的三天时间里，顺利完成了我院本科教学工作的考察和评价。

第八，周到安排，热情接待。专家组进校前，我们就拟定了具体详细的接待方案，提出了“热情、周到、安全，为专家组创造方便、舒适的工作条件和生活条件”的总要求。根据这一要求，我们在专家组办公、住房、饮食、交通值班、保卫、医疗保健、工作和生活引导、迎送等方面都做了周密细致的安排，尽最大的努力，让专家组吃得可口、住得舒适、行得方便、工作称心。从整个接待工作来看，可以说圆满成功，达到了预期的要求和效果。

第九，工作成效。通过教育部民族教育司对我院本科教育评价，促进学校工作成效卓著。（一）求真务实，摸清家底。我院自1952年3月19日创办以来，经过几代人的艰苦奋斗，46年的建设和发展，已具备了相当实力，成为广西四所重点院校之一，这是有目共睹、不容置疑的事实。但长期以来，对经费投入、师资队伍、教学装备、领导投入、教学管理、专业建设、课程建设、实践教学、学院建设、课程测试、学生综合素质等一系列具体办学指标，并没有完全弄清楚和掌握。或者说，对于学院的“家底”，我们还没有完全做到心中有数，对具体的“院情”了解不全面，掌握不准确，必将影响到制定学院发展规划和发展目标的准确性、科学性和可行性。这次教学评价，我们严格按照原国家教委高教司制定的《综合大学本科教学工作评价方案》的规定，对照11项一级指标、33项二级指标进行自我检查和评价。结果，只有2项指标达到了A级水平，6项指标为C级水平，3项指标为D级水平。教育部专家组随机抽样检查后，认定我院有5项指标达到A级水平，18项指标到B级水平，6项指标为C级水平，3项指标为D级水平，总体上提高了对我院的评价。但是我们存在的不足也是明显的，特别是有4项指标还没有达到合格线。摸清了家底，我们办学就更有信心、整改也有针对性了。

（二）以评促建，面貌一新。这次本科教学评价，对我院来说是一次极好的机遇，也是一种巨大的动力。我们坚持评建结合、以评促建的方针，通过教学评价，加大了整改和建设力度，教风、学风和机关作风明显好转，教学改革进一步推进和深化，教学装备投入得到增加，校园环境建设不断改善，学院的面貌焕然一新。

（三）明确定位，理清思路。当时在我国高校中掀起了两股浪潮，一股是高校管理行政化，大家都攀比行政级别，什么副部级单位啦、正厅级别啦；另一股是高校学位层次的攀比之风，有了本科学士学位，又想上硕士；有了硕士想上博士；有个博士想上博士后。但有一点是可以肯定的，老学校条件好的，不断升级提高学位层次、提高教学质量是无可厚非的，我们学院也属于这种老校，是应该走内涵发展的道路。根据我院的历史特点、地位和现状，发展前景和时代的要求，结合这次本科教学评价，我们集思广益，经过认真思考，反复论证，进一步明确了学院的定位、办学指导思想和今后改革发展的思路。学院定位是：立足广西，背靠大西南，服务民族地区，以本科教育为主，适当发展研究生教育、专科教育、大学预科教育，把学院办成在区内外和东南亚有一定影响的具有民族特色和地方特色的综合性大学，争取进入中国同类高校的先进行列。办学指导思想是：按照教育要面向现代化、面向世界、面向未来的要求，把贯彻执行党的教育方针和民族政策结合起来，坚持社会主义的方向不动摇，坚持民族地区培养少数民族干部和后备高级人才的宗旨不动摇，坚持教学改革的核心地位不动摇，坚持教学基本建设的优先地位不动摇，坚持提高教学质量和办学教育的根本目的不动摇，逐步建立起主动适应民族地区、经济建设和社会发展需要的，融时代和民族特色为一体的人才培养模式。今后改革发展的思路是：坚定学院的定位和办学指导思想，加强重点学科、重点课程建设，积极探索和建立以本科教育为主、多层次多规格培养人才的办学模式，建立激励机制，促使学生奋发成才，加强师资队伍建设，建立起一支素质好、水平高、能力强、结构合理的具有群体优势的师资队伍；加强基础设施建设，不断改善办学条件，积极创造条件，把广西民族学院办成广西民族大学。

（四）确保中心，提高质量。教学是学校全部工作的中心，教学质量是学校的生命。过去我院教学工作的中心地位是明确的，但由于受到校内外各种因素的影响，教学工作的中心地位常常受到冲击和干扰。通过教学评价和建设，特别是通过教学评价指标体系的衡量和导向性作用，使我院教学工作的中心地位得到进一步确定，以教学工作为中心，搞好教学基本建设，并落实到各项工作的实践中，为学院各项事业的发展奠定了坚实的基础。

（五）增强团结，高涨士气。1997年上半年，我院成功地举行了建院45周年庆典活动，下半年又成功地开展了创建南宁市文明单位活动，获得了“南宁市文明单位”光荣称号。这两项活动涉及面广，头绪众多，时间紧迫，任务艰巨，责任重大。学院师生员工为着同一个目标，心往一处想，劲往一处使，团结协作，开创了学院空前团结、积极向上、勇于进取的良好局面。

第三阶段，1998年5月至10月。通过了本科教学工作评估，我们获得了申请硕士授权单位和硕士授权点的申请条件，开始申报学院硕士学位授权单位和专业学科的材料。这个阶段主要是疏通关键环节，把材料呈送学位办，让他们对我院的情况进行深入的了解，然后分送有关专家进行通讯评议，审核过后开始进行面议审查。经过半年的审核工作，广西民族学院终于通过了硕士授予权单位和硕士授权点的评审。1998年6月23日，广西民族学院民族学专业、中国少数民族语言文学（壮语文）专业列入国务院学位委员会《新增硕士学位授予单位及其学科、专业名单》（国务院学位委员会学位〔1998〕46号文件），实现了广西民族学院学位建设历史上零的突破，使整个学院的发展过程发生了质的变化，提高了一个学位档次，起到了里程碑式的作用，为后来国务院批准广西民族学院为博士学位的授予权单位，为广西民族学院更名为广西民族大学奠定了坚实的基础。

总之，通过三年时间三个阶段的努力，我院从本科教学工作评估的动员、准备、迎检、评估通过到实现零的突破，被国务院学位委员会批准为硕士授权单位和授权点，总结一路走来虽艰难但终获成功的“三军过后尽开颜”的历程，我感悟到离不开民院人的六种精神：以民族高等教育事业的发展为己任的主人翁精神；对工作高度负责、任劳任怨的敬业精神；不甘落后、争当先进的向上精神；顾全大局、团结共进的协作精神；把学院的整体利益和长远利益放在第一位的奉献精神；脚踏实地、不怕艰难、勇于进取的开拓精神。这六种精神体现了民院人的精神风貌，这六种精神也成为推动民院建设发展改革的强大动力。

一片真心　点滴真情　留住优秀人才

“国以才立，政以才治，业以才兴。”在工作、学习和生活中，大家都知道人才的重要性。那么，什么样的人才算人才呢？人才是指具有一定的专业知识或者专业技能，能胜利创造性劳动并对社会做出贡献的人，是人力资源中能力和素质较高的劳动者。一个单位没有人才很难推动事业向前发展，各条战线、各个岗位的建设和发展需要人才。广西民族学院在20世纪90年代初期人才是比较缺乏的，尤其是高学历、高职称的教师更为缺乏，引进人才、留住人才是学校人才队伍建设的当务之急。当时，我们通过什么方式引进、留住优秀人才呢？

一般说来，办法都是事业留人、待遇留人、感情留人的三段式。可有一点没有引起人们足够的关注，有时候倒被人们忽视了，就是通过一片真心、点滴真情的小事件感动优秀人才，把优秀人才留住，卞成林博士就是其中一例。他是安徽人，1990年毕业于山东大学语言文学专业的硕士研究生。他综合素质高，思想好，教学好，学术好，外语好，身体好，堪称“五好”优秀人才。在他博士即将毕业的时候，很多单位都主动与他联系，给他开出高价码的优惠条件，接纳他去单位工作。但这些优越的条件并没有动摇他，吸引他离开广西民族学院，因为有一件小事一直使他感激，怀念着广西民族学院荣院长对他的真情厚爱，究竟是什么事呢？这件事发生在1996年10月的某天早晨。卞博士回忆说：“有一天早晨，我骑着自行车送四岁的儿子去幼儿园，小孩尿急了在路边撒了一泡尿，尿后把裤裆的拉链往上拉，一不小心拉链夹住了皮肉。小孩越急夹得越紧，往上往下都拉不动，铁夹肉越拉越痛，痛得小孩嗷嗷叫。看见他痛得难忍，一把眼泪一把鼻涕，一副熊样好可怜哟。”那时卞博士也着急了。当时我刚吃完早点，正从这条路去办公楼上班，看见他们父子俩磨磨唧唧在那里十分难堪，我立即停下车来询问他小孩为什么哭，一看一问便知道怎么回事了。我观察了一下，立即蹲下来帮助小孩解难。我用左手压住小孩被夹住的皮肉，顺着往下滑，用他的口水和鼻涕作润滑剂抹一下拉链，慢慢地拉开，随口喊了一声，“行啦!”小男孩的肌肉一收缩就松开了。小孩解脱了痛苦，笑起来了，还很有礼貌地跟我说：“谢谢院长伯伯，再见!”小男孩坐上他爸爸的自行车上幼儿园去了。这件事卞博士一直记在心上，也正因为这点滴真心和真情，使他感动，拒绝其他单位的高薪聘请，坚定不移地留下为学校做贡献。

其他的优秀人才和卞博士一样，被我的真情和用事业、待遇、感情留人的方式留住了，有许多人才至今还在为学校服务。主要的留人方式还是老办法，但内容变了，是旧瓶装新酒。

第一，事业留人。1998年以前，广西民族学院还不是硕士学位授权单位，没有硕士授予点，要引进高学历、高职称的教师比较困难，即使引进来了，要留住也比较难。当时“孔雀东南飞”的现象比较严重，谁都知道人往高处走，水往低处流，遇到这种情况学校应当采取哪些措施稳住教师队伍呢？一是提出学院发展目标。通俗一点讲就是让教职员工对学院的未来充满信心，感到在学校工作有发展前途，充满自豪感和成就感，自觉把学校事业作为自己的立身之本。为了进一步给教师鼓劲，我在老师中做了关于广西民族学院现状、存在困难和问题、未来发展的思路的动员，清清楚楚地讲明未来广西民族学院的前景，确立了学校发展的目标，提出了奋斗的口号：为提高学院学历层次而努力，拿下硕士授予权单位，使大家干事有目标，工作有方向，奋斗有动力，发展有前途。全校教职员工都在努力进行学科建设的基础工作，校领导和骨干教师对照硕士授予权单位的建制和硕士授权点的要求着力建设，促成人人找事做、人人有事做的繁忙景象。二是鼓励学校教授与著名高校教授联合指导硕士研究生，以提高教师的指导能力和水平。我们学校虽然暂时没有获得硕士学位授予权，但我们也可以“借鸡下蛋”“共孵小鸡”“培育小鸡”一块成长。动员有资格指导硕士生的教授、副教授都向名牌大学同学科同专业申请当硕士研究生导师，如我当时就到中国人民大学国际关系学院和我的导师黄达强、许文慧教授联合指导行政管理学的硕士研究生。徐杰舜教授、周建新教授还有其他教授都分别到北京大学、中央民族大学联合指导硕士研究生，开始积累导师指导研究生的经验。学校还按照申报硕士授予权单位的学科、专业要求进行建设，创造条件，完成各项指标任务，培养好导师队伍，认真准备，未雨绸缪，一旦教育部下发申报通知，我们就水到渠成，一举成功。三是引进相关学科专业的高职称、高学历的老师，储备人才。根据硕士学位学科专业建设的需要，我们有目的、有计划地引进学科带头人，原有教师与引进的教师组成导师组，准备好教学大纲、教学专题，制订学生培养计划，学科专业建设越充分越容易通过。我任校长之后不到两年，就获批了教育部硕士学位授权单位和两个硕士学位授权点。这些成果与我院尊重人才、尊重知识是分不开的。没有干事业的平台，给钱、给物人才也不愿意来，只有提供干事有舞台、发展有空间的平台，才能引进人才，留住人才。当然，我们在突出这个硕士点学科建设的重点之外，也把其他学科专业带动起来，把教师的精力集中在教学和科研的业务上来，真正体现事业留人的目的。

第二，待遇留人。人才待遇有国务院、教育部、自治区的规定，这方面的待遇我们首先要全面地不折不扣地落实好、实现好、发展好人才的切身利益。我们还从学校的实际出发，从教师和科研人员的人才特点出发，制定本校的留人待遇政策，尽量满足人才的工作生活需要，解除他们的后顾之忧，让人才充分发挥作用，人尽其才，才尽其用。一是住房上优先安排博士、硕士。博士120平方米，硕士90平方米，让他们安居乐业。在教学上，我们制定了教学工作量超额奖。但凡教学超过教务处制定的教学工作量的都给予奖励，也有一定的限量，毕竟人可承受的劳动强度是有限的，在身体力行的范围内给予一定限额的超工作量奖励，以更有效地激发教职员工的积极性。二是对开设新的课程给予创新奖。除给予一次性创新奖励外，对新课程学生听课率达到80%以上的，新课程奖金连发三年。学科带头人、博士学位的教师，教学效果优秀的再加奖30%，并推荐上报教育部或自治区教育厅参加精品课程或优秀课程的评奖，鼓励他们努力上进。三是科研工作量超额奖和高水平学术论文奖。在学校，教学、科研两手都硬、两条腿都长的人才不多见，当这一条激励政策出台后，老师的积极性、主动性被调动起来了。每年出版的著作、教材、发表的学术论文增多了，质量也提高了。凡是在国家一级刊物发表论文8000字以上的，每篇奖励10000元。学校这条规定极大地调动了教师从事科研工作的积极性，大家的热情一下子高涨起来了，积极搞科研的劲头也足起来了。四是精神鼓励政策。对于教学好、科研强的教师年度考核评为优秀等级，连续三年获得优秀奖的教师除了提一级工资、在住房排队打分上加分奖励外，对优秀教师、优秀班主任、优秀管理人员颁发证书，以资鼓励。通过以上几条有效的措施，学校建立了激励充分的待遇机制，形成了引进来的人才不愿走、留住的人才能充分发挥作用的良好局面，不存在“留住了女婿，气跑了儿子”的现象，最终稳住了人才，稳定了教师队伍、管理队伍、政工队伍。从1996年到1999年期间人才济济，人事两旺，高等教育事业不断向前发展。

第三，感情留人。人才是国家强盛、民族发展、事业兴衰的命脉，这个道理早已成为众人共识。唐太宗李世民说："治国之本，唯在得才。"深刻地说明用人的重要性。在社会的各种资源中，人才是最宝贵最重要的资源。毛泽东曾说过："领导者的责任，归结起来，主要是出主意、用好人两件事。"科学用人，用好人才，是各级领导工作的重要方面，也是一个领导干部必备的基本素质，更宝贵的是事业发展的前提和基础。要想用好人才，首先要有人才可用，要有留住人的机制和环境。领导们都知道事业留人、待遇留人、感情留人，而事业留人、待遇留人，是根据经济实力可以随时改善的，说到底是金钱待遇问题。然而很多时候，感情比金钱待遇更有吸引力、更有威力。人非草木，孰能无情，感情留人是中国特色的留人之道，也是中国优良的传统美德。感情留人，就是要努力营造一种积极向上、团结和谐的人际关系和工作环境，让大家心情舒畅地工作。

"感情留人"的成功与否，关键取决于领导。我认为留人是一项系统工程，是一门管理学问。如何营造吸引人才、留住人才的软硬兼顾、内外协调的人才环境？掌握好、运用好、发挥好留住人才这门学问？留人的关键是留住人的心，使感情留人发挥作用，将待遇留人落到实处。首先运用现代的感情联络手段，建立起上级领导与广大教职员工的联系方式，比如通过手机短信、电子邮件系统，用这种最直接，最快捷也最能体现尊重人性的工作沟通方式，使教职员工深深体验到一种真正的宽松融洽的民主氛围，对保持人际关系的和谐、拴住人心、留住人才产生积极的作用。其次，建立真诚相待的聚力机制。努力使教职员工对学校的发展目标产生认同感、成就感、归属感和荣誉感，形成内在的持久的凝聚力。感情留人的工作看似很难做，其实抓住关键也是能够做到的，主要看领导是否待人真诚。如果优秀人才对领导和单位有感情，即使别的地方条件更好，待遇更高，也往往是想走而舍不得走，这就是感情留人的神奇魅力。感情留人除了领导对职工真诚相待，还要经常体察民情，真诚地为优秀人才排忧解难，人才才会从心里信任和依赖你，由衷地拥戴你。有了感情，人们就会与你同甘苦、共患难，哪能轻易说走就走？“感情留人”其实是一种真实情感的自然流露，也是一种为政之道。会不会当领导，一定程度上就是看你会不会团结人，会不会发挥所属部下的才干，在本单位中有没有威信。跟群众有感情隔膜的领导，缺乏“感情留人”的思想理念，即使单位条件优越、待遇优厚也是难以留住人，也没有人真心实意跟着你一起打拼创业，你这个领导就难以做出政绩，学校也不可能会有良好的发展。再次，要有“感情留人”之艺。根据人才专业特长，因材施用，才能发挥最佳效用，把人才用到适合其发挥专长的岗位上，实现人才资源的最佳配置。做领导的最忌讳用个人才华来运作一个学校，应充分发挥其他人的才干。即使领导具有极强的业务能力，也不应放弃自己的根本职责——协调各方面人才，最大限度地发挥集体的智慧和力量。在人才使用上，要充分信任，放手使用，当他们在工作中遇到困难或挫折时，给予鼓励和支持。对他们生活中的实际问题、困难，尽可能地帮助解决。当然，人才要能经得住困难与逆境的磨炼和考验。领导在用人时要善于把握和利用时机，如果部下完成了工作目标，完成了工作任务，领导觉得那是应该的，是他们分内的事，从而不加以重视，甚至一句“谢谢，你辛苦了”“干得好”之类的话都没有，那人才流失只是迟早的事。其实，对人们的激励不一定要体现在金钱待遇上，有时一句口头上的赞赏和表扬，都能让下属心存感激。

我是怎样留住优秀人才的呢？说事业留人，我们学校的条件不如重点大学优越，说待遇留人，我们学校的待遇也没有重点大学好，剩下只有感情留人这条路了。主要是对优秀人才本人的关心、爱护和帮助。还是说说卞成林博士吧。他的思想好，素质高，研究能力强，教学水平较高，讲课深受学生欢迎，称得上是年轻有为的优秀人才。1990年8月于山东大学硕士研究生毕业后来到广西民族学院中文系工作，初到学院之时，心是没有定下来的，又有学校以优越条件想挖走他。某海洋大学许愿给他一套120平方米的住房，10万元科研启动费，提拔到处级岗位，帮夫人安排工作，岗位随挑，平级调动。海洋大学校内条件很好，所在地也比南宁市大，工资收入高，空气环境好，又是海滨城市，多少人在向往啊！卞成林博士也有些心动。我知道这个情况后，一心想留住他。1995年5月他又考上山东大学中文专业全日制的计划内博士研究生，他完全可以一走了之。但他又留恋我们广西民族学院，在三岔路口摇摆不定。我千方百计留人又留心，首先和他交朋友，建立友情关系，请他把培养方式换作委培，读博期间待遇和在校教师一样，这时他心里就比较稳定了。每次放假回家，我都亲自登门拜访，自己掏钱请他吃吃饭、唠唠嗑，或请到办公室座谈，了解他的学习、生活、家庭情况以及他对未来工作的打算。感情上越拉越近了，有什么话他也愿意和我说了。快到博士毕业之时，又有别的大学拉他，开始他也有些心动，但想到平时我对他好，在读书期间工资照发、补助照给、车票照报，感情有了，心也到了，最后他还是毅然地回到了广西民族学院工作。我再次问他，“你下最后的决心了没有？”他说：“实话告诉校长吧，我曾经犹豫好多次，但每当想起你对我说的话，连提都不好意思提了，也不想离开广西民族学院了。”特别有三件事他至今心怀感激：“有天早上，我送小孩去幼儿园，校长帮助小孩解拉链的事，虽然是小事，但体现了校长对待我的真心真情，在这样心地善良、有情有义的校长领导下，我觉得干有奔头，做得实在，心安理得。”其二，给他的爱人安排工作。他的爱人是大专生，不适合当老师，我征求卞博士的意见，他说就安排在图书馆工作吧，这样他也心满意足了。后来我交代人事处按卞博士的意见给予安排。他解除了后顾之忧，心安下来了，优秀人才也留住了。其三，由于卞博士的能力比较强，在学校工作表现优秀，我建议组织考核他，后来将他从一个普通老师提拔为中文系主任，后又任教务处处长。得到多岗位锻炼培养后，我们又推荐他继续进步，提拔担任了广西师范学院副院长、百色学院院长、党委书记、广西财经学院党委书记，后来还回到广西民族大学担任党委书记。我也因为能把他留在广西民族学院而感到快乐，为党和人民的教育事业培养了领导干部、优秀人才，心里有说不出的高兴。

从为学院建设和发展留住优秀人才这件事，引发了我深刻的思考和体会。第一，政治上关心人才的进步。为了培养人才，让其发挥更大的作用，我因才施策，采取了几个措施：首先安排卞博士到学校的党校学习，经过一个月的学习，他完成了学业，获得了毕业证书，为加入中国共产党创造了条件。经过一年的考察，他被校党委批准加入中共党组织，成了一名中共预备党员，并按党章规定按时转为中共正式党员。其二，有目的有计划地培养他从基层工作做起，由中文系的领导安排他担任班主任的职务，因为当时教育部和教育厅有规定，要晋升高级职称至少担任过两年以上的班主任工作，否则不予以评职称。后来他当了三年班主任，又创造了一个条件。其三，我告诉中文系的领导，有可能的情况下，安排他担任教研室主任，在业务上创造条件，在老师中树立威信，为他的进步发展奠定基础。其四，学校成立了一个博士、硕士恳谈会，专门拿出一定的时间，请他们对学校的建设和发展提出意见和建议，让他通过这种方式参与学校的政治论坛，从政治参与的角度促使自己积累以后从政的经验，提高管理和组织能力。

第二，在业务上帮助人才的提高。业务是指人才所从事教学工作的业务。卞博士教现代文学和语言文学专业，对语言有较深的研究。为了他更大的进步，在业务发展方面我采取了以下的措施。一是评定他为语言学专业的学科带头人，树立他在学术上的威信，便于参加区内外、国内外的学术研讨，与学术界更多的教授、学者交往，以拓宽自己的视野，扩大知识面，交流科研信息，了解学科前沿理论和前沿知识。二是推荐他破格评审副教授，让他早日进入学术界的核心圈，具有更多的专业话语权，以便进一步推荐他成为教育厅专业指导委员会的专家委员，同时推荐他参加专业技术职称评审委员会的学科组，担任高级评委委员，使他站稳教学、科研的平台。让他参加青年教师的演讲比赛，他很争气，很快成了语言学专业的优秀教师，令同行刮目相看。三是让他独立承担科研课题，尽早出版自己的专业著作，经过努力，他果真出版了一本语言学方面的专著，还获评为广西社会科学优秀成果二等奖。这样他的科研水平大大提高，教学经验也进一步丰富了，成了一个素质比较高的专门人才。

第三，生活上关照人才的实际困难。世间只有凡人，没有神仙，要说有神仙，那她只能是从天上下凡到人间了。神仙也有她的烦恼之处，人才也有烦心的时候，在他遇到烦心事不快乐的时候，你能帮助他解除困惑、烦心、不快乐的状态，他就会感激你，为你而战！既然有可做思想教育的空间，就能争取人心，我采取了如下方法。一是个人生日的时候，用我个人的名义，也包含有校长的情义在其中，带上生日蛋糕庆祝他的生日。在这种喜庆的日子里，他的印象最深，感激最真，情谊最诚。只要有机会，我都给这些为学校做出贡献的博士优秀人才过好生日，集体过或几个人过的形式都有，他会始终怀有感恩之情。二是他本人或父母在家的时候，登门拜访他们，带上一些水果、牛奶之类的慰问品送给他们，让他们时刻都感到温暖，心存感激，怀有报效学校的建设和发展的豪言壮志并付诸实际行动。一个学期去一两次，一个学年去三四次，保持不断的联系。如果去不了，就打个电话或发一条信息去问候、去祝福。三是在优秀人才家庭有困难、包括其父母偶然身体不适住院的时候，亲自上医院或委托校长办公室主任或他的好朋友、好同事去看望，通过这种形式把情意带到，他会感动，心存做好工作来报答学校的情意，坚定为学校建设和发展出力的决心。

第四，感情上建立良好的朋友关系。一个人有了感情，话就好说，事就好办。感情的东西不是一蹴而就的，而是循序渐进的。首先要把优秀的人才看作你的朋友，当然也是你的下属，要与优秀人才建立感情，发展感情，加深感情需要一个过程，不是一时一事的。要主动沟通，建立感情。上级与下属之间良好感情的增进，关键在于主动沟通。实践证明，大凡善于主动沟通的上级领导，都容易被对方理解和信任，彼此之间的“心理防线”都容易消除。相反，上司缺乏主动沟通精神，彼此心理隔阂，最容易发生心理冲突，造成僵局。在这种情况下，最需要一方主动地敞开心扉，疏通情感交流的渠道。精诚所至，金石为开，对方也会逐步开启“心理门户”，一来一往，感情自然逐渐增强。

人非草木，孰能无情。情感为人类所独具，在人类的生活中起着巨大的作用，人的任何认识和行动，都是在一定情感的推动下完成的。情感具有极大的激励作用，积极的情感可以焕发出惊人的力量，产生一种比什么都重要的巨大力量去克服困难，大大地推动工作进展，建立感情，增进友谊。对待人才，要倾注真情，经常关心他们的情绪、忧虑和实际困难，主动嘘寒问暖，关注其切身利益，了解其疾苦，解决其困难，把关心、爱护、帮助渗透到生活的点点滴滴中，就会收到“润物细无声”的良好效果。

打铁必须自身硬　获批为首批国务院政府特殊津贴专家

1993年我荣获国务院政府特殊津贴待遇，当时在中国，这是政府对专家的最高奖励，获得这个奖励的专家十分光荣，也十分自豪，这是党和政府亲切关怀的结果。国家财政每月发给100元，我是广西壮族自治区第一批享受国务院政府特殊津贴专家中第一个档次的专家，终身享受相关待遇。开始5年国家财政每月发放100元的津贴，后来增加到每月发600元。原来每月发50元津贴的第二档专家，后来也按100元的标准发放。这是中华人民共和国对于高层次专业技术人才和高技能人才的一种奖励制度。

国务院政府特殊津贴专家的含义是什么呢？获得这个专家称号具有什么重大意义，需要具备什么条件，通过哪些评审的程序才能获批国务院政府特殊津贴专家呢？1978年我大学毕业留校任教以后，就立志要当一个好老师，当一个无愧于时代要求的优秀教师。从那时起，我开始暗暗地下决心，博览群书、勤奋钻研、努力向上，瞄准教学、科研的制高点，多出成果、出好成果，做一名出类拔萃的优秀教学和科研工作者，成为同行中的佼佼者。1990年，我看到党中央、国务院正式发出通知，决定给做出突出贡献的专家、学者、技术人员发放政府特殊津贴，获评者即为享受国务院政府特殊津贴专家。我感到十分高兴，心想知识分子有用武之地了。于是我瞄准这个目标，练好自身的硬功夫，努力创造条件，脚踏实地地攀登这个高峰。

经过学习和了解情况，我知道国务院政府特殊津贴这种我国对于高层次专业技术人才和高校能人的奖励制度，获评者被称为享受政府特殊津贴专家。这类专家在中国具有重大的意义。

（一）国务院特殊津贴专家的设置是党中央、国务院“尊重人才、尊重知识”的重大举措。尊重人才、尊重知识是我党针对人才工作制定的重要方针。1977年，邓小平同志说：“我们要实现现代化，关键是科学技术要能上去。发展科学技术，不抓教育不行。靠空讲不能实现现代化，必须有知识，有人才。”“一定要在党内造成一种空气：尊重知识，尊重人才。”从此，“尊重知识”“尊重人才”以及重申“知识分子是工人阶级的一部分”成了新时期党的知识分子政策表述的代表性口号。这个口号对引领社会风气的主流价值导向，进一步领导和团结全国各族人民，调动一切积极因素，全面建设小康社会、构建社会主义和谐社会、具有极为重大的意义。尊重知识、尊重人才作为党和国家的一项重大方针在全社会得以认真贯彻执行。要尊重和保护一切有益于人民的劳动，不论是体力劳动还是脑力劳动，不论是简单劳动还是复杂劳动，一切为我们社会主义现代化建设做出贡献的劳动，都是光荣的，也是必需的；都应当得到承认和尊重。

从1991年开始，党中央、国务院决定，给做出突出贡献的专家、学者、技术人员发放政府特殊津贴。多年以来，国务院特殊津贴专家的遴选范围不断扩大，奖励标准不断提高，实现了从身份奖励到岗位奖励、从终身奖励到一次性奖励的逐步完善，使得该项专家制度更能科学地奖励到有贡献的杰出知识分子和各行各业的专家。这是党中央、国务院为加强和改进党的知识分子工作、关心和爱护广大专业技术人员而采取的一项重大举措。

（二）评审国务院政府特殊津贴专家制度是激活专业技术人员内在动力的重要途径。一直以来，一些事业单位和企业的专业技术人才队伍，不同程度地存在创新创业动力不足、活力不够的问题。怎样调动现有专业技术人员的创新创业活力，是一个值得探讨的现实课题。在人才培养和管理上，事业单位好于企业。事业单位的专业技术人员管理相对比较规范，人才成长的环境氛围比较优越，职称评审比较有序。在人才的创新活力方面，企业好于事业单位。企业的分配机制与市场经济相吻合，对人才没有过多条条框框的束缚，专业技术人员创新的业绩成果能给企业和自身带来荣誉和效益，可谓“名利双收”，因此，企业的专业技术人员有着强劲的创新发展“内驱力”。事业单位的专业技术人员受到现行管理机制的约束，虽然现行管理机制在培养事业单位专业技术人员方面发挥了很大的作用，但也暴露出不少问题，例如收入分配制度相对滞后僵化，已不能适应市场经济的发展，尤其是专技人才创新价值的体现，与企业人员差距较大，这是影响事业单位专技人员创新创业活力的主要原因。

专业技术人员内在活力的激发，需要体制机制的多方面综合激励和完善。国务院政府特殊津贴专家制度，既是一项有一定物质奖励的激励措施，也是一项具有很高的专业水准象征意义的荣誉奖励。当前，尽管专业技术人员有着各种各样的荣誉和奖励，但是国务院专家制度，因其遴选的科学、严谨，实施部门的政府权威性以及授予单位的级别（国务院）非常高，所以无论对于体制内的专业技术人员还是对企业和社会的专业技术人员而言，都是一项很高的社会评价。因此，这项制度的不断完善和持续实施，对于激发专业技术人员的内在活力，具有非常重要的激励作用。

（三）评审国务院政府特殊津贴专家制度是发挥专业技术人员智库作用的客观需要。纵观当今世界各国现代化发展历程，智库在国家治理中发挥着越来越重要的作用，日益成为国家治理体系中不可或缺的组成部分，是国家治理能力的重要体现。智力资源，是一个国家、一个民族最宝贵的资源。专业技术人员是一个国家智力资源的重要部分。

我国在建设中国特色新型智库的过程中，一个很大的问题就是领军人物和杰出人才缺乏。智库人才队伍的建设面临着高端人才培养机制不健全、人事管理制度不顺畅等问题。认真贯彻评审国务院政府特殊津贴专家制度，推选一批优秀的专业技术人员参加国务院政府特殊津贴专家的评审，使更多的人成为这方面的专家，发挥各方面专家的特色和优势作用，积极投身于国家智库建设，贡献自身智力资源。

（四）国务院政府特殊津贴专家是实践伟大中国梦的建设者。实现“中国梦”，关键在人才。从美国追赶英国到日本追赶美国，再到韩国追赶欧洲，一个共同规律就是实施人力资本优先积累战略。在工业化后期以及信息化时代，人力资本特别是拥有知识和技术的高素质人才跃升为第一资源，成为经济增长的第一推动力。当前世界各国为跳出经济泥淖，纷纷寻找新机，抢占经济发展、产业革命、科技创新的战略制高点，实施新的人才战略成为首选目标。

党的十八大提出，要加快确立人才优先发展战略布局，充分开发利用国内国际人才资源，推动我国由人才大国迈向人才强国。这是党中央站在全局高度做出的战略部署。人才是第一资源，是国家发展的战略资源，是实现“中国梦”最可依靠的力量。人才强国建设每向前推进一步，我们离实现“中国梦”就会更近一步，距离就会缩短一步。我国人才队伍的规模、结构和素质等，与世界先进国家和经济社会发展需要相比，还有很多不适应的地方，特别是高层次创新型人才匮乏，人才创新创业能力不强，人才结构和布局不尽合理，等等。

国务院政府特殊津贴专家是专业技术人员和知识分子中的领军人才，是某个学科领域的带头人，是各行各业做出突出贡献的能手和专家。正是有了一大批政府特殊津贴专家攀登科研高峰的持续努力和不断创新，我国经济社会发展的多个方面才有了技术支撑和创新能力。他们是实现中国梦的领军队伍和支柱力量。

（五）国务院政府特殊津贴专家是教学讲台和科研平台的主力军。《2017年度人力资源和社会保障事业发展统计公报》显示，截至2017年年底，我国有两院院士1660多人，有做出突出贡献的中青年专家6000多人，百千万人才工程国家级人选5729人，享受政府特殊津贴专家17.7万人。

政府特殊津贴专家大部分分布在全国各地的高校、科研院所、研究机构。作为知识分子的杰出代表，他们很多都是教学一线的优秀教师和学科带头人，在讲台上他们认真传道授业解惑，把自己最新的学科前沿知识、前沿理论和创新观点传授给学生，让学生开启学习的智慧，发现新问题、研究新理论，不断推进学科的建设和发展。在科研平台上承担着众多国家级的科研攻关项目，不断攻克新的课题，不断创新新的理论、新观点，发明创造新成果，造福人类，为人类的幸福生活贡献自己的力量。

申报评审国务院政府特殊津贴专家需要具备什么样的条件？又需要经过哪些程序呢？在《中共中央、国务院关于给做出突出贡献的专家、学者、技术人员发放政府特殊津贴的通知》（1991年6月9日中发〔1991〕10号）和人社部函〔2014〕28号和桂人社函〔2014〕167号文件中做了明确规定，评审的条件在此不做具体赘述，申报审批程序如下：

1.单位申报。各申报人选所在单位应按照行政隶属关系、人选类别分别逐级向所在市或上一级主管部门申报。非公有制企事业单位应向单位所在地人力资源和社会保障部门申报，并逐级推荐。各申报人选所在单位应选择单一途径申报，多头申报的，一经发现不予受理。

2.人选初选。各市和区直主管部门应根据人社部确定的推荐条件，认真审核申报材料，并根据人选类别及所分配的推荐名额提出本市、本部门推荐人选。除涉密人员外，拟推荐人选应按规定程序在所在单位或主管部门进行公示。

各市最终确定的推荐人选，须经所在市人力资源和社会保障部门审核并报市人民政府同意或授权同意；区直单位最终确定的人选须经区直主管部门审核同意。

3.评审确定。按照人社部文件要求，省（自治区、直辖市）人力资源和社会保障部门将按程序组织专家评议并召开评审会评选出正式推荐人选，按程序上报省（自治区、直辖市）人民政府审核后报送人力资源和社会保障部。

4.人选材料报送后，人力资源和社会保障部将会同有关部门集中审核人选，核减不符合规定的人选和超指标上报人选，并将审核通过的名单报国务院审批。军队系统的选拔工作由总政治部按照本通知精神，根据选拔条件和指标控制数，结合部队实际情况组织实施，选拔的人选由人力资源和社会保障部转报国务院批准。

对照文件精神，即中发〔1991〕10号，我于1992年申报了国务院政府特殊津贴专家的选拔，当时报这个专家选拔的在广西民族学院寥寥无几，只有6个人申报，条件很严，要求很高，指标很少。在我们政治系申报的3人中，有两位是我的老师，一位是徐方治教授，他学识渊博，德高望重，是广西第一位中共党史教授；另一位是冯琛教授，他理论厚实，成果卓著，是广西第一位科学社会主义教授。这两位都是知名的众望所归的教授。我属于中青年教师中的优秀代表，具备申报专家的过硬条件。当时我具备哪些申报条件呢？概括起来主要有六条：一是政治条件过硬。我是1975年6月参加中国共产党的，具有坚定的共产主义信念，在大是大非面前，政治立场坚定，政治观点鲜明，热爱社会主义祖国，拥护党的基本路线，拥护四项基本原则，拥护改革开放。二是科学研究和教学工作成绩显著。我是科学社会主义和行政管理学科领域的优势学科带头人，是广西民族学院第一位开设行政管理新课程的教师，并对学科建设、人才培养、服务社会事业发展做出了重大贡献。当时高校的教材是比较缺乏的，行政管理学这门课程的教材更少，参考书也少。为了行政管理的学科建设，我自己给自己加压，每周到政府部门进行调查研究和定岗上班两天，考察和了解实际部门的实际运作情况；参加广西壮族自治区行政管理学会并担任学会副会长、秘书长，使自己更多地了解和掌握行政管理实践经验和专业技能；还参加了中国行政管理学会教学研究会，担任理事、副会长，几乎每年都参加中国行政管理学会的年会和学术交流活动，直接与行政管理学教授黄达强、夏书章、徐理明等著名学者交流。在学科建设的理论体系、实践效果、实例分析和人才培养方面，我做出了重大贡献：1989年我就在广西人民出版社出版了第一部28万字的《实用行政管理学》专著，当时这类著作在全国屈指可数，全国有二十二个省的高校、党校、行政管理学院将其选作教材，在社会上产生了广泛的、良好的影响，出版不久就被评为社会科学优秀成果二等奖，为行政管理科学建设奠定了重要基础。三是在全国社会科学领域有知名度。在科学社会主义的研究工作中，我大学毕业后的第三年就和我的导师冯琛教授合著了《政治学辞典》《社会主义名词词典》，这两部词典在广西人民出版社出版，填补了科学社会主义、行政学两个学科的理论空白，为理论研究做出了贡献。这两部词典都被评为广西社会科学优秀成果二等奖。从1978年毕业留校到1992年申报国务院政府特殊津贴专家这段时间，我共出版了四部著作（一部专著、三部合著），在学科体系的建设上做出了理论贡献。四是教学效果显著，深受学生欢迎。我担任了五门课程的教学，首创了行政管理学这门课程，在广西和全国的行政学界颇有影响。教学任务的完成情况和效果在当时的青年教师中是最多最好的，主要教的课程有国际共产主义运动史、科学社会主义、马列著作选读、行政管理学、公共关系学。授课中我能做到讲清基本观点、阐明理论重点、解释理论难点，突出四个创新：在教学理念上的创新、在教学内容上的创新、在教学方式上的创新、在课堂讨论中的创新，同时注重介绍理论前沿知识和学科发展的趋势，课堂内容丰富、生动具体，深得师生的好评，在同行专家、教师中一枝独秀，1980 — 1992年连续被评为优秀教师。五是教书育人成效明显。我认真深入做好学生的思想政治工作，在广西民族学院政治系连续做了八年的班主任，能够正确判断学生政治思想工作的新形势，深入教室、食堂、学生宿舍，了解和掌握学生的基本情况、心理特点、兴趣爱好，对于学生的成长、成才、成功做出了很大的贡献，连续八年被评为优秀班主任和优秀教师，为同行所公认。六是被破格晋升为副教授。1989年我申报副教授的职称，由于成绩显著，被破格晋升为副教授，当时我33岁，在同行教师中是唯一破格晋升的副教授，进入了高级职称的行列。申报国务院政府特殊津贴专家，经过严格的评审程序，从个人所在单位申报到人选初选、评审确定、审核人选、国务院批准等层层审定，最后我通过了选拔，当年申报当年成功，成为当时广西年龄最小、成果最多的享受国务院政府特殊津贴的专家。

1993年被批准成为享受国务院政府特殊津贴专家之后，我并没有停滞不前，而是继续修炼内功，强化自身条件，奋发图强，勤于笔耕，著书立说，硕果累累。在科研方面，1993年获批专家称号后出版了《领导干部协调艺术论》《实用行政管理学》《论领导责任》《中国民族地区公共政策研究》《民主问题思考》《高等教育行政管理实话说》等23部著作，发表了《论政府行政审批制度改革》《论领导者的决策责任》《论领导者的开放思维》《论领导者的法治意识》《论政府行政协调》《论我国行政决策民主化和科学化的制度建设》等100多篇学术论文，被评为国家级、省部级的社会科学优秀成果奖有16项，其中二等奖6项、三等奖5项、佳作奖5项。

在政治学、行政学这两个学科保持引领、带头的先进地位。在教学方面，直到现在我还在指导中央民族大学的博士生、硕士生，还给他们讲授《领导干部协调艺术论》《社会科学研究方法》两门课程，在2004年被评为国家民委首批有突出贡献的优秀专家，2005年被评为中央直接联系的高级专家。由于我长期以来非常注重自身学养的建设，注重奉行打铁必须自身硬的信条，巩固、创造和发展，练好、炼精、练硬一身本领，不论是在教师岗位上还是在学校领导岗位上，我都在老师、同事、同学中享有威望。实践使我深深地体会到活到老、学到老、写到老的重要性，做好学术研究、教好学，永远在路上。

发挥国务院政府特殊津贴专家后劲的建议和思考。有的专家获得这个称号以后，后劲就不足了，主动去争取国家级、省部级的科研项目也没有那么积极了，从事科研项目也缺少一种拼的精神了。针对这种情况，我认为不能让这些专家们停顿下来，要激励他们继续前进，为国家做出更大的贡献。因此，从工作、事业的方面来看，需要制定相应的机制，激发他们的内在动力。具体机制有下面几个：第一，建立和健全发挥国务院政府特殊津贴专家作用的长效机制。长效机制即能保证制度正常运行并发挥预期功能的制度体系。长效机制不是一劳永逸、一成不变的，它必须随着时间、条件的变化而不断丰富、发展和完善。理解长效机制，要从“长效”“机制”这两个关键词上来把握。机制是使制度能够正常运行并发挥预期功能的配套制度。它有两个基本条件：一是要有比较规范、稳定、配套的制度体系；二是要有推动制度正常运行的“动力源”，即要有出于自身利益而积极推动和监督制度运行的组织和个体。机制与制度之间有联系也有区别，机制不同于制度，制度只是机制的外在表现。健全长效机制就是要建立发挥专家作用的稳定机制，这个稳定机制就是保证专家连续发挥作用，保证专家研究的课题不断产出成果，创造出来的科研成果能及时转化为生产力，使生产力变为巨大的物质力量，造福人类社会，使人们不断享用专家研制的科学产品。一方面，专家的作用连续不断地发挥，能推动长效机制不断深化；另一方面，保证专家的研究成果及时投入生产试验，从连续不断地出小样、中样到大样再到批量生产。

第二，发挥国务院政府特殊津贴专家作用的跟踪激励机制。大凡是人都有两面性：积极的一面、懒惰的一面。积极的一面是自觉的不用推动的，懒惰的一面是要推动的。科学家也是人，也有常人的两面性，这就需要跟踪激励，在保证专家的科研工作正常进行之外，还得有机制推动，在这里主要是跟踪激励机制。这种机制是在原有研究课题的基础上跟踪专家不放松，让他们把潜在的能量都释放出来，完成一个又一个子课题，完成一个又一个新的研究计划。要始终提醒专家，你的任务没有完成，如何办到呢？快马也得加鞭，要始终保持做科研的良好精神状态，保持奋发向上的斗志，跟踪追击，让专家在新常态下得到激发，从而迸发出科学创造的内在活力，产生新研究课题的生机活力，源源不断地创造发明，攀登一个又一个科学高峰。我在学校、科研处向专家、教授提出每年完成的课题任务，下达一个学年要完成一篇高水平的学术论文并在国家级的核心期刊上发表的任务。在教学任务方面，教务处每学年下达任务，要求专家、教授给本科生上一门或若干个专题或新开一门课程，这就保证了专家从事科研、教学的积极性和创造性。

第三，国务院政府特殊津贴专家科研成果的催生机制。专业技术人员有各类专家，为了保证专家能够做出成果来，又能将成果转化出来，就需要建立两个催生机制：一是创造科研成果的催生机制，这一机制能保证专家不断产出新的成果，尤其是在自己的学科前沿研究方面独树一帜，占领科学研究的制高点。二是转化科研成果的催生机制，说句通俗的话就是让科研成果“活”起来，不让它“死”在仓库里，不作为历史的档案；要作为实践的活动，把它“催生”出来，变成活生生的物质财富，能成为人们享用的产品。因此，建立成果创造和成果转化的催生机制是十分重要的。

第四，发挥国务院政府特殊津贴专家智库参谋作用的机制。国内国外现在都时兴智库这个词，智库、智慧团主要是指以公共政策为研究对象，以影响政府决策为研究目标，以公共利益为研究导向，以社会责任为研究准则的专业研究机构。中国智库是国家“软实力”和“话语权”的重要组成部分，对政府决策、企业发展、社会舆论与公共知识传播具有深刻影响。在中国，智库的分类有：党政军智库、社会科学智库、高校智库、民间智库。智库所提供的决策性意见，仅仅是可供选择的一种方案、一种途径、一种参考意见，绝不是决策本身。决策者出于对决策结果负责的需要，必须做出最后的决策。在不同的岗位上结合自己的工作实际，各类专家都可以为社会主义的发展出谋划策，发挥智库的作用。在高校，专家为学校的总体发展、为学科建设、为科研工作、为学生教育工作提供意见和建议给校领导做决策参考，做出自己的贡献。在社会科学院的专家可以在经济、金融、保险、证券、电商等方面为政府行政首长提供决策参考，发挥各自的智库作用。一旦中国的各类专家都充分发挥作用，我国的经济、政治、文化、社会和生态五位一体的建设将会大大向前推进一步，尖端的新技术、新材料、新成果将会喷涌而出，硕果累累。祖国繁荣昌盛、人民幸福安康的中国梦就能成为现实。

胸怀大局　敢于启用与自己意见相悖甚至反对自己意见的人

你在一个单位、部门或地区担任一把手，你的下属对你的指示、布置的工作、做出的决策、执行的力度都存在三种不同的状况。一是坚决执行，尽心尽力，毫无二心，鼎力支持，办事认真，迅速贯彻落实。这部分人是领导执行力的中坚、骨干力量，但在单位总人数中占少数。二是较好执行，工作称职，随大流，按部就班，循规蹈矩，这部分人是领导执行力的中坚力量，在单位总人数中占多数，属于橄榄果的中间部分。三是执行阻力，不主动。领导布置工作，他在接受任务时总是不那么爽快，总喜欢钻点牛角尖，挑点毛病，顶一点嘴，对现实岗位的安排总有不满的感觉。办结时间总是拖拉，不积极，是对领导决策执行力的阻碍力量。第一部分人是领导工作的依靠力量，是知根知底的忠诚执行者、拥护者。第二部分是保持现状，能争取尽量争取，能团结尽量团结，能发挥尽量发挥他们的积极性，尽最大努力把拥护和支持领导工作的人团结起来。第三部分是分化瓦解。防止他们拉帮结派，搞小圈子，以规矩和纪律约束他们，严格加强管理，严格教育，依法行政，照章办事，避免这些人令行不止，不打招呼，做出不利于学校发展的事情来，损害学校的形象。

在广西民族学院也有第三部分的人群存在：一是对领导的工作政绩评

头论足，似乎单位的事他都有发言权，他最了解情况，他最熟悉问题，哪些是对的，哪些是错的，不论哪种事他都要说上两句才觉得舒服，不说他就觉得不自在，经常私下里和他们的几个哥们议论领导的正确与错误、是与非的问题。实际上他们并不真正了解情况，而是无的放矢，没有针对性，有的群众听了以后当场与他们辩说起来，说他们妄议校领导，乱评论校领导，希望他们不要乱讲，更不应该背后乱说校领导的坏话。二是在校领导给他们布置工作任务的时候总是说三道四，总想钻点法律、法规、规章的空子。万一你执行不那么圆满或执行不当，有错漏的地方，他就在旁边看热闹，就到处去嚷嚷，到处说领导的不是，说他当不上科长、处长，是怀才不遇，领导不重视他，把他“放羊”了。三是对校领导的某些决策，他总是说三道四，说决策还不够圆满啦，应该这样那样做更加完善，等等。事先征求教职工意见的时候不说，等你公布决策的时候他就发表所谓的“高论”了，实际上他发表这些意见对决策的执行并没有多大的帮助和推动，只是要图“嘴巴快活”。四是对校领导开展某一项新的活动，总是横挑鼻子竖挑眼，比如开展教职工体育活动、分矿泉水给各学院数量多少，这些琐碎的小事，他都要说一嘴，大事小事都要反映到校领导这里来。你听他提的意见，他就得意，你不听他，他就说你领导不听群众的意见，甚至给你扣帽子，不走群众路线，实际上他也代表不了群众的意见。他经常这样，不少教职工也不理睬他了。五是校领导召开教代会，征求教职工意见，他就发表一堆意见，可是讲不到问题的要害，占用了大家的时间。有时候，参会的人当场打断他的话，他也尴尬地下不了台，十分懊恼地离开会场。实事求是地说，他们这个小圈子经常三五成群地聚在一起，背后议论校领导，议论中也有合理的成分，有些建议也有可行的地方，对问题的分析有一定的道理，但没有用在正事上。如某处曾有一位干部，总是说他是名牌大学毕业的优秀生，不使用他，忽视他，是屈才。有时他跟我抬杠子、顶牛，甚至反对我的正确意见。对这种人如何处理好呢？此人用还是不用，用在何处？不用也不好，重用也不是。那就坚持量才适用，在业务岗位上安排职位，我相信这样安排会产生一个导向作用，一定程度上扭转这些小圈子的人的思想观念。以事业为重，搞五湖四海。一方面，有能力有条件的人才有上岗的机会，用你说明我有能力控制局面，皆大欢喜；另一方面，充分调动教职员工的积极性，营造良好的政治生态的和谐氛围。基于这个考虑，我在1998年4月教育部专家组来我院进行本科教学评估之前一个月，大胆地决定让他担任教务处副处长，主要职责是负责评估工作，发挥他教育管理专业的优势。当时有人提醒我，怕他捣乱，以泄私愤，损害学校的形象。我想，还不至于吧！再说，他已经接受了职务任命书，每个岗位都有规章制度和职责规范，不好好做事，他就要承担责任，学校就可以依法办事处分他，他也想让校领导好好地看看他的表现。实践证明，我让他担任教务处副处长是用对了。我实行单项授权的办法，把本科教学评估的材料组工作交给他负责，他把专家组的工作安排得好好的，材料的出档归档、文件阅读、登记的手续都比较完备，专家所需的材料，保证五分钟以内送达专家工作地点。整个教学评估秩序井然，有条不紊，赢得专家组的高度评价，最后学院获得了教育部本科教学合格评价的等级，为学校申报硕士学位授予权单位奠定了良好的基础。我为什么敢于启用对我有意见的人，甚至反对我的意见并在实践中证明是反对错了的人呢？主要因为我能做到以下几点。

一、要正确对待反对者

在部门单位中，一个领导干部的讲话、制定的计划、做出的决策、采取的措施、言谈举止等，总会得到一些人的拥护，同时也可能遇到一些人的反对。支持自己，未必说明自己英明正确，反对自己，也未必意味着自己所作所为是一团糟或者反对者完全错误。这要靠实践来验证。问题是，就一般人的感情来说，对支持自己的人感情总会更为贴近一些，而对反对自己的人就会看着不大顺眼。特别是自己正确的意见或做法不为他人所理解而遭到意外的反对时，往往表现得更为突出，耿耿于怀是常事。这时，最容易"一面倒"，或亲近或疏远，界限分明。作为一个领导干部，在面对各种态度时，若无坦荡之胸襟，豁达之气度，容人之风格，便会丧失处事的公心，而以个人好恶取代之。因此，要正确对待不同的意见，善于纳谏，听取正确的建议和意见。

二、要真诚待人，以诚感人

古人云："精诚所至，金石为开""诚之所感，触处皆通"。意思是说，只要真心实意以诚相待，就会使人感化，无论在什么地方、什么情况下，都能把事情办好。要诚实为本，不欺骗他人。在与同级共事时要光明磊落、实实在在，一是一，二是二，不要小聪明，不玩弄权术。当下级取得成绩、事业得到发展时，应真诚地感到欣慰并表示祝贺；当同级遭受挫折时，应当主动地予以关心和表示同情；当下级遇到困难时，应当积极地帮助他们克服。更重要的是当对方遇到挫折或工作上出了"漏洞"，最需要你帮助的关键时刻，如果你及时给予相应的支持和帮助，这是最有价值并最能产生"奇效"的。

要"关键时刻送温暖"。就是指在对方最需要你的时刻及时给予相应的支持和帮助，它是与"雨后送伞"相反的"雪中送炭"。这样做，不仅能及时解决对方的困难或问题，还会使对方备加珍视和感激。同事之间需要支持和帮助的"关键时刻"表现在各个方面，如工作出了"漏洞"需要

"补救"时；遇到难题拿不出主意时；新上任的领导不熟悉情况时；受到打击身陷逆境时；生活上遇到某些困难时；等等。在这种情况下，给予其热情的支持或帮助，对方是难以忘怀的。

当然，我们说"关键时刻送温暖"并不意味着平时可以不关心其痛痒，而只是强调不要忽视放过"关键时刻"。同级之间互相支持和帮助的价值不仅取决于对方的需求强度，还取决于支持和帮助的内容。如果内容的"取向"与对方的需求不符或相反，也会降低其价值，甚至出现"负值"。这就是说，同事之间的支持和帮助，不仅有一个动机和时机问题，还有一个针对性问题。注意了这些问题，同级、下级的关系并不难处，你就敢于支持同级，敢于使用有争议、也有能力的下级，形成风清气正的用人氛围。

三、不计较个人得失，当用则用

许多下级容易犯的一个错误就是一旦做出成绩，就觉得自己高大无比，谁都可以不放在眼里，觉得自己就是单位的顶梁柱，缺了自己单位就会运转不灵。更有甚者，到处宣扬自己的成绩，将所有的功劳都划归自己的名下，完全将上级和同事置之度外。殊不知，这样做的后果就是将自己逼进死胡同，没有了退路，为自己树立了更多的"敌人"。

一个做大事的人，一个有远见的人，是不会计较个人得失的，不要计较反对你意见的人，特别是反对你的正确意见的人，当用的时候还是要使用，不要埋没人才，让他发挥作用，用了可以起到感化的作用，取得无声胜有声的效应。他们有着成熟的心理，懂得调整心态来应对各种情况，并把这种情况控制在别人心理可以承受的范围之内。作为下级，一定要有这样的心理，那就是你的功劳有自己的一半，更有上级的一半。虽然看起来工作是你做的，但是上级的指导和配合同样是必不可少的。所以，你必须端正自己的心态来面对取得的成绩。在遇到困难时，你想得到上级的帮助，那么在取得成绩时，在组织提拔推荐干部时，同样要想到上级的支持和帮助。上级也应有这种大度心理，大力推荐下级同志，帮助他再上一个新台阶。即使他有时对你不敬，你也应有胸怀推荐他，这时下级会无比感激你。

四、心胸要宽广

宽广的胸襟，是各级领导干部必备的政治修养。古语中有“雅量”一词，还有“度量大似海”“宰相肚里能撑船”的说法，这都是倡导人们特别是从政为官的人，要有容人容事的气度，要有为民造福的胸襟。

领导干部无论职务多高，也无论在何时何地，都是人民的公仆，对人民负责，为百姓谋利，是为政者的责任和义务。领导干部心中装着群众，真正做到万事民为先，才能知耻辱，明是非，才能正确对待个人的进退得失，保持“心底无私天地宽”的精神境界。领导干部要有为民的胸襟，才能够擅于听取不同的意见，“只要你说得对，我们就照你说的办”，为人民利益坚持对的，改正错的，班子中互相宽容，互相谦让，互相帮助，互相扶持，而不会因为一时意见不合就闹矛盾，影响班子的团结和谐。那些经常产生内耗的班子，无一不是因领导干部思想境界不高，一事当前先替自己打算的私心杂念作祟，由此滋生出一些说不清道不明的恩恩怨怨。领导干部有了为民造福的宽大胸襟，就会虚怀若谷，经常看到自己的不足，保持积极进取奋发有为的精神状态，把精力放在为民谋利上来，而没有心思去追求那些自私庸俗的利益。

要有求真务实的胸襟。这是对领导干部为官从政的基本要求。但在现实生活中，要真正做到求真务实确非易事。有了求真务实的胸襟，才能心怀坦荡，不唯书不唯上只唯实，才能在推进各项工作时更好地把握规律性，增强主动性，减少盲目性，克服片面性。想问题，订计划，做决策，办事情，都要从当地当时的实际出发，防止和克服急于求成、急功近利的心态和做法，老老实实地艰苦创业，踏踏实实地推动发展。有了求真务实的胸襟，才能坚持说实话，办实事，出实招，求实效，把工作的着力点放在促进发展和和谐社会建设上，把精力放在解决群众反映强烈的现实问题上，把心思放在利于长远、打牢基础的事情上，创造实实在在的工作业绩。

作为党政主要领导，要善于处理各种关系，这就要求班长必须要有广阔的眼界，宽阔的胸怀，豁达的肚量，要能容得下人，容得了事，能够团结和自己意见不同的人一道工作。如上所述，我大胆地使用了一位副处长，却起到了一种用人的导向作用。解铃还得系铃人，用事实来教育他们，用真理说服他们，小圈子也就解散了，对学校领导也不非议了，而是议论如何推动学校的建设和发展了。我做了件好事，团结面扩大了，对立面范围缩小了，良好风气形成了，校领导的工作好做多了。因此在用人问题上，要有宰相肚里能撑船的大度，在班子内部既要讲感情，更要讲原则，不讲感情就没有凝聚力，不讲原则则没有战斗力。要能容人之短，不以一时一事论英雄，不以小恶掩大德。还要能容人之长，不去管所谓的“功高欺主”，不因怕日后自己的地位受到威胁而不用甚至压制人才。

五、思路要广

思路宽，就是要有全局观、长远观，特别是要有战略的眼光；就是要树立科学的发展观、正确的政绩观，以人为本，以民为本；就是要把握多向思维的方法，遵循趋势，把握规律。

宽广的思路，需要进一步解放思想。思想解放不解放，决定着思路宽广不宽广。面对新问题和新困难，思路决定着出路，新思路就是新出路，大思路就是大出路，解放思想大胆走新路、走大路，路才能越走越宽。要把新思路变成新出路，就必须充分发挥创造性。如果总是“上面怎么说，自己怎么做，上面说多少，自己做多少”，照搬照抄，人云亦云，因循守旧，墨守成规，新思路就难以发挥出应有的效应。勇于走新路还要立足一个“快”字，对发展机遇认识要快，对上面政策理解要快，对新生事物接受要快，落实新思路行动要快。要把解放思想作为永久的主题，贯穿于发展的始终。

宽广的思路，需要不断地推陈出新。就是既继承前人，又不因循守旧；借鉴别人，又有所独创；努力做到观察形势有新视角，推进工作有新思路，解决问题有新办法，使各项工作体现时代性，把握规律性，富于创造性。有新思想、新精神者，往往是先例破坏者，这也是一个探索的过程，不会总是一帆风顺，有可能失败，有可能暂时不被人理解和接受。作为领导干部，要敢想、敢试、敢干，敢于负责、敢顶压力、敢担风险。要认真研究和思考本部门本行业本单位面临的新情况、新问题，把握发展趋势，探索新办法，总结新经验，不断推进思路创新、措施创新、机制创新。

六、眼界要宽

眼界宽，就是要全面认识和把握事物的客观规律，不能“只见树木，不见森林”；就是要有“会当凌绝顶，一览众山小”的气概，登高望远，谋划长远；就是要“不为浮云遮望眼”，擅于审时度势，把握发展趋势，在更为广阔的空间中搏击，奋勇争先。

宽阔的眼界，来源于广博的知识。广博的知识来源于持之以恒的学习。古人云："吾生而有涯，而知也无涯。""人不可以不学，犹鱼之不可以无水。"随着时代发展和社会进步，新事物、新情况层出不穷，新知识、新技术不断出现，要求领导干部必须开拓视野，更新观念，不断学习新知识，掌握新本领。学习非一朝一夕之事，不可能毕其功于一役，要懂得学则成、不学则殆的道理，增强学则进、不学则退的危机感，发扬时不我待、"不教一日闲过"的精神，树立终身学习的观念，养成勤于读书、勤于思考的习惯。联合国教科文组织出版的《学会生存》一书提出："未来的文盲，不再是不识字的人，而是没有学会怎样学习的人。"要摒弃唯学历的陈旧观念。学历并不代表永远拥有新的知识，随着时间的推移，学历只会变为一个符号。一个拥有较高文凭和学历的人，如果停滞不前，就会落伍，就难以跟上潮流、胜任工作、获得进步。现实生活中，有些干部，满足于现有知识，满足于已有经验，习惯于吃老本，重交往应酬，少学习研究，不思进取，结果是不进则退，慢进也退，知识和本领逐渐处于弱化状态，最终会陷入严重的"知识恐慌"和"本领危机"。面对新形势、新任务，领导干部必须清醒地看到自己的眼界、知识、能力有许多不适应的地方，并把这种忧患意识转化为学习的紧迫感和自觉性，落实到勤奋学习的自觉行动上。学习要有针对性，要讲求实效，要建立优化的"T"型知识结构。"T"字中的一横表示有较宽的知识面，一竖则表示有足够的知识深度，它意味着要以广博的知识为基础，紧密结合改革开放和现代化建设的实践，立足本职工作实际，有效地把精力集中到学以致用这个中心上。

宽阔的眼界，拓展于具体的实践。宽阔的眼界不仅要从学习中获得，更要在具体的实践中得到证明、完善和拓展。一个人有了广博的知识，只把它束之高阁，而不应用于实践，那么再好的知识也不会有用；如果一个人勤于实践但没有宽阔的眼界和丰厚的知识储备，那么只能是盲目的实践。只有将宽阔的眼界、广博的知识与具体的实践相结合，做到知行合一，才能在实践中使知识得到丰富和发展，使眼界变得更加宽阔。古人云:“知之维艰，行之维艰。”作为领导干部，在推进社会主义现代化建设的伟大实践中，要善于对形势进行分析和判断，要善于把握事物发展的总体规律，放眼长远，着眼大局，把自己所从事的工作始终置于党和国家事业发展的大背景下去思考，把本地、本单位、本部门的工作始终放在上级的总体工作部署中去推动，勇于实践，善于实践，在实践中丰富自己的知识，在实践中拓展自己的眼界。

宽阔的眼界，需要冲破狭隘小圈子的束缚。成语“井底之蛙”“坐井观天”都是比喻眼界狭隘、见识短浅的人。定居在井底的青蛙，起居劳作，娱乐偷闲都在那一个小小的蜗居里，从不跨出井栏一步；它坐在井里看天，天只有井口那么大，不知道井外还有辽阔天地、浩瀚大海；它为独占这个领地而心满意足、得意扬扬，自然不会有宽阔的眼界。要想拥有宽阔的眼界，就必须摆脱“井底之蛙”的封闭和狭隘。每一位领导干部都要顺应历史与时代的潮流，走出狭隘的怪圈，冲破传统的思维定式，用世界的眼光看待事物，用发展的眼光看待问题，联系实际，放眼未来，开阔眼界。

求同存异是正确处理班子意见分歧的良方

领导班子成员的团结一致是搞好工作的前提条件。团结，班子才有内聚力和战斗力，才能步调一致地去实现一个单位的预期目标和奋斗目标。否则，就会一盘散沙，内部钩心斗角，外部没有形象。只有团结，才能统一意识，统一认识，统一行动。只有团结，才能产生无穷的力量，具有强大的战斗力，去实现一个又一个的目标。只有团结，才能像石榴籽一样紧紧抱成一团，亲密无间地去奋斗，去实现本地区、本单位的奋斗目标，实现中华民族伟大复兴的中国梦！团结固然是十分重要的，但各地区、各单位也不都是团结一致、毫无矛盾的。有问题有矛盾不怕，关键是能够正视矛盾，认识矛盾，善于处理矛盾，解除矛盾，形成新的团结，统一思想。下面讲一个实际例子来说明。

1996年12月的一天，广西民族学院领导班子召开党政联席会议，主要讨论国际交流处管理留学生楼和专家楼的利益分成问题。会议由我主持，全体党政领导人员都参加，党委主要成员是奉书记、方副书记（兼纪委书记，他在行政上分管国际交流处的业务工作，是从教育厅国际交流处处长调任民大工作的）。那天下午问题讨论得很热烈，首先由我院国际交流处处长韦锦海介绍留学生楼和专家楼的管理和利益分成的意见。听完韦处长的汇报之后，大家就这个问题进行讨论，有的说应借鉴目前全国高校创收情况，有的说部门利益和学校利益应按比例分成，有的说应调动学校和部门两方面的积极性，有的说应向部门利益倾斜、放水养鱼，等等。讨论很有针对性，很充分，很热烈。方副书记也代表他所分管的国际交流处讲了他的看法，一是说局部与全部的利益分成比例，他认为部门应当拿大头，学校应拿小头，鼓励部门去创收，多创收，应按6：4的比例分成，而且态度很坚定，似乎带有一种一锤定音的意思。但没有发言的奉书记按捺不住了，他立即说，我讲一讲我的意见：第一，关于创收分配的原则。创收的利益涉及三个部分，包括学校的利益、管理部门的利益、个人承包的利益（按实际招生人数提成），三部分各占多少？他认为三部分的利益按学校拿大头、部门拿中头、个人拿小头，7：2：1的比例比较合适，学校提供场地办班，提供教师教学，更有责任，因此利益分配应当拿大头的；国际交流处拿中头，主要是负责经营管理工作，分两成也行了，个人介绍每个学生占一的比例也合适，即7：2：1的原则。第二，严格管理，每一层的管理都要严格，绝不能出偏差，利益分配要明明白白，按规定要求办理。第三，关于国际交流处提成比例的问题，不同意方副书记的意见，按7：3的意见办理。而方副书记坚持按6：4分成，国际交流处拿6，学校分4。他们你一句我一句，谁也不愿意妥协，争得面红耳赤。我不得不出面协调。我说，你们两位领导先暂时别吵，冷静一下，听我说一说。今天我们讨论的议题是一样的，所论述的目的也是一致的，目的都是增加学校的收入，只不过是采用的方式不同，奉书记从学校的整体利益出发，方副书记从单位的分成比例出发，只要改变一下分成比例就行了。留出10%的机动，其他学校按60%来提成，国际交流处留30%。10%按业绩给予奖励，贡献多就奖励多，贡献少就少奖励。还可以制定一个激励措施，比如招收外国留学生达到100人，这是一个基数，或者说是一个标杆，够100人的基数就按总数的30%给予分成，达不到基数按实际人数计算，就按30%的比例来分配这个基数。招生超过100人达到150人，再增加10%的利润，以此类推，不断加码，利润递增，这个方案行不行？本来奉书记和方副书记也都在同一个小区住，彼此很团结，来广西民族学院上班，同一部小汽车四人同座，大家挤一挤，关系很融洽。我的方案刚好找到了双方的交汇点，又照顾了双方的意见，求同存异，大家都同意。唇枪舌剑也就结束了。

为什么能做到这一点，我认为：办法总比困难多，没有过不去的坎，把求同与存异结合起来，就能化解分歧，解决矛盾。由于双方认识问题的视角不同，往往很难达到绝对一致，寻求双方意见的相似点、共同点，或双方意见的中间地带，也就是找到双方的交汇点，抓住一切能够引起双方好感的主题，把双方的分歧放置一旁，找到共同兴趣，共同利益，约定的利益，回避可以避免的问题。共同点可以是信念、观点、价值观相近，文化背景的相似；可以是兴趣爱好相近相投，可以是个性（气质、性格）相投，年龄、经历、社会地位、社会利益相近；也可以是其他方面的共同点，要善于寻找相互交流的共同点。具体可以从以下几方面去寻找，以实现求同存异：

第一，寻找过去交往的共同点。他们都是20世纪40年代出生的人，受党的教育，对党很有感情，对人民有责任心，对事业有高度的责任感，都能吃苦耐劳，工作兢兢业业，从不讨价还价，一心一意扑在工作上。大家都是中国共产党培养出来的领导干部，没有什么根本的利益冲突。当他们平静下来之后，感到争吵真的是有点幼稚，大家都是为高等教育事业而做出贡献的建设者。双方冷静思考，意见就达到一致了，一切问题都可以解决了。

在过去他们有许多共同点：共同的兴趣，共同的爱好，共同的观点。

共同的兴趣是因为那一代出生的老同志，都是爱读书，爱思考，理论功底比较好，分析问题和解决问题的能力都比较强，政治觉悟性比较高，感情也很朴实，点一下就全通了。明白了事理，也就会站到统一的跑道上来。

第二，寻找现实交往的共同点：共同利益，共同责任，共同目标。大家都是为党和人民的利益在一起工作，从个人角度来说，都没有什么个人利益可言，所谓共同利益，都是全心全意为人民服务。工作上发生的矛盾和分歧，这是很正常的事情，大事小事都可以商量，根本利益一致了，我们讨论问题就有了前提条件。就应当各抒己见，交流相互的看法，统一思想就能解决矛盾分歧，意见就能一致起来，共同利益都是一致的。所谓共同责任，就是我们学校的领导班子成员都有推进高等教育建设和发展的共同责任，只是所负的责任不同，书记负党务的主体责任，行政领导负行政主体责任，其他按责任分工各尽其责，包括政治责任，经济责任，文化责任，社会责任，生态责任等。作为“一把手”，在工作中要有勇敢担当的精神，该做的事就做，该管的就管，该讲的就讲，要勇于打头阵，带头维护上级的权威，树立上级的良好形象，使上级领导有更多的时间规划全局抓大事。所谓共同目标，就是我们学校为之奋斗的预期或定期的目标，这是经过广大教职员工讨论、研究通过的方向性、全局性、根本性的长远目标，是振奋人心、催人奋进的战斗号角，一般都有一年、五年、十年的发展规划，是需要大家共同完成的建设、改革任务。实现目标要通过干部群众的努力实践。勤奋努力的方向，是经过一段时间的努力才能达到的，如我们国际交流处确定的招生指标是要校内和校外力量相结合去完成的。

第三，寻找未来交往的共同点：共同命运，共同前途，合作关系。命运是生命的经历，命运指生命运动、经验历程。共同命运是人类为了战胜恶劣的自然环境而制定的要达到的共同生命目标。命运是掌握在自己手上的，是通过自己的奋斗才能得到的。如何才能得到幸福？幸福是靠奋斗得来的，不是坐着等待能得来的。如学校发展的共同命运是靠广大干部职工共同奋斗争取来的，好的命运和坏的命运都取决于自己，不是上帝赐给的，而是奋斗出来的。因此，不要信邪，要坚信自己所创造的命运共同体，也可以改造命运共同体。中国提出的创建人类命运共同体，是对人类做出的中国方案的贡献。所谓共同前途，一个政党、一个国家、一个民族、一个政权的前途命运反映了人心向背，经济增长的速度，共同富裕的目标。共同的命运和共同的前途相互联系在一起，既然人的前途命运都捆在一起了，还有什么值得争吵呢？只能是一股劲地朝着一个共同的目标前进。没有共同的命运，就没有共同的前途，前途好不好，要依靠人与天的奋斗，人与地的奋斗。人不仅要关心这一代的命运，还要关心下一代，甚至几代人的命运。常言道，不要吃了祖宗粮，断了子孙饭。中国是要几代人甚至十几代人的奋斗，才能实现民族伟大复兴的目标，这就需要把握机遇，创造机遇，把人的力量都集中到共同前途的创造上来，这样会创造一个前途似锦的明天，光辉照耀的明天，共同富裕的明天。所谓共同的合作关系，在人类历史长河的发展中，要构建命运共同体就要有共同的合作关系，这个关系既有纵向的关系，又有横向的关系，是构成每个结合体的关键环节。我们在实际生活中，就要为建立人类的合作关系而努力奋斗。所以，为了不同的看法和矛盾分歧而闹起来，实在太不应该了。通常说来，求同存异是解决班子成员之间矛盾的办法，不要计较，不要纠结，特别不要记仇，心胸要宽阔，团结一致向前看，思想通了，其他问题也就迎刃而解了。

受命于学院危机时刻　理智化解诉讼案

“山雨欲来风满楼，黑云压城城欲摧。”这两句诗是广西民族学院当时的真实写照。20世纪90年代初期的中国，掀起了一股经商热潮，党政机关、企事业单位都“下海”、经商，经商是人们谈论的话题，又是人们“下海”的重点。在大海商潮中有会游泳者，由此岸顺利到达彼岸，发了财；有的则亏了本。据我所知，大多数学校企业经商都赔本了。广西民族学院的商贸公司就是在这种潮流中产生的。“秀才”们经商接受了社会的洗礼，参与市场经济的考验，但受了骗，坐到了被告席上。

1993年11月9日，广西民族学院接到南宁市中级人民法院的开庭通知和黑龙江省食糖交易中心的起诉状，诉广西民族商贸公司购销白糖合同纠纷一案，把广西民族学院追加为该案的被告。为此，南宁市中级人民法院于11月9日、11日连续冻结了我院预算内、预算外和我院下属的经济技术开发总公司三个银行账号，共计人民币109.1万元。广西民族学院的上空笼罩着一片片乌云，狂风暴雨即将来到，精神压力不断袭来，我心情沉重。因为冻结我院的银行账号，直接影响我院1500多名教职工和4000多名民族学生的生活学习和正常的教学科研工作。学院领导坐立不安，一筹莫展，不知所措；教师、职工、学生思想情绪不稳定，议论纷纷，校园内波涛暗涌，照此发展下去，后果不堪设想。学院班子研究决定，把处理该案的重担交给刚任副院长3个月的我。学校党委书记给我下了命令，他在班子研究这件事情时明确地指出：荣仕星副院长，现在党委交给你的这个任务，必须打赢回来，我也相信你有这个能力完成！开完会后，奉书记又叫我到办公室，做具体地吩咐。他说，这个案子太复杂太艰巨，荣副担子重啊！班子中你最年轻，所以我点你的将，你可不能辜负我的希望。我表明了我的态度，坚决完成书记交办的任务。我先接任务，再想办法，做好稳定工作，防止事态的发展。

这件事的起因是这样的：1993年4月，广西民族商贸公司成立开业，法人代表是方某（南宁市无业游民，曾因罪被公安机关逮捕坐牢两次）。该公司在申办过程中就带有欺骗的性质：（1）成立广西民族商贸公司没有经过学院领导的集体研究，而是由个别人在不明真相、不了解方某真实信息的情况下，以学院的名义向自治区教育委员会上报《关于成立广西民族商贸公司的请示》；（2）未经学院领导集体讨论决定，个别领导受骗且超越自己分管的审批权限签发了理应由分管人事工作的党委副书记审签的《关于任命方某为广西民族商贸公司经理的任命书》，埋下了隐患。当事人认为广西民族商贸公司的法人代表是广西民族学院签发的任命书，是民院的人，起诉民族学院是无可非议的；（3）在企业法人申请开业登记注册书的组建负责人签字栏目中，学院某领导受骗签了名；（4）该公司以欺骗的手段从国有企业资产管理局弄了一张88万元人民币的注册资金资信证明；（5）该公司办公场地出租的证明也是虚假的；（6）填报公司成员的名单也是不真实的，广西民族商贸公司从公司经理到职员没有一个是广西民族学院的教职工。但该公司用欺骗的手段，通过特殊关系，把需要申请开业登记注册的有关证件都弄到手，于1993年4月领到了工商行政管理局签发的企业法人营业执照。

广西民族商贸公司在经营活动中也存在诈骗行为。据南宁市中级人民法院办案人员介绍，广西民族商贸公司从1993年4月成立以来涉嫌四起诈骗案:(1)该公司成立前，该团伙的主要成员党某利用职务之便与梧州面粉厂成交一笔面粉生意，骗取钱财挪到广西民族商贸公司来用，后被公安机关查获。该公司副经理党某也被判刑入狱。(2)诈骗广西某塑料皮革公司270万元人民币，该公司副经理刘某已携巨款逃跑，公安机关还未能捉拿归案。(3)诈骗珠海一家公司90万元，拿到钱后立即逃跑，后被公安机关查获。以上三起诈骗均由公安机关处理。(4)以合同欺骗黑龙江省食糖交易中心，于1993年5月14日签订了白糖购销合同，骗得300多万元人民币巨款。方某等人骗得巨额货款后，并不打算履行该合同，6月份只向需方发货300吨（货款共75万元）。余下所有货款，均挪用于搞其他生意和个人挥霍。据黑龙江省的同志反映，广西民族商贸公司经理方某拿着全民所有制的企业法人营业执照，说自己的靠山是广西民族学院，注册资金有88万元人民币，骗取对方信任，双方签订了1500吨白糖购销合同。随后黑龙江省食糖交易中心就转账给广西民族商贸公司225万元货款。该公司6月份起，只发给黑龙江省食糖交易中心共值90万元的白糖，尚欠135万元的货。8月份广西民族商贸公司还没有发货，黑龙江省食糖交易中心的人来南宁追款，该公司经理方某，到11月份仍然没有发货，也没有将货款退回黑龙江省食糖交易中心。广西民族商贸公司完全欺骗了黑龙江省食糖交易中心。

对这一事件需要说明的是:(1)广西民族商贸公司的成立没有经过学院党政领导的集体讨论、集体研究和集体决定。(2)广西民族商贸公司于1993年7月底与黑龙江食糖交易中心就发生了经济合同纠纷，南宁市中级人民法院办案人员已到广西民族学院向经济技术开发总公司汇报情况，总公司的领导没有向学院党委、行政领导汇报广西民族商贸公司发生的事情。(3)10月初广西民族商贸公司的经理方某和韦某被公安机关拘留收审以后，该公司的人员曾向广西民族学院经济技术开发总公司的领导汇报。

但公司领导没有提交学院党政领导讨论研究，也没有采取措施解决已经发生的问题，使学院完全陷入被动“挨打”的局面。(4) 在1993年11月9日以前，部分学院领导甚至学院党委书记根本不知道我院有一个民族商贸公司，更不知道该公司是民族学院开办的公司。一直到10日上午，我们聘请律师研究解决这个问题翻阅有关材料时，学院的几位领导才第一次看到广西民族商贸公司在申报过程中上报教委的请示、学院对法人的任命书、企业法人申请登记注册表等文件，才恍然大悟。(5) 广西民族学院三个银行账号被冻结以后，学院领导已口头或电话向自治区人民政府、区教委、区民委、区高级人民法院汇报情况，恳切希望这些领导部门支持和帮助解决这个问题以及相关联的事情。如何处理这个案件以及产生的相关问题?

韦书记、院长于1993年10月25日去美国学习考察，当时在家主持党委、行政全面工作的奉副书记按照自治区相关主管领导的指示精神，立即于1993年11月11日召开学院党政领导研究会，共同研究了这一严重问题，并提出解决问题的措施和办法。(1) 派荣仕星副院长专门处理这个案件，全权处理与该案相关的事情。聘请李律师协助荣副院长处理此案，专程去南宁市中级人民法院说明情况，以最快的速度，争取法院尽快解冻我院的三个银行账号，保证学校经费能正常收支，以稳定教师、学生的波动情绪，保证学院正常的教学、科研、管理秩序。(2) 由万副院长负责组成由后勤处、经济技术开发总公司、校办参加的工作小组，立即到广西民族商贸公司查清该公司的债务、债权和账目的往来情况，收缴该公司的行政公章、财务公章、合同公章以及营业执照、税证、法人证和其他有关证件，想方设法追回现款及查清现款的去向，立即控制该公司的经济往来、汇款业务活动。(3) 其他学院领导按各自分工，认真管好学院的教学、科研、行政、后勤等工作，保证教学秩序、工作秩序、生活秩序正常。

这些只算刚刚起个头，还需要自治区人民政府、区教委、区民委等有关部门帮助解决如下问题:(1)申请撤销民院作为被告的诉讼。南宁市中级人民法院把我院追加为被告是不妥的。经查实，首先，广西民族商贸公司具有独立法人的地位，他们是独立开展业务活动的公司，有自己的经营场所和一定的流动资金。根据法律规定，该公司没有倒闭、撤并之前，其债务由他们承担。况且现在他们还在从事经贸活动，更应该由他们承担债务。只有该公司倒闭撤并以后才由主管部门负责清理。这在最高人民法院1987年和国务院1990年颁布的相关法规中都有明确的规定:“党政机关及所属序列等事业单位开办的企业停办后，应由直接批准业务主管部门负责清理。”被撤并以后，“公司的债务和债权由主管部门负责清理”。据此，将我院追加列为被告是不妥的。(2)维护学院的合法权益，依法追究广西民族商贸公司相关责任人的责任。广西民族商贸公司的经理及职工欺骗广西民族学院，涉嫌诈骗。公司成立以来仅七个月时间，就连续发生了四起重大的诈骗案，广西民族学院是直接的受害者。(3)避免学院涉案受到经济损失。广西民族学院作为追加被告，被卷入诈骗案，这与学校教书育人的职责南辕北辙。如果黑龙江省食糖交易中心诉广西民族商贸公司一案胜诉，不仅给学院造成经济损失，严重影响教学科研工作、也会给学院带来严重的社会负面影响。为了稳定我院师生的思想情感，保证我院教学科研工作、生活秩序的正常，维护我院来之不易的安定团结的局面，保障我院的合法权益，需要自治区人民政府、区教委、区民委等上级机关帮助我院协调与南宁市中级人民法院的关系，依法依规，澄清是非，正本清源，全面解冻我院的银行账号，撤销追加我院为被告的诉讼，依法追究广西民族商贸公司相关人员的违法责任。

危难之机，学校党委书记给我下了命令，我初次领到这么艰巨的任务，当即向奉书记表态，坚决完成书记交办的任务。在诉讼过程中应从哪里入手呢？突破口在哪里呢？如何才能正确地处理这件事情呢？经过我们法律应诉组商量，按照上述需上级部门协调解决问题的思路，我们采取了如下措施：这个案件名为经济纠纷，实为诈骗案。一是去南宁市中级人民法院，尽快解除冻结我院的银行账号，排除干扰，立即恢复正常的教学和生活秩序。这是事关教职工、学生生活的大问题，事关学校的名誉问题，事不宜迟，动作越快越有利局面的打开，越有利于提高党委行政领导的威信。上午接到任务，我下午就马上行动。第一站就到南宁市中级人民法院，找到林院长汇报情况，以争取他的支持。我向他说明了立即解冻广西民族学院银行账号的极端重要性，请求他马上给予办理，解决燃眉之急。他了解情况后，马上挂电话，叫了分管案件的苏副院长过来商量。实际上在林院长没有叫苏副院长之前，我已与苏副院长通了电话，并说明了情况，请他给予支持，帮助解决。所以林院长、苏副院长都比较了解实际情况和理解校方的工作难处和问题。很快两位中院的领导就拍板，同时交代执行局下达解除冻结的通知书。不到两个小时，计划内的账号解冻了，计划外的账号没有解冻。怎么办呢？我和李海林律师又转向区党委分管政法的丁副书记和政府分管政法工作的韦副主席求援，还有分管教育的李副主席。向他们汇报后，他们非常理解和同情、支持我们的工作，当即交代了分管副秘书长通知南宁市中级人民法院林院长，立即解冻民院所有的银行账号，“目前，最重要的是保证民族学院正常的教学、科研、生活运转”。听完，林院长就立即布置解冻资金。我们的第一个问题解决了，恢复了账号的运转，恢复了学校的正常秩序、正常运转。我立即打电话给奉江书记，告诉他我院被冻结的银行账号已全部解冻。

二是追款，尽可能减少损失。方某携款229万逃跑，听到这一消息后，我们立即到方某的办公地点、住房以及他常去的地方，能找的地方都跑遍了，最后还是找不到他，让他溜走了。此招不灵，再用另招。我们就到他母亲住的地方去“守株待兔”，半年过去了，一年过去了，仍然抓不到他。

这也是一个深刻的教训。

三是及时通报情况，目的是使院领导、区政府领导及有关部门领导及时了解情况，争取他们的关心和支持，督促办事的进度，形成急事先办、重点事重点办、特事特办、常规事常规办的局面，并举全院之力办好这件事。一方面，实行报告制度，好的进度两天一报告，需要了解的进度天天报，保证各项工作正常运转。另一方面，让上级领导及时掌握办事进度，及时跟进、全力支持我们的工作，以便及早摆脱困境，早日静下心来维护安定团结的良好局面。

以上三个方面有时是单头推进，有时是齐头并进，不掉以轻心，不麻痹大意，专门小组、专门人员、专门时间，跑办这件事。通过办好这件事，解决了以上三个问题，教师、干部、学生、工人心静了好多，学院平静了许多。

从事件发生到顺利结束，我有几点体会，与大家一起分享。(一)选好选准一支能干的善于攻坚的人员组成工作组。要选思想好，能力强，经验丰富，善思考，擅于沟通的人作为工作组的成员。首先要有一个能带领工作组打硬仗的带队领导，这个领导必须是敢于解放思想，善于斗智斗勇，研判形势，做到因势而动，因势而变，因势利导，因势而谋，乘势而上。当时奉书记选我当法律应诉组组长是正确的，任务完成的结果要比预想的好得多，完成的时间比预计快得多。其次是挑选得力的律师。在辩论过程中，挑选对诉讼业务很熟悉，熟悉被告人的情况，工作经验丰富，对律师行业和公检法熟悉、应对能力强的律师，是十分重要的。无论我们需要办什么事情，包括解冻银行账号、抓人、追款、通报都得到了上级机关和相关部门的帮助、关心和支持，在较短的时间内完成任务，并且把被诉主体变为方某，把学院从经济纠纷案中解脱出来。当时我就选了我们政治系79级政治专业毕业的李海林律师。实践证明他是能干的，能力很强。

（二）注重与上级机关、社会各单位建立良好合作机制。“得道多助，失道寡助”，平时注重与上级机关、社会各单位建立良好合作机制，碰到急事要求合作方协助解决问题时就会顺利，就能应对自如。在学院危机的关头我没有考虑更多，只有一个信念，一定要完成好学院党委交给我的任务，为平息这场风波做出积极的贡献。常言道，成功不必在我，付出的努力一定有回报，以前我曾真心实意地帮助过的一些人，此次学院危机我找到他们帮助，在合理合法合规的情况下，他们也真心实意地帮助我们解决危机，很快解冻银行账号。在这个过程中，也得到上级和相关合作单位给我院提供的帮助、支持，包括学院的建设和发展都得到多数人的帮助。

（三）兵贵神速，平息风波。当时我院被冻结所有的银行账号，学院师生员工中出现了一些混乱。正如开头所说的那样，“山雨欲来风满楼，黑云压城城欲摧”。如果处理不当，后果可能很严重。所以，当我院接到南宁市中级人民法院的开庭通知书和黑龙江省食糖交易中心的起诉状时，主持工作的党委副书记奉江同志立即召开党委常委会议研究对策，提出解决问题的具体措施；立即成立两个工作小组，分别由两位副院长担任工作组的组长，全力以赴处理经济纠纷一案。由于这两个小组特别是法律应诉组的动作快，抓问题准，很快解冻账号，恢复了学院正常的工作生活秩序，将有可能发生的大混乱状况不到一天就悄然消失在校园内了。

（四）依据法律，依据事实，依据实践。大凡做事都是有依据的。我们这个案子，主要就是靠了法律、实事和实践。从法律来说，根据中华人民共和国宪法、法律和事实依据，一开始我们定性，就做到了准确定性，确定了方某是诈骗犯，这个案件是一起典型的利用经济合同进行诈骗数额巨大的严重刑事犯罪案件，广西民族商贸公司法人代表等人，均是诈骗犯。事实也是这样，他们携款逃跑，少则几十万元，多则百万元以上；这些人都有诈骗的前科，公司成立之前就欺骗四家公司，骗了几笔钱，公司成立之后，又欺骗黑龙江省食糖交易中心一批钱，携款逃跑。从整个过程来看都是诈骗行为，主要矛盾的性质是诈骗案，主要矛盾的基本方面是法人方某，是一个有前科的诈骗犯。我们定为诈骗性质，公安机关认可我们的判断，支持我们的配合行动，起诉方对我们给方某定诈骗案的性质也认可。同时，自治区人民政府、教委、民委几个部门多管齐下，最终此案确定为诈骗案。抓住了主要矛盾，其他问题也就迎刃而解了。定性和定位准了，沿着这条主线，由公安机关立案侦查，我们就开始全力以赴，开足马力，配合公安机关收取相关证据，捉拿方某归案，把他们分掉的货款追缴了部分回来，交给法院处理。

总的来说，这个事件来势凶猛，似乎势不可挡。经过一年时间的鏖战，基本告了一个段落，完成了主要任务，解决了主要问题。最后的结果是，广西民族学院在政治上、经济上、社会影响上虽然受到了一定的影响，但没有达到伤筋动骨的程度，结局较为理想。

爱国行动：中国国旗在美国上空飘扬一整天

1998年7月15日至9月15日，广西教育厅经广西壮族自治区党委政府批准，委派首批20位校长、院长到美国路易斯安那州州立大学留学进修美国高等教育。这些成员有正副团长两人：团长是广西教育厅副厅长、教育工委副书记潘晔同志，副团长是广西大学校长唐纪良教授。成员有18位校长、院长。

这20位校长风尘仆仆，从南宁出发，于1998年6月29日由中国广州市出境，在美国旧金山入境。7月1日我们队伍来到了美国南部路易斯安那州州立大学，住进了州立大学成人教育学院早已安排好的学生公寓。从那一天起，我们这些校长开始了新的生活，开始实现4个转变：一是由校长转变为学生，由讲给别人听到听别人讲的转变；二是由坐小车上班到坐学生校车去教室听课的转变；三是由在中国各大学的食堂或家庭吃中餐到在美国的麦当劳、肯德基自己买西餐或自己动手下厨煮饭菜吃的转变；四是由住自己家的房到4人住一套学生公寓房的转变。特别是观念上的变化和生活环境上的变化，使这些校长们很不习惯、很不自在。

第一天我们20位校长就背上书包坐着学生校车去教室上课，听了一天课，回来时还闹了一个笑话。下午5时下课了，大家兴致勃勃回学生公寓。大家动作很快，齐刷刷地就到了上下车的候车站。这时候问题出来了，我们究竟按哪个方向坐车回学生公寓呢？当时大家讨论了一下，归结为两种观点：一是19位校长提出来的，按中国交通规则的习惯，应该是从右边方向来从左边方向回；二是我一个人的观点，按照美国人反向思维方式，应该是在同一个地方上下车，只是坐相反方向返回就行了。这时，就坐车的方向问题大家发生了争论，各持自己的看法，最后决定按上述两种意见先各试一次，不对再回头；并定了一条规矩，哪方说对了，就坐看对方煮饭菜吃，不用进厨房。哪方说得不对，就要下厨房给对方煮饭吃。条件说定了，大家就按自己的意见开始行动。我说你们人多，先按你们的方式坐车。大家就到马路对面相反的方向去坐车，结果坐上车后绕来绕去还是在学校里面转，怎么行驶都到不了学生公寓。校车到了来上课时的停车站又停下了。我只好劝大家原地不动，坐上相反方向的校车回学生公寓。真管用，坐上车行驶不到10分钟，校车就开到了我们住的学生公寓。这下子我赢了，他们每个人都得煮一顿饭给我吃，我可以两周不用下厨房了，真开心！他们懊丧地回到了自己的房间。为什么我能做出这种判断呢？因为我看问题是用辩证思维、反向思维来观察事物、判断方向，特别是从美国交通规则的实际出发，不是照搬照套教条框框，因此得出了正确的结论。真是“一个臭皮匠，赢过了十九个诸葛亮”。从此后大家做事情、看问题、听讲课、实地观察都用心去分析，而不是马虎应付、人云亦云了。

我们听课的专题是美国的高等教育，是该校继续教育学院承办的。美方派出阵容强、水平高、经验丰富的前校长和教授骨干组成的队伍给我们讲课。在这里我们有必要先了解这所学校是什么样的大学？美国路易斯安那州立大学（路州大学）是一所公立的综合性研究型大学，是路州教育董事会创办的唯一一所综合性大学，是美国卡耐基基金会分类体系中划分为Ⅰ类研究型的59所公立高校之一。它在各个研究领域创造了新的知识和促进了经济的发展，得到了全美和国际的认可。路州大学历史悠久，根据美国征地法建于1806年，至今已有192年的历史。现有7个分校，17个学院，本部校园面积为2000英亩（809.4公顷），建有能容纳8万人的体育馆等250座房子。其宗旨是创造、保护，扩散和利用知识，为路州、全美和其他国家培养优秀的本科生、研究生和高级职员。现有203个学位点，其中学士学位74个，硕士学位75个，博士学位54个，以培养硕士、博士为主。在校学生2.8万人，他们来自路州、全美50个州和120个国家。从1869年第一次毕业典礼至今，学校授予了16.4万个学位，占整个路州学士学位的20%，硕士学位的26%，博士学位的62%。毕业的校友13万人，在全美高校中排第10位。

路州大学的校、院、系级领导对我们来美学习非常重视，特别安排了教学、科研、学生、教师、财务与后勤管理等23个专题讲座。具体题目：美国高等教育历史；美国高等教育面临的挑战；美国高等教育经济学；美国高等教育领导学；美国高等教育的课程理论；美国高等教育远景；美国高等教育的远程教育；美国高等教育的教学管理；美国大学校园安全知识讲座；美国大学校园犯罪；美国高等教育法；美国高等教育的估价及评审；美国高等教育的学生管理；美国社区学院历史及其在高等教育中的角色；美国高等教育的科研管理；美国高等教育的教师管理与培养；美国大学的研究生教育管理；美国学术自由与终身教授资格；美国高等教育与政府的关系；路州大学组织机构与人事管理；路州大学的经费来源与财务管理；中美高等教育比较研究；美国南北战争研究。这些专题突出了美国高等教育的管理特色。为了拓宽我们了解的范围，增强我们的实地感受，路州大学教育学院还组织我们参观考察了路州大学的农业中心、地理与人类学系、设计学院、艺术学院、巴吞鲁日社区学院、路易安娜州南方大学、圣玛丽医院、计算机中心、体育训练与康复中心、消防人员培训中心、实验学校、野生动物园和海洋研究所等十九个部门。

通过集中系统的学习与考察，给我们留下了深刻的印象和较多的启发，唤起了我们的思考，收获比较大，加深了对美国高等教育管理的了解。从课堂、实地观察中我们学到了许多东西。美国的教学有几个特点：一是发散式的教育思想。美国课堂的教学内容是比较丰富的，用发散式的思维方式教育学生，由许多案例来说明一个观点，由发散到集中，最后说明为什么这样做而不那样做的道理。比如：学校要对教师工作进行检查和评估，发给学生一份测评问卷调查表，内容主要是教师的教学、科研、教学服务等三个方面，至于每一个项目指标体系的权重多少没有固定的分数，完全由学生根据自己的意愿和平时掌握的情况给老师打分。填好问卷调查表后，学校的考核工作人员把问卷调查表收集起来，当场进行汇总，最后才给各个项目统一的指标权重，在质和量的规定性上，教师的考核有两项表现优良视为称职。这种由发散到集中的思维方式充分尊重和发挥学生的个性，让他们有对老师考核测评的自由权。这种教学思想对教师的考核等级评定是有约束力的。二是教学手段现代化。在美国大学的教室里普遍装置了幻灯、银幕和录像电视机。老师上课使用电脑或幻灯显示教学要点，放映录像介绍知识是常用的手段。而计算机作为高科技飞速发展的标志之一，各类计算机辅助教学（CAI）在高校中也广泛应用。主要表现在：（1）幻灯、投影仪和多媒体等设备的广泛使用；（2）计算机辅助教学系统软件大量出版。这种集文字、声像、图画为一体的电化教学，有效调动学生的多种感觉器官，激发学生的学习兴趣，提高学习的效率。（3）计算机辅助学习（CAL）技术广泛运用于学生的学习和课余活动。路州大学的计算机中心、图书馆、设计学院、地理与人类学系、地质所等单位的学生均在计算机前学习功课、复习功课，查询、检索科研资料。（4）计算机网络教学。网络化是美国计算机辅助教学的一大优点和特点。“无机不联”是当今美国计算机使用情况的真实写照，这大大提高了计算机信息共享和利用率。（5）多维的远程教学，这种远程教学使任何教学点都可以看到某个教师的教学实况，学生可在不同地方直接听到、看到老师在讲课，甚至可以跟教师对话、提问，在设有远程教学设备的地方都能身临其境地听课；老师也可以在定点的任何地方授课。三是专业和课程设置的灵活性。在美国，联邦和州政府并不干预高等院校的专业设置、招生计划等。这方面是完全开放的，高校具有很大的自主权和灵活性。在路州大学要设置一个新专业，一位或几位教授经过论证就可以向学校申请设立某专业或某博士、硕士学位。如地理与人类学系，有一位教授对人面型和体型有研究兴趣和特长，就向学校申请人型体重塑专业，学校就同意了这个专业。通过实践，以上这个专业很有实用价值。四是教学方法的多样性。充分利用研讨式、讨论式、双向互动式、现场教学和实地考察的教学方式，使大家充分发表意见，有时达成共识，有时各执一端，不强求答案一致，主要是告诉你理解和掌握基本原理、原则和方法。

经过在学校一个月的学习，我们了解和初步掌握了美国高等教育的特点和管理的规律，掌握了教师上课的特点和思维方式，然后学校组织外出实地观察。8月6日早晨，学校继续教育学院院长FS教授带着我们参观路易斯安那州巴登鲁日市市政府，参观了市政府的办公场所。我们先后参观了市政大楼的市政厅、会议室、市长办公室，我们各位都到市长办公室的办公桌前拍了照片。参观了市政厅，还看了参议院和众议院的会议厅，听了市长介绍美国联邦和州法院以及联邦法律和州法律的联系与区别。最后市长和我们进行了座谈，市长还发给我们每个人一本路易斯安那州的荣誉市民证书和一把市政府大门的钥匙。市长还问我们，你们有什么要求请提出来。大家有点推辞谦让，这时我只好站出来发言了。我说，当我们20位校长踏上美国国土的第一天，来到你们路易斯安那州，就很好地履行了一个纳税人的职责，从买飞机票、吃东西，到学校学生公寓交学费、住宿费，到美国饭店吃饭，交各种保险费用，到超市买东西，都是在消费纳税。我记得美国在法律上是十分尊重纳税人的，甚至把纳税人看成是上帝，尊重纳税人的意见和要求。那么我就向市长先生提出一个要求：请你们在美国路易斯安那州市政府的上空升起中华人民共和国的国旗，让五星红旗在巴登鲁日市的上空飘扬一整天。市长听后毫不含糊地说："OK，马上升旗。"我们全体人员都到旗杆子下，把我国的国旗挂上，中华人民共和国的国旗在美国路易斯安那州市政府的上空冉冉升起，我们十分高兴、十分自豪，分别和市长照相留念，每个人都留了一张，以实际行动爱护祖国的伟大形象，让五星红旗飘扬在美国上空一整天。身在美国，怎么实现我们热爱祖国的行动呢？一是爱国是中国公民的职责。我们通过州立大学校长了解到，市长是州立大学的学生，也是校长的学生，提出这个要求相信他会答应的；提出这个要求是中国公民的职责所为，是天经地义的事情。二是选择周一升中国国旗影响广、意义大。利用周一去参观的机会，这是市政府一周中上班人数最多、最整齐的一天，升起我国国旗影响大、震撼强、有意义。三是扬我国威的好日子。事先我们就带上中华人民共和国的国旗，一旦市长答应要求，我们立即行动，实现我们的愿望，扬我国威。国旗升起，我们的心情久久不能平静。我们也体会到：（一）在美国上空升起中华人民共和国国旗，飘扬一整天，具有特别重大的意义。常言道：弱国无外交。时代发展了，1998年，我国的综合国力、经济实力和军事实力已经增强，有了一定的实力基础，在外交上有了更多发言权，甚至可以说"不"了。其次，祖国强盛了、发展了，中国人在国际上才有地位。因此，我们期待祖国繁荣昌盛。特别是我们现在已经成为世界第二大经济实体，习主席提出的全面建设小康社会、实现中华民族伟大复兴的中国梦更加有现实意义和深远的历史意义。（二）热爱祖国的方式是多种多样的，只要有真心，无论是在国内还是在国外，都可以体现爱国的心愿和行动。正如邓小平同志说的，出国留学的学生只要他是爱国的，迟早都会回国建设自己的祖国。实践证明，海外赤子也是用各种方式表达他们爱国的心愿。革命战争年代，我们老一辈的革命家，如朱德、周恩来、刘少奇、邓小平、洛甫、王稼祥等都是从国外学成回国，为成立和建设中华人民共和国做出了巨大的贡献，为祖国的强大和人民的幸福贡献了智慧和才华。老一辈的科学家钱学森、钱三强、邓稼先等冲破国外重重阻碍回到祖国，献身事业，为国贡献力量。改革开放时期，无数的爱国青年、科学家为了祖国的建设和发展纷纷回国。我相信，现代的留学生也一定会回来报效祖国、建设祖国，会用各种方式为社会主义现代化建设贡献力量。（三）爱国行动是从每一件事、每一个环节做起的，爱国是一种心愿，也是一种实际行动，只要大家心往一处想，劲往一处使，凝心聚力，爱国的心愿就会实现，爱国的烈火就会熊熊燃烧，爱国的行动就会落实。从国内到国外，只要中国人能到的地方，到处都跳动着爱国的心、爱国的力量，去推动伟大中国梦的实现。（四）建设伟大的中国，需要国内外爱国者共同努力、参与、支持和帮助祖国的建设。中国要建成小康社会，建成富强、文明、民主、和谐的社会主义现代化的国家，需要国内外爱国者齐心协力支持祖国的建设，巩固中国共产党的执政基础，密切联系群众，打牢根基。建党100年的日期就要来到了，我们能为建党100年做些什么贡献呢？第一条就是要坚信中国共产党领导的正确性，坚定走中国特色社会主义道路。爱国者都清楚地知道，只有高举中国特色社会主义的伟大旗帜，这杆旗举得高了、举得稳了、举得久了、举到永远了，中华人民共和国的国旗就会永远飘扬，中国人民就会自豪地振臂高呼：“祖国万岁！”

抗议行动：反对以美国为首的北约集团轰炸我国驻南斯拉夫大使馆

1999年5月7日（北京时间5月8日），以美国为首的北约B–2轰炸机发射三枚精确制导导弹或联合制导攻击武器（JDAM）击中了中华人民共和国驻南斯拉夫联盟大使馆，三名中国记者邵云环、许杏虎和朱颖当场遇难，二十一名使馆人员负伤，造成大使馆建筑的严重损毁。

中国方面认为这是一次蓄意的轰炸，是对中国此前反对北约轰炸南联盟的报复，因此向美国提出强烈的抗议。北约解释这是误炸，原因是使用了一份美国中央情报过时的地图。

世界震惊，中国愤怒，我国政府发表了严正声明，抗议美国恶劣的暴行。一开始，我国着重在外交方面与美国进行交涉，主要采取如下措施:（一）我国政府发表严正声明，抗议以美国为首的北约轰炸我驻南联盟大使馆的恶劣行为;（二）要求美国对被炸身亡、负伤的中国人生命财产损失进行赔偿;（三）支持中国大学生在校园内适度、适时、适当的表达爱国主义的行动。但是不要有过激的行为。从5月8日到14日，从北京到地方高校都没有游行示威的行动。

广西民族学院的形势如何呢？广西民族学院的学生爱国主义热情很高，各种爱国主义的行动比较活跃。面对美国的暴行，5月8日以后，学生组织的抗议活动就没有停止过，校、系两级学生会、团委也在组织各种政治抗议活动，有的在校内召开小型座谈会抗议美国的暴行，有的互相通告想上街游行的愿望，表达对美国侵犯我国主权的愤怒情绪，有的在上课之前组织默哀，悼念3位遇难的中国记者。在校园内弥漫着一触即发的抗议氛围。学生的爱国热情，学校领导看在眼里热在心头，群情激愤，但上级没有明确指示及有关部署。这时是考验校领导的政治勇气和形势判断的时候了，究竟是站在学生的前头，正确引导他们表达爱国主义热情，还是站在后头，做学生的尾巴呢？我当时是校长，对我也是一个考验。我认真思考了几个问题。（1）抗议美国轰炸我南联盟大使馆的暴行是爱国主义还是损害我国在国际关系中的形象？是正义斗争还是非正义斗争？这是衡量抗议行动正确还是错误、属于什么性质行动的判断依据。抗议美国的恶劣行径是对还是错，中央没有具体告知我们应该如何行动时，我们自己行动是不是违反规定？（2）上街游行行不行？是合法还是违法？怎么办？经过分析，我得出如下结论：对美国的政治抗议行动是爱国主义的，体现在外交上的中国和美国的斗争，是中国社会主义制度和美国帝国主义制度的斗争，是一场严肃的政治斗争，是正义与非正义的斗争，是社会主义制度和资本主义制度的斗争，是爱国主义和帝国主义强权的斗争，是国与国之间民族矛盾的政治斗争。爱国主义，符合中央的一贯精神。斗争的内容决定斗争的方式，斗争的性质已经明朗，此时不行动，再待何时？我就暗下决心了，行动！（3）立即行动起来。我马上叫办公室主任下发通知召开了三个座谈会：一是召开各系部的党总支副书记、行政副主任的座谈会，主要是听取大家的意见，要不要采取政治抗议行动？采取抗议行动是正确的还是错误的？在这场与美国的政治斗争中，我们大学生要不要发出声音，有所行动，还是默默无闻、承受屈辱？二是召开学生代表座谈会，主要是听取学生的意见，抗议美国的暴力行径，采取什么方式进行？是温和一点的行动，还是强烈一点的行动？具体用什么方式好？学生的回答是到美国驻华领事馆去抗议。三是青年教师代表座谈会，主要听取他们的意见，如何抗议美国的行动，怎么做才能做到适度？青年教师认为，对美国的恶行不能没有声音，不能没有行动。开完三个座谈会之后，我把学生反映的情况与党委书记奉书记交换了意见，得到他的支持，并交党委常委研究决定，马上付诸行动。但按原来规定，游行不允许走出校门，怎么办呢？既要支持学生的爱国行动，又要使整个事态可控。我就告诉奉书记，我来执行吧，有问题我负全责。5月14日晚上，我召开了系党总支书记、副书记、行政副主任、学生干部代表、班主任会议，宣布几件事：（1）声讨大会。关于我院全体师生抗议美国暴行的抗议行动，即定于明天上午9点钟，在灯光球场召开一场声讨美国罪行的大会，全院师生员工都参加，声势要浩大，影响要广泛，行动要适度。（2）游行示威。我在前头作总领队，带领全校师生员工游行，做到五个统一：统一旗帜，人手一面中华人民共和国国旗；统一口号，抗议美国轰炸我国大使馆，抗议、抗议、再抗议；统一领队，由办公室主任容本镇任总指挥；统一游行路线：从学校灯光球场出发，出东门途径西乡塘大桥，从北门回来，即转了一圈。（3）开座谈会。游行回来后，在各系部组织召开声讨美国恶劣暴行的座谈会。会议布置了三件事。第二天我们进行了有计划、有组织、有行动、有目的的声讨大会，游行示威进行得非常顺利，非常有序，非常有效。开会之前，我们报告了市公安局，让他们知道我们将组织的抗议美国暴行的爱国主义行动。由于我们做得很好，得到了区党委，特别是区党委常委杨副书记的表扬，得到了中央的表扬。中央肯定地说，广西民族学院的游行示威，体现了党中央适度、适当、适时地发出声音的意图。区党委杨副书记说，广西民族学院的示威贯彻中央的精神，是有组织、有效果的爱国主义政治行动，其他高校要向他们学习。我们广西民族学院各系部都召开了声讨美国暴行的座谈会，主题十分鲜明，师生发言积极热烈，针对性很强，重点突出，整个抗议行动都是在有序、有效地进行。

为什么在组织这次抗议美国恶劣行径的政治斗争中，广西民族学院做得那么好，能够紧跟党中央、符合党中央的指示精神，开展了适度、适当、适时的政治斗争呢？我的体会是：（1）正确判断事件的性质，必须善于运用马克思主义的立场、观点、方法分析和解决问题。马克思主义是由三个部分构成的，即由马克思主义的政治经济学、马克思主义哲学、科学社会主义三部分组成。一是运用马克思主义哲学的世界观和方法论来分析问题和解决问题，透过现象看本质，透过扑朔迷离的表面现象，深入分析事物运动的规律特点，深入抓住主要矛盾，分析其性质是什么。前提条件正确，理论就正确。我就是通过对当时国际、国内形势发展变化的认真分析，应势而动、应势而谋、应势而定，把这一次政治抗议行动定性为爱国主义性质的。二是用马克思主义科学社会主义的基本观点来观察问题和处理问题，站稳中国共产党的政治立场，坚持以中国特色社会主义政治观点来分析帝国主义制度灭亡的必然性，存在迅速发展的可能性，因此，社会主义要战胜资本主义是一个艰巨的复杂的长期的过程，两种制度的抗争、斗争、竞争是必然的。我们通过紧抓发展第一要务不放松，把经济工作搞上去，成为世界第一经济大国，超过美国的综合实力，我们就一定能够超越、战胜美国，充分体现社会主义制度的优越性。三是运用马克思主义政治经济学的理论分析资本主义在生产关系没有完全腐朽时期，还存在有能力刺激生产力快速发展的可能性。从中就知道美国虽然是头号帝国主义，但它进入死亡期后在一段时间内还会快速发展。所以我们社会主义与美国帝国主义的斗争，性质上是政治制度的斗争，是立场问题、原则问题的斗争，必须坚定不移地斗争到底。

（2）采取正确的政治行动抗议美国轰炸我南联盟大使馆的暴行，必须学会运用马克思主义基本理论、基本原则、基本纲领来分析帝国主义的本质。在地球上，只要帝国主义和社会主义制度存在，就存在着两者的政治斗争，任何一方都不会放弃自己的政治制度、政治斗争。尼克松就曾提出“不战而胜”的口号，并出版《不战而胜》一书宣传他的观点。

（3）与美帝国主义斗争，维护国家主权是中国特色社会主义必须坚持的基本原则，任何时候都不能动摇。当我们站在人民正义的立场上，维护我国的主权的时候，帝国主义国家为了其根本利益，还会联合起来，如中国历史上八国联军火烧圆明园，以美国为首的北约虎视眈眈轰炸我驻南联盟大使馆。这时候战略上不能忽视它。经过中国政府有礼有节的政治斗争、外交交涉，国内外爱国人士、全国人民的声讨，大学生们的抗议活动，赢得了政治主动权和影响力，打掉了以美国为首的北约集团的气焰。所以，讲究斗争的策略，有理、有据、有节地开展政治斗争是十分重要的。我坚信最后胜利是属于正义的，属于世界爱好和平的人民大众。

好记忆是工作、学习、生活的好助手能赢得下属的信赖和支持

好记忆是人们经常关注的问题。记忆力不好的人，想增强记忆、提高记忆的能力；记忆力好的人想增强记忆的效率。具体来说，记忆是什么呢？我们首先要弄清楚记忆这个概念的含义。记忆这个概念有很多表述，我看到的就有十几种观点，有深奥的也有肤浅的，有言简意赅的也有复杂的。总的来说，有多种观点就有多种表述。为了便于掌握这个概念，我深入了解了一下，综合了有关著作和论文的表述，我的表述原则是“准确、简明、易懂”，因此将记忆概括为如下定义：记忆是识记、保持，再认识和重现客观事物所反映的内容和经验的能力，是过去的经验在人脑中的反映。它包括识记、保持、再现或回忆三个基本过程。记忆就是感知过的、思考过的、体验过的和行动过的过去经验。例如，从前见过的人，现在不在面前，我们能想起他的姿态、相貌，见到他时能认得出来，这就是记忆。说具体一点，就是感知过的事物能保持于头脑中，思考过的问题、理论，体验过的情绪、情感，练习过的动作都能保存于头脑中。在生活实践中见过、学过、做过的事情、体验过的情绪，都可以成为我们的经验而保存在我们的头脑中，在以后适当的时候回想得起，或当它们再度出现时能认得出来，这些都是记忆。

记忆的类型有多种分法，通常按照记忆的内容可划分为形象记忆、逻辑记忆、情绪记忆、运动记忆等。形象记忆就是把感知过的事物的形象作为内容的记忆。例如，你看到飞机场上的飞机，就会对飞机的形状有记忆。逻辑记忆就是把概念、公式和规律等逻辑思维过程作为内容的记忆。例如，你对政治概念、数学公式、哲学规律、物理定理的记忆。情绪记忆就是把体验过的情绪和情感作为内容的记忆。例如，对你的好同学收到某名牌大学录取通知书时的兴奋表情的记忆。运动记忆就是把做过的运动或者是动作作为内容的记忆。例如，你对太极拳、武术套路和散打、广播体操的动作的记忆。在人们的日常生活中，这四种记忆形式都不是独立存在的，而是你中有我、我中有你相互联系着的。按记忆存在的时间跨度可分为瞬间记忆、短期记忆和长期记忆等。瞬间记忆也叫感觉记忆，一般持续0.5秒至2秒。例如，你看到你的机械手表链上的第一个圈时，不论具体有多少圈，那个图像就进入了你的瞬间记忆，保留的时间很短很短，记忆的容量也是很小很小的。短时记忆是指一分钟以内的记忆。例如，你从你姐姐那里听来一个手机号码，立即按照记忆来拨号，过5分钟后就忘掉了。另外，边听课边做笔记，也是靠短时记忆。长期记忆是指从一分钟以上直到许多年甚至终身保持的记忆。与短时记忆相比，长期记忆的容量非常大。其实，长期记忆是对短时记忆反复加工的结果。比如，记英语单词从一个到上百个，到上千个，到上万个，在我们头脑里保留着许多记忆。按照记忆的感知来源可划分为视觉记忆、听觉记忆、嗅觉记忆、味觉记忆、触觉记忆和混合记忆等。视觉记忆是指视觉在记忆过程中起主导作用的记忆。视觉记忆主要是根据形状印象和颜色印象记忆的。听觉记忆是指听觉感知在记忆过程中起主导地位的记忆。嗅觉记忆是指嗅觉感知在记忆过程中起主导地位的记忆。嗅觉记忆是常人都具备的一种记忆。味觉记忆是指味觉感知在记忆过程中起主导地位的记忆。味觉记忆也是常人都具备的一种记忆。触觉记忆型是指皮肤感知在记忆过程中起主导地位的记忆。混合记忆型是指两种以上（含两种）感知器官在记忆过程中同时起主导作用的记忆。按照主体的角度划分为无意识的记忆和有意识的记忆。无意识记忆是指人们没有意识到但确实存在着的过去经验或记忆。如人们能熟练地打字，甚至盲打，字都打得正确而快速，但是要求他们立刻正确地说出键盘上字母的位置，许多人往往做不到。有意识记忆是指保留在我们头脑中的许多记忆是意识得到的记忆。如我们能记忆儿时背过的数学“九九乘法表”，记得今天早晨吃什么，记得我们去购物的那些超市叫什么名字。

在我们人世间通常都有好记忆和差记忆的区别。记忆是做学问的基础，也是掌握和运用知识的基本途径。记忆力的好坏直接关系到学习和工作效率的高低。拥有好记忆有什么标志呢？一是记忆的速度快。将所见所闻转化为抽象记忆的速度反映了大脑处理信息的能力，如过目不忘，往往成为评判一个人记忆好的表述。周恩来在处理外交事务中就有过目不忘的本领，只要见过一面的人都可以叫出名字、职务，叫出你所在的国家。二是记忆保持的时间长。长时间记忆是一个真正的信息库，正如一座图书馆般任其人随时提取。三是记忆内容在重现时正确率高。记忆内容的正确性是记忆好坏的最重要标志，记忆内容与记忆来源的高度符合使头脑在提取并产生联系时能更好地运用信息。四是在记忆内容中提取所需要信息的速度快。迅速从记忆中提取信息的能力是个人才智的展现。

讲到这里，我们已经明白了记忆的概念、记忆的分类以及好记忆的标志。为了加强大家对好记性的理解、接受、运用，我把自己的好记忆分为几个阶段介绍给大家，让咱们共享其用。

第一，小学启蒙阶段的记忆。我是在广西靖西县化峒公社化峒镇化峒小学读书的，我的家乡虽然生活物质条件较差，但环境很美，素有“桂林山水甲天下、靖西山水小桂林”的美誉。山清水秀风景好，人杰地灵人才多，我热爱这片山水，这片山水也给了我们快乐、智慧、进步。我还记得我上小学二年级的时候，教数学的罗恒源老师给我们讲授的数学课讲得可好啦，使我们听得清楚、听得懂、记得住、印象深、学会用。他布置我们学生背的“九九表”，其方法就是多背几遍，要把记忆的事物在头脑里形成深刻、清晰的印象。横到边，纵到底，重复读或听，注意最大的数是81，最小的数是1。按照罗老师这种重复记忆法练习，我只用了两个小时就背下来了，还能倒背如流，并且终身不忘，终身受用。罗恒源老师是我数学的启蒙恩师，他认为“九九表”是数学的基础，是学好数学的基本方法，任何一个学生都必须通过背诵数学“九九表”这一关。有一天上午，我们小二班开展背诵“九九表”的比赛，全班有40位学生，每人都要参加“九九表”的背诵比赛，还进行评分，获满分100分评为优秀等级，标准就是两条，一是准确，没有任何差错；二是速度快，在3分钟之内完成。罗老师历来善于抓住两头，将优秀学生与学习比较差的学生两人组成一组，也叫一帮一结对子，通过优秀学生背诵“九九表”，树立学习的好榜样，使较差的学生有压力，促进较差学生的学习。比赛开始了，罗老师宣布一切准备好，第一组荣仕星、黎德锦两位同学上讲台背诵“九九表”。同学们一个个双手过背认真听着看着，我第一个背诵，不到3分钟就把“九九表”全部背诵完毕，十分顺畅，一点差错都没有，罗老师说，荣仕星优秀100分！后面的按组的顺序，一个一个同学跟着背诵，当然背诵的时间长短不同，有的用了4分钟、5分钟、6分钟，有的用了8分钟都没有通过，特别是跟我同一组坐在我旁边的黎德锦，连背了3次都没有通过。那时他紧张了，坐不住了，到第四次背诵的时候，他从座位上站起来，满脸通红，脸红到了耳朵根，脖子上的筋条都绷得紧紧的。罗老师又让他背了两次，总共背了5次仍然没有通过。记性好还是差对于学习太重要了，同样背“九九表”，我仅仅用了3分钟就背诵完毕，准确无误，黎德锦用了15

分钟连背5次都背不出来，可见学习效率不一样啊！

第二，中学阶段任数学课代表凸显了我的好记忆。1969年我上中学了，在化尚中学上了两年初中，两年高中，一直到1973年高中毕业，语文、政治、数学、物理、化学成绩一直在班里名列前茅，数学成绩更是一直是班、年级的第一名。为什么我能获得如此好的成绩呢？这与我的好记忆是有关系的。邓其山老师讲初中数学，甘必旺老师讲高中数学，这两位数学老师讲课针对性强，效果十分显著，方法很科学，我的数学课取得优异的成绩得益于他们的教导，因此不管初中、高中，我的数学成绩一直都在班里一枝独秀，每次期中或期末考试我都是第一个交卷并得100分满分。我的数学为什么能取得如此好的成绩呢？原因有三：一是我对数学的公式、定理、定律、运用法则记得很牢固，任何一道试题都能举一反三，应用自如，每次考试答完卷后，我都还有很多时间认真检查校对，绝不允许一个错误，哪怕一个标点符号的差错都不能留在试卷里。二是我预习教材比较超前，老师讲到第一章，我已经看到了第三章，通过强记先把不懂的问题找出来，懂的问题先做一遍，加深印象，熟练掌握运算方法，不懂的地方先问老师一遍，突破难点，这样反复多次，记忆也就牢固了。三是课余多请教老师和街坊的兄长，多练习，自我加压，增加计算的题量和难度，一旦考试，我就可以做到融会贯通了。另外，童年时有位街坊兄长，他叫谢昆诚，1964年他考上了清华大学数学专业，他妈妈觉得清华大学离家太远，担心这辈子再也见不到儿子，所以执意不让儿子上学读书，昆诚兄很孝顺母亲，也就放弃了去清华学习的机会。我知道这个情况，因此每次放学回家，只要谢兄有时间，我就到他家去请他出两三道数学题，久而久之我的计算水平也就提高了，难题也就不难了；计算多了，记忆力自然增强了。我也掌握到学习万变不离其宗的窍门，所以每次考试我都能稳操胜券，稳拿100分满分，中学阶段我的成绩一直是班级第一名，每次三小时的考试时间，我大约一个小时就考完交卷。每次老师就在讲台上立即批改我的试卷，考试结束收卷后就把我的试卷张贴在教室的门上，并告诉大家：同学们下课后就看门板上的正确答案。我当时感到很自豪、很高兴，但我不骄傲，还是虚心地学习。成绩好自然也得到老师特别的关心、关注，1973年高中毕业的那一年，老师找我谈心，让我加入共青团，说我成绩那么好，政治上也要要求进步啊，于是我听从老师的建议，申请加入了中国共产主义青年团。

第三，艰苦的插队岁月仍然不放弃大学的数学课程，好记忆和下苦功相结合。我1973年8月到化哨公社力行大队插队，这个大队条件是很艰苦的，缺水缺电，土地贫瘠，一年到头辛辛苦苦也种不出多少粮食，交了公粮以后所剩无几，自己都难养活自己。但条件再苦劳作再累，我仍然意志坚定，绝不放弃学习，特别是对我感兴趣的数学。除了劳动和每天到贫下中农家里拜访老乡之外，空余的时间我都在煤油灯下看书。由于多看、多想、多练，我的记忆力自然就长进了，用了不到一年的时间我就通读了北京师范大学和北京大学数学专业的教材，掌握了大学数学的基本理论、基本知识、公式、定律和基本的计算方法。机会总是给有准备的人，我相信：天生我才必有用。果不其然，天生我才必有用，这一天提前到来了，经化哨中学校领导同意，请我到化哨中学担任高中一年级的数学代课老师，当时我真不敢相信，我这个高中毕业生竟然能到化哨中学也就是我的母校任课。我感觉这是我施展本领的好机会，也是我进一步奠定数学基础的好舞台，心情非常愉快。我十分认真地备课，以十倍的努力做好准备，每一节课都认真地深入浅出地讲好，应对自如地回答学生提出的问题，将枯燥晦涩难懂的数学课程讲得通俗易懂，学生对我的数学课也越来越感兴趣，非常欢迎我来教课。我十分赞许陶行知先生说过的一句话：老师教给学生的是基本的方法，而不是告诉他们答案。我教的那个班数学水平明显提高，教学效果十分显著，参加年级期中数学考试，我任课的班级获得了第一名。我正在兴致勃勃攀登数学高峰之时，公社领导又要我回去担任力行大队知青农场的队长，我只好服从组织的安排，又回到力行大队去劳动了。虽然继续回去务农了，但我仍然坚持学习，毫不动摇，持之以恒地钻研各门课程，开始从单一的数学科目转向多门课程。我每天都坚持写一至两篇的广播稿送给公社和县广播站，在将近一年的时间里，广西靖西县人民广播站几乎每天都播出我写的广播稿。经过积累，词汇、句子、段落的组织安排越来越熟练，我的语文水平也得到较快的提高，被县里评为优秀通讯员。

第四，在广西民族学院当学生阶段显现好记忆的优势。功夫不负有心人，有志者事竟成。1975年5月，我作为工农兵学员保送上大学的机会来了，当时我填报了北京大学、北京师范大学数学专业的志愿，6月28日，我接到的却是广西民族学院政治系的入学通知书，录取我到政治系政治专业学习。我们家乡离南宁市很远，也不知道大学是什么样子，7月底，我背上行李和一个木箱坐上班车来到广西民族学院政治系学习。当时很迷茫，我一次次问自己：我报的是北京大学、北京师范大学的数学专业，又没有报广西民族学院的志愿，为什么不让我去北京而到南宁来呀？有心栽花花不开，无心插柳柳成荫。后来我问了招生办的同志才知道，因为我是共产党员，又是壮族，读政治专业更适合我的情况。没能到北京读书，我也没有太多的遗憾，因为我知道，当时能上大学读书已经是我一生中很幸运的事了。从此，我就全力以赴投入到政治专业的学习中去了。当时，我们年级有两个班，我被分配到75级（一）班第三组，系党支部还让我担任学习小组和党小组组长。我们系开设的课程很多，有哲学、政治经济学、共运史、中共党史、中国通史、伦理学、逻辑学等。下到我们班、我们组比较多的是冯教授，他是教共产主义运动史课程的，由于他经常下班，见面多了自然就喜欢上他的课程。每次他的课我都十分认真地听讲，有一次他讲马克思主义三个组成部分的来源，下课后，我就把他讲课的基本章节、基本原理、原则、立场和方法倒背如流地讲给他听，几乎跟他讲得没有什么出入，记忆得十分清晰、完整，冯教授对我的好记性感到吃惊。我又把课堂笔记本给他看，记录得十分整齐、完整，观点、内容甚至案例都记录得清清楚楚。我不仅共运史记得牢、记得好，其他课我也学得很好，考得高分。每学期期中、期末的各门课程考试，老师出的复习题就有一百道左右，五六门功课就有五六百道题，我一道题一道题写出答案，然后一道题一道题地背得滚瓜烂熟，老师要求复习半个月，我仅用一星期的时间就完成了任务，全部复习内容都储存在我的脑海中。一到考试时间，按规定三个小时的考试，我仅用一个小时就答完题，离开了教室，考试成绩一直排在年级前三名，每次都得到老师的表扬，特别是冯教授非常欣赏我。冯教授经常把课堂提问、小组发言、归纳要点等布置给我来做。水滴石穿，下足功夫总有回报，好记性还得下功夫，才能获得好成绩。

第五，留校任教阶段，好记忆在工作、生活中的运用。1978年8月，经冯老师的推荐，我获批留校任教，开始了我从教的工作生涯。我担任的课程逐年增加，头几年我担任的课程有“国际共产主义运动史”“科学社会主义”“马列著作原著选读”，后来又增加了“行政管理学”“公共关系学”等，我上课都是相当认真的，基本做到：一是准备充分的知识、理论、原理。要给学生输送一瓢水，你就得准备一桶水。如我上“马列著作选读”这门课，就阅读了马克思、列宁、毛泽东的主要著作，熟记他们著作的名称、观点、立场和方法，牢记每一章节的重点、难点、疑点。马克思的主要著作包括《资本论》《共产党宣言》《德意志意识形态》《1844年经济学 — 哲学手稿》《成立宣言》《临时章程》《〈黑格尔法哲学批判〉导言》（1843年）、《论犹太人问题》《神圣家族》《关于费尔巴哈的提纲》(1845年)、《德意志意识形态》(节选，与恩格斯合著，1845—1846年)、《哲学的贫困》《1848年至1850年的法兰西阶级斗争》《波拿巴的雾月十八日》《揭露科伦共产党人案件》(1857年)、《〈政治经济学批判〉导言》(1957年8月)、《鸦片贸易史》(1958年)、《〈政治经济学批判〉序言》(1959年)、《福格特先生》(1960年12月)、《哥达纲领批判》(1960年12月)、《反杜林论》(1960年12月)。列宁的主要著作包括《什么是“人民之友”以及他们如何攻击社会民主主义者?》《马克思主要的三个来源和三个组成部分》《卡尔·马克思》《唯物论与经验批判论》《帝国主义是资本主义的最高阶段通俗论述》《论帝国主义》《论欧洲联邦口号》《无产阶级革命的军事纲领》《社会主义民主党在民主革命中的两种策略》《国家与革命》《无产阶级革命和叛徒考茨基》《伟大的创举》《怎么办》《进一步退两步》《论粮食税》。毛泽东的主要著作包括《中国社会各阶层的分析》《湖南农民运动考察报告》《中国红色政权为什么能够存在》《井冈山的斗争》《关于纠正党内的错误思想》《星星之火，可以燎原》《反对本本主义》《关于目前政治形势与党的任务的决议》《论反对日本帝国主义的策略》《中国革命战争与战略问题》《为争取千百万群众进入抗日民族统一战争而斗争》《实践论》《矛盾论》《论持久战》《中国共产党在民族战争中的地位》《战争和战略问题》《〈共产党人〉发刊词》《中国革命和中国共产党》《新民主主义论》《改造我们的学习》《整顿党的作风》《反对党八股》《在延安文艺座谈会上的讲话》《关于领导方法的若干问题》《论联合政府》《目前形势和我们的任务》《关于目前党的政策中的几个重要问题》《将革命进行到底》《论人民民主专政》《论十大关系》《关于正确处理人民内部矛盾的问题》。二是熟记历史人物、历史事件、历史线索、历史时间，随时应对学生的提问，对古今中外的知识都做好充分准备，把这些信息都装进大脑里，随时可以从大脑中提取信息。三是精选讲课内容，重视讲课艺术，强调课程的开拓性，重视课程的实践性，注重课程的探索性。要求学生掌握原理，联系实际，面向社会，加强应用，学会分析，提高能力，注重效果。实行脱稿讲述和概括观点相结合，或只记住观点，其他内容展开论述，始终注意学生的听课情绪和注意力，把学生的精神集中到讲课内容上。四是认真备课。我备课的原则是三年一大备，一年一小备，半年做准备，备一次课要花掉两周的时间，讲的时候才是一节课。正如演戏一样，台上十分钟台下十年功。总的来说，由于准备充分，学生随时提问能随时回答，应对自如，课程内容常讲常新，常新常讲。五是熟记学生的名字。只要是我当过班主任或上过课的班级的学生，我都能牢牢记住他们的名字，课内课外我几乎都能一个不落地叫出他们的名字，甚至他们家在哪个县，父母是干什么工作的等这些都能说出来。在上课的时候直呼其名提问，在课外任何地方任何时候都能点出学生的名字，所以学生自然尊重我并对我产生敬畏感。有一次，我当过班主任的87级二班的学生，毕业20周年回校召开座谈会，总共来了38位学生，很多学生是毕业后我第一次见面，召开座谈会时，通过他们每个人的介绍，我当场就把一个个学生的名字、单位准确地讲出来，学生异常佩服，肃然起敬。

第六阶段，熟记下属的名字，使他们感到很亲切。我1999年12月底到北京任中央民族大学校长，自然有很多新的同事，我自然也希望能记住他们的名字，拉近彼此的关系，不至于见面多次后还叫不出名字来。假如下属见面问候你，而你只能说“请问你是谁呀?”，这样必然会令对方产生隔阂的感觉，气氛尴尬。2000年元月6日在学校行政三号楼的会议室召开校领导和教授、博导座谈会，会议由陈副校长主持，一开始他就介绍了当天到会的28位教授、博士生导师的名字。他介绍完毕，立即转过脸来请我讲话。我即说：“我今天与各位教授、博导第一次见面，先认认人，以后见面也好打招呼，那么我就先按照刚才陈副校长介绍的顺序，一个一个地点名，点对了，陈副校长你看怎么办？点得不对，有错误的，你看又怎么办？我们先把条件讲在前面，你说怎么办才好呢？我们来赌一赌吧？条件你先说。”陈副校长不敢说，看见他尴尬的样子，我只好给他解围。我说：“这样行不行？如果各位教授、博导的名字我都说对了，陈副校长一个人今天中午请我吃一碗面条，如果我说错了，我请在座的各位吃中餐，就算一次见面餐吧！陈副校长你看行吗？”说完我就直说了：“我从左起开始点名，一个接着一个点。”28位教授名字全点对了，大家非常惊讶！你看我，我看你。我笑着说：“今天中午我就吃陈副校长的面条，还有哪位报名呢？”这时，我进入主题，宣布今天开会的目的，通报情况，布置任务，提出意见和建议，接着讨论20分钟，会议散了。与会的28位教授、博导散会后回到各自的系处室，将开会的情形向其他人一描述，学校里一下子传开了，有的说这个荣校长记忆力真好，第一次见面，一下子就把我们28位参会人员的名字都记住讲出来了，不简单！有的说，这个新校长是有点本事的，看他今后还有什么动作了。我这一招起到了“轰动”的效果。教授、博导这个层面人员的名字我记住了，其他层面呢？

2000年3月15日，全校中层领导竞聘上岗，我主持会议，共有150多位中层领导干部参加竞聘演讲，听一轮下来后，我把他们的名字、基本情况都记住了，甚至有的人性格特点我都掌握了，后来在组织考核、党委讨论决定时，我都心中有数。最后就职宣誓，在集中讲话之前我能一个一个地点出名字来。我博闻强记的方法派上用场了。十多年过去了，到现在为止我一直没有忘记他们的名字，见面能直呼其名，让我们之间感到亲切，缩短了距离，增强了彼此的信任感。

接着轮到科级这一层次工作人员竞聘上岗了，首先从后勤产业集团开始。5月6日下午，我和分管后勤工作的严玉明副校长、人事处的杜林同志一起去参加后勤产业集团科级干部的竞聘演说，我认真听了22位科级领导的演讲，他们讲完后，严副校长请我说话，我说：“各位同志，今天你们竞聘，演讲的施政纲领、做法、措施、目标等都讲得很好，为了加深我们之间的记忆，我先把刚才竞聘的单位和人名点一下。”接着我就对第一排就座的竞聘者点了名，完全正确，一个都没有说错，大家哗然。有的说：新校长记忆力真好，真厉害。有的说：名不虚传，果然是真的。最后由严副校长总结讲话，宣布会议结束。散会后，我直呼几位参会者的名字，他们高兴极了，还跟其他同事说，荣校长记住了我的名字了。通过这一轮中层处级、基层科级干部的竞聘，竞聘干部和教授们的名字我都记住了，这为我后来进一步开展工作、赢得他们的拥护和支持奠定了良好的基础。

总结我经历的六个阶段的实践经验，好记忆确实给我带来了许多好处。一是好的记忆有利于提高学习效率和工作效率。无论是当学生还是当教师，乃至工作后当领导，我时时处处都感到好记忆是我工作上、学习上的好助手。我在学生时代能够快速记住所学知识、理论观点、理论原理，在工作上能够针对不同情况即兴讲话，讲话显示出深度、广度，有思想、有水平，还有乐趣，这都是我长期积累知识、总结经验的结果，没有这个基础是不可能当好校长的。二是好的记忆有利于提高生活的质量。生活是人生必不可少的一个重要组成部分，如生活饮食方面，一天少不了三顿饭菜，早餐、中餐、晚餐各吃什么呢？这是要讲究的，特别是现代社会进步和发展了，讲究营养搭配，科学搭配，这样才能有利于人体的吸收、消化、创造新的生命活力。知识积累运用的过程也如此，然而要达到信手拈来、应用自如的程度，需要阅读很多书，了解和掌握许多常识、知识，有好的记忆力能够把平时生活积累起来的丰富知识加以熟练运用，能够运用联想和想象能力，提高理解力、运用力和创造力，使生活更有价值、更多姿多彩。三是好的记忆力能赢得下属的信赖和支持。在一个单位创造干事创业的良好环境，是领导者与被领导者构建和谐人际关系的根本目标。在一个集体中要保持领导者与被领导者（下属）的密切关系和交往，把人心凝聚在一起形成合力，调动下属的积极性，首先要记住他的名字，从何单位来，任何职务，记住了一下子就把上级和下级的关系拉近了，心理距离就会缩短，关系就会融洽，感情就会增强。下属感到领导心中有我，自然就会真心诚意地跟随你，自觉自愿地信赖你，行为主动配合你，坚决执行你的命令，即使工作繁重、任务艰巨，也会毫无怨言地与你同舟共济，共渡难关。如果平时都没有打过招呼，姓甚名谁都不知道，叫不出来，关系也好不到哪里去，这种状况就不可能获得下级的支持，甚至在关键时刻还会帮你的倒忙。但凡能叫出下属名字来，来往比较多，领导者又善于处理好与被领导者的关系，就会赢得下属的信赖，得到下属的拥护和全力支持，使上下精诚团结，通力合作，共同为单位的建设和发展而奋勇前进！

记忆好的好处不仅上述几条，还有其他方面，这里就不一一赘述了。为了使大家都能享受到好记忆的益处，下面我着重介绍几种方法，令大家共享其乐。第一，“四多记忆法”。一是多读。除了博览群书之外，还要对重点书籍多读几遍；二是多写。多写读书笔记，边读边写是加强记忆的最好方法；三是多想。在学习过程中，要清楚哪些观点是正确的，哪些观点是有误的，通过对比使正确的观点更深刻；四是多问。学习时遇到不清楚、不明白的地方要及时请教。

明确目的记忆法。规定记忆任务，明确记忆目标，提出记忆要求，能刺激大脑皮层有关区域兴奋，可以提高记忆联想的积极性，提高记忆效率。提出了记忆任务就要不折不扣地坚决完成，如果说提高记忆力有窍门，哪有比老老实实地学、老老实实地记更好的方法，这就是首要的“窍门”。

应用巩固记忆法。把已知的知识经验与眼前学习的新知识联系起来，温故而知新，有利于巩固旧知识，并把新知识有序纳入记忆的网络，易于巩固。

归类记忆法。当记忆材料较多时，可以将材料进行分类和概括，形成逻辑记忆，使之初步系统化，便于提取和联想。

重复印象记忆法。为使要记忆的事物在脑海里形成深刻、清晰的印象，重复听或读，及时温习巩固，强化记忆痕迹，防止遗忘，是一种简便易行、行之有效的记忆方法。

思考加强记忆法。长久而反复的思考，付出心血的思考，经过百思其解而带来的领悟的快乐，这一苦一乐的收获你能忘记吗？特别是上述我提到的强记下属的人名，的确给我带来了工作上的许多好处，我至今都还历历在目，难以忘怀。

自测记忆法。这是通过自己测验自己来增强记忆的方法。一是可以帮助自己了解自己的“底数”。通过经常性的自测，就会知道自己记住了什么，还有什么没记住，什么地方易混淆，有误差，立即核实校正。二是可以培养自己的应变能力。通过经常性的自测，从多方面理解消化所学的知识，就能做到应用自如。其一是当日测，就在晚上睡觉前，把当天所学的知识择其要点复述一下或默想一遍。其二是周日测，把一周来所学的内容写在一张纸上自己测验，发现不对、疑难或模糊之处，马上解决，绝不拖延。

争论记忆法。这是通过与别人对某个问题或某个观点进行争论探讨以强化记忆的方法。一是可以帮助自己检查记忆的准确性。通过争论探讨，错误的暴露出来了，得以纠正，从而形成正确的记忆。而记忆正确的知识也得到了检验和应用，并且得到强化和巩固。二是可以使争论双方开阔视野，拓展思路，互相启发。在争论中，由于双方精力集中，关注对方意见，不论是自己阐述的新见解，还是对方提出的新观点，无论是自己被对方驳得哑口无言，还是把对方驳得无言以对，都是一种强刺激，这能不留下深刻的印象吗?

通过阐述记忆法的含义、实践活动及收获的过程，我们知道：掌握各种记忆法固然重要，但是记忆法有很多种，几种、十种、几十种，在这里我只择取八种记忆法介绍给大家，供大家选用。从自己的实际出发，要因人而异，关键在于管用，希望大家认真实践，选择适合自己的记忆方法，加强训练，久而久之就有效果了，就能体会到好记性的好处了。要记住，好记性是“天赋+实践”，只有两者有效结合，才会产生无穷的力量，发挥正能量。

力排众议　大胆使用有能力的工人

广西壮族自治区党委任命我为广西民族学院院长、党委副书记时，我恰好四十岁。这个年龄段正是人生中干事创业的大好时光，是年富力强、实力和潜力最佳的工作期，是朝气蓬勃、追求向上的发展期。上任伊始，我就暗下决心：干一番事业，为党和人民的事业贡献力量。这时在工作上想得最多的，就是如何进一步办好广西民族学院，如何在历任校领导打下的基础上更上一层楼，有更大的进步，有更大的发展。工作从哪里首先突破呢？

广西民族学院的基本情况我比较熟悉，因为我是本校毕业留校任教的，从教学行政最基层的岗位做起，经历了系部的教研室副主任、主任，系部的副主任、主任，学院的院长助理、副院长、院长，一步步干过来的。在教师岗位上有助教、讲师、副教授、教授、二级教授的任教经历。党务工作经历就更丰富了，班主任、政治系辅导员、学生党支部书记、系党总支副书记、学校党委委员、学校党委副书记的职务都干过。对学校的所有岗位的基本情况都熟悉和了解。那么，应该选择什么样的工作作为切入点呢？突破口在何处呢？一般的常规工作程序是：调查研究 — 调查报告 — 制定工作方案 — 党委常委通过方案 — 付诸实施。我应走哪一条路径？是从矛盾出发，提出矛盾，分析矛盾，解决矛盾，还是以问题为导向，从群众（教师、学生）最关心的问题、最现实的问题、最迫切需要解决的问题入手？

当时，师生员工最关心的问题是什么呢？学校面临的最大矛盾是什么呢？首先碰到的问题和矛盾是学校招生规模扩大与学校基础设施建设滞后的矛盾。一方面，表现为学生宿舍住宿拥挤，多数宿舍是8个学生共住一间，行李箱都没有地方摆放，集体共用两个小书桌，过道不畅，卫生条件较差，后勤管理不到位。另一方面，学生宿舍的照明用电经常出现电源跳闸问题，有时候整栋楼都没电，学生整夜在黑暗中生活。再有，部分学生用热得快、电饭锅、电熨斗、电水壶等电器，又被南宁市供电局强行拉闸停电、停水。学生意见很大，与校方后勤部门闹矛盾，情绪很激动。有一次，学院男生宿舍第一、第二、第三、第四栋停水停电，造成一片混乱，学生抱怨声一阵高过一阵。原来，学院后勤部门没有接到市供电局和自来水厂的任何通知，在没有任何思想和工作准备的情况下，突然被停电、停水了。当时正是三伏天，高温炎热，潮湿沉闷，师生员工的生活秩序一下子被打乱了。没有水，厕所不能及时冲水，加上停电，电风扇也不转动了，整栋男生宿舍楼气味熏天；没水洗澡，宿舍的过道上走来走去尽是一排排光着膀子、心情烦躁的男生。少数学生吼着叫着，开始骂校领导了。我带着后勤处和分管后勤的副校长路过男生宿舍，恰巧听到有人说，荣仕星校长到哪里去了？快给我们解决用水用电的问题啊！有几个甚至喊叫“打倒荣仕星，给我水和电”！我听了如针刺痛心头。我想，这么热的天同学们不洗澡怎么受得了，这种埋怨的话可以理解。如果我们的后勤工作都做好了，做细了，同学们就不会有怨言，就不会喊出“打倒荣仕星”这样过激的口号了。学校扩招后存在的后勤保障问题，具体来说就是缺水和缺电，是学校和学生容易发生矛盾的导火索。

又一次，学生片区的水管破裂，水压不够，三楼以上的水都压不上去，使楼上的学生洗不了澡，又有人喊出打倒我的口号。我要被打倒多少次才能过关啊？要解决这个问题，一是做好学生的思想教育工作，把学校的规章制度变为人们的行为准则，共同遵守纪律，外化于行，内化于心，自觉维护学校领导的权威；二是从根本上解决问题。每天二十四小时都保证学校有水有电，保证大家有水有电用，这样就有基础性的保障了。于是我就从这两方面入手，彻底解决水电问题。第二个问题又提出来了，谁来维护和管理呢？水管破裂了，三楼以上的水压不上去，学生在闹，在“打倒”校长。我到现场听取和了解学生的真实感受、意见和建议，果断采取了现场办公快速处理、以实际成效服人的办法，下令后勤处组织专家技术人员认真检查，在两个小时内要找到水管破裂的位置和原因，向同学们保证两个小时之内完成任务，修复供水。工程队员就开始一个节点、一个节点地排查，查大管，查接入市政管、分支管、接到学校的入水口水管、学生宿舍水管压力管，一道一道查，一个环节、一个环节查，经过大家的努力，最后水电科职工张九凯终于在市政接水口找到了水管堵塞的原因，把杂物都清理掉之后，一开闸门，水就哗啦啦地流了出来。不到两个小时，我们就修复了供水管道，有水洗澡了，同学们高兴地蹦起来。我很兴奋，说一千，道一万，不如一个实际行动有效。

经历了这个事情后，我一定得解决水的问题了。后勤处需要设立一个岗位，挑一名思想好，懂技术，会管理，不怕累，吃得了苦的人担任副处长来挑这个重担。谁是合适的人选？后勤处的同志推荐张九凯同志。在这件事的整个流程中我都看到了，张九凯确实具备真干务实、不怕苦不怕累的精神。于是我决定任命张九凯同志担任后勤集团副总经理，提请党委常委审议。对于使用张九凯，有些领导有不同的观点，有的说张九凯是一个工人，连干部身份都没有，怎么能破格提拔呢？需要提也得一步一步来，不可能“一步到位”；有的说张九凯只有大专文凭，在别的部门提拔也可以，在广西民族大学提拔就不符合干部使用的规定了；有的说提拔张九凯任副处长，后勤处的同志服不服他的管理指挥呢？他平时很少说话，也不知道他是否具备这个能力和水平。经过组织部门的了解情况、认真考察，我力排众议，决定在党政联席会议上提出，再提请校党委常委会审议通过。

我说明了推荐张九凯破格提拔的几条理由：一是张九凯具有水电技术的特长。他精通正常的线路维修，对非正常的问题，能迅速地正确判断断电的原因，在较短的时间内查明原因，很快就能发现问题，较快地排查产生问题的原因，恢复供水供电的正常秩序。二是不怕脏不怕累。爬电杆接电线、带电操作接电源都能沉着应对，不急不躁，冷静稳妥地操作，按时按质完成任务。三是提拔张九凯是一个任用领导干部的导向。可以在工人中起一个传导的作用，说明即使是职工或低学历的人，只要想干事、会干事、干成事、干好事，总是能够有机会得到提拔的。提拔一个人带动一批人，破格提拔一个人影响一批人，激励一批人，调动一批人。四是有利于发挥人的积极性和创造性。后来报党委常务会研究，同意提拔张九凯为后勤产业集团副总经理。他担任副总经理职务后，水电问题实现了规范化、制度化和现代化管理，保证了师生员工的水电供应。张九凯在后勤管理水电创新方面有许多建树。比如对学生宿舍总控制照明灯的线路和各种小电器的使用进行分类管理，这样做既方便学生用电又保证了学生的照明用电。供水难、用电难问题基本得到了有效解决。知人善任，知人之长短，用人之长补人之短，始终发挥人的长处和优势，这就是用人之道。

1999年我调任中央民族大学任校长，经过调查研究，我发现中央民族大学的后勤保障存在管理不到位、饭菜质量不高、部分职工素质低、教职工没有就餐的地方等问题，食堂年年承包年年亏损，学校年年补给食堂23万元，学生，老师都有不同程度的意见。学校再也不能补贴了，必须走改革的道路。用什么样的人才能做好食堂的管理工作呢？以学历为标准还是以能力为标准？如何决断，这就需要考一考领导的政治眼光和智慧魄力。对于后勤管理，我就认准一条，就是要有为教职工服务的思想，评判的标准是要问教职工高兴不高兴？答应不答应？支持不支持？满意不满意？如果大家都说OK，那么这个标准就成立了。就这样一个条件，只要肯为师生员工服务，师生员工都满意了，我们就大胆地用，大胆地安排。经过学校人事组织部门的考核，校党委常委认真讨论，决定启用后勤集团的艾某。她是怎么样的人呢？艾某是农转非的工人身份，长期在后勤产业集团从事食堂管理和园林种植保护工作。此人工作认真负责，爱岗敬业，不怕苦，不怕累，又具有大公无私的精神，不贪不占，上班来得最早，下班走得最晚，为教职工服务的思想牢固。校领导一致赞同破格提拔艾某来担任后勤产业集团的副总经理，负责食堂的经营和管理工作。艾某上任后做了大量的工作，不负众望，牢记使命，勤奋工作。用了不到一年的时间，就把学生教职工食堂管理得秩序井然，建立健全了规章制度，共制定了十多个规范性文件，做到了改革于法有据，依章办事，依法行政，处理好上下级关系。一年结束，在出色完成各项任务之余，还上交了一年的承包款，这在民族大学后勤是头一回。师生员工都比较满意，在北京高校中还流传着一句顺口溜：要吃饭，到民大。实践证明，大胆使用艾某为后勤集团副总经理是非常正确的。

为什么我敢于大胆使用艾某呢？第一，解放思想，敢于破除条条框框，打破人们的思想禁锢。如果按原来的规定办事，是不敢使用艾某的。当然在经营管理中，必要的用人条件和规章制度是必须要有的，但做事也不能拘泥于条条框框，要大胆改革，大胆创新，不破不立，立在破中立，任何规章制度都是围绕工作需要而制定的。如果规章成为工作的障碍，那在实践中就得修改，改到有利工作、有利调动人的积极性为止。所以在使用艾某的同时，我们认真修改了后勤领导的聘任条件，其中重能力、重效益、敢担当负责任成为重要的条件；二是勤政廉洁，不唯身份，不唯票数，不唯学历，即“三不唯”。当然，重点是解放思想，不拘一格用人才。在那个年代还有强调邓小平同志所说的，“不管黑猫白猫，抓住老鼠就是好猫”。当然还要强调信念坚定，政治坚定，方向正确，为民服务，勤政务实，敢于担当，勤政廉洁这些条件。但是，我们做事要坚持历史唯物主义和辩证法，历史地看问题，时代发展了，环境变化了，政策也应随之修改和完善。因此，当时大胆启用艾某担任副总经理是正确的。

第二，具体情况具体分析，具体问题具体解决，区别对待。马克思主义的活的灵魂就是对人对事都要区别对待，具体问题具体对待具体处理，任何事情都不能一刀切，一竿子扫过去。在广西民族学院大胆使用张九凯同志，在中央民族大学大胆使用艾某同志，都取得了成效。既解决了后勤管理的大难题，又总结出一套后勤经营管理的好办法、好经验。这些经验用一句话来概括就是后勤改革要走内涵、改革和发展的道路，从量化入手，以提质为目标，把质量和数量结合起来，把理论和实践结合起来，把低文凭和高学历结合起来，把高水平带动低能力和低水平追赶高能力结合起来，认真分析现状、问题，最后以问题为导向，带着问题去经营管理，在经营中解决问题，这样质和量都能达到目标，人员的管理水平也提高了。中央民大后勤产业集团总经理石亚洲还以改革为例，在北京一些高校介绍经验，得到了教育部、国家民委、北京市教委、教育工委的充分肯定和高度赞扬。

第三，改革不是一帆风顺的。要经历爬坡过坎、曲曲折折的道路。只要坚定信念，下定决心，就能勇往直前，战胜困难，直至胜利。从中我们悟出了这样一个道理：实现一个目标，都要费一番工夫，绝不是敲锣打鼓、轻轻松松地实现的。在后勤改革的过程中，也有人持不同的看法，说离经叛道的有，说违背常理的有。但事在人为，只要方向对头，道路走得正，步伐迈得踏实，措施有力有效，就一定能够成功。如果当时不坚持下来，就没有广西民族大学和中央民族大学后勤改革的成功，广大教职工就仍会受苦受累，更说不上经验的总结和推广了。我们的改革验证了功夫不负有心人、有志者事竟成的道理。现在我们党提出全面深化改革，改革又到了攻坚阶段，啃硬骨头、涉险滩，没有政治勇气、政治定力、政治信念，是不可能取得胜利的。

学校发展要唱好“三首歌”：《没有共产党就没有新中国》《团结就是力量》《敢问路在何方》

1996年我被任命为广西民族学院院长、党委副书记，任重道远，觉得身上的担子沉甸甸的。如何做好工作，出色完成党和人民交给的任务，回答好人民命题的答卷？我的主政理念是：为官一任，造福一方。把本单位工作做好，为学校建设谋发展，为单位的师生员工谋利益。这个利益表现在实际工作中，就是走对路子，多建房子，多找“票子”，多招学子，过好日子。这“五子登科”是我为官的初衷，也是我为官一任的愿望。那么如何实现这个实实在在的愿景呢？怎样为教职工做些实实在在的实事呢？我的回答是：首先唱好“三首歌”：第一首歌，唱好《没有共产党就没有新中国》，解决坚持中国共产党领导的政治立场问题；第二首歌，唱好《团结就是力量》，增强内部凝聚力的问题；第三首歌，唱好《敢问路在何方》，解决敢干、敢闯、敢冲的精神状态的问题。在实践中唱好了这三首歌，精神力量就能变成巨大的物质力量，推动工作向前发展。

一、唱好《没有共产党就没有新中国》

在中国共产党的领导下，经过二十八年的浴血奋战，成立了中华人民共和国，确立了中国特色社会主义道路。各个地方、部门、单位在共产党的领导下，沿着这条道路不断推进经济、政治、文化、社会、生态等各方面的建设，取得了一个又一个胜利。高等教育事业也不例外，在共产党的领导下取得了巨大的成就。

（一）坚持中国共产党的领导是高校坚定不移的政治立场。东西南北中，党政军民学，党是领导一切的。高等学校坚持党的领导是由高校的性质决定的。中国的高等教育事业主要是共产党夺取政权以后逐步建立起来的，一开始就在共产党的领导下展开，从高等教育管理体系的建立到发展都离不开党的领导。经费划拨，招生计划的下达、执行、落实都在党的领导之下，在教育行政主管部门的指导下进行，教师队伍建设、专业设置、学科建设、学校基础设施建设等都离不开共产党领导下的主管部门的领导和支持，高等教育事业的发展只有在党的领导下才能健康成长。

（二）中国共产党的教育方针和宗旨是培养社会主义的可靠接班人和建设者。共产党要巩固自己的执政地位和提高执政能力，需要有一代又一代的接班人不断充实到党的队伍中去，承接老一辈的接力棒，这就需要高等教育事业源源不断地培养各级各类的人才，为祖国建设和发展做出贡献。

（三）高等院校教师的主要任务是教书育人。教书就是教师按照教学大纲对学生进行专业基础课和专业理论及实验课的教学，通过系统的教学使学生较好地学习和掌握专业理论知识和进行实践活动，将他们逐步培养成为该专业的人才。育人就是根据中华人民共和国高等教育的宗旨，传授马克思主义基本理论、基本纲领、基本观点，进行党的路线方针政策教育、社会主义核心价值观、世界观、人生观教育，传授科学理论和科学知识，培养科学研究和科技创新人才，为社会主义各条战线、各个部门、各个单位输送各级各类人才。只有忠于党和人民事业的人民教师才能按照中国共产党的要求培养接班人和建设者。

二、唱好《团结就是力量》

团结是由各种感情聚集在一起而产生的一种精神；团结是集中力量实现共同理想或完成共同任务联合产生的一种力量；团结不仅存在于志同道合中，想要成为一个团结优秀的集体，需要我们用真诚去面对集体中的每个人，让这个集体中的每个人都感觉到心里温暖。如果一个集体没有团结的精神，那么这个集体就不能称之为团队。团结是成功的基础，没有团结就不会有理所当然的成功，这是个千百年来不变的道理，团结就是力量！

（一）团结是领导者卓越能力的体现。一个集体的领导是由最有影响、最有权威、最有号召力的优秀成员组成的，而这个团队的领导人更具有超常的凝聚力，无穷的智慧，深邃的政治远见和坚定的政治定力。他带领一个单位、一个团队、一个政党、一个国家实现共同目标，推动目标的实现是团结的力量。

（二）团结是战斗胜利的基石。这里说的战斗是广义的。从解放战争取得胜利的实例来说，最初国民党军队号称八百万人，中国人民解放军只有二百多万人，敌人的力量大大超过我军的力量。但用了不到三年的时间，蒋介石统帅的国民党反动派全面崩溃，彻底失败，被中国人民解放军赶到一个孤岛 —— 台湾去了。当时毛泽东等老一辈革命家总结解放战争胜利的经验时，指出革命胜利的因素主要是“两个结”，一是团结。靠全国人民团结一致打倒国民党反动派，靠军民、军政各战区的团结协作，保证作战部队统一指挥，协力配合，后勤保障，吃饱饭打胜仗。团结出力量。二是总结。部队打仗后，认真全面地总结经验和教训，在全体指挥员和士兵中开展战略战术的总结，对战例进行分析，认真吸取失败的教训，总结胜利的经验，为下一步打仗做好充分的思想准备、心理准备、武器弹药准备，总结出战斗力。

（三）团结是战斗力超常发挥之源。团结是提高各参战部队战斗力的源泉，中国人民解放军打辽沈战役时只有12万人的力量，而国民党有108万人的部队。从人数上说，他们占有绝对的优势，但是国民党反动派内部不团结，互相钩心斗角，部队调不动，一盘散沙，形成不了优势力量，互相消耗，分散精力，参战部队内部互相争斗。而我军部队形成绝对的优势，攥紧铁拳头，集中优势力量打了一个又一个的歼灭战，打掉了国民党的有生力量，国民党兵败如山倒，不到两年时间，就彻底打败国民党，体现了中国人民解放军团结战斗迸发出的比铁硬、比钢强的摧枯拉朽的力量。

（四）团结是培养领导干部的基础。在革命、建设和改革开放的社会主义现代化建设大潮中，涌现出一批又一批优秀的领导干部。他们为什么能够出类拔萃呢？关键是他们在各自的岗位上团结协作，互相帮忙，共同进步。从大学毕业的学生，经过团结合作的实践锻炼，一批又一批的人才能够脱颖而出。领导班子成员在班子活动中互相学习、互相告诫、互相支持、互相提携，善作补台之事，不做拆台之事，能够团结奋斗，干出成绩，创出事业，实现共同目标。高校党政一把手能团结共事，上行下效，校级副职和中层干部就会团结，广大教职工同样也能齐心协力搞好工作，上下合力朝着学校的目标定位不断向前发展。事业发展了，干部也能得到成长和进步。

三、唱好《敢问路在何方》

我到中央民族大学工作之初，人生地不熟，靠别人传授经验来得慢，一下子也难以打开工作局面，如何找到工作的切入点，如何“开山辟路”，路在何方？我想来想去，相信路就在自己脚下。如何走？只有自己知道。我坚信世上没有救世主，只有自己救自己。

（一）路是走出来的。初到北京工作，心里很着急，恨不得把北京的工作关系一下子都建立起来，跟主管部门和上级部门的领导以及相关工作人员一下子都熟悉起来。靠什么引路呢？思绪万千，还是靠自己建立起来的关系牢靠持久管用。开始上班的头几天，我就叫熟悉的人引路，先是走对路，认对门，熟悉人。经过一段时间的接触了解，认路、认门、认人，正常关系建立起来了，比较靠谱了，门牌号码也记熟了，感觉靠自己的脚走出来的路行得通，能够给搞好学校各项工作打下一个基础。于是我开始走访相关的主管领导和工作人员，通过走访，感情进一步加深，建立了良好的工作关系，更有条件去完成各项任务。

（二）路是干出来的。世界上没有现成之路。道路是曲折的，有大路小路，有山路平路，有直路弯路。我刚到中央民族大学不久，就遇到教育部学位办进行“211工程”重点大学二期建设的评估，入选是有条件和比例的，条件具备才能进入，条件不具备没门，竞争还是很激烈的，因此学校上至校领导下至教职员工都很紧张，我当然比他们还要紧张。有的人认为，中央民族大学进入“211工程”大学是必然的事情，有的人认为不是那么容易进入，要创造条件，条件具备了才能水到渠成。“211工程”一期建设是靠奋斗得来的，二期工程建设同样是靠团结奋斗得到的，等靠要的思想是要不得的。为了学校进入“211工程”重点大学二期建设行列，我到教育部学位办直接拜访汇报，请他们对可行性报告提出修改意见，并请他们到学校实地考察指导，最后通过了专家评估，获得了“211工程”重点大学二期建设的资格，开始了学校“211工程”二期建设的宏大征程。

（三）路是闯出来的。中央民族大学在北京虽有数十年，但名气弱化了，总体上社会地位不高、影响不大、形象不美，曾有人称其为“城市大学的农村版”，比较土气，甚至有些学生不愿佩戴学校的徽章。如何改变学生的这种心态呢，这就需要学校闯出一条新路，让人们对中央民族大学刮目相看。为提高中央民族大学的地位，扩大学校的影响，我精心准备了一件事：2008年在北京举办奥运会，2004年北京市组织队伍参加雅典奥运会闭幕式，把奥运会会旗接到北京市来，其中有一个节目，中国国旗和奥运会会旗交接时，由中国56个民族的青年集体合唱中华人民共和国国歌，而唱国歌的团队由中央民族大学组建。结果，由中央民族大学56个民族师生在雅典奥运会闭幕式上高唱中华人民共和国国歌，精彩的49秒，响遍了全世界，响遍了全中国。通过这一次活动，大大提高了中央民族大学的社会地位和国际地位，大大提高了中央民族大学的影响力和美誉度。消息传来，学校仓库存放多年的两万枚校徽一下子售卖一空。师生员工随着中央民族大学出名而扬眉吐气，因学校荣耀而喜上眉梢，不少人争着佩戴校徽，为自己是中央民族大学的一员而感到光荣自豪！要有敢闯新路的精神，依靠自己走出来的路就是成功之路。

（四）路是冲出来的。2004年中央民族大学的面貌有了很大的改变，但顺境和逆境、好事和坏事总会互相交织着，推动学校的发展。5月，教育部在北京友谊宾馆召开“985工程”一流大学重点建设项目评审会，对中央民族大学的评审结果是：整体专家否定，同行专家否定。入围，已经无望了！我听到这个消息，如晴天霹雳，震动极大，怎么办？没有生路了？不，只有向前冲！我立即找到教育部周部长，说明中央民族大学有着特殊的政治地位和不可替代的特殊作用，请求走特批的道路。听了我的陈述，周部长最终同意我向专家们做10分钟的陈述。10分钟里，我重点从政治上、党的民族历史和民族政策、民族感情上陈述了三方面的理由，恳切希望专家们高度重视中央民族大学的建设和发展，把她作为中国民族高等教育的领头羊，列入“985工程”一流大学重点建设行列。听完我的陈述之后，专家进行评审，清华大学的左院士当即表态修改此前的否定意见，同意中央民族大学进入“985工程”一流大学重点建设行列。还说，少数民族的事情还是听少数民族的同志说，这样做更能贴近少数民族的实际，更能代表少数民族的意见，更能反映少数民族的切身利益。随后院士评委都表示支持中央民族大学的“985工程”建设。最后周部长宣布：经专家委员会评审，同意中央民族大学进入“985工程”重点大学建设项目。我流泪了！路是冲出来的。冲的精神，冲的胆量，冲的气魄，冲的干劲，冲的力量，没有这些，就不可能成功。中央民族大学的“985工程”一流大学重点建设就是我们冲出的一条新路，这条新路不仅造福了中央民族大学，也造福了少数民族高等教育事业。

人生奉行“三乐主义”：助人为乐见真情、知足常乐助健康、自得其乐提精神

人生有许许多多的乐趣，也有许许多多的苦闷，讲不清道理，说不明原因，有自己主观选择的，也有客观无奈的。奉行助人为乐、知足常乐、自得其乐的“三乐主义”是一种精神追求，是人生的高境界，也是中华民族的传统美德。观念不同，选择有差异，说一千道一万，有人追问我，你是何信条？我说奉行“三乐主义”的人生信条。

人生信条之一，助人为乐。其义为帮助人就是快乐。能帮就帮就是助人为乐的精神实质。我从小受到父亲的思想影响，父亲经常教育我们几个兄弟：帮别人的忙，不吃亏。从懂事开始我就开始助人了。如帮助隔壁邻舍的老人挑水、打扫卫生、洗衣服、煮饭烧菜，有时老人生病就送他去医院看病等，路不拾遗，捡到钱、物都自觉交给老师，养成了一种良好的道德品质。

助人为乐在不同的阶段有不同的表现。在小学阶段，我经常在学习上帮助同学，结成一对一的互助小组，老师在安排座位的时候就有目的的让学习好的同学和学习差的同学坐在一块，好的帮助差的，还有小组之间的学习竞赛，全班同学的学习竞赛，老师提出的口号是绝不让一个同学掉

队。由于我的学习成绩优异，所以老师叫我担任了三级小组的组长，即一对一小组长、学习小组长、班代表组长。这种帮助同学学习的形式，对后进的同学挺管用的，有些同学经过帮助一个月或三个月，学习成绩就跟上来了。我们班有30个同学，最后掉队的只有3个同学，基本上能够齐头并进，落差不是太明显。期末考试不及格的只有两个同学。后来老师就给他俩开“小灶”了，叫我也参加这个“单灶”学习辅导小组。经过半年的补习，这两个同学也消灭了不及格。帮助同学进步了，我也感到十分快乐。在全校班级学习比赛中，我们班获得了先进班集体称号，我个人也评上了“三好”学生。助同学学习，助同学进步，同学成绩上来了，我也进步开心啦！

在初中和高中阶段，我的学习成绩仍是一路优秀，老师就叫我参加尖子学生组，要我任组长。这个组的任务同样是帮助学习差的同学进步。为了使全班同学都取得好成绩，力争没有一个人掉队，我当时采取了几种方法，一是预习组做示范。老师在黑板上列出数学题时，还没有演算或解方程式之前，老师就叫预习组的同学到黑板上去解方程式，由于我们这个小组课前经过充分的预习准备，因此，每次解答数学题都能顺利地完成老师交给的任务，既没有给老师丢脸，也没有给同学抹黑。二是课后复习组，我也是这个组的一个成员，主要帮助同学，在老师上课后还不理解或不会运算的数学题，就把全班同学集中起来，由成绩好的同学给差的同学再演算一次，直到学会为止。有时反复多次，小组中有的同学都不耐烦了，但是我感到能帮助同学进步是一种快乐，就坚持下来了。通过这种方式，班里的同学没有一个不会解方程式的，都在及格以上了。三是数学竞赛组，这个组的组长当然是我了。参加这个组的同学成绩都优秀，都是参加全县、全市、全区数学竞赛的，为校争光，为班争光，也为老师和自己争光。这个组去参加竞赛时也经常带学习成绩差的同学去观摩，去学习，无形中帮助他们追赶向上，开拓思维，多掌握方法，力争好成绩，报告家长。初中和高中阶段，我们班的学习成绩一直是全年级、全校都名列前茅，班主任也连续多年被评为优秀教师，我初中两年、高中两年连续四年都被评为“三好”学生。转眼间，我很快完成了高中阶段的学习，开始走向了社会。

在插队阶段。1973年我高中毕业后，积极响应毛主席关于知识青年上山下乡的号召，于1973年9月离开了家，到靖西县化峒公社力行大队插队。这个地方缺水缺粮，没有电，完全靠自食其力。我们在那里主要以农村粗放型劳动为主，做些农活，包括种植玉米、稻谷、高粱、三角麦、红薯、木薯，还有蔬菜，比如白萝卜、大豆、菠菜、空心菜、茄子、南瓜、辣椒、西红柿等，收工以后自己煮饭烧菜吃。吃饭后，比较勤奋的知青就在煤油灯下看书，一些人围着石头桌打扑克、聊天、侃大山。农村的劳动生活既劳累又单调，没有其他娱乐活动，劳作之余我唯一的爱好就是看书学习了。我利用这段时间自学完成了大学阶段的数学专业的教科书、参考书的学习，还学习汉语文专业的相关书籍，为日后上大学奠定了良好的基础。两年的插队我的深刻体会：一是磨炼了自己的意志，坚定了信念。经过磨炼，自己的思想成熟了，看问题也比较客观了，分析形势也比较准确了，遇事和处事也比较冷静了。二是自力更生，自己劳动也能养活自己了。虽然生活比较单调，一菜一汤一碗米饭，主要是白菜、萝卜、红薯、玉米等，但可以解决自己的温饱问题，实现了由原来什么农活都不会到什么农活都会干的转变，由依赖父母生活到独立生活的转变，由身体不够健壮到身体强壮的转变。每次下乡都是从我家住的化峒镇跑步到力行大队，路程大约有10公里，连续跑了两年，身体练出来了，更结实了。三是向贫下中农学习，和农民打成一片，结下了深厚的兄弟般的感情。至今许多农民兄弟姐妹的音容笑貌仍历历在目，印象深刻，有些还有来往，成为好兄弟、好姐妹。四是政治上成熟了，对中国共产党的领导有了深刻的认识，没有中国共产党就没有新中国。中国只有在共产党的领导下才能走向胜利，所以我申请加入中国共产党组织，我积极创造条件，于1975年6月经黄家产、农文直两位党员的介绍，经力行大队党支部批准加入了中国共产党组织，成为一名光荣的中国共产党党员。

除此之外，还有两件值得我回忆的助人为乐的事情。其一，插队时，我在农村开办了一个夜校，教贫下中农的孩子读书，让他们学习知识，掌握些基本常识，包括语文和数学，一周上三次课，每周一、三、五上课。虽然没有像样的教室，凳子、课桌都没有，条件十分简陋，但孩子们求学的心情迫切，我也有一心一意地教好他们的愿望。课本和笔、笔记本是我买来送给他们的。这些费用虽然不多，但钱从何而来呢？是我在圩日赶集那天到镇上摆摊理发挣来的，少则三五块，多则八块、十块，除了给自己留一点零用之外，其余全部都用在孩子们的学习费用上了。我觉得这样做很有意义，助人上进是一种善举。经过我的教学、传授知识，孩子们都能认真学习。那时候农村十分落后，教育更落后，文盲太多了，几乎占人口的一半。每次我给他们上课都是挤在一间小屋子里面，夏天热得汗流浃背，冬天风吹进来冷得透骨，条件很差。主要课程是教孩子们认字，经过一年的辅导，孩子们进步很大，认得500—1000字，也可以运用所掌握的单字、词语、句子来写些短的信件了，家长很高兴，大队的支部书记也十分赞赏，还评我为先进知识分子。我在力行大队办的夜校在方圆十公里都产生了较大的影响。我上学的化峒中学知道后，派我的语文老师黄朝宏专门聘请我回到学校教数学、政治、农基等课程。为了将我学到的知识奉献给社会，帮助更多的学生学习，我接受了学校的聘请，免费教学。我在那里代课半年，和老师、学生结下了深厚的友谊。后来因为大队要我担任知识青年农场的队长，又回到了插队的地方劳动和履行队长的职责，带领知识青年干好活，接受贫下中农的再教育。其二，帮助农民义务理发。我的理发工具经常背在挎包里，这些工具包括一把推剪、一把剪刀、一把木梳、一把剃刀、一把扫毛刷子，一张盖布，即“六个一”理发工具。不论我走到何处，只要有人提出理发，我又有时间，马上就帮他们理发，有求必应。我在力行大队部居住，大队部的干部们、附近的农民的头发都是我帮助理的，每天都有5—6人理发，都是利用中午的时间给他们理，从来不休息，免费服务。我理发的技术是比较高的，为什么呢？主要是我爸爸教给我的，我爸爸是化峒镇的理发师傅，在那里，老百姓都认识他，都尊称他为荣师父。由于我在插队时给贫下中农教书和免费理发，所以大队表扬我，让我把所做的好事写成先进事迹的书面材料，推荐我到县里去参加知识青年先进分子评比。由于我做的好事带有先进性、代表性、典型性，通过层层评审，获得了“优秀知识青年先进分子”的光荣称号，后来我成了大队、公社、县、地、自治区五级的知识青年先进分子，还到各级地方进行巡回宣讲，赢得了老百姓的信赖和支持。力行大队党支部和化峒公社党委、县知青办还保送推荐我到广西民族学院政治系读书，我成了一名大学生。

读大学阶段。在大学阶段我当学生干部，最大的职务是什么呢？我在大学最大的“官”是学习小组长，但我这个组长挺管用的。主要任务是：按照老师的要求，布置学习任务，收交作业，组织课堂讨论，写学习总结、写年鉴定初稿都是我负责的。由于我学习成绩好，理解和领会理论问题比较快，分析和解决问题的能力比较强，所以，每次临近期中或期末考试，许多同学都向我讨教如何理解和回答复习题，要求我把复习题答案写出来。那时，我实际上起到了任课老师的辅导员的作用，也帮助成绩比较差的同学顺利渡过考试关。与我同组、同宿舍的一位卢同学，是平果县人，进校时连一封信都不会写，写一份300字左右的困难补助申请就错了

30个字，还词不达意，句子不通；课上不懂如何记笔记。为了使他闯过学习关，我一步一步地教他学习。第一步教他怎样读书和思考，先用毛泽东的《为人民服务》《纪念白求恩》《愚公移山》教他读，读会、读懂、读通，经过一段时间的训练，读通这一关顺利完成了。第二步，教他公文写作，包括家信、通知、通告、申请书、汇报等，经过半年的辅导也初步掌握了。第三步，教他学做课堂笔记、读书笔记、心得体会，慢慢地他也领会了，掌握了基本的方法，知道如何运用。第四步，教他写好课程考试的复习题答案，如何做到每道题都能主题明确、要点清楚、重点突出、难点突破、文字流畅、概要精炼。第五步，教他写一些短小文章，如何搜集资料，看材料，消化材料，并开始写一些短文，再写中、长篇文章，久而久之他就能得心应手了。通过这五步的训练，他有了很大的进步。每一步训练他都很认真，严格按照我的要求来做。开始完成的每个步骤任务都很难，有时他打退堂鼓，不想学了。有一次，他用棉被捂住脸哭了一夜，想回家当农民去了。我做了很多思想工作才帮他安下心来学习。闯过了难关后，他较好地掌握了学习的方法，三年下来，在每个学习环节基本上都没有掉队，每门都及格了，学习进步了，掌握了基本理论和基本知识，学会写信和写文章了，顺利毕业拿到了大学毕业证书。他十分感谢我，我们之间结下了友谊。我这个组长辅导员也由衷地乐了，真心高兴。

大学阶段还有一件难以忘怀的事情。我有一位同年级的中文系同学阿炳，我们都是1978年8月毕业于广西民族学院的，两个人都留校工作，他在后勤处当处长助理，我在政治系任教，我们经常在一起吃饭、散步、聊天，感情挺好的，在一起无话不说，上至天文地理，下至人间趣闻轶事，亲如兄弟，是“哥们”、挚友。有一天，他骑着三轮车到学院仓库去运东西，在大礼堂下坡的路上一路往下冲，刹车不灵，撞到了路边的樟树上，被大约100毫米粗的樟木和三轮车车轮夹住了左腿，一直压到膝盖上，半月板被压坏了。在场的同志和后勤处的领导把他送到自治区人民医院做透视，我知道后也赶到自治区人民医院，透视结果是膝盖的半月板断裂了，里面的软骨也断开了，阿炳疼痛难忍。医生的意见是先保守治疗，不轻易动手术。为什么不能动手术呢？一是手术风险太大，这个部位毛细血管太多，筋条神经太密集，万一有一条神经接不上，走不动就残废了。二是即使是手术成功了，把这个半月板的软骨取了出来，没有“润滑剂”了，走路时来回磨，还是走不了路。不动手术也难以完好，软骨断了接不起来。基于这两点分析，医生认为基本上可定性为不可医治。这如晴天霹雳，真吓死人啊，好端端的一个人，那么优秀的人才一下子说残废就废了，简直让人无法接受。我和阿炳商量后告诉医生，先按保守疗法治疗吧，打上石膏回学校，另想办法。这时阿炳沉默不语，精神恍惚，心里极其难受。我心里也十分难过，因为我们刚刚大学毕业，正是干事业、出力气、展才华的大好时光，突然受到那么大的创伤，碰到谁都难以接受啊。我只好安慰他说，首先你要坚定信心，相信你会好起来的，你身体素质那么好，是优秀的篮球运动员，又是篮球队队长，场上跑得快，投篮投得准，机体性能强，关键是肌肉弹性好。我同时告诉他，我在插队时曾用中草药治好过断骨、断筋的患者，许多人基础比你还要差，但那些患者都好起来了。我相信你会比他们好得更快、更好、更强。回到学校后，为了慎重起见，我们又到解放军野战医院304医院去看，再次拍片，医生的结论和区人民医院医生的一个样，再没有别的选择了。我帮他分析了病情，并说了我的想法和治疗方法。一是，坚定信心，下定决心，要有恒心，消除烦心。这是精神治疗法。一个人遇到困难时，要有镇定的精神支柱，哲学家们经常说“精神不灭定律”，精神扛住了就有指望了。二是相信科学，相信中药、草药的治疗功效，从医学角度来说有西医、中医，各有其效，只要对症下药，医治对路就会有效果，你的伤痛会慢慢好起来的。三是适度的运动，人的器官和肢体的肌肉都有修复的功能，骨头也会自然生长的，这就需要有针对性地适度的锻炼，腿也会好起来的。四是饮食配合，吃一些长骨头的食物，比如猪、牛、羊的骨头汤，多纤维的蔬菜，持之以恒地食用，综合各种食物的辅助性效果，就会见奇效。听我这么分析，阿炳对自己也有信心了。他还说，向张海迪学习，不怕病魔缠身，就怕意志不坚定。从此以后，我就开始给他医疗。第一，按方采草药，主要有小榕叶、落地生根、透骨消、爬山虎、罗裙带、战骨片、大榕叶等。这是我在插队时一个老农民传给我的偏方，后来在实际的用药过程中又做了增减。阿炳回到学校的第二天，我就到处寻找这些草药，计算量有多大，能够用多长时间。经实地勘查后我心中有数了，也有了治疗方案了，从1979年9月3日开始治疗。第二，治疗方法。我的做法是两用，一是用水煮。把草药放在锅里煮一个小时，放到盆里用热水的雾气对着受伤的部位熏蒸，直至温度适宜，一般是45℃左右，再用毛巾吸湿药煨敷受伤部位，来回敷，大约半个钟头。二是用铁锅炒。就是把切碎捣烂的新鲜草药，放在铁锅里，用38度的白酒把草药烧热，放在纱布上，等温度合适的时候就敷到受伤部位上去，用绷带绑紧。一般是上午洗药，下午敷药，让药渗透进去，让血液充分涌流，化掉淤血，疏通筋络、畅通气血，消除肿痛，促进循环。早中晚餐我打饭给他吃，每餐保证有一碗骨头汤，养骨长骨；晚上给他洗衣服，外衣、内衣、鞋子一应俱全都洗了。因为当时刚留学校工作，没有女朋友，时间充裕。阿炳也不想要别人来帮忙，顶多叫好友小邓帮劫一下，其余全是我包做了。三是适度运动。分三段训练:（1）床上动作，主要是摆动脚拇指，上下摆动，保证大腿这条筋畅通，筋骨柔软，有弹性，不让肌肉萎缩，利于康复。（2）床下室内动作，由人扶住，伸直受伤的那条腿，靠好的这条腿支撑住，慢慢往下蹲，开始两三下，到后来五六十下，逐步增量加压，达到身上发热的程度就行了。（3）撑住拐杖在室外来回走动，开始5—30分钟，逐步增到45分钟，最多不超过60分钟。三种方式天天做，来回做，后来在床上增加了哑铃举落的动作，坚持了两个月后恢复得不错。到了第75天，也就是1979年11月底，奇迹出现了。到自治区人民医院拍片，骨头、半月板及软骨长好了，开始拿掉拐杖，可以沿着墙壁慢慢行走，又过了一个月，能够独立行走了，基本康复了。半年后增加散步的运动量，一年后又能打篮球了，完全恢复了运动能力。他的康复成功说明了几点：（1）我的草药药方是对症下药，药量也合适，正如螺钉对螺母，完全吻合了。方法和治疗时间也对路，药效起了作用。（2）康复锻炼的方法起到了良好的辅助作用，时间和强度也很适合，达到了异曲同工的奇效。（3）他的身体素质好，机体功能恢复好，也是一个重要的方面。（4）他面对现实，放宽心态，意志坚定，以良好的精神状态配合治疗，因而收到了良好的治疗效果。综合起来看，他治疗的过程也是调适心态的过程，从伤痛走向治愈的过程，从比较低落转为兴奋的心情，完全摆脱了悲哀的心境。用一句话来说，奇迹般地康复了，阿炳又站起来了！后来，由于他工作勤奋，业绩突出，能力很强，学校提拔他为校团委书记。不久又推荐他到自治区当团校校长，过了几年调任深圳市团校校长、青年政治学院院长。我也因成功治愈了阿炳的创伤、助人为乐获得了实效而高兴。这是一段难忘的岁月，他的一举一动、音容笑貌、龇牙咧嘴忍受苦痛，摔碗发脾气的“熊样”，心花怒放的笑容，难忘啊！这件事使我们俩建立起深厚的兄弟情谊。

我和其他人一样的地方就是都有助人为乐之德，不同的地方是，助人助到关键点，助人助到对方心里去，让被救助的人变得坚定了，变为全新的人了。为什么能做到这一点呢？这就是助人为乐的威力所在，助人为乐的人格魅力所在。第一，助人为乐是中国传统美德的体现。毛泽东曾经说过，凡是有人群的地方都有左中右。人以群分，物以类聚。志同道合的人会走在一块，一起去奋斗，一起去争取光明的未来。由于人的秉性有差别，就会有好人、中间人、坏人的区别。一般来说，好人就能做到助人为乐，坏人会落井下石。大家知道，传统美德是以儒家观念为核心融汇诸子百家而建立起来的，绵延几千年。在中华民族的生存和繁荣中发挥了巨大作用。儒家文化重视“仁者爱人”精神的教育，强调“厚德载物”，重视“推己及人”道德思维和行为方法的运用。以“爱人之心”“互相帮助”“助人为乐”“扶贫济困”“见义勇为”“专趋人之急甚于己私”等公益之心、公义之举，凸现精神境界的提升和人际关系的和谐。人们在共同生活中养成了互相关心、互相帮助和彼此照顾的良好传统，一家有难，百家相帮，见义勇为，乐于行善，赈济贫困，修桥补路，兴教助学，等等。

第二，助人为乐是崇高思想境界的一种体现。在人世间每个社会成员都要互相关心和互相爱护，要把人人为我、我为人人的道德思想灌输到群众中去，变成他们的习惯，变成他们的生活常态，将为他人服务的助人为乐定格为人们的行为规范自觉地履行。把人对人的关心、爱护、体贴、同情、援助，从一种道德思想的要求推及成为一种道德行为、自觉行动。如雷锋的助人为乐是在平凡的工作、生活中，而抗洪抢险时的助人为乐是或壮烈或英勇的；领导的助人为乐体现在践行为人民服务的宗旨中，想人民之所想，急人民之所急，办人民之所期望的事，解人民之所难。老师的助人为乐是帮助学生克服困难，努力学习，立志成才。

第三，助人为乐是自觉的爱心行动。助人为乐是一种个人的良好行为，她可以使人拥有宽广的胸怀，使社会更具凝聚力与和谐，使做好人和做好事有机结合起来，在弘扬社会主义价值观中得到称颂，让人们乐于奉献，乐于助人。“送人玫瑰，手有余香”，在帮助别人的同时使心灵得到一次净化，充满成就感、幸福感和获得感。因此，助人为乐的道德风尚就成为人们的一种自觉的爱心行动，这种行动的出发点和归宿点都是以弘扬团结友爱、平等互助、扶贫帮困的中华民族道德风尚为目的，追求的是人类精神文明的进步。正因为我经常这么想，因此常做助人之事也就非常自然了，成了我的思维习惯和生活常规。实际上，助人为乐完全是一种自觉的行为，做了，处处常在，时时常有，虽表现形式各异，但本质是相同的，同是一种精神，同是一种境界，同是一种美德，永驻人间。

人生信条之二，知足常乐。知足常乐就是自知满足则心常快乐。“智者乐山山如画，仁者乐水水无涯。从从容容一杯酒，平平淡淡一杯茶。”知足就是对已经得到的生活或者愿望感到满足。知足常乐就是客观地认识和准确地判断已经实现的目标和愿望，并充分肯定目前的状态，从而保持愉快、平和的心态。知足常乐对于人生的工作、学习、生活都是很有意义的。那么，怎样做才能知足常乐呢？首先政治上不能有野心。知足常乐要求我们要有适可而止的精神。一个人不论担任什么样的职务，掌握多大的权力，都承担着相应的责任。当多大的官，行多大的权，负多大的责，职务、权力和责任都是对等的。责任大于权力不足以推动事业的发展，权力大于责任就会出现滥用职权。这就要求为官者要有理性的心态，要知足。应秉承官为民所当，权为民所用，事为民所办，利为民所谋的原则，而不是以权谋私，权为我所用，更不能有野心。野心膨胀的人是不知足的，欲望无底，贪婪无度。不知足导致政治上摔跤，跌入深渊不能自拔，自食其果。在政治生活中，只有提倡知足，才能求得发展。做一个政治上的明白人，明白政治方向、政治立场、政治路线，自觉遵守政治纪律和政治规矩。常言道：男怕入错行，女怕嫁错郎。行入错了，就有可能断送自己的前途。为什么会产生这种问题呢？归根到底还是贪心在作怪，贪心者，走向毁灭之路也。其次，经济上不能有贪心。大家都知道，人的欲望是无上限的。古人言：天下熙熙，皆为利来；天下攘攘，皆为利往。人如果只为满足欲望而活着，那么永远也满足不了，因为满足了一种欲望，就有十种欲望受到压制，又有万种欲望随之产生…… 它们不可能得到一一满足，定会使人常不快活。随着经济占有欲的不断膨胀，他会不择手段地收揽钱物，有了人民币，想要美元，有了美元，想要英镑等各种货币，有了一千想一万，有了一万想十万，有了十万想百万，有了百万想千万，贪心无穷尽。正如我国近年反腐败斗争中，从落马的官员来看，受贿贪污者少则几十万，中则几百万、几千万，多则上亿，等等，真是贪心至极。就是这种贪婪心理决定了腐败者的行为，决定了他的疯狂达到了顶端。古代有之，现代有之。要根治还有一个过程。面对现代社会的腐败与反腐败，我们已无法否认，无限度的欲望和贪心，带给人类的只能是泪水与痛苦。面对社会环境的日益复杂，我们也必须正视，无节制的索取，只能将人类推向灾难与毁灭。我们已深刻地意识到：无视知足常乐的意义，无异于讳疾忌医，无视理性自律的引导，无视法律的约束，其结果只能是咎由自取，自取灭亡。因此，在现代社会中，只有提倡知足，知足知够，就会常乐，才能感觉到活得自在、活得开心，求得发展。再次，享乐不能有好奇心。好奇心就是对自己所不了解的事物觉得新奇而感兴趣，充满新鲜感。这种好奇心针对不同的方面会产生不同的结果。对于科学研究来说，有好奇心是好的，如果你有好奇心，那么你便会发现学习和科研中处处都有奥妙之处，你就能更好地发挥潜力，这个环环相扣的道理，你有必要好好研究，因此好好发挥你的好奇心。好奇心让你在人生中永无止境地学习，你会发现学习会带来多么“神奇”的喜悦。可以说著名科学家都具有好奇心。牛顿对一个苹果从树上掉下来好奇而发现了万有引力定律；瓦特对烧水壶喷出的蒸汽十分好奇，后来发明了蒸汽机；爱因斯坦从小比较孤僻，但是很喜欢数学，有很强的好奇心；伽利略也是看到吊灯晃来晃去而好奇，发现了钟摆；还有爱迪生小时候看母鸡孵鸡蛋，自己也尝试着孵了一天。但对享乐就不能有好奇心了，明知道好奇心害死人，有人还是会忍不住好奇。这种好奇心可能会导致生活上的腐败堕落，最后走上犯罪的道路。有的人什么野味包括蛇、穿山甲、黄猄、果子狸、娃娃鱼等都想尝，结果病从口入；有的人什么野菜都想试，无毒有毒都吃，结果吃了中毒。以上种种都是因为好奇心引发的后果。因此，一个人在世上要有知足的心理，对事情不要想入非非，心理要平衡。若一个人能去掉过分的私欲与好奇心，变得知足知够，就会平静地过生活，“知足”是“常乐”的前提，“常乐”是“知足”的结果，二者相辅相成，互为因果。知足常乐就是在无穷的欲望和有限的资源之间达到平衡，知足更是一种智慧，常乐更是一种境界。让我们在以人为本的和谐社会中，共同铭记，“以骄奢淫逸为耻”，怀一颗知足感恩的心，享受成绩，享受成功，感受快乐。普希金的童话《渔夫与金鱼》告诉我们的也是要知足常乐，不要贪心。

知足常乐会给我们带来哪些益处呢？首先，“知足常乐”能使人神安气顺，尤其是在遇到不平事、不公平待遇，感到委屈、憋闷或心理不平衡时，多想想，多品味几遍这几个字，也许很快就能使心情轻松平和起来，将心中的不悦之情、满腹怨恨之气，在心平气和中悄悄释放，使心情由坏变好，达到神安气又顺的状态。“消消气”的功能还是有的。其次，“知足常乐”能起到开导劝解、“降火明目”的作用。常记“知足常乐”这几个字，就会自觉忘掉许多庸俗的好奇心和贪心，使人变得更加理智和聪明。对人对事，对名对利，对钱对物，目光都能看得更远，性格更豁达与大度。再次，“知足常乐”又似一副中西合剂的良药，见效管用，也很唯物，很现实。它告诉人们一个普遍的真理：烦恼多与“不知足”有关。一些心理疾病与精神上障碍的形成，多与一个人的气不顺、心不平、身心欠调理相关。若一个人能去掉政治的野心、经济的贪心，扭曲的好奇心，变得知足知恩，就会心胸宽广，海纳百川，有容乃大，就会通情达理，就不会钻牛角尖。

人生信条之三，自得其乐，就是自己体会到其中的乐趣。人的乐趣有许多方面，自得其乐有益于人身心健康，有益于人们提起精神，有益于人们度过安逸的生活。自得其乐有哪些途径呢？一是健康养生是自得其乐的基本因素。天津医科大学吴咸中教授，中国工程院院士，年已86岁，但他精神矍铄，神清气爽，全无老态。提到养生，他说，注意养神，调节七情，珍惜精气，节戒色欲，保护脾胃，合理膳食，适当运动，戒烟限酒，心理平衡，这些都是健康行为的准则。人的健康程度受很多因素影响，其中个人生活和心理状态的影响最大，占60%左右，其他因素占40%。健康长寿是人们普遍的希望，也是可能实现的目标，关键在于使自己保持乐观健康的状态，远离亚健康和不健康的状态。有了健康的自得其乐的心理，就能够战胜外部因素。因此，人们如果能够自觉保持身心平和、体力充沛、良好的精神和自乐的心理状态，就等于具备了健康养生的基本因素。二是读书是自得其乐的一种途径。读书是一种享受，是一种乐趣，是一种与书中人物心灵交流的途径。读书既能开阔视野，增长知识，又能充实自己，享受快乐，一举两得，何乐而不为呢？我爱书，也爱读书。我把读书当作生活中的一种乐趣，只要有书我就开心。当然，书也有好书和坏书之分。看一本好书，能引人入胜，使人废寝忘食，与其中的心灵融为一体，置身于书中人物的喜怒哀乐，达到忘我的境界。好书能使人增长知识，开阔视野，充实每一天。而一本坏书则会在人生的道路上挖出一个又一个陷阱，一不留神，就陷入其中不能自拔。

我读的书很多，更喜欢读马列主义、毛泽东的著作。一方面是因为我学的和教的课程之一是马列著作选读；另一方面马列著作教会你如何运用马克思主义的立场、观点和方法去观察问题、分析问题和解决问题，教会你如何运用历史唯物主义辩证法去判断和分析历史、现状和未来的发展趋势。读完一本书，读通一本书，读懂一本书，你就会明白书中阐明的道理，收获无限乐趣。现在我重读《共产党宣言》这部光辉著作，又有过去所没有的理解和体会。在《共产党宣言》中，马克思、恩格斯从历史唯物主义的角度考察了人类社会的发展过程，论述了社会主义代替资本主义、最终发展为共产主义的历史必然，阐明了无产阶级作为资本主义掘墓人和未来社会创造者的历史使命。正确理解和把握马克思阶级斗争理论具有重要的现实意义。（一）正确理解马克思阶级斗争理论，坚定执政党的阶级立场。首先，不搞阶级斗争，但绝不能忘记执政党的阶级基础；坚持改革开放，绝不能忽视意识形态领域的阶级斗争；坚持民生主导，防止两极分化导致社会分裂和对立。（二）正确理解“两个必然”和“两个绝不会”的关系，牢固确立历史唯物主义世界观。充分肯定资产阶级在社会历史发展过程中的伟大作用，论述了马克思历史唯物主义的客观性，揭示了资产阶级在其不断发展过程中的内在矛盾，阐述了马克思历史唯物主义的科学性，说明了“两个必然”中包含的“两个绝不会”，体现了马克思历史唯物主义的辩证统一。（三）正确看待资产阶级开拓的世界市场，在经济全球化趋势中坚持改革开放不动摇。首先，全球市场的开辟为生产力的发展提供了广阔的空间。世界市场虽然是资产阶级开拓建立起来的，但它并不等同于资本主义。《共产党宣言》对经济全球化趋势的预见，是我们坚持改革开放的理论依据。毛主席说：“《共产党宣言》，我看了不下一百遍，遇到问题，我就翻阅马克思的《共产党宣言》，有时只阅读一两段，有时全篇都读，每读一次，我都有新的启发。”我也向毛主席学习，一遍遍通读《共产党宣言》，每读一次，理解和掌握马克思、恩格斯的理论观点，心里就有一种自得其乐的感觉。毛泽东曾说，读了《共产党宣言》这本书，“我才知道人类自有历史以来就有阶级斗争，阶级斗争是社会发展的原动力，初步地得到认识问题的方法论。可是，这些书上，并没有中国的湖南、湖北，也没有中国的蒋介石和陈独秀。我只取了四个字，‘阶级斗争’。老老实实地来开拓研究实际的阶级斗争”。因此，从1920年到1976年，从青年到晚年，一直到生命的最后岁月，毛泽东对《共产党宣言》都充满着浓厚的兴趣。因为从读书中他得到了很多的乐趣。上面所讲的“三乐”一直是他一生的斗争哲学思想，这个思想在实际工作中产生过巨大的影响，但不论是什么样的影响，读书给他带来了乐趣是毋庸置疑的。从毛泽东的读书中，我也得到了如下的启示：一是重点的书、经典的书要多读、常读，一辈子读，下功夫读；要反反复复读，要融会贯通；要密切联系实际去读。结合自己的工作实际去分析，去探索，去理解。理论和实践结合起来了，理论就会成为行动的指南。读重点的书、经典的书还要用心用脑，用手用笔，手脑并用，心笔同写同画。此外，还要善于与其他书籍结合起来读。

写作是自得其乐的体现。我是1956年出生的，已过花甲之年，从懂事到现在，最喜欢的、感兴趣的事项就是读书与写作。读书在前面已有论述，这里就讲写作吧。我在广西民族大学留校任教后就开始写论文，我发表的第一篇论文就是《恩格斯晚年论党风》。这篇论文花费了将近半年时间，数易其稿，经过两位资深教授——中国人民大学高放教授和广西民族大学冯琛教授的精心指导，最后形成了一篇具有较高理论水平和重要现实意义的学术论文，发表在中国国际共产主义运动学会主办的《国际共运》杂志1982年第2期上，同时被收入中国人民大学资料复印中心《国际共运》1982年第5期，并被评为广西社会科学优秀成果二等奖。这是我人生转折当中一开始得到的最大荣誉和最大的“自得其乐”。后来我不仅发表学术论文，而且出版了专著。到目前为止，我出版了23部著作，发表了100多篇学术论文。每发表一篇论文，就重读一遍，每读一遍，思想就升华一次，情绪上也体会一次自得其乐。每年我都发表多篇论文，自得其乐连续不断地得到体现。每次出版一部著作，更是其乐无穷，甚至有时候兴奋好多天。写作伴随着我的欢乐，真可谓自得其乐啊！

当然，自得其乐还有诸多的表现方式，如有的人写书法、画画，每当完成一幅作品，就会乐在其中；有的人下厨房，做出几道好菜，自己品尝，自我陶醉，自得其乐；有的人每周爬山一次，出出汗，一身轻松，强体魄，提精神，也是一种乐趣的体现；有的人与朋友、同学、同事喝喝茶，聊聊天，说理想，讲生活，谈人生，论幸福，也是一种其乐融融的体现。总之，自得其乐多种多样，只要自己感觉良好，能实现人生的目标和价值，就达到了快乐的境界。

40年如一日　新春佳节年年拜恩师

每逢佳节倍思亲，新春我必拜两位恩师：一位是广西科学社会主义研究的大师冯琛教授，一位是广西中共党史研究的大师徐方治教授。从1978年我留校任教到现在，40年如一日，每年新春都登门拜见，聆听恩师的教导，落实恩师的建言，为党和人民的事业多做贡献。这两位教授对我的教诲之恩说不完道不尽。学术上的进步得益于冯琛教授指导，开启我的学术智慧，使我占领学术制高点；政治上进步得益于徐方治教授的点拨，使我脚踏实地走上了为教育事业奋斗的征途。

我是1975年8月被保送上大学的上山下乡知识青年，俗称工农兵学员，统称为大学普通班。这批大学生政治条件好，思想觉悟高，忠厚老实，生活朴素，吃苦耐劳，但学习基础参差不齐，有的水平很高，有的水平很低；有的勤奋学习，刻苦钻研，有的学习不用功，得过且过。老师同学都认为，我在年级、班里是优秀学生，门门课程的考试和学习成绩都是优秀。任课老师、主讲老师、辅导老师、下班老师、班主任都喜欢我。其中重要的因素是我的记忆力很强。如一个上午老师讲过的课程内容，重点、难点、疑点、提问和讨论的问题，我都能复述一遍，八九不离十。因此系部、班级每次都选我为学习标兵。在大学里，我就记住我父亲的一句话："好好读书，做个好人"，还有老师的一句话："好好学习，当好学生"，这两句话都是我的座右铭，鼓励我学习，鼓励我进步。我年年被评为三好学生，寒窗苦读3年书，终于在1978年毕业了，接下来就是毕业分配。当时我们75级的学员是国家包分配的，到各级党政机关、学校、企事业单位工作的都有，一般来说，毕业留校任教的是比较优秀的学生。当时能留校必须具备以下几个条件：一是中共党员，学生干部。二是学习成绩平均90分以上。三是思想品德好，在学校连续三年获得“三好学生”。同时要经过任课老师推荐，教研室主任同意，系部领导同意，学生处教务处审核，校党委审定，过五关斩六将，层层审批，我最后毕业留校了。

我能留校任教，除了自身条件优秀之外，更得益于冯琛教授的极力推荐。冯老师是广西民族学院一位德高望重的教授，也是广西乃至全国著名的科学社会主义学者。他政治信念坚定，马列主义的理论功底深厚，知识渊博，研究能力强，理论水平很高，分析问题很深刻，著书立说20多部，达300万字，是理论界和教育界的前辈。他直接指导我，对我全面负责。他告诉我，优秀的大学老师，要做到以下几点：（一）要树立高尚的师德风范。作为优秀的人民教师，要以身作则，为人师表，时时处处都要自觉地树立良好的师德，厚德载物。一个人想要成就大事业，首先要立德、立言、立行，把道德教育摆在素质修养的第一位。只有把人做好了，才能做大事，身体力行地教育学生，学生有榜样的力量，才能树立高尚的道德。（二）要具有较高的专业水平和能力。作为老师，你要给学生一瓢水，就得准备一桶水，以渊博的知识滋养学生，以科学的思维和方法教育学生，让学生听完你的课后真正有所获、有所知、有所得。不断学习，久而久之你的知识积累多了，就会厚积薄发，你的教学水平和科研水平也就会提高了，也学会了运用理论和方法去分析和解决问题。（三）授课要突出重点、抓住观点、解释难点。注重围绕学生独立思考能力的培养，在整个教学过程中，要学会突出专业课的重点问题、掌握基本问题、破解疑难问题，提出思考的现实问题和前瞻问题，逐题深入，逐题解决。在备课的时候，冯琛老师告诉我，要写好教案，写好讲稿，站稳讲台讲好课。在冯老师的严格教导、精益求精的要求下，我花了一年时间，完成了国际共运史的备课任务。1981—1982年，我又到中国人民大学进修科学社会主义课程，同时完成了备课任务。在我第一轮讲课时，冯老师一章一节地跟班听课、课后开展点评，讨论提问。功夫不负有心人，经过三年的教学实践，我独立开设了国际共产主义运动史和科学社会主义两门课程。经过学生的评教评议，我的两门课程均获得优秀。我的教学水平、科研水平都有很大的进步，连续多年获得优秀教师的光荣称号。到了1983年，马列著作选读也能独立开课了。一般来说，在广西民族学院政治系独立开设三门课程，总共180个课时，从试讲到章节讲授到独立开设一门课程，至少要经过五年时间，而我提前两年就完成了。到了1985年，我又独立开设了行政管理学、公共关系学两门课程。在大学教书的老师，不少人不太愿意开新课，开新课要认真备课，经过几年的材料准备、实践教学训练，才能上好一门课。

1978年，毕业后的一个晚上，我和几个好朋友在我家闲聊。主题是：未来我做什么？大家谈未来的个人前景，做些什么呢？如何发展呢？泰语专业毕业的老邓说，我要当一名外交家、泰语翻译专家；化学化工专业毕业的小邓说，他专攻专业教学科研，学术上要当一名教授，行政上要当一名处长；汉语言文学专业毕业的阿炳说，行政上我起码当个处长，业余爱好争取进入中国书法家协会。我的期望值很低，我说能当一名讲师就满足了。到了1989年8月，我留校任教已经11年时间了。由于冯教授对我精益求精地指导，加上我刻苦用功，经过跟班听课和自己认真备课，专业水平迅速提高，后来又独立开设了两门课程和一门选修课，完成了5门课程的备课和开新课任务，每门课程都整理了数十万字的听课笔记和备课资料。同时，在老师的带动下，经过专题听课和讨论，我进步很大，在教学方面我很快熟悉了教学内容和掌握了基本的教学方法，试讲、讲课也顺利成功，很受学生的欢迎。教学效果突出，年年评为优秀，科研水平也有很大的提高，1989年评上了副教授，1994年评上了正教授，这两个职称都是破格提拔的，真是功夫不负有心人，天道酬勤啊！

1989年前，我两耳不闻窗外事，静心读书，潜心钻研教学和科研工作，一心只想当好老师。后来机缘巧合，学院抽调部分青年教师做班主任，我的想法开始发生了很大的变化。在徐方治教授的关注和指点下，我走上了教学和管理双肩挑的道路，担任政治系党总支副书记，开始兼做行政管理工作，从此一发不可收，经历了党总支副书记、教学副主任、系主任、校长助理、校长的岗位。徐方治教授如何提携和帮助我呢？徐方治教授治学严谨，管理也有一套科学的方法，分析形势和问题很透彻，善于为人处世，团结协助精神很好，时时处处严格要求自己，学术水平很高，是中共党史方面的专家学者。他帮助我，采取了以下措施：一是多换岗位，小步快跑。不到四年上了四个台阶，实现了从副处到副厅的转变。二是让位真干。政治系是学校最大的和最好的教学单位，徐方治当时年富力强，任系主任正当年，毅然把系主任的位置让给我干，让我挑起重担。我在前台真抓实干，他在台后出谋划策，一前一后配合得很好。三是极力推荐，平时他经常向校长、书记推荐我，自治区组织部来学校考核推荐干部时，他又极力推荐我，让我一个台阶一个台阶地上，从科级、处级到厅级梯次发展。有事都是他去顶住。使我的工作顺利高效。1996年4月，自治区党委任命我为广西民族学院校长，成为广西民族学院毕业学生中第一个本校校长。四是鼎力相助，出谋划策，放手放权。徐教授在平常工作中叫我大胆做事，敢于担当，又要认真谨慎，在决策之前要充分研究，看准了就大胆决策，没看准的多开几个座谈会，了解清楚弄清方向。理论上要清醒，政治上才能明白，特别是政治方向绝不能错，在政治上、思想上、行动上要同中央保持高度一致，政治信念要坚定，政治立场要坚定。特别是我们政治系政治专业，是要培养中国特色社会主义的建设者和拥护者，更需要有高度的政治觉悟，任何时候都要高举中国特色社会主义思想的伟大旗帜。五是决策民主。重大问题、重大事情、重大开支，他都交代谨慎行事，工作中要依法履职，程序合法，手续完备，做好备忘录。在行政管理方面，我的领导科学理论与艺术得到他的真传。我在广西民族学院以及后来在中央民族大学、国家民委、宁夏大学、宁夏党委、广西壮族自治区人大常委会都能顺利有效地开展工作，关键是得到徐方治教授的用心指点，打下了好的基础。概括起来有这样几条经验：首先，当领导要有当领导的素质、才华、智慧、知识、经验和能力，就素质来说，要有政治素质。这是第一位的条件，还要有理论素质、文化素质、道德修养。其次要有才华。没有才，大家不服你，不听你指挥，那就一事无成。再次要有智慧，能想别人未想的事，能做别人未办的事，能解决别人不能解决的问题。最后要有知识，这就需要博览群书，做到知识渊博，知识面要广，能通中外古今、天文地理、三教九流的知识。此外要有经验，要善于总结经验，总结自己的领导经验，也包括别人的经验，还有失败的教训，经常回头看一看自己的步伐，哪一步走深了，哪一步走浅了，对的要继续坚持和发扬，错的要改正完善。邓小平就经常说，一个人的进步就在于善于总结；恩格斯说过，总结自己的经验，特别是错的教训是很重要的。在哪里跌倒就在哪里爬起来，吸取深刻教训。当然还要有能力，包括科学判断形势的能力、统筹全局的谋划能力、权衡利弊的决断能力、善于组织管理的能力、长于交往的人际关系能力、发挥合力的推动力、驾驭全局的依法执政能力、开拓进取的创新能力、开创事业新局面的发展能力。

常言道，一个篱笆三个桩，一个好汉三个帮。没有冯琛教授和徐方治教授的支持、帮助和推荐，就没有我今天的进步。喝水不忘挖井人，滴水之恩将涌泉相报。所有的学生都应以尊师重教为上。在学校我们以老师、母校为荣，走上社会老师和母校以学生为荣。我将在有生之年为老师、为母校的建设和发展做出应有的贡献。

北上西进南下主政三部曲

从我1996年被任命为广西民族学院院长开始，我就决心挑好党和人民交给我的担子，不辜负党组织和学校广大师生员工对我的期望，努力做好工作，无愧于党和人民对我的培养，以最好的工作业绩报答党和人民。几十年过去了，我的从政生涯经历了北上、西进、南下三部曲，初衷仍然没有改变。

第一步，在南方广西民族学院工作。我当广西民族学院（现在广西民族大学）院长之后，想得最多最集中的问题就是如何当好这个校长，造福人民，与师生员工共享"三好"日子，即好工作、好生活、好环境。我是没有家庭背景、文化背景和社会背景的校长。我出生在小工人家庭，整个家族，连带社会关系、熟人朋友中都没有一个当官的人；父亲读过几年私塾，母亲是文盲，不知道什么叫书香门第。只有一条，党组织的培养、关心和帮助以及我个人的努力，为我的发展进步创造了条件。我小时候学习非常勤奋、刻苦，善于思考，记性很好，过目不忘。学习成绩从小学到大学一路都是优秀的，在班里、年级里排前三名。这些优势的先天条件和后天条件对我后来从教、从政都是极为有利的。二是小步快跑，走完高校所有的行政职务台阶。我1975年上大学读书，1978年留校任教。那时条件不好、能力不强、综合素质不高，是留不了学校工作的，特别是留校当老师的要求更高。留校任教后，我打了十一年的基础，一心埋进书堆里，可谓十年磨一剑，直到我评上高级职称之后，才开始兼做党务行政工作。不管是在教师系列还是在行政系列，我都是一个台阶一个台阶扎扎实实地走过来的，但跨越每个台阶的时间都比较短：从系党总支副书记转到系副主任、主任，几乎都是10个月到12个月的时间，从系主任到副院长到正院长平均时间是三年。从副处级到正厅级，只用了六年时间。第三我是第一个“土生土长”，即本校读书、毕业后留校又任职母校的校长。统计资料表明，广西民院绝大多数校长都是外派任职的，本校毕业学生先到外校任校长后转岗过来任职的也有。所以，我这个校长受监督的面就广了，关系就多了。原领导、老师在监督；母校同学、师兄弟、师姐妹在监督；原认识的教职员工在监督，原来不认识的，现在也在监督。众目睽睽盯着我，多视角、多层面、多方面监督我的一言一行、一举一动，工作做不好就麻烦了！

我主政广西民族学院后，一心想做好事、办实事，实实在在地为广大教职员工服务，为党和人民的教育事业做出贡献。于是我和其他班子成员除了抓好常规工作之外，主要抓好如下八个方面的工作：

一、积极申报硕士学位授予权单位。学历层次是衡量一个学校的学术水平和科研能力的客观尺度。为了申报成功，我们学校组织了一个工作小组，我亲自任组长，下设学科建设组、教学质量评估组、联络工作组、后勤保障组、本科教学迎评组。经过两年的努力，认真实践、以评促建、评建结合，积极向教育部汇报、沟通、协调，于1998年5月18日顺利通过了本科教学的合格评估。这一本科教学评估是我上任后的一个工作亘点，能否顺利通过教育部对我院本科教学的合格评价，关系到我院的生存和发展。通过我们积极努力争取，做好学科建设、师生队伍的建设，教学、科研以及基础设施等各方面工作。1998年6月，国务院学位办正式下文批准，我院获得了硕士学位授予权，获得招收民族学和中国少数民族语言文学

（壮语文）两个硕士点，实现了我院建院46年来硕士学位授予权零的突破，成为我院办学历史上的重大转折点和里程碑，为后来2013年获得教育部批准建立三个一级学科博士点和成为博士学位授权单位奠定了重要基础。

二、加强基础设施和基本建设。1996年我任院长后，多渠道筹措办学经费，大大缓解了学院办学经费严重不足的局面，使办学条件、教职工生活水平得到了明显的提高，实实在在为群众办了实事。一是兴建教学大楼、学生宿舍、教职工宿舍和维修大礼堂、办公楼，修建南大门。二是维修拓宽路面，完成了环湖路工程，拓宽从干训部至校医院、综合楼前、大礼堂前的花坛景点，建造文化长廊和凉亭。三是修建湖边台阶、单车棚、宣传墙报栏，安排填土、地段排水、灌溉系统等工程，大大改善了办学条件，使校园环境面貌焕然一新，得到广大师生员工的广泛赞赏和充分肯定。

三、加强教师队伍的建设。1996年，师资队伍正进入新老交替的关键时期，为建设一支素质较高、结构合理、优化精干、充满活力的师资队伍，我主要抓了如下工作：一是抓好学科带头人的培养。我们在加强学科建设的同时，以加强学科带头人培养为重点，确定了一批素质好、专业基础扎实、潜力大，在教学科研中有显著成绩的中青年教师为学术带头人。在评职称中，提高中青年骨干教师晋升教授的比例。在跨世纪人才培养方面，选择学术造诣较深、科研成果丰硕的教师为本学科的骨干和带头人。二是加强对青年教师的培养。我提出让青年教师多有用武之地，少有后顾之忧。在工作上，让青年教师勇挑担子，在教学科研等方面发挥作用，担任领导职务，实行教学和管理工作“双肩挑”，在住房方面优先安排。三是广开渠道，多方吸引人才。不仅选留好本院优秀毕业生，还从社会上和区内外院校吸收急需的优秀人才，同时还聘任了一批具有高级职称、专业水平较高的企事业单位领导、知名专家、学者担任学院的兼职教授、名誉教授和客座教授。我们还做好部分学术带头人的延聘和返聘工作，充分调动老教师的积极性，继续发挥他们的传帮带作用，保证了我院教师队伍的整体优势。

四、实施人才发展战略。实施“名师工程”“优秀管理人才工程”“学生尖子工程”，以三个人才工程为基础，建立起一支结构合理、素质较高、相对稳定的教职工队伍。具体实施“325工程”人才培养计划，即培养和选拔30名学校名师，培养和选拔20名优秀管理人才，为培养校级、中层领导储存后备力量，培养和选拔50名尖子学生，为社会各单位培养优秀人才。

五、内部管理体制改革。我院内部管理体制改革不断深化，力度不断加强，改革的步伐稳妥推进。一是实行中层领导干部聘任制和全员聘任制。从1995年年底开始，根据平等竞争、择优聘任的原则，在全院公开实行中层领导干部聘任制，根据岗位的需要，允许低职高聘，也可以高职低聘，并在聘任的基础上重点抓住中层领导干部年终述职和群众评议，考核结果存入本人档案，直接和晋级、提薪挂钩。二是改革了分配制度。实行院内岗位津贴和职务津贴，对教师发放课酬和超工作量奖，逐步形成了适应学院特点的国家工资和院内津贴双轨运行的分配模式，增强了教职工的积极性、主动性。三是积极推进后勤制度改革。按照“小机关、大服务、多实体”的思路，设立了四个服务部，即：水电、饮食、运输、电信服务部。总务处与各部确定相应的承包范围，签订任务经费承包合同书，落实了各部、科、室的责任和权利，使后勤改革逐步完善内部管理体制。

六、多渠道筹措办学经费，改善教职工生活条件。广西民族学院遇到的难题之一就是学校的办学经费严重短缺，我就千方百计地想办法筹措办学经费。学校的办学经费以国家财政拨款为主，但国家财政拨款给我校的办学经费有限。为了弥补经费的不足，我们通过争取上级拨给专项经费、境外企业家捐资助学、招收外国留学生、校办产业收入、争取社会捐资助学、引进资金等多种渠道筹措办学经费。1996年多渠道筹措资金1178.1万元，1997年多渠道筹措办学经费达1060万元，1998年多渠道筹措经费达3266万元。由于多渠道筹措办学经费，大大缓解了学院办学经费严重不足的局面，使办学条件、教职工生活条件得到根本改善，为教职工办了实实在在的实事。如保证了教职工各种政策性补贴的发放，提高了教职工的福利待遇，按时发放课酬、岗位和职务津贴，发放各种慰问金，离退休人员生活补贴费。1999年年底我离开广西民族大学的时候，学校不仅已经实现收支平衡，没有内外债，在银行账号上还结余留用资金1800万元。这个数字在当时已经是很大一笔资金，足以进行各方面的发展了。

七、以创新意识，深化高等教育管理体制改革。一是教学思想、观念上的创新。要转变教育思想和更新教育理念，树立适应知识经济时代的教育思想和理念。在知识经济时代，高等教育的功能和高校的职能在时间和空间上会极大地拓展，终身教育取代了一次性教育，21世纪已经不是一次性教育了，也不是一次性工作定终身，而是终身教育。高校将会发挥更大的作用，多种形式、多样化的人才培养模式，将会代替单一的人才培养模式。由强调专业对口转向适应社会，特别要求培养高素质有创造性的人才。创新的教育思想应该体现三个结合：即专业培养与素质教育相结合；传授知识与能力培养相结合；教学与科研相结合。二是高等教育管理体制的创新。这些年来，我国高等教育管理体制改革的势头是好的，我认为，先要拿出一个管理体制的改革方案，大家可以提意见，如何改革，如何创新。我认为主要分两步走，一是从内部管理体制开始，首先要建立二级学院，从学院到系部，成立若干工作小组，提出改革方案，尽量从科学性、可行性、合理性方面多下功夫。对我们学校来说，可以从教育管理体制入手，有重点地突破；另一个方面也可以作为高等职业技术培训基地，增强我校专业的适应拓展力、发展力，真正地把一个多学科大学延伸为一个综合性大学。三是学校管理制度的创新。要适应社会主义市场经济体制的发展，适应现代化建设的需要，适应职业社会化终身教育，又要适应高校在知识经济社会中起核心作用的需要。所以我们要在投资体制、内部管理制度、招生就业制度、教师聘用制度、人事管理制度、工资发放制度方面都有所创新。四是人才培养模式的创新。高等教育如何适应时代的发展，为未来社会发展培养合格人才，成为国际国内高等教育关心的话题，也是我们所关心的问题。人才培养模式概括起来有学者型人才、开发型人才、应用型人才、管理型人才，各种各样的人才类型既有共性又有个性。从共性培养模式来说，就是要培养基础扎实、知识面宽、能力强、素质高、勤奋创新的优秀人才。五是教学方法和教学手段的创新。课堂讲授由以教师为中心转向教师指导下以学生为主，由课堂灌输到启发式、研讨式、讨论式和实践性的教学方法。六是课堂体系选择上的创新。以三个面向为指导，以提高素质为核心，以传授知识为基础，以能力培养为重点。

八、调整专业设置，增强适应性。根据民族地区经济建设和社会发展需要，广西民族学院坚持按照“保护、创新、发展”的专业结构调整方针，加快专业改造的步伐。如具有民族特色、区位优势和学科优势的民族学专业，过去为国家、为学院做出了很多贡献，在区内外有很大的影响，目前社会需求发生了变化，但国内外的经验表明，这个专业现在和将来都有存在的必要，我们就将它列为重点保护专业。实践证明，这种做法是正确的。1996年广西民族学院民族学科被自治区人民政府列入“广西211工程”，五年内获国家拨款500万元，成为全区高校的重点学科之一。对一些适应面窄、社会需求量少的老专业进行改造，扩充教学内容、创新教学方式、增强专业时效性，拓宽专业面；对一些社会需求量大的亟需专业人才，我院积极发展和增设新的专业。两年来，前后申请新开设15个普通高等院校本专科专业，经过调整，学校本专科专业达到27个，其中本科专业19个，专业结构趋向合理，专业结构调整取得明显效果，成为全区高校中规模效益最好的学校之一。专业设置符合社会需求，学生就业率达到95%以上。1996年以来，学生报考广西民族学院十分踊跃，多数专业第一志愿考生都录不完，一些专业填报人数超过招生指标的几倍，改变了过去招生工作的被动局面，提高了办学的活力和效率，社会反响很好。

我在广西民族学院实施的改革措施、改革的成效得到了上级和领导的充分肯定，得到了广大教职员工的充分肯定，在广西乃至全国高校都产生了较大的影响。此时，中央民族大学校长要换届换人。中央民族大学是国家民委主管的高校，国家民委从三方面选调校长，一是从学校自身产生；二是从本系统的五所高校，即中南、西南、西北、北方、大连民族大学进行挑选；三是在地方民族高校的校领导中进行挑选。共有16所民族院校的校领导经过了多方了解和考核。1998年下半年，国家民委党组派领导到广西民族学院，从政治素质、业务能力、管理水平、为人处事、清正廉洁等方面考核我，每次都找广西民族学院的领导、中层干部、部分教授、副教授座谈征求意见，充分了解我的优缺点。在初步选定我为中央民族大学校长人选后，国家民委党组又两次派人到广西民族学院、广西区党委组织部进一步核实，最后正式提请广西区党委讨论决定。1999年下半年，广西区党委讨论通过我北上任中央民族大学校长的决定。同时，国家民委呈报中共中央组织部并商北京市市委，同意我任中央民族大学校长。

第二步，在首都北京中央民族大学工作。1999年12月26日，我踏上了北上的征程，上任中央民族大学校长。到北京的头一天，我住在牛街国家民委招待所。这个招待所离学校较远，为了方便开展工作，我第二天搬到学校一个九平方米、设施简陋的学生宿舍住。记得刚到学校的那天正好下了一场大暴雪，远看近看都是雪，真是瑞雪兆丰年呀！我初来乍到，情况不熟悉，教职工不认识，学校的经费又严重短缺，工作难度很大。我到北京的第一天，国家民委李主任找我谈话，其中几句话我至今记忆犹新：一是国家民委党组通过慎重考虑，多次到广西对你进行认真的考察，才把你调过来任校长。二是你各方面素质都很好，年富力强，正是干事业的时候，将来会有好的前途。三是问你到北京来任职不带一两个人来帮助你吗？当时我就表态说，我会干好的，我也相信我能干好，请党组放心，请主任放心。第二天我就带上一个行李箱到学校进行上任就职演讲了。随后进行了二十天的调研，撰写了《中央民族大学的现状、改革及发展思路——我的调研报告》，分析了学校的现状、存在的问题，提出了发展的思路，开始工作了。万事开头难，进校伊始，听到各种声音，赞扬的、表扬的话有，奉承的话有，冷嘲热讽的话也有，还有批评的话、阴阳怪气的话、反对的话，什么话都有，不知道从哪里找到工作的切入点。但概括起来不外乎正面和负面两方面，我都听，认真分析，有利就采用，没用的当作没有听到。经过调研，了解了情况，人员也熟悉了，工作思路也清楚了，工作的切入点、重点、突破点也明白了，于是我就开始工作了。从接任校长到卸任干了整整五年。回忆起来，这五年都干了哪些事呢？除了常规工作之外，我和班子成员主要干了如下重要工作：

一、千方百计让中央民族大学进入国家“985工程”一流大学重点建设行列。1998年5月4日，江泽民同志在北京大学建校100周年庆祝大会的讲话中提出：“为了实现现代化，我国要有若干所具有世界先进水平的一流大学。”此后，教育部决定在实施“面向21世纪教育振兴行动计划”中，重点支持部分高校创建世界一流的高水平大学，简称“985工程”。1999年1月13日，国务院正式批准教育部制定的《面向21世纪教育振兴行动计划》。从1999年7月起，教育部和地方政府分别签订了协议，确定清华大学、北京大学、南京大学、复旦大学、上海交大、西安交大、中国科大、哈工大、浙江大学等9所学校为国家首批建设的重点大学。2004年5月，教育部在北京友谊宾馆召开“985工程”重点大学建设评审会，会期一天，中央民族大学名落孙山。我们校领导心急如焚、坐不住了。我作为校长更是坐立不安，特别关心的是同行专家和整体专家对我校申请“985工程”的评价意见。打听的结果是整体专家和同行专家都不同意我校列入“985工程”重点建设大学，这等于把中央民族大学的这条路堵死了。我被这个消息震晕了，神不守舍。只有硬着头皮，冲开一条路！我当机立断，立即找教育部周济部长，恰好他在友谊宾馆学术报告厅主持会议。我对他说：周部长，对中央民族大学进入“985工程”重点大学建设，还有什么补救的措施吗？他回答说没有机会了，两类专家都持否定意见。我不肯放弃，问：“中央民族大学有着特殊的政治地位和不可替代的特殊作用，走特批的道路行不行?”他说那么多专家都否定了，恐怕是很难的。我说既然是专家否定，我就要求当着专家的面做10分钟的陈述，如果你同意给我陈述的机会，专家由否定变为同意，就挽救了中央民族大学的前途和命运，你将成为少数民族的大恩人。他最终同意我陈述10分钟。2004年5月初，教育部召集有关专家在北京友谊宾馆进行一次论证协调会，我和陈副校长去参加答辩。在论证答辩会上，我陈述了中央民族大学要求进入国家“985工程”一流重点大学建设的理由，阐述了中央民族大学是一所其他大学代替不了的具有特殊价值的大学，这所大学是民族高等教育事业的重要部分。我国高等教育事业有两个行列，一是普通高等教育事业，二是民族高等教育事业。这两个部分是我国高等教育系列不可或缺的重要组成部分，也不可能互相取代。我还从政治和历史的高度专门论述了中国共产党从江西瑞金红军长征出发到1936年10月20日到达宁夏时，成立了中国共产党创建的第一个红色民族区域自治政府——“陕甘宁豫海县民族自治政府”，也是共产党建立的第一个县级民族自治政府的过程；1947年8月没有取得全国胜利，就在内蒙古成立了第一个民族自治区，这说明中国共产党人站得高、望得远，具有超凡的政治定力；又从讲政策的高度阐明中央民族大学进入“985工程”重点建设大学行列是贯彻落实党和国家民族政策的具体体现。全国高等院校有2000多所，其中本科大学有800多所，作为民族高校的领头羊——中央民族大学只有一个，舍弃它，民族高等教育这个主心骨还存在吗？还有56个民族的大团结吗？正如毛主席说的，政策和策略是党的生命。少数民族群众是最讲感情的，当年红军长征路过四川彝族地区，没有小叶丹和刘伯承的歃血结盟，红军能顺利通过凶险万分的彝区吗？少数民族占全国人口的1/13，占60%的土地，那么长的边境线没有少数民族守得住吗？如果没有对祖国的深情厚谊能行吗？专家们听了我的陈述后又问了我几个问题，我一一回答。最后左铁庸院士说话了，他是专家组组长。他说，刚才荣仕星校长讲得很好，很在理，我们专家组同志没有理由把中央民族大学拒之门外。这个“子女”虽然有点短处，毕竟是两个孩子中的另一个啊，我们应当养好她，让她茁壮成长，把她列入国家“985工程”重点大学建设的行列。一时间，整个专家组都表示同意了。我真的忍不住流眼泪了，感动得心里一直怦怦地跳。我立即告诉办公室的同志，向全校公布这一大好消息，让广大教职工分享这一成果。在国家民委的大力支持下，在教育部、财政部的关心下，通过我校师生的共同努力，中央民族大学进入了国家“985工程”一流大学的二期建设。

二、努力争取朱镕基总理支持中央民族大学的基础设施和基本建设。2001年5月14日，中共中央常委、国务院总理朱镕基到我校视察，参观了民族博物馆，并和我校师生员工代表合影，留下两张具有历史意义的照片。朱总理当天在我校召开了座谈会，我代表中央民族大学向朱镕基总理汇报了工作，一是汇报我校的概况和特色；二是汇报在建设和发展中我校存在的主要困难；三是请求国家帮助解决问题，提出建设文科楼、理工楼、图书馆、干部培训楼和进行地下管网改造的要求。朱总理认真听完汇报后说，中央民族大学的项目建设要给予优先审批、优先支持、优先建设。需要支持经费大约是5.1亿元人民币。最后，朱总理还提出把中央民族大学建成世界一流大学。经过两年多的建设，中央民族大学面貌焕然一新，从根本上改善了中央民族大学的办公条件、教室、实验室、学生宿舍、教学科研设备条件，大大推动了学校的基本建设，为培养德智体美全面发展的社会主义事业的建设者和接班人提供了优越条件。

三、机构改革：建立大学校院系三级管理体制。我到中央民族大学任校长后，发现学校在教学管理体制上存在明显缺陷。1999年，整个学校还没有一个学院建制，如何发展呢？对内没有学院这一级，不好管理，对外不利于开展国际交流活动、扩大学术影响。因此，中央民族大学把教学单位管理体制作为改革的重点来抓。根据上级文件精神，结合本校的办学传统和发展定位目标，以学科建设为龙头，本着促进学科发展、提高教学科研整体实力的原则、优化教育资源、合理配置和有效利用资源的原则，采用组建、撤并等形式，改革和调整原有的教学科研机构，成立了相应的16个二级学院，7个独立系，理顺了校院系的关系，提高了教学科研机构的规模效益和管理水平。

四、人事改革：全员“卧倒”，公开竞聘上岗，就职演讲。中央民族大学党政机关干部人事制度改革的突出特点是：将原先的任命制改为聘任制。本着按需设岗、公开招聘、平等竞争、严格考核、合约管理的原则，根据干部“四化”和德才兼备、任人唯贤的原则，群众公认、注重实效的原则，注重培养少数民族干部的原则，采取了以下严格的评聘程序。（1）按照机构的职能和工作需要，确定并公布相关岗位职数及任职条件。（2）个人报名，每个人可以报2—3个岗位，并填写报名表。（3）召开竞聘大会，报名者公开发表竞聘演说。（4）民主测评。（5）组织考核。（6）校党委决定拟聘人选。（7）任前公示。（8）召开大会公布聘任，颁发聘书，就职宣誓。当时在北京高校中，我是第一个倡导就职宣誓的人。（9）上岗培训。（10）实行一年试用期。经公开发表述职报告并考核合格后继续聘用，聘期为四年。

五、扫除邪气树正气，还学校一个安定和谐的环境。我到中央民族大学之前，学校存在一些不良的风气和不良的现象，概括起来有五风和五现象。五风：打闹风、告状风、胡搅蛮缠风、打架风、霸占风；五种现象：在冲击校领导会议，学校开大会迟到早退多，台上讲话台下议论多，评不上职称的人威胁领导，等等，诸如此类屡见不鲜，严重影响了学校的正常工作、生活的安宁，严重干扰了学校正常的教学、科研秩序，严重影响了和谐的人际关系，严重影响了学校的形象。因此，我上任后就开始整治这种不良风气。首先从整治非法占用学校住房、商亭、仓库开始，收回所有非法占用房产，打掉这种邪气歪风。从此以后，其他歪风邪气也开始消失，学校风气开始清正，还给学校教职工一个安定团结、和谐相处的良好环境。

六、中央民族大学56个民族师生在雅典奥运会上集体唱中国国歌。2004年雅典奥运会闭幕式，北京市代表团赴希腊雅典接会旗，团长是时任北京市市长王岐山同志，副团长是市委副书记龙新民，还有我。我们北京市代表团在奥运会的闭幕式上有三大任务。一是交接会旗，由上届奥运会主席将奥运会的会旗转交给北京市市长王岐山同志，意味着下一届主办单位北京市接手主办。二是中国文艺表演队进行8分钟的演出。三是中央民族大学演唱团在雅典奥运会的闭幕式上集体高唱中华人民共和国国歌。中国人在奥运会上集体唱中国国歌还是第一次，是十分光荣的政治任务，当我校接到这项任务时，我们立即开会研究如何完成好党和人民交给我校的政治任务。我们演唱团在准备和演唱过程中经历了六个阶段。一是精选团员，女生团员身高都在1.70米左右，男生团员身高都在1.75米左右，政治素质好，综合素质强。二是合唱训练，严格要求、严格训练、严格纪律。三是出国动员，交代要遵守外事纪律，为国争光，为北京市争光，为中央民族大学争光。四是高唱国歌。在希腊雅典奥运会闭幕式上，中央民族大学56个民族的师生高唱国歌。五是胜利回国。完成了任务，我们胜利回国了，十分顺利，没有出现任何问题。六是总结经验。回国后，每个团员都写了一篇体会，主要谈学习收获、思想收获、生活收获。2008年中国北京成功地举办了奥运会，赢得了世界人民的关注，中国胜利啦！

七、提高影响力，“同一首歌”走进中央民族大学。为了提高中央民族大学的影响力，2002年9月，中央电视台“同一首歌”栏目决定制作一期以56个民族为题材的大型音乐会，作为当年国庆节的特别节目，栏目组把演出时间定在9月23日晚上。我们组织了这场在当时很有影响力的演唱会。有政治意义、历史意义，更有文化艺术意义，许多明星、演唱家都来参加这个演唱会，如宋祖英、阎维文、戴玉强、王丽达等。这场演唱会影响了数十年之久，现在人们提起这场晚会还记忆犹新，印象深刻，历历在目，不能忘却。不光是我们的师生员工为自己是中央民族大学的一员而感到自豪，北大、清华也给中央民族大学增加了少数民族大学生直升硕士、博士的招生指标。民大人脸上有光彩、有精神、有气质，个个都争气；56个民族团结进步，紧密相连，心心相印，朝着社会主义的康庄大道奋勇前进！

八、奠定中央民族大学附中三个基本条件。中央民族大学附中有着悠久的历史，建校已经100多年了，今天的附中在北京市、在中国已经具有响当当的声誉，全国少数民族的学生慕名而来，近几年来报考人数都在50：1甚至100：1的比例，每年高中升北大、清华等一流大学的学生在北京市海淀区位居前列，教学质量堪称一流，学生管理严格有序。为什么中央民族大学附中具有如此影响力、向心力和感召力呢？一是民大附中实行“三严”：严格校纪校规、严格教书育人、严格学习钻研。二是附中的发展有三个基本条件，这就是：第一，中央民族大学附中面向全国少数民族学生招生。第二，开设了高中阶段由财政部直接支付的唯一一个户头。由财政部专项拨款，由原来的每年拨款150万元增加到1500万元。第三，中央民族大学无偿划拨一栋3万平方米的教学楼给附中使用。没有这三个基本条件，很难有今天附中的发展和兴盛。

九、回购西墙二号，解决教职工的住房问题，提高教职工的生活水平。中央民族大学教职员工的住房问题一直困扰着学校领导，为解决这个问题校领导想了许多办法，几经周折终于找到了一条又好又快的解决方案，就是把已经卖出去的西墙二号的地买回来，这样地和房子都买回来了，一方面增加了学校的土地面积，另一方面解决了教职工的住房问题，何乐而不为呢？

十、用制度规范教师职称评审，让“四种歪风”荡然无存。中央民族大学在教师职称评审的过程中，曾存在着四种不良风气。一是告状风，二是打闹风，三是胡搅蛮缠风，四是请客送礼风。正不压邪难以树正气。为了伸张正义，2000年下半年我们就制定了一个主文件三十九个附件，规范职称申报，严格条件、严格程序、严格评审纪律、严格报批。这样有法可依、有章可循了，“四种歪风”荡然无存，清风正气蔚然成风。

我在中央民族大学当校长整整五年，在上级党组织和国家民委党组的支持和帮助下，在广大教职员工的积极努力下，成绩显著，学校的办学经费也比较充裕了。上级领导充分肯定，教职工赞扬，同行同事也给予高度的评价。2005年元月，我走马上任国家民族事务委员会专职委员，民委党组分工让我主抓下属的文化单位，具体是民族出版社、民族杂志社、中国民族报、中国民族画报。一年半后，受中共中央组织部的委派，国家民委党组的指派、到宁夏回族自治区党委任自治区党委副秘书长，挂任国家机关驻宁夏回族自治区工作组组长。2007年7月开始了我人生“长征”的西进生涯了。

我到宁夏工作半年，恰逢宁夏大学党委书记换届，由谁接替原宁夏大学党委书记陈育宁同志的位置呢？宁夏回族自治区党委陈建国书记和主席王正伟知道我担任过“985工程”重点大学——中央民族大学的校长，先派党委秘书长向我征求意见，看我愿不愿意担任宁夏大学这个非“211”大学的书记？得知我的态度后，他们两个正式与我谈话，我的表态就一个字：“行！”整个谈话时间就一分钟！没过两天，党委副书记于革胜同志、组织部部长徐松南同志就送我到宁夏大学上任了。我又干回老本行，走出高校征途的第三步——西进。

第三步，在祖国正北门宁夏大学工作。2008年，我担任宁夏大学党委书记以后，心里想的、实际做的都是如何进一步办好宁夏大学。除了日常工作之外，我还主要抓了如下八件事：一、把地处西北的宁夏大学带入“211工程”重点大学建设的行列。“211工程”是中国政府为了迎接世界新技术革命的挑战，面向21世纪，集中中央和地方各方面的力量，分期分批地重点建设100所左右高等学校和一批重点学科、专业，到2000年左右在教学质量、学科研究、管理水平及办学效益等方面有较大提高，在教育改革方面有明显进展，力争在21世纪初有一批高等学校和学科专业接近或到达国际一流大学水平的建设工程。“211工程”是中华人民共和国成立以来国家正式立项在高等教育领域进行的规模宏大的重点建设工程。而2008年，整个宁夏没有一所“211工程”高校，这对自治区的高等教育影响很大。为了把宁夏大学带入“211工程”重点建设行列，我带着宁夏大学的教务处、科研处、发展处、财务处、规划处、研究生院三次上北京，到教育部、财政部、发改委社会发展司汇报工作，汇报“211工程”申报的筹备情况。特别是我多次亲自向刘延东国务委员汇报工作。第一次延东同志问我，具备什么样的条件才能进入“211工程”的建设行列呢？我回答：要进入国家重点建设的“211工程”需要很多条件，有几种状况可以要求进入“211工程”的建设行列：一是经济发达的省份重点高校要求进去；二是原来合并学校的时候，原有的“211工程”大学被更大规模的学校合并了，现在数量、质量、结构、效益都比较合理的学校要求进入“211工程”重点建设的行列；三是经济大省，条件比较好的学校要求进入“211工程”建设行列；四是特殊专业行业高校要求进入“211工程”建设行列；五是空白省份高校要求进“211工程”。我当时抓住要害、核心的部分和最关键的问题来讲，以空白省份作为理由。其一，空白省因徘徊观望，没有进去。其二，我们讲民族政策，贯彻落实民族平等、团结互助，民族团结进步，一定要抓住，一抓到底。其三，现在“211工程”三期立项，是“末班车”了，还有四省区没有列入，即宁夏、新疆、内蒙古、青海。宁夏大学从2001年开始进行“211工程”重点大学的筹备工作，经过八年努力，终于进入“211工程”第三期立项建设。2008年9月13日，刘延东国务委员宣布宁夏大学正式进入“211工程”第三期重点建设，这不仅是宁夏大学的光荣，也是宁夏高等教育事业的里程碑，意义重大、影响深远，充分体现了党中央、国务院对宁夏、对少数民族地区的亲切关怀。

二、结束打“白条”的历史，翻开宁夏大学新的一页，解决经费问题。经费问题已经成为制约学校发展的“瓶颈”，我从四个方面破解这一难题。一是提高财政拨款标准。请求自治区政府将财政公用经费拨款标准由原来的生均1800元/学年提高到普通本专科生和预科生生均4000元/学年，硕士生生均8000元/学年，博士生生均10000元/学年。二是提高生均学费标准，请求自治区政府同意实行学分制收费办法，并将学费标准由当时的生均2600元/学年提高到4500元/学年。三是请求解决我校的贷款利息问题。

借鉴自治区财政对宁夏其他高校的国家开发银行贷款给予贴息的做法，对我校的国家开发银行贷款给予80%的贴息，年均贴息1200万元，并在自治区财政允许的情况下，给予我校贷款还本资金补贴。四是我校50周年校庆是自治区50年大庆的一个组成部分，请求考虑给予我校校庆专项资金补贴1500万元。我曾先后多次找自治区主席、财政厅厅长解决落实上述五条措施，最后也得到了他们的支持、帮助和解决。

三、成功举办宁夏大学50年校庆的重大活动。2008年9月15日上午，庆祝学校50周年在宁夏大学学生活动中心隆重举行。我在会上宣读了中共中央政治局委员、国务委员刘延东的贺信。刘延东在贺信中说："宁夏大学将列入'211工程'第三期进行重点建设，成为全国第一个列入第三期重点建设的大学。"顿时，庆祝大会上响起数千名师生雷鸣般的掌声和欢呼声。自治区党委书记陈建国说：宁夏大学列入"211工程"建设，充分体现了党中央、国务院对宁夏工作的关怀和支持，这不仅是宁夏大学的特大喜讯，也是宁夏回族自治区610万回汉各族人民的一件大喜事。是党中央、国务院给宁夏回族自治区成立50周年的一份"大礼""厚礼"。宁夏回族自治区党委副书记、主席王正伟在讲话中向宁夏大学50年华诞暨被列入"211工程"第三期进行重点建设、成为全国第一个列入第三期重点建设的大学表示热烈的祝贺。

庆祝大会上，教育部直属司司长高文兵宣读了教育部的贺信。宁夏大学校长何建国向大会作校庆报告。大会隆重表彰了50年来为宁夏大学建校做出突出贡献的人，向他们授予功勋奖和突出贡献奖，对杰出校友作出通报表彰。上海交通大学、日本岛根大学校长本田一雄等出席大会并致祝辞。出席宁夏大学50年校庆的还有宁夏回族自治区党政军及各市市长代表、历届宁夏大学校友以及与宁夏大学建立对口协作单位的各省区大专院校的代表，大学学生代表共计三千多人。中午举办了一个见面会，晚上举办欢迎宴会。总之，这次校庆体现了隆重、热烈、简朴、高效的主题，各方面都获得了圆满成功。

四、重视政治辅导员队伍的建设。我到宁夏大学担任党委书记后，认真抓好三支队伍的建设，第一支是教师队伍，第二支是行政管理队伍，第三支是政治工作队伍。政治辅导员是我们三支重点建设队伍之一，做好学生的思想工作，这支队伍是十分重要的力量。具体说，一是辅导员是做好学生思想教育工作的基本力量。二是辅导员是维护学校稳定的重要力量。三是辅导员是联系学生的主要桥梁。因此，我提出要做好学生的思想教育工作有五个“要”。一是要与青年大学生交朋友。二是要善于做好青年大学生的思想教育工作。三是要重点培养学生干部和学生骨干。四是要及时准确地掌握学生思想和行为的信息动态。五是要建立学生动态信息报告的“直通车”渠道。同时我还对辅导员提出了“六讲”的要求：一是讲政治。讲政治首先要在政治上、思想上、行动上与党中央保持高度一致，任何时候我们都要站在党中央一边，都要主动、自觉地维护党中央的权威，一切有利于党中央的话我们就讲，一切有利于党中央的事我们就干，坚定地跟党走。二讲学习。我们的辅导员要多学习，学习才能拓宽思路，才能增强观察问题、分析问题、解决问题的能力，一句话，通过学习练好内功，学好知识，掌握本领，做好工作。三讲正气。只有树立起正气才能压倒歪风邪气。作为辅导员要在学生中讲党性，树立自己的威信，培育自己的品行，要以身作则、做表率，这样我们才能带领好学生，带领好一支队伍。四讲团结。团结出凝聚力，团结出干劲，团结出战斗力。所以我们要主动地做好民族团结工作，团结学生奋发向上。五讲服务。我们辅导员要为上级党委做好服务，为教学科研服务，为同学服务。六讲奉献。我们的辅导员首先要讲为学校和祖国奉献什么，然后再讲从国家得到什么，这是我们应遵守的基本品德。

五、指导重点学科的建设。全面加强学科建设，建立和完善结构合理、特色鲜明的学科体系。学科是学校安身立命的根本，因此学科建设是学校改革和发展的中心环节，是实现总目标的关键，我们要集中力量把学科建设好。学科建设是“211工程”建设的重点，宁夏大学的学科建设要集中抓好以下六个方面的要点。一是要依托和整合学科资源，凝练学科方向，打造学科特色。二要紧紧围绕“211工程”建设，争取一批重大科研攻关项目，这些攻关项目要紧紧围绕学科发展方向和国家、地方发展战略的需求，形成重拳。三要加大力度打破原有体制机制的限制，整合优化学科队伍。四要积极整合校内外各方面的资源，加大资金投入力度，打造学科发展的条件保障平台，突出做好重点实验室的建设，学科文献资源、信息保障系统的建设，科研教学实习和实习基地的建设。五是要在“211工程”建设中加大力度，做好创新人才培养平台建设，特别是博士学位授权点、一级硕士学位授权点的争取和建设，本科专业的建设要更加注重内涵和质量。六是要重点建设学科的学术氛围和学术规范，就人文社会科学来说，通过学术交流，研讨学术规范，做出学术成果，构建一批重点学科，与构建和谐社会和建立社会主义市场经济紧密相关的、能够回答国家发展中重大理论和实践问题的经济政治、人文社会等哲学、社会科学学科。

六、切实把党风廉政建设责任制落到实处。我到宁夏大学当党委书记以后，除了认真抓好党的政治建设、思想建设、组织建设之外，还认真抓好党风廉政建设，特别是抓好党风廉政建设责任制的落实问题，我觉得党风廉政建设责任制是我工作的难点和重点。想要把这项工作抓好抓实抓出成效，就要以中国特色社会主义理论为指导，加强党的作风建设，以新的思维、新的方法，适应学校新形势、新任务的要求，切实做到四个到位：第一，宣传教育到位。教育是多种形式的，各级领导干部要积极开展贯彻执行党风廉政建设责任制的宣传教育，让广大党员干部知道、了解我校实行责任制配套制度的内容和要求，广泛地听取群众意见，让群众参与、让群众评价、让群众监督。同时也要针对党员干部思想实际，加强党性党纪教育，增强党性修养，增强遵纪守法的自觉性，提高拒腐防变和抵御风险的能力，树立正确的世界观和人生观，通过我们的宣传教育和扎实的工作作风，带好一方风气，促进一方发展，确保一方平安。第二，工作分工到位。要想构筑我校反腐倡廉横到边、纵到底的责任网络，还需要我们各部门、各单位一把手进一步将任务分解细化，具体落实到人头上，只有这样，我校反腐倡廉的任务才不会在某一层次、某一环节上出现断档，才会真正形成“谁主管，谁负责”，一级抓一级以及对一级负责、层层抓落实的格局，防止“齐抓共管谁都不管，人人有责都不负责”的现象。第三，监督检查到位。实行党风廉政建设责任制的目的是要建立预防机制，防止腐败问题的滋生。通过我们经常性的监督检查，尽可能把有可能发生的问题以及消极腐败现象消灭在萌芽状态。纪检监察部门要切实负起责任，在实行党风廉政建设责任制中，做好组织协调和监督检查工作，督促我们的领导干部认真执行党风廉政建设责任制，落实党风廉政建设责任制工作目标和分解的反腐败任务，发现问题及时提出，采取措施堵塞漏洞，防患于未然，为学校的发展稳定提供良好的环境。第四，责任追究到位。党风廉政建设责任制的核心是责任追究，没有严肃认真的责任追究，责任内容再清楚也很难认真履行，配套措施再完善也落实不了，责任考核再严格也无人重视，责任目标再明确也完成不了，责任制规定也就成了纸上谈兵。因此要严格实行责任追究，这就要求我们的领导干部切实履行职责，不但要管好自己，以身作则起表率作用，而且要管好下属和身边的工作人员，遵纪守法，不但要抓好业务工作，还要管事、管人，严格要求，发现倾向性的苗头要敢于提出批评，纠正错误，坚持原则，使广大党员干部不犯错误或少犯错误，这才是对同志真正的关心和爱护。如果对自己职责范围内的党风廉政建设工作敷衍了事，不抓不管，好人主义，怕得罪人，以致问题不断发生或造成恶劣影响，应按党纪国法予以处理，予以追究。这是加强和改进党的作风建设的重要举措，是一项长期和艰巨的任务，我们要认真对待，努力做好，以保障我们学校的教育事业更好更快地发展。我在宁夏大学的工作虽然时间比较短，只有近两年时间，但是在宁夏回族自治区党委和人民政府的正确领导下，我和班子成员不负众望，不辱使命，做了不少的工作，有些还是大事。如破解了办学经费的难题，使学校有了较宽裕的办学经费，把宁夏大学带进国家“211工程”重点大学的建设行列，使学校跃上了一个大台阶，提高了办学档次，具有里程碑式的意义。可惜，我干得正欢的时候，挂职的时间到了。经中央组织部的考核和征求我个人的意见，2009年11月中组部的领导找我谈话，经中共中央批准，我回到广西壮族自治区人大常委会工作，被提名为自治区人大常委会副主任人选。2010年1月30日在广西区人民代表大会上通过了选举，我正式担任广西壮族自治区人大常委会副主任。北上西进后，我又南下，回到了出发点，开始了人生的另一段征程。

我主政过的广西民族大学、中央民族大学、宁夏大学是中国高等教育事业不同层次的大学：中央民族大学是国家“985工程”重点大学，宁夏大学是国家“211工程”重点大学，广西民族大学是地方重点大学，三所大学各有特色，办得都很好，具有代表性和先进性，我能够在这三所大学工作，感到十分荣幸、十分自豪。在这三所大学工作期间，为什么能把美丽的蓝图变成现实呢？因素是多方面的，这与上级领导的支持和帮助分不开，与广大教职员工的努力奋斗是分不开的，当然，也有我个人努力工作的因素。总结起来有以下几点体会。

第一，调查研究是当好校长的前提条件。调查是指通过各种途径、运用各种方式方法，有计划有目的了解事物的真实情况，研究则是指对调查材料进行去粗取精、去伪存真、由此及彼的思维加工，以获得对客观事物本质和规律的认识，二者既有明显区别又有紧密的联系，调查是研究的前提和基础，研究是调查的发展和深化。调查研究是做好领导工作的基本功。调查研究能力是领导干部整体素质和能力的一个组成部分，调查研究过程是领导干部提高认识能力、判断能力和工作能力的过程。2000年元月，我刚到中央民族大学任校长时，就到学校的66个单位实地调查和深入研究，走访了校内的著名专家学者和历任校领导，分别召开了中青年骨干教师、离退休干部、各民主党派负责人、各级人大代表和政协委员的座谈会，听取他们对学校的意见，还查看了校园建设、社会环境。通过调查研究，使我对中央民族大学的情况有了初步的了解和认识，增强了信心并形成了进一步办好学校的思路，写出《中央民族大学的现状、改革及发展思路》的调查报告，共两万多字，为制定学校发展规划、推进学校全面改革、加强学校教学质量管理和思想政治工作提供了可靠的第一手资料。2008年3月，我到宁夏大学工作一个月的时间，所做的主要工作就是调查研究，通过对学校21个机关处室、23个学院、7个科研单位、7个教辅部门和1个附属单位进行调查，召开了10个座谈会，了解了情况，摸清了底细，结合自己的工作实践，对进一步办好宁夏大学有了想法和工作思路。由于我紧紧抓住调查研究这个领导工作的“传家宝”，找出了学校发展过程中的优势条件、存在的问题和突出的矛盾，从而理清了思路，找准了工作的切入点、重点和难点，在此基础上做出正确的决策。因此，我到这两所大学工作时，都能做到旗开得胜、马到成功。这要归功于党要求我们每个领导者都要认真深入地进行调查研究。实践证明，调查研究是领导干部成事之机、做事之道。

第二，打铁必须自身硬，这是当好校长的必备条件。当校长要有良好的综合素质和优秀的自身条件，包括政治好、教学优、科研专、管理强。政治好是指具有坚定的政治信念、鲜明的政治立场和政治观点，坚定社会主义的办学方向。现阶段就是始终在政治上、思想上、行动上同以习近平同志为总书记的党中央保持高度一致，遵守政治纪律和政治规矩，坚信中国社会主义道路理论和制度，做一名优秀的忠于党和人民教育事业的校长。教学优是指自己从事的专业教学在同行中是优秀的，在同行专业教师中是学科带头人，教学效果是优秀的，相当于教育部、各省市区教学名师，得到同行专业教师的尊重，有教学的权威性。我自己从当老师的那一天起就十分注重教学的效果，从备课到讲课，从课堂上到课外，都是严谨教学，一丝不苟，连续多年被评为优秀教师，被破格提升为副教授、教授，第一批获批为国务院政府特殊津贴专家，是国家民委首批有突出贡献的优秀专家，中央直接联系的高级专家。这些都是我长期努力工作、创造出来的成绩，就是我们常说的工作的“本钱”。自己的“本钱”就是管好别人的“本钱”。科研专是指在自己从事的学科专业中有独立建树的科研成果，硕果累累，有学术著作、学术论文。我独著、合著的书共23部，发表了100多篇共80多万字的学术论文。获得省部级、国家级社会科学优秀成果五项二等奖、四项三等奖，在同行专业教师中处于领先地位。管理强是指在高校的管理中各方面的能力都是出类拔萃的，包括科学判断形势的能力、统筹全局的谋划能力、权衡利弊的决断能力、善于组织管理的指挥能力、善于与人交往的人际关系能力、带领班子的推动能力、依法治校的管理能力、开拓进取的创新能力、开创事业新局面的发展能力、正确处理复杂问题的能力。从我管理这三所大学的实践效果来看，这十种能力在我的管理工作中得到了充分的体现。

第三，敢于担当责任是当校长的职责条件。坚持原则、敢于担当是高等院校校长必须具备的基本素质，必须认真履行的职责，担当自己该担当的责任。面对大是大非敢于亮剑，明辨是非；为了党和人民的利益，为了广大教职员工的利益，在重大原则问题上敢于坚定政治立场和政治方向，勇于斗争，绝不妥协让步。面对矛盾敢于迎难而上，知难而进，无所畏惧，勇往直前，正确处理问题和矛盾。面对危机敢于挺身而出，坚决斗争，不顾个人的安危，站在一线指挥，义无反顾地干到底。面对歪风邪气敢于斗争，正要压邪，树立正气，打倒歪风邪气，人身正才能镇得住局面。实践使我深深体会到：不论何时何地，作为一个领导干部都要勤奋工作，实干大干，身体力行，努力为党和人民的事业贡献自己的力量。

第四，造福一方是当好校长的基本条件。作为高等教育事业发展的决策人和带头人，校长担负着谋划学校发展、稳定一方、造福一方的重要职责。要做到这一点，最根本的就是要具备创新的工作思路和突出的谋划能力，有打开工作新局面的魄力、敢于拼搏的精神，立足实际、着眼未来，在继承以往好经验好做法的基础上，从习惯性的思维方式和工作作风中解放出来，打破旧框框，在实践中不断改革创新，不断寻求新方法、总结新经验，实现工作思路的新突破。如果我和其他校领导没有开拓创新的思想，没有改革的精神，没有造福一方的思路，我工作过的三所大学就不一定会有今天这种风貌和局面。校长、书记有责任造福于大学，为学校的建设发展鼓实劲、出实招、办实事、求实效，为培养少数民族干部和各类高级人才做出重大贡献。

第五，清正廉洁是当好校长的本质条件。遵守清正廉洁、拒腐防变的廉政纪律，是高校校长必须具备的政治品质，是共产党员实践党的宗旨的基本素养。为了全面深化改革，领导干部要带头廉洁自律，自觉接受党和人民的监督，抵御住权力、金钱、美色的诱惑，做到“慎权”“慎欲”“慎情”“慎独”。我担任广西民族大学、宁夏大学、中央民族大学的校长、书记时，主政一方，具有独立的决策权、决定权、执行权。但权力都是双刃剑，管得好就会办好事，管得不好就会办坏事。“天涯无净土”，任何单位都不是真空地带，腐败无孔不入。近些年来，高校发生腐败问题也屡见不鲜。因此，在任何时候都要严格要求自己，用好管好人民赋予的权力，不滥用职权，管得住自己、顶得住诱惑、拒得了腐蚀。一要干事，二要干净，一身正气，保持共产党员的纯洁性。堂堂正正做官，清清白白做人，干干净净做事，做一名让党放心、让群众满意的人民公仆。

依法治校　稳妥处理砍树事件

2008年2月29日，宁夏回族自治区党委任命我兼任宁夏大学党委书记，同时到任的还有吴世彩同志，他任宁夏大学党委副书记。我在任职大会上的表态发言中提到，我任期内的工作目标是“不忘昨天，干好今天，展望明天”，进一步“打牢宁大发展基础，规划宁大发展远景，实施宁大发展战略，打造宁大发展品牌，树立宁大发展形象”。到任后的前两个月里，我很快就融入了学校的工作当中、身边的同事当中。这里工作氛围好，班子成员互相支持。这段时间我所做的工作主要是调查研究，了解情况，听取意见，学习思考，同时和校领导班子的同志一道安排和落实学校当时的各项工作，进一步推进学校建设发展。两个月的时间里，通过对21个机关处室、23个学院（部）、7个科研单位、7个教辅部门和1个附属单位的调查研究及召开10个座谈会了解的情况，结合自己的学习、思考及工作实践，形成了调研报告《宁夏大学的优势条件、存在问题及发展思路》。调研报告主要包括学校的现状、学校当前的主要任务、学校的定位、今后的发展方向和路径及存在的问题等内容。我向自治区党委和政府提交了这一报告。当时在宁夏回族自治区任职的王主席、于副书记、刘副主席、崔书记、刘秘书长均对报告及相关内容给予了肯定与批复。

到6月份，各项工作进入正轨。结合前期调研的结果和思考，我提出“十大工程”和“五件实事”的工作思路。“十大工程”，即争取“211工程”

立项建设工程、师资队伍建设工程、科技服务地方项目工程、重点学科与科研平台建设工程、创新人才培养工程、马克思主义理论研究与建设工程、思想政治教育工程、校园环境建设工程、资源管理与效能建设工程、学校安全与形象宣传工程。“五件实事”，即解决经费不足的问题，提高教师生活、工作待遇，行政管理体制改革，转变作风、提高效能，干干净净干事，学校内部创收及分配管理。经过校党委会论证研究，得到同志们的一致支持，决定进一步调研完善，继而分解任务，全面实施。

至此，我觉得，新班子组成后的方向和目标、办法和思路都基本成型，得到了上级领导和各部门的认可，得到了广大师生的拥护，也取得了较好的社会反响。这时，校内工作任务的排阵布兵暂告完成，可以出去到兄弟院校寻求更多的支持。

6月10日，我与何建国校长、吴世彩副书记、李星副校长、谢应忠副校长及学校相关处室负责人前往上海交通大学，就宁夏大学前瞻性做好“211工程”建设和向教学研究型大学转型的各项工作与上海交通大学沟通交流。在上海交通大学的活动很顺利。6月12日，两校召开了上海交通大学·宁夏大学对口支援工作第九次联席会议，签署《上海交通大学对口支援宁夏大学部分重点工作备忘录》。当日下午，正在参观上海交通大学体育馆的时候，随行的宁夏大学发展规划处祁泽平处长等几位处长均收到宁夏新消息报社手机报的新闻，是有关宁夏大学后勤集团砍伐树木的短新闻。他们立刻将此事汇报给我和同行的几位校领导。大家听了这个消息都很意外，也很着急。一是宁夏回族自治区高校不多，宁夏大学在区内影响较大，社会各界关注度高；二是宁夏大学是一个教育单位，出现这样的事情，学校声誉会很受损害；三是新消息报是宁夏报业集团所属日报，其手机报在党政机关和事业单位人员中还是有些订阅量的，这种负面新闻既已上手机报，传播速度可想而知。显然，发生这样的事情，学校是遇到公关危机了。

我和校长简单交换了一下意见，让随行的党办负责同志先通过电话联系学校后勤集团总经理，希望进一步了解情况。当天下午参观结束后，我与几位校领导在宾馆召开了一个碰头会，听取了党办通过电话了解的情况汇报。但是，学校后勤集团的负责人与我们知道的信息是一样的少，没有什么新意。原定行程还有两天结束，下一站要访问山东大学，但此事不能等，需要主动积极应对，才能减少对学校的负面影响。我在碰头会上梳理了一下情况，提出九点意见，让在校的主管副校长和校纪委立即开展调查工作。第一，弄清砍树事件是什么性质。在什么地方砍树，砍了哪里的树木，具体砍了多少棵树。第二，后勤集团哪个部门砍的树，当事人都有谁。第三，是谁的责任，将会负什么责任。直接责任人是谁，领导责任人是谁。第四，校纪委根据调查情况提出初步处理意见。第五，由知情人写出事情的经过，并迅速教育当事人，令其深刻检查。第六，先行对直接责任人和领导责任人予以停职等待处理。第七，将调查结果和当事人员的检查速报园林监察部门并和媒体保持紧密联系。第八，速将调查结果报告自治区党委和政府主管部门领导。第九，在我们回校之前，随时保持联系，汇报事情进展，按要求应对。

在随后的两天，学校在家的相关同志和我们外出访问的同志一直就此事保持着联系，信息畅通，事情调查顺利，情况基本明朗了，相关同志也按要求完成了向园林监察部门和自治区党委政府相关部门领导的工作汇报，并及时与媒体沟通。

6月16日，我们结束了访问，回到了银川。下午5时，校党委召开了关于学校北林带苗圃砍伐刺槐事件的专题会议，听取了学校后勤集团和校纪委的调查汇报。

事件的经过是这样的：2008年6月9日上午，后勤集团校园物业管理服务中心的职工马某电话联系中心主任周某，汇报说有人联系他，希望购买学校北林带苗圃内的杨树苗（宁夏大学自建校以来，一直拥有农场、花房、苗圃等，北林带是学校北部一片未使用空地上的绿化区域）。周某觉得这是好事，应该抓住这个商机。随即向主管校园物业管理服务中心的后勤集团副总经理牛某请示，建议接受这笔生意。牛某在电话中当即表示同意出售苗圃内的杨树，并授权由周某全权负责洽谈出售事宜。随后周某会同自己的副手及职工马某前往学校北林带苗圃现场，同有意购买杨树的买家洽谈价格，后因价格和树木质量等问题，对方不是很满意，表示不要了，买卖没有谈成。周某便告知随行的马某，以后若有买家，向他汇报，还是要争取把树苗卖出去。

6月11日，马某又联系到了新买家，便打电话告诉周某，说有人要买树。他们当即赶到苗圃，几番交涉商定，同意以每棵45元的均价出售苗圃内的杨树树苗。事情到这里，本来是件好事。谁知买家看到苗圃中有一些散种的刺槐（刺槐又名洋槐，是一种落叶乔木，可作为行道树、庭荫树，北方多见），又提出想要购买苗圃中的刺槐。周某此时犯了糊涂，没多考虑刺槐已长得较大，不是树苗了，只觉得就是些散养的小树，竟然当场表示同意，双方商定以每棵160元成交了。

6月12日一早，买家带人在苗圃内开始挖杨树苗，接着砍伐刺槐。当日下午，附近群众发现有人砍树，进行了举报，银川市园林监察大队当即到现场查处，新消息报的记者也同时赶到。此时，他们已砍伐了18棵刺槐。砍树被抓了个“现行”。西北地区气候干旱，风沙严重，群众爱护树木的意识很强，社会监督也很有力度。当日下午此事便上了手机报。后经银川市园林监察大队测量，认定砍伐量为9.78立方米，基本够得上触犯森林和自然资源保护的相关法律规定了。

事情发生后的两天内，学校有关同志按照我的要求，迅速把调查结果和当事人的深刻检查呈报给区市两级园林监察部门和自治区党委政府相关部门领导。这一点非常重要，积极主动配合调查，赢得了相关部门的理解。同时，学校主动与媒体密切沟通，通报有关调查情况，也争取到了媒体暂停负面报道的好效果。

为了减少负面影响和挽救、教育当事人，6月17日上午，学校党委召开党委会议，研究意见如下：后勤集团校园物业管理服务中心主任周某身为中国共产党党员和主管学校园林绿化建设的基层部门负责人，本应按照国家相关法律法规，依法管理和使用校产林木，带头遵守国家有关森林和自然资源保护的法律规定，但他不注重对所分管业务工作知识的学习，法制意识淡薄，在处置代管国家林木、出售刺槐的过程中，未经请示后勤集团主管领导、未事先报经国家林业主管部门批准，个人擅自决定出售刺槐，造成乱砍滥伐刺槐的违法行为，给国家公共财产和自然资源带来严重损失，违反了《中华人民共和国森林法》第三十二条有关采伐许可证的规定和《中国共产党纪律处分条例》第一百六十七条、第一百二十七条的规定，属失职渎职错误。错误发生后，本人对所犯错误做出深刻检讨，认识到位，接受了银川市园林监察大队的行政处罚，根据《中国共产党纪律处分条例》第一百六十七条、第一百二十七条的规定，校党委决定，同意宁夏大学纪律检查委员会的建议，给予周某同志党内严重警告处分，撤销其后勤集团校园物业管理服务中心主任职务。同时，按照校纪委的建议，后勤集团副总经理牛某，作为主管后勤集团校园物业管理服务中心的领导，因遇事受权随意，监督管理下属工作不到位，负有领导责任，也给予了党内警告处分。

会后，学校立即将处理决定报告给区市两级园林监察部门、自治区党委政府相关部门领导，并及时通报给相关媒体，争取到森林公安没有介入的效果。由于我们依规依法，按行政、法律程序处理，这一事件逐步平息，有关部门没有继续追究，当事人也免去了牢狱之灾。

这次砍树事件后，7月3日，在听取后勤集团发展建设专题汇报会上，我针对汇报内容和砍树事件对集团领导谈了几点想法和意见，要求集团结合学法守法用法，开展讨论与学习，认真吸取深刻教训。具体内容是：一是在肯定成绩的同时不可忽视存在的问题和短板。二是要把提升后勤集团人员的管理素质和管理水平放在重要地位。三是要正确处理好学校和后勤集团的利益关系，正确处理好经济利益和社会效益的关系，正确处理好管理与经营的关系。之后的一年多，后勤集团基本做到了以上几点，服务学校、服务师生的能力得到了提高。

现在回顾当年的这起砍树事件，之所以能够以较平稳的方式较好的处理，总结一下，得益于两方面：一是学校面对问题反应迅速，不推诿拖延，发现问题立即调查纠错，立即汇报通报，立即沟通请示，显示出积极主动不护短的态度。二是有关部门的处理尺度得当，既坚持了原则，依法行政，及时制止了毁坏林木的事件；又能结合实际情况进行灵活处理，充分考虑到刺槐是苗圃中几年来一直没卖掉的树苗长大的较小树木，同时也充分考虑到当事人的检查悔过态度，以坚决有力的行政处罚来教育挽救犯错误的同志。这个结果，对宁夏大学这个集体、对犯错误的当事人，都可谓是大幸之事。三是校领导高度重视，及时处理，各部门配合工作，主动处置得当，以此为典型教材教育广大师生员工，使大家深知学法用法的重要意义。

沉着果断应对突发性乙型流感传染危机

2009年，是我在宁夏挂职的第三个年头，也是我作为自治区党委副秘书长兼任宁夏大学党委书记的第二年。

当春暖花开的季节，全校上下依然沉浸在顺利进入“211工程”三期建设行列的喜悦中。此时，我却感到心情像走马灯一样，在愉悦和责任之间起伏着。愉悦，是因为顺利完成了两项大的工作，即宁夏大学建校50周年校庆和学校进入“211工程”三期建设行列。前一项是对宁夏大学建校以来的各项成就进行全面总结，后一项是为宁夏大学揭开历史新篇章奠定了基础。此时，努力付出得到了回报，没有辜负自治区领导的期望，没有辜负宁夏大学师生近十年的拼搏，可以放松心情，回顾一下自己在广西民族大学、中央民族大学、宁夏大学三所高校所取得的成绩。责任，是因为离挂职结束不到半年了，还想为宁夏大学多做些事情，一是尽快推出“十大工程”建设规划，以此实质性推进“211工程”建设；二是正在抓紧整合的“大文科”学科平台，以此为学校一级学科博士点的申报打牢基础。

而接下来的一件突发事件，使我不得不迅速抛弃愉悦的感觉，投入更多的精力到工作中。

2009年3月16日，宁夏大学校本部C区（现称文萃校区）化学化工学院陆续有学生请假，均称患有感冒，大致有30多人。化工学院的学生工作队伍显然是敏锐和具有经验的，良好的职业素养使他们警觉起来，迅速进行了摸排统计。统计结果远远超出正常数量级别，至当天下午，发现自我感觉有感冒症状的同学超过了200人。化学化工学院不敢耽搁，迅速向学校分管后勤的张副校长做了汇报。张副校长一边安排人员进一步了解情况，一边即刻给我打来电话汇报此事。这一天，我是在自治区党委坐班的。听了汇报后，我觉得这是一件大事情。校本部C区面积只有564亩，却集中了学校5个学院和全校近三分之二的理工科实验室，居住着宁夏大学10000多名本科生，而且还有一个近20栋楼的职工生活小区。这样大的人员密度，短时间内有较多人自我感觉有患病症状，这是不能轻视的，需要立刻处置。我当即赶回学校，召开学校党政班子、相关部门及化学化工学院负责人碰头会，对基本情况详细梳理了一下，以便做出个预判。当时的情况已经比较复杂了，化学化工学院共有在校本科生1292人，四个年级35个教学班，分布于6栋学生宿舍楼，共249个宿舍。据初步统计，学生自报有感冒症状的分布在87个宿舍，其中2006级学生最多，达到100人以上。会议认为必须高度重视，决定立即向自治区卫生厅、银川市疾病控制中心、西夏区报告，请求介入调查。同时，启动已有的校级疾病防控预案，由学校医院院长带队先期介入，力所能及地做好相关准备工作，并替代化学化工学院的管理老师再次摸底，做好密切接触人员的初步分类和必要安排；要求后勤集团负责对食堂餐饮情况进行摸排，看有无差错，并做好对相关宿舍区域消毒的准备工作。截至下午4：50，最新排查统计出来了，共有224人自报有感冒症状。下午5：00，银川市疾病控制中心工作人员到校，我校分管学生工作的撒副书记、分管后勤工作的张副校长召集学校有关部门在化学化工学院现场开会，听取校医院最新情况的详细汇报，与银川市疾病控制中心领导共同研究，提出了初步防治意见：一，立即控制患病学生，集体就诊，暂停集体活动，避免交叉传染。二，进一步在全校排查，搞清实际患病学生人数及班级、宿舍等，为决策判断提供依据。

三，及时检验，确定病因，对症下药。四，学校积极配合疾病控制中心对学生宿舍、教室、食堂等进行全面消毒。五，相信科学，避免引起学生恐慌，造成混乱。六，关闭学校大门，实行封闭管理，严格进出登记检查制度，只进不出，学生全面停课。七、将实际情况向自治区党委教育工委、教育厅口头报告。

各级学校的学生群体，若有患病的情况发生，总是牵动着上上下下、方方面面的人心。当时，宁夏回族自治区卫生疾控体系建设已相当完善。宁夏大学局部出现学生群体患病这一情况，也迅速引起了自治区领导和教育厅、卫生厅、银川市、西夏区等部门的高度重视，各方预案相继启动。

当日下午6：00前后，自治区齐副主席、李副主席、姚副主席等领导亲临我校化学化工学院，深入了解情况，亲自部署防治工作。自治区卫生厅刘厅长、教育厅郭厅长及银川市、西夏区有关负责同志16日当天均留守学校，指导学校全面开展检验与防控工作。随有关部门前来的自治区流行病专家对自称感冒的学生进行了深入细致的检查，最终确认有体热症状的学生18人，体温38度以上的7人，其余11人为低热。排查中找到的3名于3月13日先期发病的学生，此时已基本康复，能够正常学习和生活。这一情况的及时发现，令自治区医疗专家稍感宽慰。经过会诊，初步诊断为乙型流行性感冒，排除了食物中毒和化学实验感染的可能。当晚，有体热症状的18名学生全部由自治区卫生厅安排到自治区人民医院留院观察，对症治疗。其他学生全部留校观察。

当晚10：40，自治区卫生厅刘厅长向宁夏大学党政领导反馈了初步检验结论，并对做好下一步防控工作提出了初步指导意见。第一，近期严格禁止学生搞集体活动，限制学生跨校区上课，疏导学生不要串班、串宿舍。第二，当晚开始，自治区卫生部门消毒组指导、配合学校进行全面消毒，每日两次，暂持续3至5天。第三，从3月17日开始，以校医院为主，各班班主任配合，注意发现新增病例，及时上报。每天上午10：00前报送前一天的情况，下午5：00前报送当天的情况。教育厅郭厅长要求，宁夏大学要不折不扣执行和落实好卫生厅的各项要求，按统一口径做好学生思想工作，保证各项卫生防疫措施的落实，确保控制病情局势。

我作为宁夏大学党委书记，与校长何建国等校领导根据自治区领导指示精神和疾控部门的业务指导，一刻也不敢懈怠，对做好下一步工作进行了具体部署。

3月16日晚11：30，学校召开各学院党总支副书记、学生工作办公室主任紧急会议。会上，何建国校长通报了基本情况，做出全面部署，要求各学院正确认识事件性质，高度重视防治工作，积极配合病例诊疗和卫生消毒，加强在校学生病例筛查，确保信息畅通，消除学生恐慌心理，按照自治区和学校统一部署做好防治工作。会议决定，根据自治区卫生厅的有关要求，为避免学生因群体接触造成新的交叉感染，经请示自治区教育厅同意，学校决定3月17日校本部B、C区学生暂停课自习一天，配合自治区卫生防疫部门开展卫生打扫和教室、宿舍、图书馆及相关场所的卫生消毒工作。

3月17日上午8：00，根据自治区姚副主席指示精神，我亲自主持召开校级班子和相关部门紧急专题会议，贯彻自治区党委政府领导指示精神，做出进一步工作部署。会议首先听取了学校相关部门关于乙型流感疫情防治工作最新进展的情况汇报，传达了自治区姚副主席的重要指示精神，研究审定了宁夏大学乙型流感防治工作领导小组名单、工作职责、工作流程、校领导及部门值班安排等事项，并就做好下一步工作做出具体部署和安排。会上，校长何建国指出，此次在宁夏大学学生中发生的乙型流感引起了自治区主要领导和相关厅局的高度重视，学校就防治工作采取了相应切实有效的措施，初步见到了成效。他同时也指出存在着的一些问题。要求各学院、各部门负责人一定要在思想上高度重视此次流感防治工作，统一认识，集中精力，一方面做好新发病例检测和在校学生思想稳定工作，另一方面配合相关部门做好现症病例诊疗和公共场所消毒工作，切不可麻痹大意。我就进一步防控乙型流感工作提出五点要求：一是要在思想上高度重视。即要对师生的安康负责，对学校的声誉负责，对社会的关注负责，对上级的要求负责，坚决打赢这场乙型流感防控战。二是要成立一个工作机构。即成立宁夏大学防治乙型流感工作领导小组，由我任组长，何建国校长任副组长兼总指挥，同时组成综合协调与信息、宣传与维稳、防治与保障及督查等四个工作组，分工负责开展防治工作。三是要做到三个到位。即工作职责到位，工作人员到位，工作措施到位。四是要做到五个积极。即积极治疗患病学生，积极开展预防工作，积极做好未患病学生的稳定工作，积极配合相关部门做好防治工作，积极做好学校防治工作领导小组和学院工作机构的协调安排工作。五是要抓好四个落实。即落实好各级领导和部门的值班制度，落实好信息逐级报告制度，落实好工作会商制度，落实好防治工作督促检查制度。

为了把专题会议的精神迅速传达到基层各学院，会后，上午9：30接着又召开各学院党政主要负责人会议，通报了化学化工学院部分学生发生乙型流感病例的有关情况，何建国校长对下一步各学院做好信息上报、病例诊疗、学生稳定等工作程序与职责提出具体要求：一是各学院成立以总支书记为组长的防治领导小组，具体落实校防治领导小组和各工作组的工作安排并负责组织本学院的相关防治工作。各学院确定一名院领导为联络人，负责学院具体工作的对外联络协调。二是各学院需认真落实校防治领导小组的安排和部署，做到领导到位，责任到位，措施到位，任务到人，确保信息畅通，确保防治有效，确保师生稳定。三是在特殊时期，要严格组织纪律，对责任心不强、推动工作不力、造成一定后果的单位和个人要严肃追究单位领导及相关责任人的责任。四是各单位党政负责人不能出差，特殊情况下确需出差，要严格履行报告手续。五是各学院要加强值班，当日值班人员必须在校，各学院值班表报送校长办公室汇总公布。

为了赢得广大师生的支持，树立同志们的信心，我又进一步拟定了一个指导思想传达给各单位党政班子，即："思想重视，统一指挥，沉着应对，及时处置，依靠科学，防控结合，正面宣传，力保稳定。"其中，对正面宣传和力保稳定这两点，我专门多费心讲了些时间。在3月16日事情发生伊始，我就感到内外宣传和人心稳定是赢得这场危机的关键。防控疾病，我们有政府各部门强大的力量支持，但是如何稳定师生的人心，必须认真对待。我着重提醒与会的同志们，在这样的突发事件中，按照学校的统一部署，及时、科学地向广大师生和社会各方说明情况是我们的责任，我们能做到信息准确且公开，就不会招致恐慌，广大师生就会有信心，大家的思想就会稳定，行动就会有力量。同时，我也提醒同志们，这当中的分寸尺度也需要大家有所拿捏。

同日，在校学校领导分赴各学院检查指导防治工作。3月18日，学校本部B、C区学生继续停课，学生自习一天。上午9：30，学校召开防治乙型流感工作领导小组全体成员及各学院党总支书记会议，何建国校长通报了防治工作的最新进展情况，对防治流程图进行了说明，并对各级领导和学院、部门的防治工作、值班安排提出了明确要求。我再次强调要求各工作组和学院要集中全部力量，做到"三个到位""四个积极""五个落实"，本着对广大师生负责、对社会负责的精神，认真扎实有效地做好防治工作。

连续几天，防控工作紧张而有序地进行着。自3月16日发现流感疫情以来，校党政班子成员及各学院相关同志始终留守学校，密切关注事态发展，并根据不断变化的形势，紧紧抓住第一时间，及时召集学校相关人员、医学专家召开会议，通报情况，研究措施，积极部署防治工作，确保信息畅通，确保控制疫情，确保学生安全和学校稳定。3月16日至3月18日三天内，学校认真落实各项报告制度，向自治区党委、政府、教工委、教育厅、卫生厅、银川市疾控中心、西夏区疾控中心分别报送专题信息各4份，报送乙型流感统计人数4次。

在自治区党委、政府的高度重视和相关部门的大力支持下，经过我校师生员工的共同努力，学校乙型流感防控工作取得了良好的效果，部分体热症状严重的患病学生在自治区人民医院接受留院观察和治疗，病情稳定，逐步恢复。没有大规模发现新增病例。根据自治区人民医院的情况介绍，3月16日至3月18日期间，先后经门诊到自治区人民医院留院观察的我校学生共30名，其中15名学生体温恢复正常，已于3月18日上午出院；其余15名留院观察的学生中，有11人体温已基本恢复正常，如无特殊情况，可考虑19日或20日出院，另4人中，1人体温39度，3人为低热。3月18日，经过卫生防疫部门检测正式确定，我校化学化工学院学生中发生的上呼吸道感染病症为乙型流行性感冒，结论与3月16日现场快速检测结果一致。

由于学校通过各种渠道认真做好信息通报工作，让广大师生了解真实情况，及时澄清不实传言，排除外界谣言干扰，全校师生思想稳定，没有发现不良动向。校内稳定，也使得社会舆论很平稳，未将此事炒作成焦点问题。

3月18日下午，自治区卫生厅刘厅长、叶副厅长带领自治区、银川市、西夏区相关卫生防疫部门的负责同志和医学专家到我校进一步了解情况，与学校会商下一步工作。刘厅长认为，从3月16日我校化学化工学院学生发生乙型流感疫情以来，学校及各级卫生防疫部门做了大量工作。目前，疫情基本得到了控制，卫生防疫组3月18日可撤离学校，从3月19日起，可以适当减少每日消毒强度；在对患病学生采取适当隔离性措施后，

3月19日起学校可恢复正常上课，3月20日，卫生厅将再次与学校召开一次会商会，沟通情况，对工作进行总结。

会后，学校又召开会议，对当前形势进行认真分析，决定在对患病学生采取适当隔离措施的基础上，从3月19日起原停课的校本部B、C区住宿学生恢复正常上课。会议要求，近一段时间内，要按照“思想不能松，力度不能减，队伍不能散”的总体要求，进一步做好后续相关工作，确保取得防治工作的彻底胜利。

在之后的日子里，学校各相关单位一直按照防控要求坚持着各项工作。5月11日，学校决定各单位可不再执行防控工作的各项任务。至此，宁夏大学应对乙型流感的斗争取得了胜利。

2009年3月，宁夏大学党政班子带领全体师生，在防控应对局部爆发的乙型流感工作中，迅速取得了斗争的胜利。这离不开自治区党委政府的有力支持，离不开广大师生的大力配合，离不开学校各级干部的奋勇拼搏。

2009年6月，我在宁夏的挂职期结束了，回到了国家民委继续工作。2010年1月我调至广西区人大常委会任副主任。

2009年10月至2010年1月，包括宁夏在内的全国多省爆发了H1N1甲型流感疫情，宁夏大学作为自治区最大的高等学校，再次成为防控重点单位，学校一度进行了半封闭管理，先后隔离治疗和隔离观察上千人。在宁夏大学防控H1N1甲型流感疫情的斗争中，前期防控乙型流感时形成的指导思想，即“思想重视，统一指挥，沉着应对，及时处置，依靠科学，防控结合，正面宣传，力保稳定”以及一系列防控措施和工作流程，为学校果断处置应对H1N1甲型流感新疫情、再次取得战胜流行疾病提供了宝贵的经验。

领导干部需要“五气”武装

领导干部既要有政治家深邃宽广的眼光，又要有理论家精通的专业理论和业务知识，还要有管理家高超的指挥、协调和组织能力，并学会运用“五气”的综合理论和方法去分析和解决问题。

一、要有正气。没有正气，压不倒歪风邪气

正气，同真气。是指正直、传播正能量的风气。正气者，正风也。在一个领导者身上需要多种气质和正气，这既是他的本质反映，也是一个优秀的领导者的品格体现。表现在实际工作中有以下几个方面的正气：

第一，要有风清气正的政治风气。一个政党有没有战斗力，首先是看他是否坚持全心全意为人民服务的宗旨，还要看他的政治风气是否优良。党风坏了，就会带坏民风、社会风气。如党内存在的“四风”问题：一是形式主义，追求形式，不重实际，图虚名，务虚功，工作不抓落实。二是官僚之风，办事推诿扯皮，效率低下，不作为、不负责。三是享乐主义，一些领导干部安于工作现状，贪图安逸，缺乏忧患意识和创新精神。四是奢靡之风，许多方面做过头，大手大脚，铺张浪费。“四风”是滋生庸政、懒政、怠政的温床，是懈怠干部干事热情、工作激情的腐化剂，是破坏党内政治生态的污染源，必须狠抓严打，保持高压态势不放松。通过弘扬正

气使制度更加完善，纪律和规矩更加严格，作风更加务实，工作效率更高，干部更加敢于担当，队伍素质得到提升。

第二，廉政的为官正气。俗话说：村看村，户看户，群众看干部，干部看领导。一个班子的为官正气应是廉政之气，不贪不占，廉洁奉公，为民服务。扶正去邪是一个领导班子必须坚持的重要原则，也是“一把手”的重要政治责任。在社会主义现代化建设过程中，面对各种社会经济的变革转型，各种社会思潮的冲击，人们的思想空前活跃，往往泥沙俱下，鱼龙混杂，有时候会导致正气不张，邪气抬头。作为一个领导集体，要有效推进政治文明、物质文明、文化文明、精神文明的建设，必须以身作则，率先垂范，旗帜鲜明地弘扬正气，旗帜鲜明地讲政治，坚定政治立场，做政治上的明白人。扶持正气，毫不含糊地反对、抵制邪气。这对加强党的建设、端正党风和干部作风，净化社会风气，创造干事创业的良好环境，都有非常重要的意义。如果正气得不到弘扬，歪风邪气抬头盛行，就很难巩固和加强党的执政地位，很难激发干部、群众的积极性，很难树立健康向上的社会风气；势必会妨碍一个单位、一个地区的事业发展，甚至影响一个国家、一个政党的健康发展。

第三，要有良好的社会风气。社会风气是指社会上或某个群体内在一定时期和一定范围内争相仿效和传播人们认同的观念、爱好、习惯、传统和行为。它是社会经济、政治、文化和道德等状况的综合反映，同时也反映一个民族的价值观念、风俗习惯和精神面貌。社会风气表现在社会生活的各方面，渗透在人们的言行和活动中，对人们的思想、心理和情感常常发挥潜移默化的作用。而如何处理个人与他人、个人与群体及国家的关系，则是社会风气好坏的最重要的客观尺度。因此，一个国家、一个民族、一个社会团体要不断地树立良好的社会风气，在政治建设、经济建设、文化建设、党的建设等方面灌输、渗透良好的社会风气，使各个领域都能得到社会正能量的熏陶和提升，使每个人都分享到良好社会风气的成果，带来欢乐、祥和、幸福的氛围。在这样的正气氛围中，人才、知识才能真正得到充分的利用，做到人尽其才，才尽其用。正气上升，邪气被压倒，善良、朴实、真诚、公正、清廉的品格才能成为衡量每个人心灵是否高尚的行之有效的标准，在良好的氛围中，人们的积极性、主动性、创造性也才能被全面激发出来。

二、要有才气，没有才气，镇不住庸俗之气

才气，其含义是：才能、气魄；才能、才干；才华、才情。才气即一个人内在的才华、才情的自然流露。领导干部有才气，做事才有底气，才气平庸的人往往优柔寡断。领导干部涵养才气，既是工作的需要，也是时代发展的需要。我认为领导干部应当勤学习、广历练、常思考，不断拓宽视野，不断提高素质，不断丰富自己的才思和才气，不断提高自己的能力和水平，真正做到“沧海横流，方显英雄本色”。

第一，学而不倦，打牢底气。习近平同志指出：领导干部选择了学习，以气正选择了进步。好读书，读好书，既是健康的休闲方式，能涵养才气，又是提高素质、推动工作的重要手段。当今时代，各种信息海量增长，新知识新事物层出不穷，领导干部若不重视学习、更新知识，就无法赢得主动，赢得优势。学有所成，必事有所成。领导干部在学习上要发扬挤劲、锐劲、耐劲，善于利用零碎的时间来读书，持之以恒坚持学，认真学。把学习当成一种生活习惯，一种理想追求，一种人生境界，用知识武装头脑，打牢自身“底子”。学习使人聪颖、睿智，学习历史使人聪明，学习政治使人目标远大，学习哲学使人思想深刻，学习经济使人精明，学习数学使人缜密，学习文学使人情操得到陶冶，学习道德使人正经，学习

逻辑和修辞使人严谨，能言善辩。

第二，精研深思，清醒头脑。人是靠思想才能立起来的。没有思想，就没有智慧，就没有灵魂。领导是工作的决策者、组织者，具备了科学的思想，清晰的思路，创新的思维，始终保持清醒的头脑，才会有真知灼见，才不会人云亦云，盲目随从。领导干部要把思考作为开展一切工作的前奏，做到学会思考，善于思考，勤于思考，用心思考，理性思考，换位思考，在辩证思考中谋划思路，在思路中寻找出路。以清醒的头脑增强思想的张力，成为一名会思考、有思想的领导干部。

第三，肯干实干，永葆本色。真抓实干才能梦想成真。不管思路多清，决策多好，不真抓实干，不抓好落实，一切都会成为空谈。领导干部确定要干之事，就应在“实”上下功夫，在“干”上动真格，始终保持一股干劲，一股韧劲，以毅然决然的事业心、进取心，做到“心实”“情实”“招实”，在实干中创佳绩，在实干中为民谋利，在实干中推动发展，不断开创新局面，实现新突破。

第四，兴趣清雅，香泽他人。无数例子告诉我们：一个领导干部的生活作风是否良好，往往与他的生活情趣是否健康密不可分。在当今现实社会存在各种诱惑，稍有不慎，就可能陷入别有用心者的圈套，走向腐败堕落。领导干部要时刻保持头脑的冷静和清醒，把握好爱好的尺度，做到不奢求爱好，不张扬爱好，不放纵爱好。在工作中要慎行节制，切不可将兴趣爱好与本职工作本末倒置，不能让爱好成为别有用心者的突破口，不能以小节无害论来原谅自己。个人生活的所喜所爱所乐，要自觉做到追求高雅，淡薄物欲，远离浮躁，拒绝低俗，始终保持一颗清秀雅致之心，由内而外，温暖他人，香泽他人。

第五，才气是领导干部成就事业的基石。国以才立，政以才治，业以才兴。领导干部要有才气，既是工作的需要，也是时代发展的需求。无数历史事实已证明，有才无德的干部往往是成事不足，败事有余；有德无才的干部大多碌碌无为，一事无成。才，是领导干部称职履责的必要条件。“德高足以服人，才高足以率人”，有才气的领导博学多识，明察善断，善于驾驭全局，应对复杂局面；相反，才气平庸的领导则往往优柔寡断，难成大器。因此，作为一名领导干部，特别是一把手，要采取多种形式，勤学多思，提高素质，丰富知识，开阔眼界，增长才干，真正做到“腹有诗书气自华”，主持工作驾驭局面才能游刃有余，成竹在胸。

三、要有正气，没有正气打不掉流氓匪气

李白“仰天大笑出门去，我辈岂是蓬蒿人”的霸气，点亮了整个盛唐。唐王勃“霸气尽而江山空，皇风清而市朝改”横扫了半壁江山。毛泽东“数风流人物，还看今朝”的霸气造就了中国的辉煌。这里所说的霸气是一种“我能、我行、我成功”的自强心态，而不是那种不讲民主、目空一切、唯我独尊的霸道。对于领导干部来说就是强者的信念坚定，意志坚强，敢冲敢干，泰山压顶不弯腰的英雄气概。我们在平常的工作中有可能遇到这样一些人，他们从不按照规矩办事，恃强凌弱，精于钻空子，善于找领导的软处，但凡有一点事情不符合他的意思就闹事。对付这种“老赖”，如果处理不当或一味地想息事宁人，他们就会更加嚣张，横行霸道，由此，就会影响领导干部的威信，败坏一个单位的风气。对付这些害群之马，身为党的领导干部，要以正气作风对付这种赖气。具备这种意志坚强的霸气，在困难面前不退缩，不逃避，迎难而上，敢于亮剑，挺身而出，勇往直前。在碰到挫折和失败的时候，善于调节自己的消极情绪，控制自己的言行，不骄傲，不自满，以顽强的精神，百折不挠的毅力，战胜挫折和困难，脚踏实地地实现工作目标。

四、要有锐气，没有锐气摆脱不了灰心丧气

锐气是指旺盛的气势，一往无前的气概。领导干部要有锐气，敢作为，敢担当，就要有一股向上的精神，担负起时代的责任，符合打铁还需自身硬的要求。在工作中就要有一股劲，始终保持一种向上的进取精神，保持高昂的工作热情和工作韧劲。成绩面前不忘乎所以，困难面前不灰心丧气。不断适应新形势，研究新情况，解决新问题。有锐气，才能有作为，有所建树。历史已经证明并将继续证明，只有那些天下为公的人，才能够推动事业的发展，才能创造出不凡的业绩；那些因循守旧，瞻前顾后的人，只能迟滞事业的发展，成为改革开放的保守者，开拓进取的落后者。

第一，有锐气，才有一股向上的冲劲。锐气是一个人思想、修养、意志、魄力的综合表现，锐气就是有一股子干劲、闯劲、冲劲和拼劲，就是一种不服输的精神。习近平同志说：“良好的精神状态，是做好一切工作的重要前提。”领导干部要始终保持锐意创新的勇气、敢为人先的锐气、蓬勃向上的朝气；要牢记“空谈误国、实干兴邦”，立足本职、埋头苦干，锐意进取，从自身做起，从点滴做起，用勤劳的双手、一流的业绩成就属于自己的精彩人生。

人要有锐气，领导干部更不能缺少锐气。要敢于啃硬骨头，敢于涉险滩，要有奋勇当先的锐气，勇于解放思想，与时俱进，开拓创新，树立在继承前人成果的基础上超越前人的雄心壮志。常言道，凡成大事者，必有锐气。有锐气，才有冲劲，有冲劲，才能成大事。

第二，有锐气，才有一股拼搏的精神。“幸福都是奋斗出来的。”只有奋斗才能拥有幸福。想要奋斗就要有拼搏的精神，而具有拼搏的精神就应该拥有一股子锐气，拥有八九点钟太阳般的朝气。当一个人拥有一股阳刚

锐气，面对眼前的困难他就会毫不畏惧，面对危险他就能从容应对，生死关头他就敢挺身而出。习近平同志在七年的知青岁月中，在艰难的陕西延安农村生活中，没有消磨锐气，反而将他的锐气越磨越锋利，让他与黄土高坡的人民融为一体，在黄土地上拼搏、勇闯。

在中国特色社会主义建设的道路上，任何时候要想站在时代的前沿，都更需要拥有时代的锐气，能够不断地在新潮流中站稳脚跟，能够劈开时代的浪潮，走在时代的前列。正如李白在《行路难》里豪壮地放歌“长风破浪会有时，直挂云帆济沧海”。有了锐气，就像是拥有一把无形的利刃，能够在前进的路途上披荆斩棘，让你奋力拼搏，能够勇往直前。只有凭借自己的勇气去拼搏，去努力奋斗，才能够收获最终的幸福。只有奋斗，才能幸福！

第三，有锐气，才能冲破改革的障碍。历史告诉我们，越是改革，越要保持昂扬锐气。只有这样我们才能攻克体制和机制的痼疾，才能冲破因循守旧、条条框框的禁锢。我国全面深化改革已进入深水区，涉险滩，剩下的都是难啃的硬骨头，如果没有一身锐气，就势必在问题和矛盾面前寸步难行，在时机与机遇面前畏缩不前，在风险和挑战面前败下阵来。我们只有用不断全面强化深化改革的锐气，才能自觉冲破落后思想的桎梏，突破利益固化的藩篱，跳出固定思维的套路，以超人的勇气和胆识，向涉及自身利益的复杂问题开刀，坚决深入地改革，并将改革进行到底。只有这样，我们才能真正保证中国共产党的执政基础和执政地位，在全面建设小康社会的道路上，争当改革开放的先锋，争做新时代的建设者。有了锐气，一切消极因素才会悄然引退，一切积极因素才能蓬勃生长，在改革道路上的所有困难都将迎刃而解。

第四，有锐气，才有高昂的工作热情。“锐气”，代表的是一种一往无前的气概，代表一种坚忍不拔的干劲，一种不惧困难、充满激情、迎难而上的冲劲。

“有锐气，才有高昂的工作热情。”领导干部要有敢为人先的锐气，勇于解放思想、与时俱进，敢于上下求索、开拓进取，树立在继承前人的基础上超越前人的雄心壮志。倘若对待工作我们渴望拥有全新的姿态，敢于在自己的岗位上看到不足、改进不足，想他人之未想，说他人之未说，做他人之未做，这股锐气就显得格外重要了，有了它，就踏出了那敢于变动的一步，这一步，就是创新，是锐气最好的体现。

锐，应指锋锐，势如破竹的剑气。习近平同志作为全党的核心，全军的统帅，全民的领袖，凭借着一股锐意进取的气势，一往无前，从全面深化改革深入人心到反腐倡廉老虎苍蝇一起打的大快人心，再到强军兴军一系列新举措，新要求，新战略，无一不显示着习近平同志改革创新的锐气，敢于突破，敢于冲锋，不惧艰难险阻。有锐气，就有了敢于破旧立新的政治勇气和政治定力，就有百折不挠的持续不断的工作热情。

第五，有锐气，才能保持有作为、敢担当的气魄。没有一股勇往直前的锐气，没有一种昂扬向上的精神状态，就没有一种有作为、敢担当的气魄。唯有与时俱进，锐意进取，始终保持昂扬的锐气，才能敢于担当，有大作为，做出大成就。领导干部敢担当、有作为，就要以“如履薄冰、如临深渊”的谨慎之心对待自己的言行，以“夙夜在公、寝食不安”的公仆之心履行自己的职责。就要始终保持昂扬的锐气，锐意进取、知难而进、奋勇当先，为党和国家的事业奉献自己所有的聪明才智。在实践中我们坚决做到有锐气，敢于负责、积极作为，少讲理由，多找办法。绝不能因为怕做错事而宁愿不做事，怕麻烦怕吃亏而宁愿不揽事，切实用担当的行动来实现工作目标任务，锐意进取、敢于担当、勇于作为。

五、要有静气，没有静气克服不了浮躁之气

静气，是指面对事情，尤其是人生中重大事变或每当碰到大事情的时候一定要有平和的心境，要冷静，一定不要慌张，要处变不惊，面临变故和大事要有静气。对领导干部来说，静气是一种修养，一种动力，一种智慧，一种驾驭全局的能力。领导干部能否保持冷静，特别是遇到重大突发事情时能否保持镇定自如，沉着应对，不仅是其素质能力的体现，更是对其能否担当重责的一种考验。然而在当今东西文化交汇交流交融的影响下，社会风气趋于浮躁，不少人心烦意乱，魂不守舍，着急上火。也有一些党员、领导干部遇事惊慌，急功近利，急于求成，遇小事不能容忍，遇大事不能制“怒”，心浮气躁，牢骚满腹。这种不冷静的表现，不仅影响群众情绪，还影响正确决策，延误一方的科学和谐发展。所以，领导干部无论工作多忙，都要学会忙里偷闲，闹中取静，给自己留点时间，静态观察，静心思考，踱踱方步，养点静气。学会以静制动，以不变应万变，学会去浮躁以养静气。始终保持从容淡定、心境平和的精神境界。“每临大事有静气，不信今时无古贤”，静气不仅是一种修养，也是一种智慧，一种驾驭全局的能力，它是建立在良好的心理素质之上的，建立在丰富经验的基础之上，建立在过人智慧和勇气之上，建立在超强意志之上的一种人格力量。当领导者面临重大事变时，若能保持良好的心理状态，理性应对，做到淡定自如，临危不惧，举重若轻，不仅能给自己一个静心思考应对的机会，也能增强身边干部群众战胜困难、解决矛盾的勇气和信心。

静气是从天上掉下来的吗？还是与生俱来的？事实上，静气是养出来的。

第一，靠学习来涵养静气。俗话说，手中有粮，心不慌，“腹有诗书气自华”。书籍就是精神的粮食，通过读书，不仅可以获得知识，增长才干，

而且可以涵养静气，滋养正气。越是博学的人，视野越开阔，头脑越清醒；相反，越不注重学习的人，思想越狭隘，精神越空虚。因此，各级领导干部要始终把学习当作一种工作方式，一种生活态度，一种生存状态，多读书，读好书，善读书，真正通过研读，养成神闲气静、心无旁骛的好习惯，从而去除功利心理，开启人生的大智慧。

第二，靠淡薄来涵养静气。诸葛亮在《诫子书》中有言：“非淡泊无以明志，非宁静无以致远。”领导干部手中或多或少都掌握着一定的权力，面对形形色色的诱惑，要不断加强品德修养，提高思想境界。把职责使命看重些，把职位名利看淡些。得之淡然，失之坦然，顺其自然，逆则悠然。“要知足，知不足，有为有不为。”自觉把个人理想追求融入国家和人民的事业中去。任期有限，工作无限。当一阵子官，做一辈子人。即使自己的奋斗目标无法实现，也要换个角度思考，照样干好自己该干的工作。

第三，靠敬畏来涵养静气。敬畏是一种自觉的道德自律约束，一种做人行事的操守。要敬畏自然，按规律办事，违背自然规律，破坏大自然，自然会受到大自然的严重惩罚。要敬畏权力，静心为官，任何时候都要保持头脑清醒，精神镇静，心里平静，处处以大局为重，正确对待个人进退去留，利益得失，始终做到讲政治，讲大局，守纪律，不为诱惑所动，不为名利斗争、俗事所扰。要敬畏群众，施政利民，坚持权为民所用，利为民所谋，多做有利民生之事，靠实实在在的实事赢得群众，凝聚力量。勤政为民，增强社会公仆意识、宗旨意识和纪律意识，聚精会神，心无旁骛，一心一意干事业，竭心全力抓落实，稳抓稳打，稳中求进，稳步发展。浮躁社会静者胜出，每个领导干部请时时刻刻记住：不歪不斜，不骄不躁，不卑不亢，不贪不欲，杂气自去，静气自来。

一个领导干部要主持一方工作，要开创新局面，取得新成就，就需要有“五气”来武装，有了“五气”，就能打出一片新天地。

把地处西北的宁夏大学带入“211工程”重点大学建设行列

“211工程”是面向21世纪重点建设一百所左右的高等学校和一批重点学科的建设工程，于1995年11月经国务院批准后正式启动。该工程是中华人民共和国成立以来的，由国家立项，在高等教育领域进行的规模最大、层次最高的重点建设工程，是中国政府实施科教兴国战略的重大举措，是中华民族在世纪之交面临国内外形势而做出的发展高等教育的重大决策。

1995年11月，经国务院批准，原国家计委、原国家教委和财政部联合下发了《“211工程”总体建设规划》，“211工程”正式启动。2002年9月，经国务院批准，原国家计委、教育部和财政部联合下发了《关于“十五”期间加强“211工程”项目建设的若干意见》，提出“211工程”建设的主要内容包括：学校整体条件、重点学科和高等教育公共服务体系建设三大部分，建设项目均实行项目法人责任制、招投标制和工程监理制。各“211工程”学校成立项目法人组织和落实项目法人代表，有关省（区）主管部门成立“211工程”建设领导小组，形成中央、省和学校三级管理体制。“211工程”大学都按规定要求进行建设，取得明显的成效。

为什么宁夏大学到了2008年还没有进入“211工程”重点大学的建设

行列呢？原因是多方面的。一是主观上领导重视不够，认为国家建设“211工程”重点大学已经结束，争也争不来了，在某种程度上没有积极采取措施，没有主动到国家有关部委去汇报，特别是向教育部、财政部、国家发改委的汇报、交流做得不够，不是持续不断，而是报报停停，导致上级主管部门不是很了解情况，于是就把申报“211工程”重点大学的建设工作搁置下来了。二是上面不了解下面的情况，下面也不了解上面的政策，主动争取自治区党委和政府的主要领导支持做得不够。首先没有请示列入区党委专题会议或政府常务会议专题研究，也没有系统地向主管部门的领导全面汇报学校申请“211工程”的工作准备情况。在学校教职员工、广大学生中也没有召开专门的会议来动员、论证工作。三是没有抓住申报“211工程”重点建设的最佳机会。2001年就开始论证申报“211工程”重点大学建设项目，但没有抓住机会，国家有关部委一直没有启动宁夏大学审查程序。事隔6年之久，到了2008年我到宁夏大学担任党委书记的时候，才又提起这件事，从时间的角度来说已经晚了，争取入选的最佳时机已经错过。四是申报“211工程”大学重点建设的材料没有准备充分，连负责“211工程”的专门办公室都没有成立，没有请求自治区党委和区人民政府主要领导出面积极争取主管教育的刘延东副总理给予大力支持，以争取教育部、财政部、国家发改委的批准，同意将宁夏大学列入“211工程”重点大学的建设行列。

我到宁夏大学担任党委书记以后，经调研发现了一些问题，包括经费短缺、提职、工资、住房待遇低等等，但最重要的问题，是学校没有进入“211工程”重点大学建设行列。我在校党委会上提出了这个问题，如何把地处西北的宁夏大学带入“211工程”重点大学建设行列？我提出了几点意见：请求国务院将宁夏大学列入“211工程”三期建设。校领导要高度重视宁夏大学申报“211工程”重点大学建设行列的工作，要专门成立申办“211工程”建设的工作领导小组和“211工程”办公室，以我为组长，何建国校长为副组长，张成、王燕昌副校长参加。这个领导小组的主要任务是设计工作思路、工作路线和实施工作方案。主要做了几件事：一是由自治区党委陈建国书记和自治区政府主席王正伟写一封信给国务委员刘延东同志，提出推动宁夏大学进入“211工程”重点大学建设行列的请求。二是我带着这封联名信去北京直接当面交给刘延东同志。正巧，那一天是她刚上任国务委员上班的第一天，就收到了这封信，给她留下了深刻的印象，说明我们高度重视这件事。三是争取向刘延东同志汇报具体筹备情况。

当时，我当面向刘延东同志汇报工作的主要内容是：第一，宁夏大学进入“211工程”重点大学建设的行列，具有重大的意义。首先，宁夏大学进入“211工程”重点大学建设行列，充分体现党中央、国务院对宁夏工作以及宁夏大学的关怀和支持，具有重要的现实意义和历史意义，将对提升宁夏大学的办学地位和高等教育水平、促进学校的学术创新能力和人才培养实力、发展科学技术和引进先进文化，更好地服务国家和地方经济建设和社会发展，具有极为重要的意义。其次，实施“211工程”，是党中央、国务院从我国国民经济和社会发展、社会长远发展考虑所做出的一项重大战略决策，是国家推进高等教育发展所采取的重要举措，是促进高等教育与社会经济发展相适应的一项重要措施，是为实施我国经济和社会发展战略准备高层次人才的重要决策，是我国高等教育面向现代化、面向世界、面向未来，上水平、提质量、促改革、增效益的工程。目前，我国进入了构建社会主义和谐社会和建设创新型国家新的历史时期，从而也对高等教育发展和“211工程”建设提出了更高的要求。2008年开始实施的“211工程”三期建设，可以说是在新的历史条件下，迎接世界新科技革命挑战、继续推动高等教育改革和发展的重要举措。对于提高高等教育质量，加快高水平大学和重点学科建设，提升我国教育的创新能力和国际竞争力，增强为经济建设和社会发展服务的能力具有重大意义。再次，将宁夏大学列入“211工程”三期建设，为学校再上新台阶，走向全国，走向世界，搭建一个实现学校跨越式发展的新平台，是深化“省部共建模式”、落实温家宝总理“支持办好宁夏大学和一批重点学科”的指示的重要举措，体现了党中央、国务院对宁夏大学的重视，这是党和国家对西部民族地区高等教育事业高度重视和大力支持的具体体现，不仅是宁夏大学的大事，也是宁夏回族自治区的大事。第二，将宁夏大学列入“211工程”重点工程建设有利于国家高等教育优势资源在西部的合理配置。宁夏目前没有一所“211工程”重点建设大学，不利于宁夏的人才培养，无疑是西北部高等教育发展的缺陷。将宁夏大学列入“211工程”重点建设是宁夏各族人民的迫切愿望，也是国家高等教育合理布局的客观需要。宁夏大学列入“211工程”三期建设，必将推动学校的学科水平和整体实力提升，促进宁夏大学持续健康又好又快发展，为把宁夏大学建设成为一个具有区域特色、专业特色、高水平的著名大学，发挥积极的作用。

经过积极的准备，宁夏大学进入“211工程”重点大学建设的条件已经具备。根据党中央国务院的文件，“211工程”三期建设的主要任务包括三个方面：一是从重点学科建设来看，这是“211工程”建设的重点，根据教育部、国家发改委和财政部提出的高等教育“211工程”三期建设总方案，从全国布局的情况来看，要统筹规划，重点建设一千个左右与经济建设、科技进步、社会发展和国家安全紧密相关的重点学科。其中特别强调加强建设一批处于国际学科前沿的数学、物理、化学、信息、生命、空间、海洋等基础学科和社会公益学科；一批国家发展战略急需的农业、先进制造、交通运输、信息与现代服务、能源开发与节能、资源综合利用、环境保护、公共安全和国防等领域的应用学科、高新技术和工程学科；一批重点发展的新材料、新能源等新兴交叉学科；一批与构建和谐社会和建设社会主义市场经济紧密相关的，能够回答国家发展中重大理论和实践问题的经济、政法、人文、社会等哲学社会科学学科。

二是从创新人才培养和队伍建设来看，首先要适应建设创新型国家的要求，紧密结合重点学科建设，加强人才队伍和创新团队建设，着力培养学术领军人物和学术带头人；以学科为基础构筑汇聚和培养人才的高地，建设一支高水平的学术和管理队伍。其次，要大力引进海外优秀拔尖人才，重点支持高校引进具有世界领先水平的，年富力强的战略科学家和杰出人才。鼓励高校与国外高水平大学进行联合培养或合作研究，促进高校教师跟踪国际学术前沿。最后，对创新人才培养体系建设给予特别的重视，强调要进一步改革人才培养机制和人才培养模式，加强培养研究生创新能力的研究平台建设，支持优秀的在校研究生，特别是博士生到国外一流大学、研究机构进行访学。我们宁夏大学利用省部共建、“一省一校”对口支持的优势资源，加大学生培养的力度，拓宽学生的国际学术视野，营造有利于创新人才成长的培养环境。

三是从高等教育公共服务体系建设来看，重点突出加强各高等教育服务建设项目的整合力度，全面统筹和规划建设方案，促进项目集成式发展。强调充分利用先进的传输网络和网络技术实现图书服务体系。具体到各个重点建设高校，主要围绕上述的国家建设重点，相应安排好校内公共服务体系建设。在这三个方面，宁夏大学的基本建设都有了一定规模，并且是根据三部委的通知和精神来准备的。

宁夏大学为什么未被列入“211工程”的重点大学建设行列呢？除了前面所叙述的原因外，另一个主要原因是“211工程”三期建设还没有最后明细化。经过两次到教育部、财政部汇报工作，我更清楚了解了三部委的工作思路，也了解到当时全国申报“211工程”的状况有五种形态：（1）

过去是“211工程”重点大学，但在大学合并时被并掉了，现在想恢复进入“211工程”重点大学建设行列。（2）经济发达地区经济条件比较好，自愿要求加入国家“211工程”重点大学建设行列。（3）独特行业专业，如新疆石河子大学，要求进入国家“211工程”重点大学建设行列。（4）重点大学具备了“211工程”重点建设的条件，要求进入国家“211工程”三期建设行列。（5）民族地区省区“211工程”重点大学的空白省，要求进入“211工程”重点大学建设行列。民族自治地方和民族地区，如宁夏回族自治区、西藏自治区、青海省、海南省都没有“211工程”重点建设大学。这五种状况中，如何抓住主要矛盾的主要方面来申报，听完刘延东副总理的指示后，我不断思考如何抓住主要问题进行论证，在理想和实践上突破这个门槛。我认为要抓住民族地区的空白省没有“211工程”重点大学这个论点来论证最有说服力。因而在校党委常委会议上，我把这个议题也交给了宁夏大学的班子成员进行讨论，班子成员都同意我的看法。于是我就论证了为什么宁夏大学在“211工程”空白省能进入重点大学建设行列。

一是出于民族地区高等教育布局的需要。全国有56个民族，有55个少数民族，有5个自治区，30个自治州，120个自治县（旗），为了体现宪法和民族区域自治法规定的要求，56个民族在政治上、文化教育上是平等的，都享有平等的教育权。教育包括基础教育、中学教育、高等教育、研究生教育，包括综合型、教学型、研究型的重点学科建设，包括“211工程”大学教育，“985工程”大学教育，各民族人民都能受到各类各层次教育，是政治平等的体现。总人口1.2亿的我国少数民族，聚居地区占全国总面积的50%—60%，不应该享有大学教育的平等权利吗？55个少数民族享有“211工程”的大学教育是十分必要的，既是政治平等的需要，也是少数民族享有教育权的需要。从布局上来说，我国有31个省市自治区，除了宁夏回族自治区，其他民族自治区都有“211工程”重点大学。二是贯彻落实党的民族政策的具体表现。中国的56个民族是团结在一起的，中国革命战争年代取得胜利的根本原因就是人民支持中国共产党，共产党夺取政权之后，不能忘记人民。特别是宁夏回族自治区，与中国共产党有特殊的因缘。1935年，红军长征到达陕北，进到西吉县、豫海县的时候，就建立了第一个县级民族自治政府，即豫海县民族自治政府。中国共产党在贯彻执行民族政策的过程中，在中国共产党未取得全国政权之前，1935年就建立第一个县级民族自治政府，1950年建立了第一个自治州，即阿坝羌族藏族自治州，1947年建立了第一个自治区，即内蒙古自治区人民政府，三级民族自治政府的“第一个”分别在宁夏、四川阿坝、内蒙古，这说明中国共产党有卓越的政治眼光，认真贯彻落实民族政策极端重要。三是各民族的团结奋斗、共同繁荣发展，是民族工作的主题。中华民族的共同目标是实现中国梦，只有民族团结进步才是中国富强的表现。国之强，民之富，中国的56个民族谁也离不开谁，各民族就像石榴籽一样紧紧抱在一起。因此，“211工程”重点大学的建设行列怎么也不能少了宁夏回族自治区。这是宁夏各族人民的呼声，也是全国人民的呼声，是宁夏大学广大师生员工的迫切要求和共同愿望。我们把上述论述形成《关于将宁夏大学列入“211工程”重点大学建设行列的报告》，分别报给国务院、教育部、财政部和国家发改委。后来我又走访了时任教育部周部长、财政部分管教育的同志，他们政治觉悟都很高，对高等教育建设布局很有见解，同意把宁夏大学列入“211工程”重点大学建设行列。

2008年4月以后，我在各种场合都提出了宁夏大学的两个具体奋斗目标，一是本科教学工作评估达到“优秀”水平，这是宁夏大学进入“211工程”重点大学建设行列的基础。二是在教育部启动新一轮“211工程”建设时，积极争取把宁夏大学列入“211工程”重点大学建设行列。从4月份开始，我和校领导组织开展抓两头的工作，一头在外，派一位同志到教育部学位委员会办公室挂职工作，及时了解和掌握信息，做好各方面工作。一头在内，抓好“211工程”的材料论证和具体准备工作，蓄势待发，鼓足干劲进入冲刺阶段，按照“211工程”的建设立项要求，做好充分的准备。功夫不负有心人，这一大喜事来到了。

2008年9月13日，中共中央政治局委员、国务委员刘延东同志视察宁夏大学，也带来中共中央、国务院的亲切关怀，宣布党中央、国务院关于同意宁夏大学进入“211工程”重点大学建设行列的决定：今天，我十分高兴地向同志们宣布，宁夏大学将被列入“211工程”第三期进行重点建设！“211工程”三期建设，宁夏大学是第一个被批准的大学。很快正式通知下达后，就开始启动实施各项建设项目。荣书记刚才所讲到的关于国家重点学科等问题，在批准“211工程”立项建设之后，将来会给学校很大的支持。

宁夏大学要树立机遇意识，以“211工程”三期立项建设来促进更大发展。抓住机遇，用好机遇，是一所大学加快发展的成功之道。跨入“211工程”三期建设，这是宁夏大学的重要发展契机，来之不易，希望同志们一定要倍加珍惜，增强加快发展的积极性和主动性，把参与“211工程”三期建设的过程，转化为学习借鉴、查找不足的过程。我希望你们借改革开放30周年，建校50周年和进入“211工程”的机遇，开展一场大学习、大调研、大总结、大落实。抓住这个机遇，很好地把这个过程转化成为一个创造条件、开拓前进的过程，在建设中超越和完善。特别是希望你们把建校50周年作为弘扬传统、展示成就、总结经验、再创辉煌的重要时机和起点，把学校的发展提高到一个新的水平。

接着，我代表宁夏大学作了发言，我说：刚才延东国务委员宣布宁夏大学正式进入“211工程”第三期立项建设，这对宁夏大学和广大教职员工来说，是一件大喜事，是党中央、国务院给宁夏大学50周年校庆的一份厚礼，令我们非常振奋，深受鼓舞。宁夏大学进入“211工程”第三期立项建设，不仅是宁夏大学的光荣，也是宁夏高等教育事业的里程碑，意义重大，影响深远，充分体现了党中央、国务院对宁夏、对少数民族地区的亲切关怀。宁夏大学从2001年开始申报“211工程”立项建设，在党中央、国务院的亲切关怀下，在教育部、国家发改委、财政部的支持下，在自治区党委政府的正确领导下，经过八年不懈努力，我们终于实现了这一目标，这里我代表全校教职工对党中央、国务院的亲切关怀，对于教育部、发改委、财政部的大力支持，对自治区党委政府及各职能部门的正确领导表示衷心感谢。今天，对宁夏大学来说是一个新的起点，宁夏大学进入“211工程”三期立项建设，不能认为仅仅是得到一个金字招牌，我们面临的是更大的任务和更重的责任，我们会坚决落实延东国务委员的指示精神，按照“211工程”建设的要求，努力做好各项工作，大力加强学科建设，大力提高科研能力，全面提升师资水平，全面完善公共服务，努力为国家和自治区经济社会发展提供智力支撑，带领全区高等教育向更高水平迈进，为建设具有区域特色的高水平的宁夏大学而努力奋斗。

从宁夏大学“211工程”重点建设的筹备、启动、成功的整个过程，使我深深地体会到：一、咬住青山不放松，盯紧目标向前进。宁夏大学从2001年就开始进行“211工程”建设的筹备工作，从2001年到2008年，每年的工作计划都有筹备“211工程”建设工作，每个校领导、教师、干部、职工都知道，我们要争取进入“211工程”建设行列，心中都有预期的目标，时刻不会忘记宁夏大学的工作目标是不遗余力地做好“211工程”的筹建工作，一切工作都要围绕这个重点来展开布局，大家都积极筹备。但是经过八年的艰苦探索都没有成功，为什么呢？原因是主要工作还是抓得不够紧，抓得不够狠，有时紧时松的现象。我发现这个问题之后，做了专门的报告，提出近期要做好工作，实现两个具体目标：一是完成教育部的本科教学水平评估工作，确立了要达到优秀的目标。二是筹备“211工程”的建设工作。对“211工程”的建设采取了措施，分解了任务，落实了责任，制定了时间表和路线图，层层把关，站站检查，不留死角，督促检查筹备各个环节。最终成功地把宁夏大学列入重点大学的建设行列。

筹划是事业成败的关键，机遇只给有准备的人。我2008年4月份到宁夏大学任党委书记，一上任就进行调查研究工作，提出了十大工程，其中重中之重是把地处西北的宁夏大学带入“211工程”重点建设的行列。从此，我抓住中心工作，做好部署，开始筹划几件事：一是请求自治区党委书记和主席联名给刘延东同志写一封信，表示高度重视宁夏大学的“211工程”建设。这封信写好后，我立即带到北京，交给刘延东同志，她十分高兴地表示，我任国务委员上班的第一天，收到的第一封信就是陈建国同志和王正伟同志的信，就是关于请求批准宁夏大学进入“211工程”建设重点大学的事情，既然你们重视了，我作为分管教育的领导怎么能不重视呢？所以从那一天开始，我就关注这件事的发展情况，直到后来，国务院同意宁夏大学进入“211工程”的建设行列。二是我亲自带队上北京，当面向国务委员刘延东同志汇报。刘延东同志看到我走路不稳，手脚有点颤动，她就问我，仕星同志，你是否有病啊？我当即回答，我是有病。但身体上的疾病不算什么，主要是时代已经进入21世纪，宁夏大学仍然没有进入“211工程”建设行列，我怎么能不病呢？如果宁夏大学在我有生之年，还不能进入“211工程”重点建设的行列，那我死不瞑目啊，恳请刘延东同志批准宁夏大学进入“211工程”重点大学建设行列。同时，宁夏大学经过多年的准备，已经具备了基本条件，完全可以进入“211工程”重点大学的建设行列。三是我围绕着宁夏是“211工程”重点大学建设民族自治区空白省的主题进行论证，说明了宁夏大学进入“211工程”重点大学建设行列，这是贯彻落实党和国家民族政策的需要，是建立和发展中国特色社会主义民主政治的要求，是党中央、国务院高度重视少数民族教育的体现。在宣布大会上，刘延东同志说：这段时间以来，我总是在关注宁夏大学进入“211工程”重点大学建设行列的事情，我还告诉教育部的同志，要相信宁夏大学的领导和广大教职工有能力办好这个学校，事情总是由不成熟到成熟转变的嘛。她讲话热情洋溢，充满着激情，鼓舞着宁夏大学的师生员工。最后，刘延东同志说，“我宣布宁夏大学进入了‘211工程’重点大学建设的行列”，现场掌声雷动，经久不息，在场的领导、教职员工非常兴奋。在陈建国书记点将下，我代表宁夏大学做了发言。

这是宁夏大学历史转折点，由一所地方重点大学进入“211工程”重点大学，前后仅用半年的时间，当然有前任领导铺垫的条件和基础，贯穿着工作的连续性、开创性。2008年9月13日，成为宁夏大学的一块历史丰碑，成为学校永远记载的具有历史意义的重要纪念日。

新领导要正确对待支持赞扬和反对批评的话

新上任的领导，都会遇到一个共同问题，就是如何尽快进入新领导的新角色，了解、掌握、熟悉新情况，实行新转变，提出新思路，促进新发展。新领导到了某地区、某部门、某单位，自然就开始有人议论了：新领导是什么地方的人呢？在什么地方工作过？如果是高校的领导，又会问是什么学历啊？是哪方面的专家教授呢？我刚到中央民族大学当校长的头一个星期，人们过问、了解最多的就是这些问题。

新任领导到一个新单位，总是有人对你说支持、鼓励、赞扬、帮助的话，但也有人对你说反对、批评、讽刺的话，面对这些来自正面的、反面的各种话语，应如何应对？有共同的应对方法，也有因话而异的方法。我亲身经历了六个单位，亲眼见到的，亲耳听闻的，应有尽有。我是怎样应对的呢？

支持的话诚恳听。毛主席说过，政治是什么？所谓政治就是把支持我们的人，搞得多多的，把反对我们的人，搞得少少的。任何一个单位都有支持你工作的人，这是占多数的，是搞好工作的基本队伍，是贯彻落实党中央路线、方针、政策和本部门领导决策、决定、决议的坚决执行者。这部分人对领导工作的支持是善意的，是多方面的，通常来说支持的话有这么几个方面：一是对领导做出的决策提出的支持意见。为了学校的建设和发展，他们在决策未定夺的时候提出完善、补充、修改决策的意见，这些意见基本上是说之有理，论之有据，合法合理合情的，是从大局出发，关心、热爱、保护单位的利益的意见，是良知的智慧和真善美的表现。二是在决策执行的过程中，为了顺利推进决策，在选人用人问题上，提出要用能干、担当、干净的人，保证工作任务的完成，并建立检查督促机制。以项目建设为例，项目建设中检查项目完成的进度，包括进度的时间是否符合要求，质量是否符合标准，同时制定跟踪的措施，确保完成任务。三是在决策完成后的验收阶段。同样以项目建设为例，按项目或任务的验收标准要求进行验收，这时在组织专家组进行评审时，有科学的依据，按实施前提出的验收事项和要求进行，在这个基础上提出意见和建议改正的地方，并注重总结经验，吸取教训，有些地方还提出引以为戒的意见，但切不可在验收的时候提出推倒重来的意见，这就不是善意的意见，而是恶意的意见了。这显然是出难题、设障碍了。

赞扬的话认真听。赞扬是称赞表扬，好人好事、爱护公共财物的行为事迹，得到人们的赞美赞扬；你到一个单位做了好事，为官一任造福一方；或者你在原单位做了好事，人们自然会说这些好事，比如修路架桥，建房子，提高广大群众的生活水平，这些都是好事，人们自然赞扬你。在这方面你听到赞扬的话会多一些。听到这种赞扬的话会有两种可能，一是听到赞扬的话就飘飘然起来了，开始骄傲自满，发展到一定程度，就会出现问题；另一种是对赞扬的话认真听，始终保持谦虚谨慎，不满现状，再接再厉，保持慎独、慎言、慎行，始终保持共产党员的先进性和纯洁性。

提醒的话入耳听。提醒，是唤起忘掉的事或很难再想起的事。在领导工作中，头绪较多，难免有忘事的时候，这时需要办公室工作人员或秘书提醒一下，及时处理没有办的事情和存在的问题。一般来说，对领导者说提醒的话，出发点是好的，目的也是好的，多数都是秘书或班子成员提醒领导者，或者老朋友、老同事、老同学、老战友等，因为这些人会关心、关注、关爱领导者的工作和本单位的建设和发展。他们提出提醒的话是从工作的、学习的、生活的、健康的等方面提出来的，基本上是好心好意的。所以对提醒的话要入耳听，听完了也要有落实，回头想一想，自己还有哪些事情还没有办的，还有哪些问题没有处理的，还有哪些人需要去会面的。这样领导者的工作也会更加完善，更加稳妥，更加完好。我初到中央民族大学也是得到一批仁人同道的帮助提醒，才有突出的工作成绩，威信提高，影响扩大，事业进步。

建议的话用心听。建议，通常是指针对一个人或一件事的客观存在，在适当的时候提出自己的合理见解或意见，使其有更好的改革措施和良好的条件，使事业向着更好的积极的方面去完善和发展，是有益处的。建议主要是给领导提的合理意见，从工作的角度提多一点，提建议的同志目的都是很明确的，都是为了搞好工作，为了大局的利益。比如，单位要开展学习，如何在学懂弄通做实上下功夫？如何才能做到真学真懂真用？如何结合本单位的实际加以贯彻落实等。这些建议都有益于学习，有利于工作，不论是同级、下级还是群众提出来，都要用心来听，真听真做，知行合一。

批评的话分析听。批评是对优缺点进行分析，特别是针对缺点错误提出意见，与“表扬”相对。这里主要从领导工作的层面来考虑，比如领导在本单位的机构和人事制度改革方案未出台之前，交给广大干部群众进行批评讨论，也可以说是“挑毛病”，对方案的优缺点提出不同的意见，目的有两个：一是完善、充实、补充方案，使之更科学化、合理化，增强可行性、有效性。二是让广大干部群众来讨论批评，也是一个宣传方案的过程，教育和提高干部群众提高思想认识的过程。批评的话有两种可能性，一种是好心好意地提出批评意见，这种情况是好的；另一种是专挑毛病，挖苦批评，讽刺攻击。对这两种批评都要分析地听，对批评意见要认真吸取，只要你说得对，我们就按你的意见办，你说的不对就不接受批评，对、错都要坚持两点论。

反对的话参考听。反对，就是不赞成、不同意。反对就是矛盾对立的两个方面对照，表示相对相反的意思。在内容上相反相成，对立统一。反对，就是在问题上存在争执，互不相让。在领导班子讨论、争议、审定的过程中，会因存在不同观点、不同看法、不同方法而产生分歧。我反对你的意见，你也反对我的意见，也可能互相争吵，互不相让。反对的话是存在的，从整体来说，多数同意少数反对，有两种可能的结果，一是集体表决，少数服从多数，做出了决策、决议、决定，就要坚决执行，绝不退让。二是真理往往掌握在少数人手中。因此，对反对的话要参考听。合理、合情、合法的话，要听，在实际工作中，还要认真吸收。对不讲事实、不从客观条件出发，乱作为、乱反对的，这种反对意见不但不能听，还要进行批评。当然因不同观点的争论，也是为了统一思想，提高认识，步调一致。

讽刺的话穿耳听。讽刺是指用比喻、夸张等手法，对人或事进行揭露、批评或嘲笑。这种情况常常发生在校领导主持学术讨论会、评定职称、评审教师的各种荣誉称号的会上，在讨论各种称号的评审条件时，专家们开始讨论时，代表各学院、各学科组、各学派讨论到具体对象时，有时会有激烈的语言。有的人从个人或单位的私利出发，对对方取得的成绩、有利的条件不服，讽刺人家一下。对方就有可能反唇相讥，互相讽刺，甚至进行人身攻击。对待这种讽刺话，就让它从左耳进来右耳出去，这就叫作“穿耳听”。讽刺穿耳过，真理心中留。

乱说的话后脑听。乱说指的是不知道实际情况随便随意说。这种情况一般出现在征求意见座谈会上，少数参加的人来自各方面，对座谈会的要求、目的、意见也不是很清楚，准备不是很充分，就随便说说，乱说了。

遇到这种情况，作为主持人的领导要赶快打住，不要让乱说话的人再说下去，用“后脑勺”听一下就行了。并请公道正派、胸怀大局、表达能力又比较强的人继续发言，使座谈会回到正常的轨道。

作为领导者，特别是高校的领导者，当你跨进高校任职的时候，就可能有人议论你，品头论足，说你一无是处的有之，捧你上天的有之，公开说道的有，背后议论的也有。如果你顶不住压力，有可能还没跨出第一步，就被这些议论淹没了。认真分析以上列出来的八种类型的话，应对好这八种类型的情况，你就赢得了第一步。

共勉：工作上是同事 生活上是朋友

同事是什么？同事的基本解释有四条：谓行事相同，相与共事；执掌同一事务，共事的人；同一单位工作的人；相同业务的工作岗位。

中国人都懂得，任何工作、任何事情，处理好关系非常重要。今天是同事，不能保证明天还是同事，有可能以后不在该公司任职，也有可能在该公司任职，以后同事也可能做别的行业，以后呢？难以料定。别仅限于眼下，把眼光放长远些吧！山不转水转，涓涓细流终究会回归大江大海。

生活中经常听到有人抱怨，同事关系处理不好，不是过于亲密就是过于疏远。如何亲疏有度，保留合理空间？这是一门真正的学问，学好了，理顺了，事事如意；没学好，处处受阻，吹胡子瞪眼也没啥用。

如何处理好同事关系呢？方法很多，不可能一一论述分析，就择几个有效的方法介绍如下：

第一，平等相待。与同事共处，要亲切友善，不能区分亲疏远近。对待同事应当一视同仁，不偏不倚，不允许在同事之中搞山头，划圈子，拉帮派。偏向一部分人，可能会受到一些同事的青睐，也会失去另一些同事的好感。那些亲疏有别的做法，最终只能损害同事之间的关系。

第二，摆正心态。好心态才有好同事，同事之间容易形成和谐关系。如果对一些小事不能正确对待，就容易形成沟壑。因此，在日常交往中，建立融洽的同事关系，处事以大局为重，多做补台之善，不做拆台之恶，对同事的缺点和短处要处理得当。每个人的性格都不相同，有些人比较开朗，擅长交朋友，有些人性格内向，不愿意过多地与人交流。每个人的个性不同，不可能所有同事都是你的朋友，这就需要你摆正心态。以平常心对待平常事，处理好同事关系，把握好与同事相处的分寸，要有宽敞的胸襟，不计较个人的得失，不贪功不争利，一切顺其自然。天地自然，道法自然，人归自然。以平衡的心态处理人和事，平衡人和事。要保持一颗真诚大度的心，有容人之量，用欣赏的眼光多看同事的长处和优点，用理性的态度多分析他人的难处，用自省之心接受对方的批评和建议，遇事要先考虑他人，后考虑自己，主动换位思考。总之，就是要先把自己做好，只有自己做好了，才能赢得对方起码的尊重。同事之间相处有时会因为一点小事产生矛盾，这时首先要冷静，听听对方是怎样想的，要学会忍耐，不能乱说话，不能让矛盾升级。同时也要讲道理，同事间出现矛盾，不能让矛盾搁置，要敞开心扉，是自己的问题就说清楚，不是自己的问题也要让对方明白，切实解除心中的疙瘩。

第三，搞好团结。团结是由各种感情聚集在一起而产生的一种精神。团结是集中力量实现共同理想或完成共同任务联合产生的一种力量。团结并不只存在于志同道合中，想要成为一个团结优秀的集体，需要我们都用真诚去面对集体中的每个人，让这个集体里的每个人都感觉到心里的温暖。如果一个团队没有团结的精神，那么这个团队就不能称之为团队，只是一群同路人而已。团结是成功的基石，没有团结就不会有成功，这是千百年不变的道理，团结就是力量！

团结是领导卓越能力的体现。一个政治集团的领袖是由最有影响、最有权威、最有号召力的优秀成员组成的，而这个团队的领导人更具有超常的凝聚力、无穷的智慧、深邃的政治勇气和政治定力。他能代表一个政党、一个国家、一个团体去实现共同的目标。推动目标的实现是团结的力量。

团结是战斗胜利的基石。这里说的战斗是广义的，从解放战争取得胜利的实例来说：当时国民党军队号称八百万人，我人民解放军只有二百多万人，敌人的力量大大超过我军的力量。但不到三年时间，蒋介石国民党全面崩溃，彻底失败，被赶到孤岛——台湾去。当时毛泽东等革命家在总结解放战争胜利的经验时，指出了革命胜利的因素：一是全国人民团结一致打倒国民党反动派；二是军民是胜利之本，尤其是淮海战役，淮海战役是中国各族人民用团结的小推车推出来的；三是军政联合是胜利之力。军政的联合，增强了力量，团结是军政力量联合的体现；四是各参战部队团结协作，众志成城，集中优势力量打败国民党反动派。

团结是战斗力超常发挥之源。团结是提高部队战斗力的源泉。辽沈战役开始时，从人数来说，国民党军队占绝对优势，但是国民党反动派内部不团结，一盘散沙，形不成拳头，互相消耗能量，分散了精力，参战部队内部钩心斗角。我军则在局部形成绝对优势，打了一个又一个漂亮的歼灭战，打掉了国民党的有生力量。团结一致，像石榴籽一样紧抱成一团，集中力量攻击国民党。不到两年时间，解放军越打越多，国民党军越打越少，最后国民党惨败，体现了中国人民解放军团结奋斗精神形成的超强的战斗力。

团结是领导、领军人物脱颖而出的基础。在革命、建设和改革开放的社会主义建设过程中，涌现出一批又一批领导领军人才，他们为什么能够出类拔萃呢？关键是他们在各自岗位上团结奋斗，共同进步。如清华大学、北京大学、吉林大学毕业的学生，经过实践的锻炼，一批批人才脱颖而出。领导班子能够在班子活动中互相学习，互相告诫，互相帮助，互相支持，共同进步。能够团结奋斗，善于补台，不要拆台，就能实现共同发展。

第四，以诚待人。正确的同事关系，应当是君子之交。此种君子之交的同事关系，要求彼此之间豁达大度，互信不疑，以诚待人。古人云：做人以诚，不以言。人与人之间最大的信任来自诚实无欺，同事之间的相互信任应以真诚为基础。对同事虚情假意，不讲诚信，必然会失去对方的信任，甚至伤害对方。长期不讲诚信，久而久之就成为孤家寡人，无人问津，最后只能是茕茕孑立，形影相吊。

第五，嘴巴要紧。病从口入，祸从口出。因此，平时多参加高质量的人文活动，这样既可以让自己多积累工作经验，又可以在繁忙的工作中提升修养，避免无聊时，说别人的是非，即使工作之外也会产生是非。但谁是谁非自然明了，同事之间相处久了，难免磕磕碰碰，诸如此类鸡毛蒜皮的小事，自己不要计较。即使遇到别有用心的同事对自己诬蔑、陷害，也应把这种不愉快的小事轻轻抹去，要自己坚信，身正不怕影子歪，一定能得到同事的理解。对于那些说三道四的话，只要风波已过，绝不要放在心头。得饶人处且饶人，这是明智的选择。自己也扪心自问，我有没有过错呢？多一点反省，多一点快乐，少一点计较，少一点愁怨，如果以这样的心态去处理同事关系，为同事保驾护航，同事可能就会回报你的大度。

在工作中正确处理同事关系，就能做到心情顺畅。从一些事务的繁杂中解脱出来，切实搞好同事关系，一起完成共同任务，实现共同目标。我这辈子最愉快的日子，是在广西民族学院、中央民族大学、宁夏大学工作的时候，一起合作共事的3位党政负责人，两位比我大10岁，一位比我小4岁，我们党政领导的关系非常融洽，工作生活上能做到团结合作、互相尊重、互相帮助，敢于担当不推责，敢于负责不揽功；决策上能做到思想一致、高度统一、政出一门，政令畅通。广西民院的奉书记说：“我和仕星是最好的黄金搭档，是知己朋友。”中央民大的王书记说：“我和仕星是这辈子最愉快的搭档，工作最舒心的美好年度，仕星是我工作中碰到最好的兄弟。”宁夏大学的何校长说：“与荣书记工作是最大的幸福、快乐。”可见，真正做到工作上是同事，生活上是朋友，自由自在地生活在快乐中，是多么的幸福！

做好事要避免初衷与效果“南辕北辙”

好事情是指有意义的事情，喜欢的事情，慈善的事情。一个人一辈子，做一次好事并不难，难的是一辈子做好事。为什么有人愿意做好事？

一、做好事让人感到快乐。一个人做完好事以后，他感到高兴和满足，精神上十分的快乐，处在于兴奋的状态，这对于一个人的身心健康也是大有益处的。因此，我国每年3月5日都开展向雷锋同志学习的活动，实际上就是开展做好事学雷锋的活动。雷锋为造福人民才做好事，雷锋没有死，他做好事的精神永远留在人们的心中。我们每个人都需要这种做好事的精神，这种精神使人奋进，让人走进高尚道德的殿堂。你的存在对人类是有用的，你可以造福别人，你也可以告慰自己。

二、做好事让人内心得到满足。你做好事出于什么动机呢？首先可以肯定地回答，做好事的人，不求名和利，一般来说做好事的人不留名。因为一旦你留了名，曝了光，被报道到电视上、报纸上，就有人说你出风头，有所图谋，这不是真正的使心灵感到快乐，更不是内心得到满足。因此，真正想做好事的人，是不愿意留名的，而是默默地做好事，这种行为不需要人们知道，不是求什么图什么，而是自己内心世界的自我净化，是乐在心上的一种本能反应，这种反应就是人们常说的好事不出门，坏事传千里。过去有雷锋精神，现在仍然有雷锋精神，这种精神的表现形态有所不同，但本质特征都是一样的，就是寻求内心的满足。

三、做好事让人生价值得到体现。价值观是基于人的一定的思维之上而做出的认知、理解、判断或抉择，也就是人认定事物、辨别是非的一种思维或取向，从而体现出人、事、物一定的价值或作用；在阶级社会中，不同阶级有不同的价值观念。

价值观是指一个人对周围的客观事物（包括人、事、物）的意义、重要性的总评价和总看法，这种对诸事物的看法和评价在心目中的主次、轻重的排列次序，就是价值观体系。价值观和价值体系是决定人的行为的心理基础，价值观是人们对社会存在的反映，是社会成员评价行为、事物以及各种可能的目标的准则，价值观通过人们的行为取向，对事物的评价、态度反映出来，是世界观的核心，是人们行为的内部动力，用这种和谐关系来调节一切社会行为，参与社会生活。通俗一点讲，就是你做一件事，为什么做；你不喜欢一个人，为什么不喜欢，这些都是总的思想和价值观。价值观越是深刻，你的行为就越有效率，对行为、对问题的选择存在重要作用。简单地说，就是你对这个世界，包括你自己的思想、生活、感知的体验总和，指导你的人生走向。

价值观具有两个作用：1. 价值观对动机有导向的作用。人们的行为动机受价值观的支配和制约，价值观对动机模式有重要的影响。在同样的客观条件下，具有不同价值观的人，其动机模式不同，动机的目标方向受价值观的支配，只有那些经过价值观判断，被认为是可取的，才能产生核心行为的动机，并以此为目标，引导人们的行为。做好事就是人生价值观，引导人们的良好行动。

2. 价值观反映人们的认知水平。从需求状况来看，价值观是人们对客观世界的行为结果的评价和看法。它从某个方面反映了人们的人生观和世界观，反映了人对世界的各项认知。在社会生活中，是做好事还是不做好事，是由人的价值观的认知状况来决定的。

一个人为什么做好事，上面我进行了较多的分析，但为什么提出好事不可不做又不可多做呢？这里有几个误区是需要澄清的。做好事是人的本能的反应，是内心世界要求自己去做。“人在做天在看”，是人内在美的表现，是自律和他律的结合，崇高的好事多了，社会上的坏分子就会减少，社会就能安定团结，和谐相处。和谐相处是人与人的自然相处，是双方美德的体现。为什么提出“好事不可不做，也不可多做”的观点呢？原因有：

1. 人们在认识上还有差别。在人世间，有高学历的，有低学历的；有高水平低能力的，有高能力低水平的；有思想境界高的，也有思想境界比较低的，因此对人、事、物的认识，有片面的，也有深刻的。认识上，总是不同程度上存在着差异，这就代表了某些人自觉自愿地做好事，某些人却不自觉也不自愿地做好事，这是由人的价值观和世界观决定的。

2. 人们思想觉悟还有高低差别。既然人对人、事、物的看法、评价存在着差别，那他对人的要求就会不一样，因此对人做、不做好事，就不能硬性要求。如果他心理、精神中都存在障碍，他就有可能不愿做好事。所以对于学雷锋做好事，只能提倡去做，以提倡为主，支持和鼓励为主，但不能硬性要求，让自觉自愿的行为和相关部门主动上街服务相结合，营造一种做好事的良好氛围，久而久之形成风气，促进良好局面的形成。

3. 人们的精神境界还有不一致的地方。精神，精是精力，神是神智。精神就是活力、精力，精神包含有多种精神，即革命精神、科学精神、学习精神、工作精神、牺牲精神等不同类型。人有不同的境界，由于每一种精神的境界高低都由不同的意识、思维决定，所以对平常人来说，在做完自己的事情以后，还能做好事，这些人精神境界当然会更高，也有更高的觉悟、更高的境界。

4. 做好事让人的道德水平得到提升。道德是道和德的合成词，道是方向、方法、技术的总称；德是素养、品性、品质的表现。道德，从社会学的概念来说，分为美德和丑行。美德是美的事物，“德”古称之为“得”，合起来解释就是美的事物可以吸引和得到社会上正当的一切。丑不成其为德。所以，道德仅仅是一种表现形式，从社会哲学来说，道德是一种社会意识形态，是人们共同生活及其行为的准则与规范。道德往往代表着社会的正确价值取向，起判断行为正当与否的作用。道德是指以善恶为标准，通过社会舆论、内心信念和传统习惯来评价人的行为、调整人与人之间相互关系的行为规范的总和。道德作用的发挥有待于道德功能的全面实施，道德具有调节、认识、教育、导向等功能，与政治、法律、艺术等意识形态有密切的关系。中华传统文化形成了以仁义为基础的道德，道德是后天养成的合乎规范和准则的东西。它是社会生活中的意识形态之一，它是做人做事和成人成事的实践准则。它要求我们且帮助我们，并在生活中自觉地约束着我们。假如没有道德和失去道德，人类很难是美好的，人们就无理性无智慧而言。我们应清楚地认识到，正是道德约束才建立了人类的和谐社会。道德的要求，才有了社会群众团体组织。道德的体现，是人能自尊自重自爱，是道德的鞭策，营造人与人的生活空间。一个不懂得道德和没有道德的人是可怕的。因此，文明的人类是靠道德保障的。道德的传承和发展，与日俱增，学校、社会、劳动和创造，以致分门别类地产生各种要求和水准。如做好事作为道德标杆的提升，越来越受到社会的重视。如上所述，一个社会如果不扬善抑恶，没有美德又存在大量的丑行，这个社会是十分可怕的。所以提倡做好事作为道德提升的标杆，无疑是社会进步的需要，是社会稳定的保障。我们要大声疾呼，向雷锋同志学习，积极做好事、助好事、办好事，使这些活动蔚然成风，弘扬良好道德风尚。

诚然，做好事是应该得到积极提倡的。做好事的人主观上一门心思希望自己做好事的心愿和行为得到大多数人的认可和赞许，但有时候事与愿违。一种情况是做了好事不仅得不到政府、社会、家庭、群众的响应、支持和帮助，甚至还会受到批评、反对和冷嘲热讽，这样就打击了做好事的人的积极性，使其做好事的激情受到了打击。另一种情况是做好事的主观愿望和客观实效存在脱节的现象。做好事的初衷与实际效果不是一回事，有时候甚至会向相反的方向发展。比如为治病救人进行捐款，募集捐款的个人或团体没有将捐款用于需要救助的人，而是将捐款用于个人或团体消费，这样，募捐的初衷和结果就脱节了。主观愿望和客观实际效果南辕北辙，做这样的“好事”要慎重。

因此，做好事，要处理好“授人以鱼”和“授人以渔”的关系，吸取“农夫和蛇”“东郭先生和狼”的教训。做好事要区分好事的性质，不能一味地菩萨心肠，不分好歹，不识人事，不辨是非，乱作为。

谋与断：领导要有主见，不能主观

谋与断是相辅相成的两个方面，是一件事的两个阶段，谋是断的基础，断是谋的结果，谋得越充分，断得越正确。一个善于谋划、思考的人，把事物看透了，对局势洞若观火，断就能水到渠成了。

一、谋得充分，断得坚决。领导在做出决策之前，要充分听取各方面的意见和建议，正确的意见要听，相反的意见也要听，领导班子成员的意见要听，中层领导干部的意见要听，群众的意见也要听，真正把各方面的意见集中起来，集思广益，把不同意见和看法综合为统一意志，结合成一个共同的目标，凝聚成一个共同任务。一是要经常交心，交换意见，以形成共识；二是要通气，在决策出来之前，先透透风，下点“毛毛雨”，让班子成员有个思想准备；三是要谋事。交流思想、交流学习、交流工作，包括交流不同的意见，而且越是不同意见，越要当面交换，越充分越有利开展工作。谋事即琢磨事，不能琢磨人，只有互通情况、信息，掌握的情况大体一致，这样一个领导班子的所有成员都集中在谋事和做事上，其他的问题就会少得多，就会形成集中统一的认识，这样才能做出正确的决策。

在领导班子中讲民主，更要发挥集体的智慧，倡导民主讨论的风气，就是要弘扬民主精神、民主作风与坚持民主方法。它是执行民主集中制的重要前提，又是博采众长、集中班子、群众之智慧的重要手段，还是衡量一个班子是否有朝气和活力的重要标志。领导班子在讨论决策问题时，充分发扬民主，畅所欲言，各抒己见，才能议出真知灼见，使领导班子在思想上、政治上、行动上形成高度一致，提高领导班子的集中统一领导水平。

二、要善断，不要武断。在决策中，由于领导成员的地位、职责、阅历知识、能力智慧等诸多因素的差异，对各种决策预案往往会出现仁者见仁、智者见智的情况。这就要求一把手要准确分析形势，把握时机，敢于决断，善于决断。在多数意见趋于一致时，能够及时地进行总结概括，组织成员进行表决，果断拍板，使决策议题转化为集体决策，绝不能议而不决，延误时机。尤其是在决策一些重大突发性事件时，不能纠缠于细枝末节，而要雷厉风行，抢时间争主动，避免事态进一步扩大。在果断决策的同时，一定要避免个人武断专行的倾向，不能把自己的意见强加于人，不能不顾其他成员的意见，强行形成决定。特别是对难以形成共识的预案，一把手要尊重大家的意见，做冷处理，暂缓表决，给大家进一步调查研究和沟通意见的机会，并积极做好疏导，努力把正确的意见统一好，对持否定的意见的人做好说服工作，为正确集中创造条件，绝不能草草拍板定案。当然作为一名主要领导，决策决断一定要讲求效率，如果今天也商量，明天也碰头，后天还琢磨，那也是会误事的。该决断的事必须果断决定，要拿得起来、放得下去，要既能举轻若重，又能举重若轻。

要有主见，不要主观。“一将无能，累死三军”，一班人的见解需要一把手来集中和升华，一些重大问题存在意见分歧，取决于一把手的辨析和判断，有关全局的战略谋划，更需要一把手来思考和明察。因此，在决策过程中，一把手必须要有科学独到的见解。提出议题时，要想别人所未想，知别人所未知，言别人所未言，不能人云亦云，盲目跟风，更不能屈服于不正确的公众舆论和压力，而随意放弃正确的意见。讨论议题时，不能因为最后表态发言，就囿于其他成员的思路，就步其他成员的后尘，而要善于从大多数趋同意见的反面去考虑决策的必要性、可行性、适应性，以提出更加周密完善的意见，提出更能启发人们新思路的看法，引导大家进行讨论。有主见的同时，又要避免主观，不能凭主观好恶发表决策意见，而要尊重决策的程序性原则，善于依据事物发展的客观规律，寻求实现主观认识、符合客观实际的最佳途径，又能从实际出发，力求在吃透上情、弄清下情、掌握外情的基础上，全面准确地获取反映客观事物本质属性的信息，并在此基础上整合信息资源，科学分析比较，权衡利弊得失，以降低决策风险，增强决策效率，使班子做出的决策都能成为上策。

要冷静，不要急躁。随着社会政治文明的进步，要求领导干部要在冷静中决策。“每临大事有静气”，既是对决策者素质的基本要求，又是对其政治性、原则性的重要考验。有三种状况需要决策者高度重视和认真分析，做出适当、适时、适度的决策。

1. 当决策界限模棱两可时，主要领导拍板应多从原则性出发，一要把政治性要求作为衡量决策的第一标准，把多数人的意见集中在正确原则的范围内。

2. 要坚持先学政策后议事，先定原则后定事，准确把握政策的界限，做到政策有漏洞不钻空子，过去有先例不循旧规，周围有人做不搞攀比。

3. 要把握正确方向，善于在千变万化、错综复杂的事物面前，透过现象看本质，在大是大非面前头脑清醒，立场坚定，旗帜鲜明，成为一班人的主心骨。

一是当受到局部利益驱使，内部意见出现一边倒时，主要领导拍板应多从全局考虑。树立立足全局谋局部、干好局部为全局的意识，不折不扣地贯彻落实上级的各项政策和措施，理顺思想情绪，正确对待利益关系的调整，深入细致地做思想工作，以清除矛盾纠正偏差，充分调查、酝酿，集中正确的意见，既要站在维护全局利益的高度，又要积极解决实际问题，最后形成上符合政策下符合实际的决策。

二是当群众意见偏激、出现狂热急躁情绪时，主要领导拍板应多从长远考虑。主要领导要了解群众意见的核心问题，既要充分发挥群众参政议政的积极作用，又要积极疏导群众的偏激情绪，注意教育引导大家从大局出发，从人民群众的根本利益出发，正确处理群众当前的群体利益与国家集体长远利益的关系。科学把握民主与集中的决策界限，正确理解科学运用好民主的权力，克服独断专行和极端民主两种倾向，既要充分发扬民主，又要大胆正确集中。

五、要敢干，不要蛮干。是说领导干部要“敢”字当头，有开拓创新意识，但也必须有科学精神。渔民下海要听天气预报，以避开大风大浪；登山队行动要选择季节，看准时机，以避开雪崩与风暴；前线打仗，要挖壕沟、掘坑道，构筑防御工事，以期用最小的伤亡换取最大的胜利。作为一名领导干部，既要尊重科学，遵循规律，在战略上敢于冲锋陷阵，开拓创新，又要牢记细节，重视差距。细节决定成败，在战术上做到胆大心细，深谋远虑，善做善成。大力提倡“五坚持五反对”，即坚持从国家大政方针出发，反对地方本位主义；坚持决策以地方的经济社会发展和群众利益为重，反对图虚名，搞“形象工程”“面子工程”；坚持决策从实际出发，反对跟风走；坚持决策从长计议，反对短期行为；坚持从全局重大利益出发，反对个人主义。如果盲目蛮干，出了问题，轻则没人同情，没人解围，工作被动，重则给事业带来损害。

决策的谋与断是十分重要的，它需要领导综合运用知识、能力、智慧和经验。成功的决策都能从实际出发，从人民群众的利益出发，体现了国家的政策，对国家的经济建设、政治建设、文化建设、社会建设、生态建设做出贡献。政策好坏直接关系到事业的兴衰成败，因此，要正确处理领导决策中的谋与断的关系。

有谋无断，不可取；少谋武断，也不可取。只有沉稳持重又积极果断，深思熟虑，扬长避短，才能做出正确的决策。内省自知有进退，多谋善断是王道。决策必不可少，在理论方面要认真学习决策理论、特点和规律、经验和教训，以提高决策的效率，提升决策的正确性。以我的决策经验来看，决策是行政管理的基础性工作，是管理过程中的主要环节。决策正确工作就成功了一半，决策错误就可能导致事业失败。因此，在做出行政决策时要牢记，决断前：谋，一定要充分，掌握第一手材料，了解实际情况，这样就容易做到决策万无一失，确保决策的成功；断，要敢于拍板，就是要胆大心细，敢于决断，敢于担当责任。特别是在改革的大潮中更需要有政治勇气和政治纪律，敢于冲破改革中的各种障碍。如果什么都犹犹豫豫，那将一事无成，没有作为。

共襄盛典，开创未来

——宁夏大学建校50周年暨“211工程”立项建设庆祝盛典

2008年2月29日，宁夏回族自治区党委任命我兼任宁夏大学党委书记。此时，按中共中央组织部的安排，我到宁夏挂职的时间已过三分之一。我喜欢高校的工作，能作为一名教育工作者，心里就会产生一种喜悦的感觉。参加工作以来，我从一名教师逐步成长起来，大部分工作历程都是在高校度过的。我曾先后担任过广西民族大学和中央民族大学的校长，能够再次回到高校任职，虽然感到意外，但内心是愉悦的，我欣然接受了这个职务。

宁夏大学是一所地方的省属高校，自2002年完成两轮三校合并后，学校发展进入了快车道，发展势头很好。学校各级干部和师生员工心气高、干劲足、精神好，正处于“负重拼搏、奋勇爬坡”的阶段。上任前，自治区党委书记陈建国和自治区党委副书记于革胜与我在固原有过一次谈话，对我的要求具体有两点，其中一点就是组织好宁夏大学50周年校庆，另一点是要力保宁夏大学进入“211工程”三期建设行列。

我对这两项任务进行了评估。校庆，一般而言，是一所学校的生日庆典。宁夏大学建校50周年校庆，理应是重大庆典。但把校庆与学校进入

“211工程”三期建设行列并举，显然，领导们是希望两者都能顺利完成，起到锦上添花、喜上加喜的作用。这样互相联系的两个任务，的确让人有些压力。

上任后，我带领班子成员连续调研、反复研究，学校党政对50周年校庆工作形成了指导意见：化解困难、落实重任，总结经验、感怀历史，表彰贤才、鼓舞师生，共襄盛典、开创未来。

一、化解困难、落实重任

2008年，学校在快速发展，但遇到的困难也很大。首先是债务负担重。经费问题制约着学校的各项工作，当然也必然影响50周年校庆组织工作的开展。我刚到学校开展调研，在听取财务处汇报时，问财务处长，学校可用资金有多少？她回答说200万元。作为一所省属高校，这个情况让人大吃一惊，经费紧张到了几乎没有流动性的程度。自2002年以来，学校高速发展，校区面积翻倍了，学生人数也翻倍了，各项工作进步惊人。但到了2008年，贷款负担已经相当重。在开展了近一个月的调研后，2008年3月下旬，我向自治区党委、政府以及银川市主要领导等自治区13位常委呈报了题为《宁夏大学的现状、存在的问题及发展思路》的调研报告，得到了他们的充分肯定，几位主要领导还做了专门批示。这为我在宁夏大学有效开展工作打下了良好的基础。2008年4月，宁夏大学向自治区党委、政府呈报了《关于请求解决经费紧张问题的请示》，并同自治区发改委、财政厅和教育厅反复汇报沟通，寻求解决债务问题的办法。这些汇报收到了效果。2008年5月，在自治区政府组织的高校银行贷款情况汇报会上，自治区政府同意“确保学校稳定，按轻重缓急解决应急问题”的思路，按“从实际出发实行分担制”的原则，确定“由教育厅提出意见，与发改委、财政厅会商后报政府研究”的办法。由此，陆续通过对学校借款、还本付息资金补贴、改革普通高校财政拨款等办法，有效缓解了学校面临的资金困难。接着，学校向自治区政府呈报了实施学分制收费方案的报告，以此改进、提高学校财务收入（这个方案因与国家抵御2008年金融危机相遇，最后没有实施）。同期，学校也借助国家为扩大内需而实施的积极的财政政策，通过新增和置换银行贷款的方式，一方面较好地解决了历年来学校经费运转中拖欠的旧账问题，一方面把学校多头债务化为一头债务，为学校今后建设发展减轻了压力，为持续发展打好了基础，初步解决了从1998年到2008年欠账打白条的历史遗留问题。由此，校庆的组织准备工作就不再捉襟见肘了。

其次，宁夏大学校友会建设还不完善。当时，宁夏大学校友会内部组织机构已经成立运转了，在积极筹备相关工作，但活动范围不大，只成立了宁夏大学固原市校友会，校友工作尚未系统展开。这样的情况，不足以服务校庆组织工作，校庆的对外宣传渠道不通畅，凝聚团结校友的功能发挥不起来。当务之急是要尽快成立区内各地市校友分会和区外各省市分会，以此作为校庆工作的主要平台。2008年3月29日，宁夏大学吴忠市校友会成立，吴忠市人大常委会原副主任丁伏云当选会长。我和何校长、撒副书记、谢副校长参加了成立大会。记得成立大会是在吴忠市政府礼堂举行的，到会的各界校友有300多人。我在成立大会的发言中说：我曾经组织过广西民族大学的校庆与中央民族大学的校庆，那两个学校的校友心系母校，捐款分别达到1200万元和3000万元，欢迎我们宁夏大学的校友也积极给母校捐款，直追那两个学校。此时，场下的校友们哈哈地笑起来了，有一些校友笑着喊道“我们努力”。显然，地处西北的同志收入还是少，谈到捐款是有压力的。4月6日，宁夏大学石嘴山市校友会成立，石嘴山第三中学原校长周丰禾当选为会长。何校长、王副校长、谢副校长参加了大会。4月10日，宁夏大学中卫市校友会成立，中卫市总工会主席马建新当选会长。何校长、谢副校长、张校长参加了大会。2008年8月9日，宁夏大学校友会在宁夏大学国际交流中心成立，会议通过了《宁夏大学校友会章程》和《宁夏大学校友会组织机构选举办法》，按照《章程》和《选举办法》选出了校友会组织机构，何校长被推选为会长。自治区主席为校友大会发来了贺电，自治区领导马金虎、刘仲、安纯人、自治区离退休老领导韩有为、余今晓、任怀祥、金晓昀、自治区政府主席助理蔡国英、银川市市长王儒贵以及自治区各相关厅局负责人等来宾出席了会议。至此，宁夏各地市的校友会都有了，校庆工作最有效的平台在自治区内搭建起来。

再次，准备校庆工作的同时，争取进入“211工程”三期建设行列的工作一刻也不敢松懈。当时自治区领导和学校是这样考虑的，进入“211工程”三期建设行列，是自治区教育工作的大事，前期学校上下已精心准备了两年，基础工作做得好。同期，各竞争院校都跃跃欲试，宁夏大学能否成功，一方面要自身继续努力，一方面要争取外部支持。这是一个争取机遇、抓住机遇、用好机遇、发展机遇的问题。如果在校庆前进入了，校庆的内容、内涵就深远了，是大喜庆。如果在校庆后进入了，也可再接再厉继续提振各方的精气神，是喜上加喜。当然，如果没有进入，结果可想而知，建校50周年校庆的效果和影响力也会大打折扣。为此，我在学校自身建设发展方面提出了“十大项目”建设方案，以求收到打铁还要自身硬的效果。宁夏回族自治区50大庆前夕，8月17日，温家宝总理视察宁夏时作出“支持宁夏大学和一批重点学科”的重要指示后，国务院《关于进一步促进宁夏经济社会发展的若干意见》（以下简称《若干意见》）中也提出：“支持办好宁夏大学和一批当地产业发展急需的重点学科，提高教育质量和创兴能力”，这为宁夏大学的发展带来了重大机遇。我与班子成员立即行动，开展大调研、大讨论，进一步确定“十大项目”工程，紧密围绕温家宝总理的指示和《若干意见》，把各项工作全面铺开。同时，我与班子成员用万分热情和脚踏实地的工作作风，积极向自治区党委、政府汇报工作。这些努力，取得了良好效果：时任自治区党委陈书记、自治区政府王主席联名致信刘延东国务委员，政府有关领导先后两次带领自治区相关部门和宁夏大学班子成员到有关部委汇报工作，争取支持。至此，学校遇到的困难都有了解决方向，为宁夏大学顺利进入“211工程”三期建设行列与建校50年校庆内容与内涵的提升打下了良好的基础。

二、总结经验、感怀历史

校庆工作，庆祝只是表象，内在目的是通过庆祝全面梳理办学历史，总结办学成就与经验，进一步明确发展思路，统一思想，凝聚人心，增强信心，扩大影响。

宁夏大学办学的50年，是自强不息薪火相传的50年。1958年，全国若干高校的50名本科生与研究生来到塞上银川，创建了宁夏师范学院、宁夏农学院和宁夏医学院，拉开了宁夏高等教育的帷幕。1962年，三院合并成立了宁夏大学。后又有演变分合，1997年到2002年，再次经过两轮三校合并，组建了新的宁夏大学。50年的办学历史，宁夏大学始终坚持党的教育方针和社会主义办学方向；坚持扎根西部的“沙枣树”精神，不怕困难、不畏风寒、根深叶茂、本固枝荣；坚持解放思想、更新观念，在发展中解决困难，以教学为本，坚持创新，服务地方、服务社会；坚持依法治校、以德治教、以严治学；坚持开放办学，借助外力促进发展。这些宝贵的经验是几代人智慧和汗水的凝结，是宁夏大学今后发展最宝贵的财富。经过50年的办学，宁夏大学的办学层次和办学实力显著提高了；办学规模扩大、办学成果丰硕；学科建设成效显著，师资结构大为改善；科技创新成果显著，服务地方能力增强。基础建设突飞猛进，办学条件明显改善；党建思政务实有效，校园文明和谐度高。此时的宁夏大学有鲜明的办学特色、独特的办学优势，展示出了广阔的发展前景。

宁夏大学建校办学50年的历史，集中录入《宁夏大学五十年》这本书中。这本书是我的前任、自治区政协原副主席、宁夏大学原党委书记陈育宁同志主持编写的校史，前后历时三年，于校庆前夕，2008年8月28日出版。当日，学校召开了该书的出版发行座谈会。陈育宁同志、自治区党委宣传部副部长房全忠同志、社科院、招标局、区内兄弟院校的领导和宁夏大学班子成员到会座谈。陈育宁同志在座谈中谈到，编纂这部校史是神圣的工作，责任重大，是对宁夏大学50年来一次全面的总结，同时也拉开了新的50年的帷幕；这部校史包含的内容实在是太多太重，几代宁大人的回忆、梦想和希望都在其中；编纂这部校史，不仅是为了向学校50年校庆献礼，更重要的是服务于现实和未来，这样，它的价值才能体现出来。房全忠同志在座谈中谈道：这部校史反映了宁夏大学师生50年来自强不息的奋斗精神，反映了宁夏大学50年来走过的辉煌而不平凡的道路历程，它必将成为区内高校发展的明镜，成为一部资政育人的好教材。我作为时任校党委书记，代表校党委对这部校史的出版表示热烈的祝贺，对所有编纂人员表示真诚的感谢。我谈道：这部校史客观可信、特色鲜明，内容三富，读后让读者能感悟认同学校发展的历史经验和树立未来发展的奋斗信心。何建国校长在主持会议时说：这部校史是一部鲜活的教材，是宁大人的精神和文化财富，读好这部校史，会增添经验智慧，会鼓足前进的信心。

同期，建校以来的众多教师通过撰写回忆文章，为校庆添彩着墨。人文学院的蒋老师撰写出版了《岁月如歌》这部书，从一位老毕业生老教师的视角回顾、展示了宁夏大学的发展。还有许多重点人物的、重要事件的追忆文章，篇篇精彩感人，后来多收录在《宁夏大学五秩庆典实录》中。

三、表彰贤才、鼓舞师生

校庆工作中，选拔一批师生贤才予以表彰，是对建校历史中先进个人的肯定与感谢，更是对后学晚辈的引领与鼓舞。宁夏大学建校初期是在一张白纸上规划出来的大学，是在一片沙滩上建立起来的大学，是老师和学生用自己的双手一砖一瓦建起来的学校。艰苦创业的精神，造就了几代踏实肯干的宁大人。这个历程中，涌现出了不少不能忘记的师生事迹。这些同志，有些已经作古离去，有些已是垂暮老人，有些正值年富力强。学校党政通过征求各方意见建议，决定设立“建校功勋奖”“突出贡献奖”和“杰出校友奖”来表彰学校50年来的贤才。这个表彰计划，得到校内外师生校友的热情响应和支持。根据《宁夏大学五十周年校庆建校功勋奖评选办法》《宁夏大学五十周年校庆突出贡献奖评选办法》和《关于评选宁夏大学五十周年校庆杰出校友奖的通知》精神，经过基层和相关单位推荐，评选小组评审，校党委审议等环节，选出了马德滋等10位宁夏大学五十周年校庆“建校功勋奖”获得者，王玉炯等10位宁夏大学五十周年校庆“突出贡献奖”获得者，王文惠等50位宁夏大学五十周年校庆“杰出校友奖”获得者。这些同志和他们的家属在校庆表彰会上表示将珍惜荣誉、牢记使命、再接再厉；宁大师生校友也以受表彰的同志为榜样，发扬传统，刻苦学习，勤奋工作，开拓创新，为学校在新起点上向更高层次迈进做出贡献。

2008年9月15日上午，以上70位同志或家属，在宁夏大学五十周年校庆典礼上光荣地接受了表彰。

四、共襄盛典、开创未来

2008年9月，是宁夏大学全体师生校友无比幸福愉悦的月份。

9月13日下午两点半，中共中央政治局委员、国务委员刘延东同志在教育部部长周济、中央统战部副部长朱维群、国务院副秘书长项兆伦、国家发改委副主任张茅、国务院研究室副主任江小涓、宁夏回族自治区党委书记陈建国、自治区主席王正伟、自治区党委秘书长刘晓滨、自治区主席助理蔡国英、自治区教育厅厅长郭虎和我及宁夏大学校长何建国的陪同下，调研视察了宁夏大学，并召开了宁夏大学建设发展汇报会。会议由自治区党委副书记于革胜主持。宁夏大学班子成员吴世彩、撒承贤、许兴、赵维素、王燕昌、李星、谢应忠、张成、冀永强及学校各部门负责人参加了会议。会上，我做了宁夏大学建设发展的汇报。我在汇报中说，在宁夏大学喜迎建校50周年之际，刘延东国务委员莅临学校指导工作，是对宁夏大学全体师生员工的亲切关怀和极大鼓舞。我代表学校全体师生对刘延东国务委员的视察指导表示诚挚的欢迎和衷心的感谢。接下来，我汇报了宁夏大学的基本情况、社会地位与认可度、办学层次、人才培养情况、学科建设情况、科技创新和服务社会能力、党的建设成就、面临的主要困难、希望得到的支持等，恳请刘延东国务委员予以指导支持。

刘延东同志在听取汇报后作了重要讲话。她说，非常高兴在宁夏大学五十周年校庆到来之际对学校进行考察并与各位老师见面。正值教师节刚过，马上又要迎来中秋佳节，在这个时候对宁夏大学考察非常有意义。她代表党中央、国务院向宁夏大学的全体师生员工表示节日的祝贺和诚挚的问候。她说，听取了汇报，对宁夏大学在自治区的地位、建校50年来几代领导师生员工艰苦创业、奋进拼搏和敬业进取的传统表示认可。对宁夏大学服务西部、彰显特色、开拓创新、艰苦奋斗的感受比较深刻，给予衷心感谢和诚挚敬意。然后，她非常高兴地宣布：“宁夏大学将被列入‘211工程’第三批进行重点建设。”接着，她对宁夏大学的建设和发展提出六点希望：一是树立大局意识；二是树立责任意识；三是树立质量意识；四是树立特色意识；五是树立机遇意识；六是树立创新意识。

刘延东国务委员发表重要讲话后，我即兴做了表态发言。

最后，自治区党委书记陈建国表示，刘延东国务委员和各部委的领导同志在百忙中前来宁夏大学视察指导工作，是带着真挚的感情来的，是对宁夏人民的亲切关怀。刘延东国务委员作的重要讲话和宣布宁夏大学进入第三批“211工程”建设行列，是宁夏大学的特大喜讯，是宁夏人民的特大喜讯，是为自治区50大庆带来的一份厚礼。体现了党中央、国务院对宁夏的关怀和支持，体现了刘延东国务委员心系宁夏人民的情谊，体现了教育部、发改委、财政部等有关部委对宁夏的大力支持，非常感人。宁夏将不辜负各位领导的厚望，要努力办好宁夏大学，努力开创宁夏全面建设小康社会的新局面，以优异的成绩报答中央领导对宁夏的关心与厚爱。

会后，我拿着学校珍藏的刘延东国务委员20年前在团中央工作时视察宁夏大学的工作照片送给她，刘延东国务委员非常高兴，欣然接受作为纪念。

9月15日上午十点整，宁夏大学建校50周年暨“211工程”立项建设庆祝大会如期召开。主会场大学生活动中心红旗招展，彩带飘扬。出席大会的领导有自治区党委书记陈建国、自治区政府主席王正伟，自治区党委副书记于革胜，自治区党委常委、银川市委书记崔波，自治区党委常委、秘书长、纪委书记刘晓滨，自治区党委常委、副主席刘慧，原兰州军区政治部主任王建民，自治区人大常委会副主任马瑞文，自治区人大常委会副主任冯炯华，自治区政府特邀顾问刘仲，自治区政协副主席袁汉民，自治区政协副主席安纯人，宁夏军区副政委王志宏，教育部直属司司长高文兵，自治区人大原副主任韩有为，自治区政协原副主任金晓昀，自治区政协原副主席李增林，自治区政协原副主席、宁夏大学原书记、校长陈育宁，自治区主席助理蔡国英，科技部基础研究司副司长彭以祺，教育部直属高校司副司长牛燕冰等。出席庆祝大会的还有区内外260多个部门和单位的715名领导、各界学者、国内兄弟高校和国外友好大学的嘉宾以及海内外校友、新闻媒体的朋友。宁夏大学班子成员和各单位负责人及教职员工代表5000人参加了庆祝大会。我主持了庆祝大会，宣读了中共中央政治局委员、国务委员刘延东同志为宁夏大学50周年校庆发来的贺信。贺信说：值此你校建校50周年之际，谨向全校师生员工和广大校友致以热烈的祝贺。建校50年来，你校认真贯彻党的教育方针，坚持社会主义办学方向，秉持“尚德勤学，求实创新”的校训，扎根西部，勤俭办学，努力创新，办学水平不断提高，综合实力明显增强，在人才培养、科技创新、社会服务等方面都取得了长足进步，为促进民族团结和地区经济社会发展做出了重要贡献。希望你们以建校50周年为新的起点，认真学习贯彻党的十七大精神，深入贯彻科学发展观，突出办学特色，深化教学改革，不断提高教学质量，为实施科教兴国和人才强国战略做出新的更大的贡献。教育部直属司司长高文兵宣读了教育部为宁夏大学50年校庆发来的贺信。贺信说：值此你校建校50周年之际，谨向全校师生员工和广大校友致以热烈的祝贺和诚挚的问候。建校50年来，你校认真贯彻党的教育方针，坚持社会主义办学方向，扎根西部，艰苦创业，取得了丰硕的成果。近几年来，宁夏大学紧抓国家实施科教兴国和人才强国战略的重大历史机遇，深化教育改革，推进体制创新，办学水平不断提升，正逐步发展成为我国西部少数民族地区素质人才培养、高水平科学研究以及推进高新技术发展和成果转化的重要基地，为我国社会主义现代化建设事业，特别是宁夏回族自治区的经济发展、文化繁荣和社会进步做出了重要贡献。希望你们认真学习贯彻党的十七大精神，深入贯彻科学发展观，发扬优良办学传统，立足西部，发挥特色，进一步深化改革，不断提高教育教学质量和办学水平，增强科技创新能力，为实施西部大开发战略，为实现中华民族的伟大复兴做出新的更大的贡献。宁夏大学校长何建国做了题为《自强不息　薪火相传　创伟业继往开来　与时俱进谱新篇》的校庆报告，全面总结了学校50年的办学经验和取得的成就，系统阐述了学校今后的规划和奋斗目标。上海交通大学校长张杰院士、日本岛根大学校长本田雄一教授、宁夏林业研究所董事长李健研究员（毕业生校友代表）分别向大会致辞。最后，自治区政府主席王正伟做了重要讲话。大会表彰了前期选出的10名宁夏大学五十周年校庆“建校功勋奖”获得者，10名宁夏大学五十周年校庆“突出贡献奖”获得者，50名宁夏大学五十周年校庆“杰出校友奖”获得者。

……

时至今日，回想起2008年宁夏大学的50周年校庆，我心中依然很激动。有幸在宁夏大学工作，并在各级领导、学校全体班子成员和全体师生的支持下，继承宁夏大学前人取得的优良传统，带领学校继续开拓前行，组织完成宁夏大学50周年校庆，并同期把地处西北的宁夏大学带入国家“211工程”重点大学三期建设行列，是我工作历程中的幸事，永远值得怀念。

选准工作切入点是领导干部树立威信的突破口

一个领导干部新到一个地方总想干些事，我也是这么想、这么干的。我到中央民族大学任校长之初，就想干一番事业，希望给学校带来新气象，开创学校的新局面。然而，摆在我面前的却是百事待举的困惑局面：

第一，学校办学经费十分短缺。据了解，当时在国家民委主管的六所高校中，每年下拨中央民族大学的办学经费是最少的。高校的经费来源有三条路，一是按各类学生的生均人数标准拨款，通常一年和一年人均拨款的标准都不一样，即当年学校招生总数×各类学生的生均拨款的标准=下拨学生学费的总数。这个计算公式到处都是一样的，当年你的学校招生人数多，拨款就多，你的学校招生人数少，财政拨款就少。当时，中央民族大学每年成教生、预科生、本科生、硕士研究生、博士研究生的招生总数大约在6000人。2000年人均拨款的标准是：部分成教生3000元/年，预科生5000元/年，本科生7000元/年，硕士生8000元/年，博士生10000元/年。用上述公式一算，大约每年财政下拨的学费总数为3500万—4000万元。二是专项经费补贴。包括基本建设、后勤保障、教学及教学设备、科研及科研设备、学生贫困补贴、其他专项补助等项目。这些专项经费的补助有多有少，多到上亿元的专项经费，少的仅几十万元，与学校主要领导和分管领导和国家部委主管项目司的沟通程度是关键因素之一，当然合理、合规、合法，论证报告是不是符合要求。当时我初来乍到，一片空白，拿到的专项经费自然是少的。三是按照国家物价局批准的收取专业学费的标准收取学生的学费。这是按专业的要求收取不同的学费，收取多少完全是根据物价局批文的规定，不能随意收费。一般来说，热门专业、艺术类的专业收费标准会高一些，冷门专业、民族类的专业、少数民族语言类的专业收费标准会低一些，一年能收到大约1000万—2000万元。这三个来源就是中央民大经费的三个组成部分，三项加起来不到4000万元。实际开支包括教职员工的工资、福利、办公经费、教学科研经费、学生生活困难补贴等的支出已超过4300万元。

第二，机构设置，人事制度改革滞后。全国高校在1992—1993年普遍进行了一次校内管理体制改革，1998年起又开始了第二轮改革，教学改革、后勤改革也已全面展开。而中央民族大学的第一轮改革未能实行，第二轮改革也没有实质性动作。各项改革均落后于一般高校。由于改革滞后，存在机构臃肿、关系不顺、工作效率低下的弊端。就教学管理体制来说，全校只有一个民族学研究院，其他学院设置一个都没有，没有形成大学的校、院、系三级管理体制。只有23个系部，而23个系部的教学秘书只有两个是本科毕业的，其他都是农转工的，或以工代干的，甚至有从食堂工人转过来的。如此的学历和素质怎样提高教学水平，怎样提高教学质量呢？

第三，基础设施较差。学校的教学科研设备存量价值不高。多数实验室的设备都不超过100万元，某些方面还不如北京市好的中学，全校的电脑（386型号）不过500多台，同一时期的广西民族学院则有电脑（586型号）1000多台。学校的办公条件，如教学秘书一台办公电脑都没有，排课表还是用手写，多数校领导是两个人同用一间办公室办公，有老师、工作人员或外校同事、同学来找某校长，为了方便谈话，另一位副校长就到走廊或树林下遛弯。学生的住宿条件都很差，8人住一间宿舍，很拥挤，连一台电风扇都没有。系部、处室的办公条件也相当差，办公桌陈旧，一台电脑、复印机、传真机都没有。学校的老建筑房子多为20世纪50年代的砖木结构，未进行过抗震加固，而电气、水暖管线严重老化，堵塞、断裂的现象严重。

第四，师资队伍畸重畸轻，结构不尽合理。从年龄结构看，以教授队伍为例，60岁以上的有32人，55—59岁以上的有10人，46—50岁的有5人，41—45岁的有3人，36—40岁的仅有1人。这说明高职称的教师队伍后继乏人。从学历结构看，硕士研究生毕业的有163人，博士研究生毕业的47人，合起来是211人，占教师队伍总数的26.7%。这说明高学历的教师占比太低，加强培训、进一步提高教师队伍学历结构的任务很重。再从分布结构看，高职称、高学历的人员主要集中在有博士点和硕士点的学科专业，全校有十几个教学单位没有或仅有1名教授。这种教师队伍的分布结构很不协调、不均衡，不利于学科建设的全面发展，需要重新配备师资力量，着重调整教师队伍结构。

第五，学校领导层分工、职责不清，议事规则和程序不健全，导致一些项目决策失误。财务上未实行集中管理的制度，资金分散在各系部。学校同各校办产业之间的关系没有理顺，产权关系不清晰，开发商缺乏统一管理，导致极少数人个人利益、小集团利益膨胀，学校的整体利益和长远利益受到损害。

第六，发展缓慢。20世纪90年代以来学校全日制在校生始终保持在4500人左右，其中本科生有3500人左右，加上成人教育学生，也不过6000人。而同期全国高等教育总规模增长了50%以上，校均增长60%，中南民族学院、广西民族学院则增长100%。办学规模小，发展缓慢，导致办学效益低下。学校的师生比只有1：7.8左右，大大低于全国1：12的平均水平。

第七，学校的自然环境条件较差。2000年北京连续出现了36次沙尘暴，最多的那次早晨一看，我们学校到处都是黄土尘堆。除此之外，我们学校黄土裸露的大运动场和校园内的黄土露天的土堆，就是一个沙尘源头。一遇到下雨就泥泞不堪，难以行走，一遇到刮风就形成小“沙尘暴”铺天盖地，行人脸上、头发、衣服上到处沾满了黄土，周身不自在不舒服，有的人还皮肤过敏，瘙痒难忍。

以上七个方面都必须进行整治和改革，这是师生员工的期待、盼望，问题是工作切入点在哪里，从哪里选择突破口呢？一般来说改革的重点应该是机构、人事制度，但这方面太敏感，直接关系到人的切身利益，阻力比较大，思想不太统一，马上就做，结果还很难说。还有教师队伍的建设、职称的改革，建立和健全管理制度，扩大招生规模，收回各系部的资金管理权，等等，这些问题的改革和整治都不是一蹴而就的事情，而是有一定的政治风险，容易事倍功半的。因此，改革突破口一定要选择好，选择准，只许成功，不许失败。当时，我先确定选准工作切入点的指导思想、目的和原则。从指导思想来说，是稳中求进，稳就是稳步迈进、稳妥措施、稳干实干、稳定人心、稳见成效。常言道：万事开头难。又曰：有良好的开端就是成功的一半。所以这个开局就显得十分重要了。目的是争得人心、顺应人心、凝聚人心。内增向心力，即以校领导为中心的内聚力进一步增强；外增形象力，即提升学校的外部良好形象。原则是要总体规划，稳步推进，分步实施，层层落实，快见成效。

话说到这里，该是选择什么方面的项目建设，作为我们学校领导工作切入点的决定时候了。经过权衡利弊，我决定选择整治学校环境建设作为突破口。为什么呢？一是具有共同点。共同目标，即广大师生员工共同认可的目标是整治校园绿地环境建设，任何一个人都想有一个美好的环境。这是功在当代、利在千秋的大好事，这个共同目标不会有人反对的，只有拥护和支持。共同任务，即是广大师生员工共同的任务，这个任务是艰巨的任务，也是光荣的任务。完成了这个任务，就会赢得一个美丽的校园环境，就能展现中央民族大学的良好形象。共同利益，校园环境整治是广大师生员工的共同要求和共同愿望，也是公共利益所在，不涉及某些人、某些团体的利益，只有好处，没有坏处。同时，选择整治校园环境也有许多有利条件：决策上容易通过。当时校党委会议把整治校园环境议题作为第一议题，在会上进行了热烈充分的讨论，由于它没有涉及个人或小团体的利益，很快就通过了决策。思想上共识。共识主要是四个方面。校领导的共识、中层领导干部的共识、教授副教授的共识、广大教职员工的共识，大家都认为，该到整治校园环境的时候了。这是十分重要的思想认识基础。建设成本不高。从中主楼到博物馆这片绿地环境建设开始时，规划、经费概算都做了充分的准备，预算大概在50万元，虽然我们经费比较困难，但50万元还是拿得出来的。很快这个工程项目的经费预算得到了批准，马上实施。行动上一致。后勤产业集团环保部负责监工，很快就把任务分配到组，分配到人，责任明确，分工具体，要求明确，线路图、时间表都一一落实了，实施很快到位，行动高度一致。见效快。整治这块校园绿地建设先后不到两个月就完成了任务。2000年3月底把草皮种下去，栽树进行调整、移种，5月份就见效了。师生们评论说，学校这块绿地建设出乎意料，速度之快，效果之好，展现了一整片下有绿草，上有绿树，鸟语花香，令人心旷神怡的好环境，真是一个学习、健身、休闲的好地方。果然，理解支持的呼声多了，埋怨指责的声音少了，还说，这个校长干实事，刚来不久就把校园的环境整美了，包括中主楼、大运动场、大礼堂、马路两侧都整治好了，现在校园像公园了，安静了，整洁了，跟着他干准没错。短短的时间内，人心凝聚了，向心力集中了，头一步开局成功。

事实证明，选择校园环境绿化建设开局是正确的，将这个工作作为切入点树立领导权威是成功的。那么，这个工作切入点的成功给我们哪些启示和思考呢?

其一，选准工作切入点是领导干部树立权威的重要基础。领导干部的权威是在实践活动中干出来的。邓小平同志说过，不干半点马克思主义都没有，只有在干中才能培养出领导干部的权威来。权威是领导干部的知识、智慧、经验在人民群众实践中的综合体现。它不是自封的，不是自吹自擂出来的，它是磨炼出来的。一旦形成权威就会产生长效的意志力，就具有号召力、战斗力和核心力。领导干部初到一个地方工作，要想树立威信，就要选准工作的切入点。有的人选准踢好前三步，一步旗开得胜，第二步树立了威信，第三步建立了阵地。选择校园绿地环境建设是功在当代利在千秋的功德事情，短时间就得到教职员工的认可、跟进、愿干。从此之后，学校每做一件事，只要有利于学校的发展，有利于广大教职员工的利益，或是公益性的事业，只要做好部署安排，广大教职员工、学生就会全力以赴，认真负责，努力确保任务的完成。这说明万事开局的重要性是领导干部工作独当一面的重要基础。这个基础影响全面布局，是重中之重。无论如何都要选好，选准，对下一步走稳路、踏好步起着决定性的基础作用，我的工作实践证明了这一点。

其二，树立方向性的标杆，使下属看得见奋斗目标，是领导干部树立权威的关键环节。一个人干工作总是要有远大的目标和近期目标。人无远虑，必有近忧。毛泽东在青年时期就提出志在千里的远大目标，后来他参加革命以后，提出建立工农红军的目标，在不同的时期提出不同的新目标，抗战时期提出的目标是打倒日本帝国主义，把日本侵略者赶出中国；解放战争时期提出的目标是打倒蒋介石，解放全中国，建立新中国。在伟大的实践中取得了一个又一个胜利，实现了一个又一个目标。

我们领导干部也要在每一个阶段都提出工作目标，如我初到中央民族大学提出的工作目标就是整治校园环境，建设美丽校园。这个目标虽不算宏伟，但它作为工作切入点比较容易得到广大教职员工的拥护和支持，吸引广大教职员工积极参与，是容易看得见成效的一个具体的目标。如果提出比较复杂的目标，人们难以理解和掌握目标的实施方法，在短时间内也就难以完成。旷日持久，就会使广大教职员工产生厌倦的情绪，久而久之就成为烂尾工程，就会产生惰性。因此，选择具有方向性的标杆，使下属看得见、行得通、收效快的奋斗目标是领导干部树立权威的关键环节。思路明晰之后，就要脚踏实地干下去，保证基础目标的全面实现。

其三，以点带面干实事是领导干部树立权威的重要条件。领导干部新到一个单位开展工作，不需要面面俱到，而是要树立典型，以点带面，逐步推开。我选择校园绿化环境建设作为工作切入点，作为一个试点，如果成功了，认真总结经验和教训，以点带面，全面布局。事实证明，工作思路是正确的，工作分阶段实施是科学的。对了继续进行，错了，船小好调头，及时改过。如果一下子摊子铺得太大，扎得太深，收都收不回来，错得越深，纠正的难度愈大。以点带面的领导艺术是体现领导者熟练掌握工作方法的重要方面，也是广大人民群众容易接受的具体实践过程。我们要认真学、认真干，干出具有中国特色的领导干部的艺术水平来。

其四，突破薄弱环节、快速见效是领导干部树立权威的重要条件。在革命年代，列宁认真分析了帝国主义国家政治经济发展不平衡的特点，得出结论，社会主义革命应在帝国主义薄弱环节首先突破，首先胜利。十月革命就是利用帝国主义发展阶段不平衡的特点，号召工人阶级起来武装暴动，一举推翻了资产阶级政权，夺取了社会主义革命的胜利。毛泽东利用国民党在农村中统治薄弱的环节，建立中国红色政权，创建了工农红军，开创了中国共产党掌握武装队伍的新局面。在社会主义现代化建设的过程中，邓小平也选择了首先在农村进行改革，搞农村联产承包责任制，取得了农村改革的成功。我们在一个单位搞改革也不能一下子全面铺开，而是寻找薄弱环节首先突破，首先实施，快速见效，使广大人民群众尽早共享利益。抓住薄弱环节作为工作切入点和突破口，顺了民意，得了民心，一举成功。

其五，事实胜于雄辩，以事实教育广大师生员工，是领导干部树立权威的活教材。选择校园绿化建设这个突破口，当时也有人说风凉话，看笑话，甚至指责。开始的时候有人评头论足，说三道四，有的反对拆掉道路两侧的绿篱。后来，经过改造整治，面貌焕然一新，环境一片优美。师生员工、国内外友人都竖起大拇指称赞，校园简直像公园一样美丽优雅。这个成功的现实反驳了当初的反对者，用事实回答了当初的观望者。校园成为最好的教材，活生生的好教材。事实就是事实，历史事实谁也否定不了。从此之后，大家开始信服我，人心也逐步凝聚。

领导班子成员职务分工要注重忠诚干净　担当

领导班子是由若干领导成员按照一定的结构组成的有机整体，是一个地区、部门或单位团结和带领干部群众进行改革和社会主义现代化建设的领导集体。在我国，大到党中央委员会的集体领导，小到一个地区、部门或单位的党政、企事业的集体领导，都需组成不同的领导班子。健康、良好的集体领导班子会推动本地区、本单位的事业发展，打开工作的新局面，造福一方，使经济建设、政治建设、文化建设、社会建设、生态建设向前蓬勃发展，使人民生活富裕幸福、民主充分、民族团结、社会进步。水平低、能力弱的集体领导班子，难以开创工作局面，阻碍社会经济事业的发展。腐败的集体领导班子，还会滋生歪风邪气、乌七八糟的不良风气，将会贻误事业的发展，甚至会倒退，会破坏良好的政治生态。上梁不正下梁歪，中梁不正倒下来，不断出现腐败分子，有些甚至出现塌方式、地震式的腐败重灾区，倒下去一批领导干部。因此，选拔领导班子十分重要。领导班子成员职务分工要注重忠诚干净担当。

一、领导班子成员职务分工是明责理事的重要保证

一个新的领导班子产生以后，首先要解决的问题是明确职务分工。领导班子成员只有明确自己分管分工的职责，才能按照既定的目标定位、基本要求、任务部署等开展工作，才能有条不紊地推动工作、实践活动，推进事业发展。因此，英明的领导必然首先做好领导班子成员的职务分工。各自分管把口，有人管事，进入有序程序了，就迈出了第一步。从领导班子基本方面来说有两种类型，合格的领导班子，这种类型占绝大多数，另一类是不合格的领导班子，这种类型占绝对少数。合格的领导班子应该具备五个条件：一是有坚定的理想信念。坚定的共产主义信仰和中国特色社会主义理想，是领导班子思想建设的核心内容，是党的政治建设的重要组成部分，也是党员领导班子成员讲党性的精髓和灵魂。如果领导班子特别是“一把手”失去了理想信念，就等于丢掉了执政的本色和根基。邓小平说得好，“为什么我们过去能在非常困难的情况下奋斗出来，战胜千难万险使革命胜利呢？就是因为我们有理想，有马克思主义信念，有共产主义信念”。没有这样的信念，就没有一切。

二是有坚定的政治立场。领导班子成员要严格遵守党的政治纪律，坚决贯彻执行党的路线方针政策，善于从政治上观察和处理问题，在事关方向、事关大局、事关原则的问题上，立场坚定，在大是大非面前旗帜鲜明，关键时刻头脑清醒，经得起各种风浪的考验，始终自觉同党中央在思想上、政治上、行动上保持高度一致。

三是有坚定的宗旨意识。全心全意为人民服务是党的根本宗旨，是我们党一切活动的出发点和归宿，也是对每一位领导干部的基本要求。中国特色社会主义理论体系进一步丰富了党的宗旨的思想内涵，使党的宗旨充分体现了时代精神。立党为公、执政为民是加强党的执政能力建设的核心

内容。领导班子成员的一切活动都要以人民的意愿和利益为出发点，把为人民谋利益作为根本的目的。

四是有坚定的群众路线。领导班子成员要坚持“从群众中来到群众中去”的工作方法，充分相信群众，依靠群众，始终保持同群众的血肉关系，要树立正确的权力观，正确认识权力从哪里来，为谁掌权，如何掌权，用什么样的态度掌权的问题。要从思想上解决好参加革命是为什么，现在当领导应该做什么，将来身后留点什么的问题。真正做到权为民所用，情为民所系，利为民所谋。

五是有坚定的组织原则。领导班子成员讲党性，一个重要的内容，就是要增强民主集中制意识，懂得民主集中制的规矩，养成按照民主集中制办事的习惯，正确处理个人与组织、民主与集中、集体领导与个人分工负责的关系，防止个人专断和各自为政，反对有令不行，有禁不止，不断提高领导的决策水平和能力，维护班子的团结统一。

领导班子成员的职务分工除了体现“五有”之外，还要注重掌握分工合作的原则，有了合理的分工，就有明确的职责规范，就有做好工作的前提条件。有了合理分工，就能理顺各自的关系，防止和清除矛盾，顺利完成各自分管的任务。大家都能围绕总目标、总任务、总要求，发挥各自的作用，完成各自的任务。

二、忠诚是领导班子建设的重要内容

忠诚是指真心诚意、尽心尽力，从一而终、从无二心。忠诚，是对党、国家、人民绝对忠诚、绝对纯洁、绝对可靠的政治本色和政治品质，思想上始终与党中央保持高度一致，对事业、同事、朋友忠诚老实，尽职和服从。忠诚是领导干部的处世之本。只有做人忠诚，周围人才相信你。

忠诚不仅仅是一个人人生观、价值观的体现，更是做人、做事、做官的根本原则。

第一，忠诚老实：说老实话，办老实事，做老实人。忠诚，是中华民族优秀传统文化的重要组成部分。《荀子》记载尧和舜的一段对话，尧问舜，“我想择天下英才而用之，该怎么做?”舜以“忠诚”为答复，认为忠诚炽热于内，就会振发于外，遍布于四海之内，天下人便会归顺。忠诚老实体现为说老实话，办老实事，做老实人。（1）说老实话，就是说真话，不说假话。对父母、妻子（丈夫）、子女要说老实话，对领导同事朋友要说老实话，对自己的部下和上级领导要说老实话。你对人说老实话，人们才相信你，才肯与你同心协力。（2）办老实事，就是做事要实实在在，不能搞有水分的事、虚伪的事、造假的事，有了基本信任，才有真正的朋友、真正的友谊。作为上级领导，才能赢得下级的支持和拥护，才能赢得事业的成功。说惯假话的人，其结果只能是众叛亲离，成为孤家寡人，严重者就会被群起而攻之。（3）做老实人，就是忠诚朴实，尽心尽责，刚正不阿。来不得半点虚伪的东西，更不能以假乱真，以次充好。一句话，就是做真人。

第二，忠诚勇敢：敢于拼命，敢于冲锋，敢于亮剑。忠诚指引方向。“忠”是对心中信念的敬畏，“诚”是对心中使命的信任，而信念是精神的路标，使命是人生的指南。有了忠诚勇敢，便会朝着前进的方向不偏不倚，一往无前，直抵终点。（1）敢于拼命。在中国共产党成立之时的第一份党章中就明确规定：不怕牺牲，为共产主义奋斗终生。在革命战争中，我们无数革命烈士都是敢于拼命的，敢于为共产党的历史使命献身，在土地革命战争时期、抗日战争时期、解放战争时期的整个革命过程中，无数烈士为了革命事业奋不顾身，不怕死。在敌人的牢房里，被严刑拷打，宁可站着死，不愿跪着活，永不叛党。就是因为有这种忠诚于中国共产党的无数英雄敢于拼命，才有中华人民共和国的诞生，才能建立新政权。（2）敢于冲锋。中国共产党人在革命的紧要关头，总是站在最前沿，敢于冲锋陷阵，哪怕前面是枪林弹雨，也在所不惜。能做到牺牲我一个，换来新中国。因此，时刻准备着，冲锋冲锋再冲锋！前进前进再前进！一直朝前冲，直到最后献出宝贵的生命。（3）敢于亮剑，就是敢于在敌人面前斗争，在大是大非面前敢于亮剑，在艰难险阻中敢于亮剑，在革命转折关头敢于亮剑，在生死关头敢于亮剑。不被困难所压倒，时时刻刻都敢亮剑，这就是一种气质，一种精神。领导干部的忠诚，也就表现为在各种危急时刻的亮剑精神中。

第三，忠诚可靠：忠于祖国，忠于组织，忠于事业。（1）忠于祖国，是我们的立身之基，是踏踏实实地为祖国发展贡献力量。先有国，后有家。祖国就是国家，忠于祖国，就是忠于国家，为了国家的利益、国家的主权，我们优秀的领导干部为大家，舍小家，长年奋斗在边疆地区，为保护国家的安全、独立、完整做出了重大的贡献。改革开放的历程，使大家都体会到国强则民富，国不强我们在国际外交上就被欺凌、受辱，抬不起头来，没有话语权。（2）忠于组织。组织是按照一定的目的、任务和形式加以编制，安排事务使之有系统或构成整体。中国共产党成立于1921年7月1日，它是由工人阶级、农民阶级、知识分子的优秀成员组成的先锋队。以马克思列宁主义、毛泽东思想、邓小平理论、“三个代表”重要思想、科学发展观、习近平新时代中国特色社会主义思想为指导思想，共有8900万党员，是中国唯一的执政党，以实现共产主义为最高目标。（3）忠于事业是我们的立业之本。要有坚定不移的恒心，事业不是一个人的，而是需要一代接一代为之奋斗的目标；要有忠心，有锲而不舍、金石可镂的雄心壮志，要踏踏实实地为祖国事业发展贡献力量。事业是靠人去推动的，靠什么样的人推动？不言而喻，是靠忠诚老实的人去推动，去发展，事业才能成功，才能实现事业兴旺，万代长青。此外，在领导班子职务分工时，注意让老实干净的人管理钱、物和项目，以保证管好财，用好财。

领导班子在职务分工时要强调干净干事。习总书记说：干净，就是守得住清贫，耐得住寂寞，稳得住心神，经得住考验，遵守党纪国法，自觉做到秉公用权，自觉做到不义之财不取，不义之利不沾。干事，就是要有强烈的事业心和高度的责任感，想工作，有思路，有点子；干工作有魄力有办法。在工作中体现一种精神，一种能力，一种追求。从两者之间的关系来看，“干净”讲的是廉洁奉公的问题，是领导干部的执政之德；“干净”讲的是勤政为民的问题，是领导干部执政之要，两者相辅相成，缺一不可。习总书记提出的“干干净净”是对领导干部党性修养、思想境界、廉洁自律的要求最朴素最简洁的概括。我体会“干干净净”包括思想道德上的干干净净、行为作风上的干干净净、语言形象上的干干净净、干事过程的干干净净、干事目的干干净净。为什么要干干净净？干干净净是修身立德的重要基础，干干净净是党员干部的基本职责，干干净净是干事的前提条件，干干净净是维护人民根本利益的必然要求。怎样做到“干干净净”？一是要树立六种意识，即树立信仰意识、公仆意识、自省意识、敬畏意识、程序意识、民主意识。二是要坚持不断改造世界观，始终把思想建设放在首位，加强修养提高境界，坚定信心，正确对待得与失，正确理解苦与乐，真正要经得起考验，耐得住寂寞，守得住清贫。三是坚持严格要求自已，遵守政治规矩和政治纪律。四是坚持注重制度建设，真正用制度管钱、管人、管事、管物。五是要坚持自觉地接受监督，同时要处理好四个关系，处理好事业和家庭的关系，即大与小的关系；处理好集体与个人的关系，即公与私的关系；处理好自律与他律的关系，即严与宽的关系；处理好尽职和奉献的关系。

领导班子职务分工还要强调敢于担当责任。班子要成为坚强的具有战斗力的班子，就要坚持原则，敢于担当是领导干部必须具备的基本素质，必须认真履行的职责，担当自己该担当的责任。面对大是大非，敢于亮剑，明辨是非，为党和人民的利益，在重大原则和问题上，敢于坚定政治立场和政治方向，敢于斗争，绝不妥协让步。面对困难和矛盾，敢于迎难而上，知难而进，无所畏惧，勇往直前，正确处理问题和矛盾。在危急关头敢于挺身而出，坚决斗争，以正压邪，树立正气，打击歪风邪气，人身正才能镇得住局面。我从基层做起，又到国家机关工作，熟知地方的工作规律和特点，了解国家机关的办事程序，要办成事，办好事，就必须担当自己工作范围应该担当的责任，有多大的权就担当多大的责任，在其位，谋其政，行其权，负其责。群众最看不惯的，就是那些把责任往别人身上推、把功劳往自己身上堆的领导者，这就不会有群众基础了。

治歪风　镇邪气　树正气　立新风

我生在广西一个边远县份，是壮族的儿子。1999年前，从来没有在北京、在中央部委直管单位任职的经历。因此，这年年底，经国家民委党组讨论、批准，中组部、北京市委同意调我到中央民族大学任校长时，我感到这担子沉甸甸的，心理负担很大。这是党和人民交给我的重担，搞得好，就会一顺百顺，向好发展；搞得不好，就“无脸见江东父老了”。责任重大，压力也大呀！

我一来到学校就有人告诉我，中央民族大学是培养少数民族人才的摇篮，是民族团结进步的重要窗口；也有人说，去中央民族大学是打攻坚战的差事，这个校长不好当啊。果然，我在调研时，了解到中央民族大学的绝大多数教职工是忠厚老实，勤奋工作，兢兢业业为少数民族教育服务的；但也有个别人胡作非为，有些歪风邪气，甚至达到令人愤怒的地步。我想，穷不可怕，穷则思变，调整好思路，瞄准目标方向，进行改革，有上级机关和领导的关心、支持、帮助，工作方法对路，天时地利人和，就会旗开得胜，马到成功。但学校风气邪了、歪了，整个学校发展就可能被破坏了，一定要纠正！我板凳还没坐热，各路兵马的告急报告就接踵而至了：一、侵占公房。有的在教室、值班室放上一张自己的床，长期霸为己有；各栋楼办公室原有做仓库用的小房间，有人放上自己的一些东西，或一张床，长期占用，据为己有；有人私换门锁，霸占学校旧房作自己的仓库。更有甚者，学校盖好一栋房子，就有人撬开锁破门而入，换上自己买的锁芯，变成了他自己的房子，也有人欲占学校的便宜，跟着起哄，寻机畔事。诸如此类的情况时有发生。二、占用学校的公共资源建商亭作私人买卖。有人在学生宿舍楼前面搭建商亭做买卖，占用马路过道，并在公共场所堆放垃圾，经常西瓜皮丢了一地，苍蝇到处飞，影响交通破坏校园环境，干扰学生休息。教职员工、学生意见很大。三、"文革"结束二十多年了，竟然还有人扛着牌子，非法在校园来回"示威"，高喊"抗议中央民族大学党委，贴大字报"。四、随意冲击校领导办公室和会议室，破坏正常的工作秩序。有个职工在自己经营的商店卖西瓜，西瓜皮乱扔一地，被海淀区工商行政管理局市场科罚款50元。他跑到校领导办公室大喊大叫：你为什么叫工商局的人来罚我的款，还回我的50块钱……有时候，校领导开着会，也会有人冲进来，扰乱工作。五、干扰领导生活。有人尾随校领导，领导上班他上班，领导下班他下班，从办公室跟到公共食堂，又从食堂跟到办公室。六、职称评审中的各种歪风斜气。学校职称评审制度不完善，工作比较混乱。以至在职称评审当中存在四种歪风：（1）胡搅蛮缠风。每年10—11月职称评审，评定场所室内室外都是人。有人缠住评委不放，甚至对评委恶语相向。（2）蛮横暴力风。个别没有通过职称评审的人员要横招、出恶气、不讲理。（3）告状风。职称关系到每个人的切身利益，有些没有晋升的人意见很大，他首先不是查看自己合不合条件，而是埋怨这个，责备那个，告状信满天飞，告校领导、告学院领导、告评委。（4）请客送礼风。在评职称之前，为了评审通过，有的人给评委送礼，委托他人说情。严重干扰了正常、公正的评审，助长了腐败的滋生。

对各种歪风邪气应如何整治呢？这是我当时思考的主要问题之一。学校的风气不正，教风、学风都受到影响，校风正，教风、学风才能端正。于是我下决定整治这些不良的风气。我采取的主要措施是：第一，用规章制度管理人。从制度建设开始，结合我校的实际制定了一系列制度、规定、办法，严肃纪律、严格执法、严明奖惩，没有特殊，毫无例外。如职称评审管理办法，制定了一个主文件和三十九个附件，内容包括教师、图书出版、实验室、教辅、政工、管理等系列的规定，打破墨守成规的老框框、老套套，突出有利于中青年教授、副教授脱颖而出的条件，废止论资排辈的旧观念和老做法，加大教学效果、重大课题科研成果在职称评定中的分量。对职称评审的程序、申报的条件、纪律要求也做了严格的规定，使好人获得好报，使坏心眼的人受到惩罚，使优秀者脱颖而出，群星灿烂、人才辈出；使落后者创造条件，勤奋追赶，有所作为，后来居上。这些文件就像“过滤器”，严格实施后，“污泥浊水”被滤掉了，职称评审风平浪静，歪风不吹了，大家都走正门。几年间副教授、正教授的名单中大多是优秀的中青年教师，师资队伍力量强了，水平质量提高了。第二，思想教育工作，本质是做好人。思想工作的方式、内容很多，着重点是如何做人。人做好了，其他也自然跟着好起来。抓住做好人这个本质问题去思考、去实施，一定能够把工作做好。人际关系处理好，一切都向好的方向发展，成为毛泽东在《纪念白求恩》里说的：一个高尚的人，一个纯粹的人，一个有道德的人，一个脱离了低级趣味的人，一个有益于人民的人。具体说就是做好人，一个好领导、一个好老师、一个好学生。表现在：（1）低调做人。人不可自负，自负是谦虚的大忌。不论当多大的官，做出多大的成绩，获得多大的荣誉，都要保持头脑冷静，做到有自知之明。要时刻清楚自己的能力是有限的，即便做出一些成绩，与上级的帮助和下级的支持是分不开的，不要自以为是。要牢记群众才是真正的英雄，牢记虚心使人进步，骄傲使人落后。有言道，“上帝要你灭亡，首先叫你猖狂”。傲气、霸气十足的领导最不得人心，老百姓最反感那些抬腿不知高低、说话不知深浅的狂妄者。低调做人，高标准做事，是领导干部的基本素质。

（2）好心感人。作为一个人，最基本的一条就是心肠好。要带着良心、带着感情、带着责任去工作，以自己的好心来感动人、影响人、教育人。在工作中让广大群众感受到自己的真诚，感到自己的善心。要热情待人，在不违背原则的情况下，尽可能帮助人民群众解决一些涉及切身利益的事。在批评和处分干部时，要从关心人、爱护人、帮助人的目的出发，而不是踩人、压人、欺负人。工作有可能会得罪人，但要以自己的苦心用心，赢得广大群众的理解，以自己的赤诚善心赢得广大群众的尊重。（3）实干带人。身教重于言传。要俯下身子做工作，全神贯注干事业，能挑一百斤绝不挑九十九斤，自己做得不如人，不在人前教训人。领导要有感召力、凝聚力，关键是自己本身过硬。人的威信是干出来的，而不是吹出来的、捧出来的。领导处处起表率作用，是个实干家，必然会带动下级苦干实干。（3）严格管人。领导干部在严格要求自己的同时，要求下属也应该从严。古人说：没有规矩不成方圆。严格管人，有助于形成良好的风气、拼搏的精神。严格管人，可以带出一支有理想、有纪律，特别能战斗的队伍。管理松懈，带出的队伍必然是松松垮垮、拖拖拉拉、毫无战斗力，必定要打败仗的。要表扬鼓励先进，批评惩罚落后，做到奖罚分明，不放任自流。（5）公道待人。矛盾的产生，往往是办事不公造成的。公道待人，需做到这几点：要公正，按原则办事，不搞个人说了算，提倡有主见，反对搞主观；要公平，要合乎民心，端平一碗水，握好一杆秤；要公开，办事要有透明度，让大家清楚事情的来龙去脉，不躲躲闪闪、神神秘秘；要公平，要善于明辨是非曲直，当面说你好的人未必对你是真心，当面骂你的人未必对你有坏心，要以全面、辩证、发展的观点看待人和事，不可偏听偏信；要公心，办事要出于公心，不能带成见、带倾向，更不能感情用事，要尽量排除私心杂念，一切从工作出发，一切为大局着想，营造干事业的良好氛围。第三，精神鼓励和物质鼓励激发人。一个学校风气好不好，关键是看精神面貌好不好，精神状态好不好，主要看教职员工的积极性、主动性和创造性是否被调动起来。靠什么因素去调动呢？这就是精神鼓励和物质鼓励。从精神鼓励来说，开展各种各样的奖励活动，比如青年教师的英语技能竞赛，提高教师的素质水平，年终评选优秀教师、优秀共产党员、优秀班主任、优秀学生、北京市名师、教育部名师、国务院政府特殊津贴专家、国家民委有突出贡献的专家、北京市拔尖人才、跨世纪一、二层次优秀人才、长江学者和学科带头人…… 在这种精神鼓励的环境下，大家都干劲冲天，把心思全放在教学科研上，放在教书育人的工作上，没有精力也没有必要搞歪门邪道，人心齐了，心术正了，良好的风气蔚然成风，风气也就正了。特别是为教职员工增加了工资，调整了岗位津贴，老师增加了收入，改革了分配制度，实行了多劳多得、少劳少得、不劳不得，整个学校的风气一下子变了。那些以前习惯搞歪风邪气的人十分孤立，像过街老鼠。学校的事业蒸蒸日上，蓬勃发展，进入了“985工程”一流大学重点建设大学行列，增加了博士点、多学科的硕士点，真是人逢喜事精神爽，旧貌换新颜，人变了，精神变了，中央民族大学的一切都在变，形成了和谐、平等、团结、互助的良好氛围。我作为这个学校的校长也感到荣幸、高兴。

学校风气从乱到治，引发我们哪些思考呢？第一，依法治校，整治歪风邪气。一个国家、一个民族、一个单位要建设和发展，要兴旺发达，必须有一个团结和睦的、关系融洽的、凝聚力和向心力很强的内部环境。一个国家要发展就要有一个和平发展的外部环境，有良好的国内国际环境才能求生存，谋发展。从一个单位来说，良好风气的形成，靠一代一代领导的传承和发展，最重要的就是两条：一是内化于心，二是外化于行。外化于行就是要靠法律、法规、规章、条款，要依法办事，做到尊法、学法、懂法、用法，严格执行，有法可依，执法必严，真正把法律的规定变为外在行动的约束力，作为约束人们行动的准则，一切工作都要依据法律、依据法规、依据事实，法定职责必须为，法不授权不可为。人人自觉地遵守法律法规，增强法律意识。从老师、职工到学生都要严格依法办事，依法者受到法律保护，违法者受到法律的惩罚。如果在治校的开始或整个过程都体现依法治校的理念，就不会出现胡搅蛮缠、无理取闹的情况。因此，依法治校应当成为领导治校理政的一个信念，成为一个人民教师遵循的法律原则，成为学生严以律己的座右铭，成为严格管理干部的重要依据。内化于心，就是要把法律规定的条文自觉地变为自己内心的行动，告诫自己自觉地遵守法律，自觉地维护法律的尊严，自觉执行法律的规定。有了外化于行、内化于心这两方面的结合，学校所制定的校纪校规、规章制度、学生各项管理规定就会落实到位，就会讲在嘴上，落在行动上，出在效果上，形成人人讲法、人人用法、人人遵法的良好局面，歪风邪气就会荡然无存。

第二，以德治教。良好的道德是提高教师威信的前提性因素。教师如果道德缺失，即使有再多的知识、智慧和经验，学生也不会心服口服，听课、布置作业、提问就会缺少主动性、积极性和创造性，最终影响教学效果。道德既包括政治品格，也包括道德品质。讲政治品格，就要有坚定的政治信念，正确的政治方向，鲜明的政治立场，敏锐的政治眼光．坚持原则，秉公执教，办事公道，赏罚分明；要树立科学的世界观、价值观、人生观和正确的教学观、利益观、地位观，坚持小道理服从大道理．局部服从全局，个人服从组织，始终做到忠于党和人民的教育事业。讲道德品质，就要带头践行社会主义核心价值体系，模范遵守社会公德、教师职业道德、家庭美德，讲操守、重品行，以高尚的道德情操，树立起人民教师的良好形象；要注意培养健康的生活情趣，保持高尚的精神追求．明辨是非，克制自己，正确选择个人爱好，提高教师的教学水平和科研能力，增强综合素质，摆脱低级趣味，绝不沉溺于灯红酒绿，流连于声色犬马。要教书育人，做好学生的思想工作，树立人民教师的良好形象，为学生服务，传授科学知识、理论知识，为祖国建设培养品学兼优的优秀学生。

第三，从严治学。学生在学校是以学为主，在大学本科，一般是四年时间，专业知识部分为三个层级，基础课、专业基础课、专业课，一年一个层次，加上实习一年，正好是四年。本科一般可设20门课，学习形式分为专业理论基础、教学实践、自学等。除了专业理论基础、专业课外，还有英语和其他公共课程。不论是哪门课程都要求及格以上的成绩。政治理论课要求学生树立社会主义理想信念，坚信中国特色社会主义道路、理论和制度，坚信中国共产党的领导。因此，学生对自己要严格要求：一是勤奋学习，多看书。这是打基础最重要的环节，俗话说，行万里路，破万卷书，读书总是有益的，自己要有一个读书的计划，要有重点，要有目标，要有时间安排，这样一年下来就会感到自己大有进步。知识仓库里有了精神食粮，就不会有知识恐慌了。二是钻研问题，多思考。古人云：学而不思则罔。学了东西不思考等于没学，因为不过脑的知识理论容易忘记，记不住的东西就等于无用。因此，学知识要思考，带着问题学，带着问题钻，带着问题用，把学、思、用三个环节都串连起来。学习的目的在于运用，用多了学到的知识就活了，可运用的理论也就多了，如此循环往复，知识就会越积越多，学问就由小到大，由浅到深，由表及里。被你说明的道理越多，你就越聪明越有学问。三是社会实践，多应用。古人说：思而不学则殆。毛泽东主张学习的目的在于应用，他撰写的《矛盾论》《实践论》既是实践经验的总结，又是指导实践的理论，更是应用的哲学。他强调的是理论和实践的统一，知行合一，才能成效显著，而不是空对空，是有内涵的理论、立场和方法。所以，大学生要注重实践环节，在实践中干，在实践中增长才干，这样大学一毕业，很快就能融入社会潮流，进入工作角色，坐实工作岗位，为社会做出贡献。最本质的一句就是：学生治学要严谨，学真功夫，出真本领，取真效果。形成奋发有为，团结向上，和谐相处的良好校园氛围，营造风清气正的校风、教风和学风，为培养中国特色社会主义接班人和建设者做出积极的贡献。

整治家属院环境深得人心

领导干部要得人心，要赢得广大人民群众的拥护和支持，最直接、最现实、最快捷的方法就是着手解决群众反映最集中最强烈最关心的问题。特别是近期或当前已经发生、非要解决的问题。在这关键时刻领导干部站得出来，把事情解决了，群众看得见、立得住、干得好的现实成效一摆出来，领导干部的威信就会骤然提高。

我刚到中央民族大学担任校长的第一周，头绪很多，万事繁杂，忙得焦头烂额，不料屋漏偏遭连夜雨，来了一场特大暴雨，学校家属院“水漫金山”。我到家属院一看，下水道都堵塞了，加上常年失修的水管破裂、老化，跑冒滴漏十分严重；路面上又有一些教职工开办的小商店，堵在交通要道上，根本无法检查维修。车走不通，人行不了，地下的脏水、污水、废水、垃圾漂浮物臭气熏天，场面混乱不堪，教职工议论纷纷。有的说，学校领导不管，一遇到下雨天，我们就跟着倒霉，简直不是人过的日子；有人要找领导；又有人说，算了，多少年来我们提意见都不管用；有的说，多年来都是治标不治本，要治就要彻底整治，从源头做起，不能头痛治头，脚痛治脚了……

我听到这些声音，感到惭愧、失职。我踩着水走进去，又踏着水走出来，一路听到指责声、抱怨声，只觉得一阵阵心酸，心里很不是滋味。我暗下决心，一定要彻底整治好教职工家属院的环境，还教职工一个好住处。当天下午，我立即召集相关部门，包括后勤管理处、家属院居民委员会、校长办公室、综治办等有关人员开会，让他们充分发表意见和建议，认真分析整治教职工家属院环境的必要性、可能性以及整治的方案措施。当晚立即整理这些意见并做出彻底整治家属院环境的决定，形成整治职工家属院环境的实施方案，成立一个家属院的整治环境工作领导小组，组长由我担任。下设办公室，抽调相关部门人员组成，由后勤处负责工程施工，边施工边报学校教代会批准，双管齐下，严格程序，完备手续，依法行政。接着张榜公布教职工家属院的整治方案，具体是：整治家属院工程的名称，什么时间开始，什么时间结束，工程队名称，监理单位，工程的施工要求，家属院教职工监督工作小组（教代会1人，家属院教职工2人，工会1人，校办1人）等。奋战一个多月，高质量、高效率地完成了全部施工任务。所有地下管网全部改造，水管、电管、电视、光纤、电话、饮用水管、污水管都进行了彻底的改造。地面道路全部铺上沥青，路牙全部用石板块，车道、人行道分道而治。2000年3月26日，工程验收交付使用。整整齐齐的道路、人行道、景观、绿树绿草展现在教职工眼前，大家欢呼高兴。那天，我们在家属院举行竣工典礼，很多教职工十分感慨，说了心里话：这个校长还真行。动真格，真办事，办真事。旧貌变新颜，一下子就真正解决了教职工多年来想解决而解决不了的难题。谁为我们教职工解难事、办好事，我们就拥护、支持谁，推动中央民族大学事业发生历史性变革。直到现在，教职员工一讲起这段历史，讲起家属院的环境、道路整治，还会竖起大拇指，给我点赞。

每当我回忆起这段历史，也感到十分自豪，非常欣慰。是什么力量推动我能快速整治家属院的环境呢？是人民的力量。第一，心中有民。我整治家属院的环境和道路起到了一石二鸟的效果：既给教职工带来生活方便的实惠，又在群众中提高了威信。我每到一个新单位，最先做的是进行深入调查研究，了解那里群众的呼声、心声，了解那里反映最集中最现实最强烈的问题。首先，要解决那些现实的主要问题、烫手问题，其次要解决长期遗留的历史问题，再次要解决可能要出现的问题，要做到心中有数。做到心中有民，始终把人民看成自己的“上帝”，这个“上帝”不是别人，就是广大教职员工，就是每个单位的广大群众。

1999年年底的中央民族大学，教职工反映最强烈的问题就是职称、职务、工资、环境等问题。我就本着问题导向的原则，在调查研究了解和掌握这些情况和问题后，从解决问题入手，逐个突破，做到件件有回音，事事有落实。由于做到了心中有民，民心也有我，做什么事都能得到群众的支持和拥护。什么时候都不能忘记人民群众，心中永远装着人民群众，在工作中生活里只要有本单位干部职工的支持，什么人间的奇迹都可以创造出来。好比一个单位要改革什么，解决什么难题，都离不开人民群众的支持。在21世纪之初，中央民族大学人事机构改革，就是得益于广大教职员工的拥护、赞成和支持，才能顺利有效地完成，其中有几个突出的亮点是其他单位没有的。一是所有的聘任单位和个人竞聘岗位全部“卧倒”，简称“完全休克法”。就是说从聘任那天算起到新聘任岗位和人员上岗的一周内不行使决策权、人事任免权、财务审批权。直到办完履行岗位职责手续后才能开始依法履职。这种做法使权力的更替有脱胎换骨的感觉，同时起着教职工监督的作用，监督各岗位人员在其位谋其政行其权，把权力关进制度的笼子里，用制度管人、管权、管事，认真履行职权，依法依规，依岗位职责办事。二是校长（法人代表）与聘任上岗的处长签订责任状，以规章制度约束权力的行使，保证权力在阳光下运行，教职工可以参与监督，全面依法治校。三是所有聘任上岗的人员都要面向广大教职工进行宣誓。誓词是：依法行政、忠于职守、为民服务、廉洁奉公、完成使命。干部上岗宣誓，对上岗的领导干部有约束力，使其自觉接受人民的监督和国家法律的监督，另外也有震慑力，内靠自觉教育，外靠广大教职工的跟踪监督。

第二，心中爱民。选择心中爱民的人员上岗，是人民群众的心愿。判断一个好干部的标准是什么呢？根本的一条，就是群众信任不信任你，群众拥不拥护你，人民群众是衡量的客观尺度。比如，你做出决策是凭拍脑袋还是深入群众、深入基层、深入实践进行认真的调查研究，根据事实得出来的，这两种途径得出的结论是完全不同的。第一种是凭主观印象做出的决策，另一种是从实际调查做出的决策。显然，认识从实践中来，也从客观事实来，这就是正确的途径。离开了群众，离开了实际，我们得出的决策就是伪命题、伪科学，即违背客观事实的结论。只有从群众中来到群众中去，源于群众的实际生活，才是群众欢迎的决策。

第三，心中为民。只有选择心中为民的人员上岗，才能体现为人民服务的本质。为人民服务不是口头空喊口号，而是有思想又有实际行动的知行合一。在一生中都要牢固树立为人民服务的观念。一时一事为人民服务并不难，难的是一辈子做为人民服务的好事。如果没有想教职工之所想，办教职工之难事，解决教职工所急之事，那么不论是校领导还是学校工作人员都有可能对家属院糟糕的环境熟视无睹，视而不见，听而不做或应付，结果注定得不到广大教职工的认可和拥护。所以，我们班子在选好人的环节上，十分注重为人民服务的本质，只有这样，才能选出人民群众欢迎的工作人员。

解决历史遗留问题　扫清学校发展障碍

什么是历史遗留问题？就是历史上没有解决的，留下给后人解决的棘手的问题。主要是因为历史上掌握政权或处于主要领导地位的人更换后，对这之前的问题，采取的应对措施不当而产生的新问题。一个国家，一个民族，一个政党，一个单位，都不同程度地存在着历史遗留问题。这些遗留问题有的是政治问题，有的是经济问题，有的是文化问题，等等。不论什么问题都是前任遗留下来的历史问题，作为该单位的新领导，对历史遗留问题应抱有什么态度呢？正确的态度应当是新官理旧事，解决好历史遗留问题。

我到中央民族大学上任的第一天开始，就看见一大早就有一对夫妇和一个女孩跟着中央民族大学一位党委领导同志，从家属院一直跟到3号行政办公楼，下班时他们又从办公楼跟到小餐馆。领导进去吃饭，他们三个人退出来，吃完饭后他们又跟到家属院，每天跟进跟出。孩子父亲经常说一句话："我孩子的工作安排，什么时候解决？"外人看来是有些奇怪，为什么出现这种奇怪的现象呢？这是一个历史遗留问题。我是留着不处理，还是新官理旧事呢？我先从调研工作入手，先了解这件事情的来龙去脉，产生这种怪现象，得从某学生（以下简称"她"）的在校经历说起。

某学生1991年在学生宿舍楼盥洗室与同学争用洗脸水时发生口角，同学下手稍重了一些，加之后面的一些问题，导致她精神异常，因此于1991

年休学回老家休息治疗，休学期满后因课程跟不上只能降级到本专业的92级学习，1994年她毕业时，学校按照毕业分配计划将其拟派遣到云南某县人事局，由于手续不完备，被退回学校重新安排，但学校一直没有解决，形成历史遗留问题。

1997年5月她一家三口（父亲、母亲、她）上访回校，要求学校解决她的就业问题，学校也曾多次对她的问题进行处理，但都没有妥善解决。

她一家三口奔波上访多年，成为学校的历史遗留问题，影响了中央民族大学的声誉。我获悉此事后，立即召开校长办公会专题研究解决此事，使这件历史遗留问题得到妥善处理，画上了句号。由此得到哪些教训呢？主要体现在五个重视：（一）要重视学生思想教育工作，把事情消灭在萌芽状态。如果当时能够加强学生思想教育，及时发现和化解学生之间的矛盾，避免学生打架，就不会发生这样的事情。（二）重视对事件的快速处置。假设当时班主任发现她和学生冲突，及时处理就有可能避免引发她精神异常，就可能避免后面发生的一系列的事情。即使打架之初没能及时治疗，但是后来发现有轻微的后遗症时应该引起足够的重视，避免久拖不治错过了治疗的时机。即便错过了治疗时机，她们到学校上访，也应该及时解决处理，帮助她解决就业问题，解决她的生活问题，不至于走投无路最后发展为精神病。（三）重视增强对学生工作责任感的教育。一个疏忽给学生就业的道路上设置了障碍，给学生造成不可挽回的损失。学校没有及时帮她将个人档案转到云南省的接收单位去，造成人事档案管理上的脱节，使她失去了工作的机会。（四）重视人事档案的管理工作，反对官僚主义。如果当初发现学生档案没有转到地方就业单位，亡羊补牢还来得及，但是当时相关责任人思想重视不够，造成本来只花邮票钱寄走档案就了结的事情，变为十分复杂的问题。这是什么作风？这是一起典型的官僚主义作风，也反映了中央民族大学学生管理上的问题。（五）重视对历史遗留问题的处理，新官理旧事。如果还是不处理，继续作为历史遗留问题拖下去，后遗症更大。我作为中央民族大学的“新官”，不能不管遗留的旧事。要勇于承担责任，敢于担当，新官理旧事，最终解决了这桩旧事难事。通过这件事情，进一步严肃防错纠错机制，规范学生管理制度，改进工作作风，畅通信息沟通协调机制，树立了中央民族大学良好的形象。

历史遗留的问题解决了，障碍扫除了，校领导卸下包袱，轻装上阵，集中精力为学校谋发展。此事，也给教育工作者敲了一个警钟，任何时候任何情况下都不能忽视学生思想政治工作，要增强做好学生工作的责任心，保持对学生工作的热情。妥善解决好此事，也为学校处理此类问题提供了好的有效的解决思路和办法。因此，正确处理好学校的历史遗留问题意义重大。

一把手不要在公众场合批评领导班子成员

北京降雨量较少，但夏季偶尔也会有大暴雨。几年前，这座城市一旦遇上大暴雨，就会出现大量的积水，城市内涝严重，严重的地段一片汪洋。此时必定会交通堵塞，连行人走路都难。

一、大暴雨引发的一段往事

2000年1月6日，北京市下了一场大暴雨，中央民族大学由于地下管道堵塞，水管破裂，积水成“海”，老师、学生、职工说什么难听话的都有。质问管后勤的副校长到哪里去了？后勤处的人到哪里去了？水电班的人到哪里去了？当时是我上任中央民族大学校长第六天，还不了解情况，也不知道从哪下手，我正要和办公室主任到实地了解查看，只见党委书记火急火燎地打这个电话，打那个电话，找这个人，找那个人，水情紧急，他作为主要负责人坐也不安，站也不安，急匆匆走下楼梯时，正好遇见分管后勤工作的副校长。这位领导劈头盖脸地质问：“你上午干什么去了，学校水漫金山了，你视而不见么？你赶紧处理，今天下班前修不好，我就拿你是问。”副校长是听到后勤处的救急报告，马上从北京市教委的会场赶回学校的，正准备组织人力、物力进行抢修。不料刚进到行政办公楼，还没有喘上一口气，就被痛批一顿，窝了一肚子的火气。尽管这样，责任心很强的他，还是立马组织实地勘察，查明原因，及时处理。经过一天的实地勘察，终于找到了问题。主要是管道老化破损、断裂，堵死水管，水流不过去，地上的水流不下去，还往上冒水，积水成灾。为了稳妥起见，副校长第二天一大早还专门请北京市政管理局的专业技术人员再做一次普查，进一步摸准部位、查明原因。在北京市政管理局专家的帮助下奋战了一整天，终于修好水管，水也退了。但这只是治标，还不能治本、治根，是“头痛医头，脚痛医脚”之策，没有进行全面治理。

第三天全校召开了中层领导干部大会，主要是总结这次发生水灾的教训。主管校领导开门见山地说：“经过两天的艰苦努力，我们校园的积水退下去了，堵水、漏水的地方修好了，取得了初步的成绩。感谢北京市政管理局的同志和后勤管理处的同志。但在这个过程中副校长是有责任的，开始找人不见他，跑到哪里都不知道，这样不负责任的态度能行吗？我在这里要公开地批评他，让他认真吸取教训。”散会后，我刚进办公室，副校长也跟进来了，对我说的第一句话是：“荣校长，这个活我干不了啦。”接着他一五一十地和盘托出，倒了一肚子的苦水，感到很委屈，接着又说：“你刚到学校上任几天，就给你撂挑子是不应该的，但是领导在中层干部会上当众公开批评我，批评又不符合实际情况，叫我今后还怎么做人，怎么领导下属工作，我请求调整我的分工。”我耐心地听，并不断了解和核对情况。经过副校长的解释和回答，我搞清楚了问题所在，查明了原因，安慰他说：“首先，我刚到学校上任才六天，人生地不熟，据了解，你管后勤工作管得好好的，你不管了交给谁管呢？我经过这几天的观察，以及部门和后勤处的反映，还是由你管起来，我相信你有能力管好后勤工作的。”后来他也接受我给他的分工。实际上他确实管得很好。最后他讲了一句话，作为学校主要领导千万不要在公开场合，特别是中层领导的会议上，公开批评班子的其他成员，这样使人很伤心，很难堪。我感触很深，这句话我记了一辈子。以后，我从来不在公开场合，特别是中层领导会议上，公开批评班子的其他成员。

二、一把手应避免在公众场合批评领导班子成员

一把手是指组织、单位、部门的最高领导人。一把手的基本特征是拥有实际上的人事权、经营管理权、财务管理权和薪资调整权。

班子一把手有责任带好全体班子成员完成上级交给的任务和自身的任务，努力工作。要完成各项工作需要领导班子的精诚团结，协调关系，分工负责，统一领导。绝不能各自为政，政令不通，政出多门。这就需要一把手做到带头工作，带头学习，带头做好思想工作。一把手的本事就在于调动全体班子的积极性，主动性，创造性。一枝独秀不是春，百花盛开春满园。单打独斗只是个人英雄，打仗讲的是联合作战，配合作战，协同作战。作为一个班子集体也要团结奋进，齐心协力，集中智慧，调动一切可以调动的力量，发挥每一个班子成员的主观能动性。班子成员在工作中有缺点、毛病、错误如何纠正呢？要不要批评，在什么场合下给予批评帮助？班子成员有缺点肯定要批评，但最好不要在公开场合点名批评，尤其是不要在召开大会的时候点名批评，那样容易把批评变成批判。因此，一把手在公开场合批评其他班子成员是忌讳的事。为什么呢？

第一，人怕伤心，树怕剥皮。人都有顾及面子的优点和缺点。从优点来说，讲面子的人往往做事比较认真，做完事情想得到人们的赞扬、肯定，面子上也过得去。从缺点来说，就怕别人说其短处，暴露自己的弱点，有损自己的形象，怕以后做事被人抓住把柄。这两种情况有可能激发班子成员工作的积极性或产生消极作用。因此，在一个班子工作的成员，就要在班长的领导下发挥各自的作用，同时形成集体合力，为实现共同的

目标而努力工作。

第二，班子团结，才能产生内聚力，在班子中的成员都是平等关系，需要互相尊重，尊重是人的需要。领导有各层次的领导，人有各年龄阶段的人和性别的区分，但各层次的领导、各年龄阶段的人最需要的还是尊重，尊重是团结的前提，团结是产生力量的基础，能团结协作的班子才有战斗力、聚合力，才能带领单位的广大群众去完成共同目标。如果主要领导动不动就在公众场合批评班子成员，这就会使大家貌合神离、离心离德，发生矛盾隔阂，最后导致人人自危，步调不一致。常言道：村看村，户看户，群众看干部，干部看领导。领导搞团结好了，群众就会齐心奋斗，力量高涨。

第三，一把手做好补台的工作，不做拆台的事情。同级领导既是竞赛的对手，更是合作的伙伴，应坦然地投身到公平竞争和热诚合作之中，见贤思齐，见不贤而内自省，要互相补台，千万不能拆台。对班子成员遇到的困难和工作中出现的疏漏，不能站在一边袖手旁观看笑话，更不能火上浇油添灾难。即使班子成员有对不起你的地方也要以不计较之心帮助别人，不以隐匿之心亏欠别人，以不干涉之心尊重别人，和班子成员携手并肩完成共同的使命。一是对自己主管范围内的工作主动与班子成员商讨和交流，积极主动征求意见，采纳他们的合理意见和建议，特别是对需要交叉处理的事件，更是尽量做到协商解决，不擅自做主。二是对其他班子成员主管的工作，也要积极配合，提出合理中肯的意见，不要事不关己高高挂起。三是当发现其他班子成员的工作出现错误苗头时，可以及时提醒，防止酿成大错。四是班子成员之间出现矛盾和分歧时，要从团结的愿望出发，一般问题不要斤斤计较，是非问题坚持原则，多做自我批评，少找别人的毛病，求同存异，主动化解。不能夸大上报上级的意见和问题，更不能在大众场合公开化，而影响领导集体的整体形象。五是不能对班子成员取得成绩讥笑挖苦，对同级的错责幸灾乐祸，对同级的困难置之不理，这样会伤害对方的感情，影响彼此之间的关系。

三、批评班子成员要讲究艺术

领导班子成员之间开展批评与自我批评非常重要，但要收到良好的效果却不是一件容易的事。这里既需要有“团结——批评——团结”的良好愿望，也需要讲究批评的艺术。

第一，事实要清楚。党内开展批评是严肃的政治生活，批评者对自己的行为要负责任，开展批评时，也要想着自己掌握了事实没有，对事实分析了没有，你要批评的这种错误是客观造成的还是主观造成的，是好心做了错事、说了错话，还是有意这么做的，都要区分清楚。党内批评虽然提倡言者无罪，但从有利于党内团结和同志进步的高度出发，批评者应当防止无的放矢，道听途说，捕风捉影，也不能凭主观猜测，坚决反对无中生有、恶意伤人。

第二，目的要明确。批评的目的是为了帮助班子成员发现失误和问题，引导班子成员对错误行为进行改正和补救。不指出改正的具体方法，只是单纯地指责，这种方法是没用的。在开展批评的过程中，注重摆事实、讲道理，通过实事求是地析事明理，用事实本身去说服人，说清楚错在哪里，讲透为什么错，提出改正错误的办法和意义，使对方觉得改正有益。批评最好点到为止，不使其注意力长久的集中在一些过失上。除了善意的批评之外，还应该帮助班子成员认识错误在哪里，应如何弥补，下一步的工作应该如何去做。你批评的行为也必须是可以纠正的，如果根本不能修正，请免开尊口。

第三，态度要诚恳。态度是一个人对某一对象所持有的评价和行为倾向。态度真诚与否，往往能影响他人的认识、情感和意志活动。批评也是对所持态度的一种反映，只有以真诚的态度进行批评，才能唤起对方的真诚感和信任感，从而愉快地接受批评。相反，如果批评的态度不真诚，往往使对方产生冷漠、疑虑、不安等消极情绪而反感，这样很难使人接受批评帮助。假如你心中不高兴，不可在言语态度上流露出来，特别注意不要流露讽刺、歧视、反感、敌视等情绪。在实施批评时以友好助人的真诚态度，做到不讽刺、不整人、不挖苦、不报复。对有些错误要批评，有些错误要容忍，有些错误既要批评又要容忍，至少是暂时容忍，这样才有利于与同级的关系和谐与稳定。

第四，批评以表扬开始，这是一个好方法。著名教育家陈鹤琴说：“无论什么人，受激励而改过，是很容易的，受责骂而改过比较起来是不太容易的。”因此，我们不妨用表扬代替批评，或批评前先表扬，不失为一种良策，既维护了对方的自尊心，又有助力其认识到自己的错误。用此方法，需要先从受批评的同志身上找到问题，再一分为二地分析问题，表扬要恰如其分，批评不要轻描淡写，做到良药甜心，忠言逆耳。这里的表扬是策略，批评是目的，醉翁之意不在于酒。

第五，措辞要恰当。良言一句三冬暖，恶语伤心六月寒。批评要亲切、文明、和睦，力戒刻薄、蛮横、讽刺、挖苦。多用“我想”“我觉得”的言语来讲，不要用责备或傲慢的语言来讲，不宜做结论或定性式评语，如“不诚实”“不正派”等。同时对其错误画龙点睛，点到为止，切忌画蛇添足，矫枉过正。应尽量针对共同目标而发，措辞方面要强调合作，避免引发对方的逆反心理和嫉恨心理，勿使对方感到你是在“拆台”，设障碍。

以上批评的艺术，是我在实践中琢磨出来的。我作为行政一把手的时候，对班子成员是轻易不批评的。非批评不可，也是请到办公室以一对一的方式进行，从不在公开场合和群众中公开批评班子成员。因此我们班子所有成员在工作中都十分努力、十分突出。他们说，跟老荣干活是比较累的，因为他领着我们干的事情太多；但目标明确，干事有奔头，使得出劲头，觉得总有一股力量推动我们工作，天天有激情，心不累。这样干，学校一定会有大发展。

互相帮助是班子成员协调配合的感情链条

“一枝独放不是春，百花盛开春满园”。作为一个领导班子的班长，体现其才华、智慧和能力的是如何带好一班人马团结奋斗，去实现共同的工作目标，而不是单打独斗。单枪匹马的领导顶多算一个干才，永远成不了帅才，当不了将军。拿破仑曾说过：不想当将军的士兵不是好士兵。言下之意就是，士兵考虑的是他自己怎么干，干得不好，其结果最多也就是“兵熊熊一个”。将军谋划的是全局，他既要考虑自己以身作则，冲锋陷阵，又要考虑带领队伍打胜仗，考虑不周，就会“将熊熊一窝”。带兵打仗取决于将士的能征善战，合力打击敌人，集中优势兵力歼灭敌人；和平年代，要搞好各种建设，要学会用人，调动人的积极性，凝聚一切力量，整合班子的优势资源，发挥各自的才华和能力，向着一个共同目标去奋斗，夺取胜利。这才是班长的领导艺术。

在一个领导班子中，成员之间会有不同的分工，工作有不同的要求。每个班子成员都要唱好岗位主角，演好整体配角，同心同力。一个班子中，只要有一个人闹别扭，搞不好团结，许多事情就会不欢而散。在现实工作中，班子成员配合协调好的单位，班子就团结和谐，工作成效就显著。那么，如何发挥好班子成员的协调配合作用呢？

协调配合方法很多，很重要的一点，就是帮助。帮助是互相帮助，是班子成员之间协调配合的感情链条。在班子建设中，有一句话说得很实在，叫作互相补台，好戏连台，相互拆台，一起垮台。班子成员之间的相互帮助主要表现在：一是政治上相互关心。一个人想事业有成，堂堂正正做人，清清白白做官，扎扎实实做事，这是人的正常心理。从政通常都是由低到高，经过许多台阶，有时还有横向的同级的各单位各岗位的换位，目的就是让领导干部多岗锻炼，总结经验，吸取教训，做好工作。因此，每当遇到本单位或上级机关组织部门来考核，各级领导干部都是高度重视，尤其是与自己相关的考核应更为重视。在这个时候，同事的心理都是希望组织和同事能推荐自己。当然，帮是有原则的，必须符合党的用人标准和推荐程序，而绝不是跑官要官，跑官买官，权钱交易。把真正优秀的干部推荐上去，这也是党和人民事业的需要，个人也有更大的舞台为人民发挥更大的作用。所以，能在这种情况下帮助同事进步，实事求是地将符合忠诚、干净、担当条件的干部推荐给组织部门考核，对同事的优缺点进行客观的评价，是皆大欢喜的事。对个人来说，他很感激组织和同事的好意，对单位来说也是一件好事。二是工作上相互支持。在领导班子中有整体的工作目标，也有本职工作的目标，既要把自己分工的职责做好，恪尽职守，忠于党，忠于人民，忠于事业，又要服从全局的利益。只有把整体目标和个体目标结合起来，才能形成强大的集体合力，共同推动事业发展。班子成员之间工作上应相互辅助，当其他成员工作上遇到难题时，绝不能袖手旁观，而是要积极帮助其分析情况，优化工作方案，提出补充、整改、补救措施和方法。但要注意掌握好工作职责的界限，把握好帮助处理工作的尺度，避免产生负效应，或者引起同事误会，认为是干涉别人的工作，吃力不讨好。当其他成员出现工作失误或差错时，应主动、默契配合，帮助其排忧解难。当自己分管的工作与同事分管的工作存在冲突时，要以全局利益为重，主动让步，去共同完成紧急的任务，保持各方面的协调一致，保证全局工作目标的顺利实现。当交叉性工作出现失误时，主动揽过，承担责任，多作自我批评。班子成员之间只有在工作上互相支持，才能不断加深友谊，融洽关系，风雨同舟，和睦相处，共同发展。三是生活上相互帮助。任何人在生活中都不可避免地会遇到这样那样的困难，有的是因为工资收入低带来家庭经济困难，有的因为家庭成员多带来经济困难，有的因为孙子、孩子要上学，找不到合适的学校，或中考高考分数达不到学校的录取分数线上不了学，特别是上不了学这一点，直接影响到这个家庭三代人的幸福指数。爷爷奶奶不安心，父亲母亲不顺心，夫妻俩不开心，搞得家里鸡犬不宁。在我们学校领导班子中就有两位副职成员遇到类似的困惑。2004年9月有一天，我在召开校长办公会的时候，看见两位同志心绪不定，注意力不集中。讨论问题时，文不对题，说到一边去。会后，我分别请他们到我办公室谈心。原来，这两位同志都是因为孩子高考成绩不理想而苦恼，现在上学的去向还不知道。我知道，孩子上学是家庭中天大的事，况且两位副校长是少数民族中很有成就、很有影响、很受尊敬的学者、专家，落实好小孩的上学事宜，不仅是帮助解除他们的后顾之忧，也是爱护、帮助民族兄弟学子进步，促进民族团结，调动激发他们的工作热情。于是我跟他们要了小孩上学的志愿表，当天下午我立即到北京市教委去了解情况，看能不能有学校可以调剂，北京市教委相关工作人员也理解我的请求，同意在符合高招政策规定的基础上，力所能及地帮助他们解决孩子上学的问题。最初，两位副校长都希望孩子能录取到中央民大，但是分数达不到中央民族大学的录取线是不能录取的，我认真地跟他们解释，两位副校长有点沮丧，很难过，我看着他们失望的背影，也为他们感到遗憾。第二天，两个副校长一上班先到我的办公室来，一进门就说，荣校长请您一定帮助我们两个小孩有书读啊！我想他们所想，急他们所急，安慰他们，对他们说，你们放心，一定让孩子有书读，有学上。这么一说，他们俩的心情也好一点，精神状况也稍好了。我第二次又去找北京市教委，不厌其烦地跟工作人员说明这两个孩子的实际，工作人员答应尽量调剂到别的院校。过了两天，我第三次到北京市教委，经过市教委的几位领导商量后，计划按北京政策录取到北京市的一般高校去。相关负责人说：荣校长，我真的服了你了，你也够上心了，你也用不着再跑了。根据政策，我们定了一个解决方案。一是中央民族大学不能录，这是为了你们好。我们另外安排北京市直管的高校录取。

回到学校，跟他们商量，跟家属和孩子商量，大家对录取的学校都十分满意。两位副校长非常感激，说我懂得他们的苦恼，理解他们的心情，解除了他们的忧患，贴心人啊！经历了这些事后，在班子里形成了工作的更大合力，布置工作，大家积极配合，分工不分家，合唱不独唱，坚定不移地推进学校的建设和发展，取得一个又一个的成绩。直到现在他们还记住我做的事，时常念我的情，大家都高兴，何乐而不为呢！班子成员之间只有政治上相互关心，工作上相互支持，生活上相互帮助，才能不断加深友情，感情的链条才会更加牢固，成员之间的关系才会密切、融洽，才能真正风雨同舟，和衷共济，团结和谐，共同推动事业发展。

影响久远："同一首歌"走进中央民族大学

《同一首歌》是一档中央电视台的歌唱类节目，栏目于1999年1月28日创立，制片人为孟欣。栏目名称借用歌曲《同一首歌》。歌曲《同一首歌》是一首陈哲作词、孟卫东作曲的著名歌曲，创作于1990年，当时由歌手刘畅首唱，以后又有蔡国庆、毛阿敏等名星演唱。此后，中央电视台创办了电视栏目《同一首歌》，成为中央电视台知名综艺节目之一。

《同一首歌》是怎样走进中央民族大学的呢？中央民族大学在什么样的背景下同意联合举办《同一首歌》大型文艺晚会？这得从1999年年底说起。我被任命为中央民族大学校长后，总想干一番事业，给教职工办些实事、办些好事。每一年抓住一两件举足轻重的有影响的事情。中央电视台《同一首歌》栏目为什么会找到中央民族大学联合举办文艺晚会呢？2002年9月之前，中央民族大学有几件事办得非常有意义。一是2000年时任中共中央常委、国务院副总理李岚清同志来学校视察，看望博士研究生，鼓励他们为中国高等教育事业做出自己的贡献。其中历史系的博士研究生达力扎布获得了当年教育部百篇优秀博士论文奖，通过媒体宣传，社会上知道中央民族大学得到了党中央、国务院领导的亲切关怀，知道中央民族大学培养的博士生研究水平和质量是很高的，中央民族大学的声誉开始在社会上广泛传播，地位提高了，影响扩大了。二是2001年5月14日，时任中共中央常委、国务院总理朱镕基同志来中央民族大学视察，充分肯定了中央民族大学的办学方向是正确的，指导思想、办学理念、人才培养模式是好的，并表态支持中央民族大学的建设和发展，按建设项目预算拨款5.1亿元，改善办学条件，还提出要把中央民族大学建成世界一流的民族大学。通过这次朱总理视察，进一步提高了学校的社会地位，树立了良好的形象。三是2002年5月，教育部、北京市政府、国家民委三家签订协议，联合共建中央民族大学。在招生、专业设置、学科建设、教师队伍建设等方面都给予支持和帮助，又产生了一次新的影响、一次激励、一次推动，也深刻地影响了众多的新闻媒体。2002年9月，中央电视台《同一首歌》栏目组找到我们，决定制作一期以56个民族题材为主的大型音乐演唱会，作为当年国庆的特别节目。栏目组找到学校办公室，表示要与中央民族大学合作，相关制作费用以及演职人员费用都由栏目组承担，学校只需提供场地和供电以及安全保障，同时组织以在校学生为主的观众队伍，演出时间定在9月23日晚上，洽谈时间是9月10日。对学校来说，不到半个月的时间，筹备如此大型的演出活动，前所未有，时间相当紧迫。

接到《同一首歌》栏目组的申办要求，学校办公室立即向校领导汇报，当时正在召开校长办公会，为此，我临时增加了一个议题。我们认为，这场晚会不仅能为学校起到良好的社会宣传效应，为中央民族大学大好发展时机锦上添花，同时，还是一次体现各民族学子在首都健康向上学习生活，展现56个民族文化艺术的大好机会，是大好事。与会校领导一致同意与中央电视台合作举办这场晚会，并成立了专门的工作组，由黄凤显和严玉明两位副校长任组长，学生处韩国纲处长和学校办公室周铁海副主任担任副组长，校办、团委、学生处、保卫部、宣传部、教务处、离退休干部处、体育系、音乐系、舞蹈系、附小、后勤处、后勤集团全力协助。

办公会一结束，我立即召开相关部门会议，做出了工作部署。一是高度认识《同一首歌》大型文艺晚会在我校举办的重大意义，这是一次史无前例的重大校园文化活动，是全校教职员工、学生的一次学习和欣赏文艺演出的极好机会，也是一次中华民族团结进步的大集会。各部门要认真配合，做细做好各项工作，务必圆满成功。二是明确分工，落实人员，落实责任，落实要求，切实"看好自己的门"，办好自己的事，管好自己的人，排列好时间表和路线图，按时按质完成好各项任务。三是建立责任追究制，谁的责任谁管理、谁的任务谁落实，对工作要专心、热心、耐心，不能出任何差错，要树立大局意识，增强政治使命感和高度责任感。四是增强安全第一的意识，保障人身和国家财产的安全，演出前要注意排查不稳定的安全隐患，确保大型文艺晚会演出圆满成功。五是做好宣传报道工作。召开一次演唱会、新闻发布会，中心是一条，树立中央民族大学的良好形象，事前由宣传部准备好宣传提纲，演出后在报纸、杂志、电视台等媒体发表，展示中央民族大学的成果。

2002年9月23日，中央电视台的《同一首歌》以炫目之姿在中央民族大学登台亮相。全新的感觉、震撼的场面，成为民大人关注的焦点。《同一首歌》演出的夜晚，亮如白昼，灯光和音乐共同编织了一个梦幻般的世界。当著名歌星费翔、苏有朋、零点乐队出现在舞台上，当那一切热烈与欢笑逐渐平静下来之后，长存民大人心中的就不仅仅是激动与狂喜了。

《同一首歌》的强大号召力和中央民族大学独特的风情使晚会焕发出绚丽夺目的光彩。与其他晚会不同的是，各族同学不仅仅是观众，更是演员，积极地参与其中，尽情地展示各民族的歌舞与风情。维吾尔族姑娘的婀娜舞姿和甜美笑容，令人对新疆产生了更为强烈的向往；藏族小伙儿的嘹亮歌喉和豪爽气概，一如青藏高原的雄浑与壮阔；彝家女儿清丽婉转的嗓音过耳难忘；《阿诗玛》的歌声穿越时空，有着恒久不变的魅力。台上的演员激情四射，台下的观众也热情高涨，同学们身着节日盛装，形成一道靓丽而独具特色的风景线。他们为演员献上哈达和鲜花，用本民族的礼节表达支持和喜爱。演员们则在这种最高礼遇中更真切地感受到了民大人的热情。一位维吾尔族同学跑上台，将自己的小花帽戴在了臧天朔的头上，两人都乐了。在这个充满激情的夜晚，“五十六个民族五十六枝花”竞相开放，中央民族大学成了花的海洋、歌的天堂。

《同一首歌》也贯穿着民族团结主题。少数民族歌舞具有鲜明的民族特色，各族同学同台献艺，营造了一种活泼明快而又团结温馨的氛围。舞台上，豪放的大漠情怀和悠悠的江南小调交相辉映，共同高唱“万岁中国”!

最令人难忘的是五十六名同学身着本民族的服装站在舞台上，他们手拉着手，肩并着肩，象征着中华民族大团结。朝气蓬勃的大学生们，有着坚定的信念：只有各民族紧密团结，才会有更为辉煌的未来。他们将致力于弘扬民族的平等、团结、互助、和谐的精神，促进各民族的团结与进步!

《同一首歌》大型演出产生了巨大的社会效应，中央电视台制作的《同一首歌·走进中央民族大学》也产生了轰动的社会效应。

第一，在中央民族大学、全国少数民族地区、边疆地区引起了十分热烈的反响。中央电视台第三频道于2002年9月30日晚播出了《同一首歌·走进中央民族大学》国庆专题节目，学校各民族师生收看节目后，心花怒放，奔走相告，认为节目充分展示了我校各族师生在建设世界一流民族大学过程中的新气象和新风貌，展现了各族师生团结奋进的新精神和新形象，体现了党和国家对中央民族大学和少数民族人民的关怀以及中央电视台对我校建设发展的大力支持。大家表示，一定要加强民族团结，维护祖国统一和政治稳定，为各民族共同繁荣、为西部和民族地区的建设发展做出更大贡献。

一名来自云南山区的同学，迫切希望改变家乡贫困落后的面貌，民大的录取通知书点燃了她的希望，国家西部开发助学工程为她铺就了走入大学的道路。在《同一首歌》的晚会现场，她面对摄像机，大声说出了心底的愿望："我是西部开发助学工程的受助者，我要努力学习，建设家乡，报效祖国。"在民大，像她这样的同学还有很多，虽然来自不同的民族和地区，虽然在语言、文化上有差异，但他们的心同祖国紧紧相连，"我和我的祖国在一起"。

从节目开始播放到国庆期间，中央民族大学的各族师生不断接到民族地区、边疆地区干部群众和家乡朋友、亲人的电话，纷纷反映这是一台优秀的节目，即使远在边疆和民族地区的少数民族人民也都从中深切感受到党和国家对少数民族的关怀，倍觉温暖。特别是少数民族学生的家长，更深受感动。有的新生家长在电视上看到了自己孩子的形象，听到了他们说话的声音，激动得夜不能寐。

同时，国家民委、教育部、北京市三家共建中央民族大学上级单位的有关领导和同志也来电话向学校领导表示祝贺和勉励。首都和外地的兄弟院校特别是民族院校的领导和师生员工，亦相继来电致意。

由于节目在国庆前夕播放，我校不少师生当晚还参加各种庆祝活动，未能观看节目；许多师生给家乡亲人打电话，希望家乡亲人收看节目，但边疆和民族地区有一些地方由于技术或条件限制无法收到央视的第三套节目，所以留下遗憾。为此，学校领导特意致函中央电视台领导，请求在国庆节期间通过中央电视台第一套节目再播放一次《同一首歌·走进中央民族大学》。

《同一首歌》给民大带来了震撼，民大也赋予了《同一首歌》更为独特的内涵，那个欢乐的夜晚将变成鲜活的记忆常驻民大人心间！

第二,《同一首歌·走进中央民族大学》丰富了校园文化生活。大学的功能是培养人才、科学研究、服务社会。就培养人才来说，要培养各种类型的人才，多种类型的人才培养与教学内容分不开，与丰富的校园文化也是分不开的，健康向上的校园文化生活是学生进步发展所必需的，如各类课程讲座，包括理论专题讲座，法律、国学、管理学、人文历史等讲座，能丰富学生的理论知识，拓宽学生的理论思维，扩大学生的视野，提高学生的战略思维和开放能力。还有棋琴书画、音乐舞蹈、体育项目比赛等，从艺术鉴赏方面丰富学生的知识内涵，让学生拓宽眼界，进一步得到文化素质的提升和熏陶。通过多种途径、多方面的知识输送，他们才能在知识的海洋中游泳，从此岸到彼岸。一旦他们到社会上工作，通过接触社会、了解社会、适应社会，理论联系实际，他们就会如虎添翼，在天空自由飞翔，在大海自由跳跃，能胜任各种岗位。因此,《同一首歌》走进中央民族大学，丰富了校园文化生活，具有特殊的意义。

第三,《同一首歌·走进中央民族大学》是提高师生音乐素质和体验高雅艺术的实践活动。从广义讲，音乐就是一种艺术，是令人愉快的、神圣的。音乐是什么?“音乐是爱的召唤，是情的流露，是天籁的乐章。音乐是母亲的手，让我们在烦恼的时候宁静，让我们在痛苦的时候温暖，让我们在紧张的时候松弛。”“音乐是生命中流动的旋律，是游走在心河的精灵。音乐是人类最美的语言。”

那天晚上我校和中央电视台联合举办的《同一首歌走进中央民族大学》大型演唱会，集中了许多著名歌手，星光灿烂，熠熠生辉。他们唱出了人民的心声，唱出了人民的情怀，唱出了中国的爱，唱出了伟大的中国梦。有的师生说，这场音乐会太有价值了，是对我们灵魂的一次洗礼，精神上的一次振奋，工作上的一次补气，生活上的一次温暖。后来，每当人们提起这次音乐会，都会竖起大拇指，赞叹不已。

第四,《同一首歌·走进中央民族大学》在一定程度上也提高了学校的知名度和美誉度。学校的知名度和美誉度最主要的是靠学校办学条件的优化，环境的优美，教学质量的提高，教师水平高，培养学生效果好，科研成果丰硕，管理制度强化，等等，但也与社会上的支持和帮助提高知名度分不开。通过那次音乐会，中央民族大学在社会上，从城市到乡村都产生了较大的影响。每年招生，许多学生慕名而来，招生人数与报名人数的比例都在1：10之上，甚至民族学等传统学科也都填满志愿。《同一首歌走进中央民族大学》演唱会已经过去十多年了，每当人们提起这事，依然历历在目，印象深刻，回味无穷。

让音乐优美的旋律永远在56个民族的心中回荡！让音乐之火燃烧的激情推动实现伟大的中国梦！

精彩49秒：中央民族大学56个民族师生在雅典奥运会闭幕式上集体高唱中国国歌

2001年7月13日，国际奥委会主席萨马兰奇先生在莫斯科宣布：北京成为2008年奥运会主办城市。这一天大的喜讯传到中国北京时，40万群众涌向天安门广场狂欢庆祝，13亿中国人心花怒放，欢天喜地，全球华人振臂高呼：祖国万岁！全中国人民的民族自尊心、自豪感大大增强。北京申奥成功具有重大的政治意义、历史意义和人文意义，意义非同寻常。

一、提高了中国的国际地位。中国是一个大国，也曾经是一个弱国。特别是近代以来，遭受外国侵略者的欺凌压迫，中国人民处在水深火热中。1900年8月14日，以英法为首的帝国主义八国联军侵略中国，火烧圆明园，掠夺我国的金银财富，抢走我国的重要文物。1931年9月18日，日本帝国主义开始侵略霸占中国东北三省。1937年7月7日卢沟桥事变之后，日本向中国展开全面进攻。直到1945年打败日本侵略者，1949年打倒国民党反动派，夺取了抗日战争和解放战争的胜利，成立了中华人民共和国，从此，中国人民才站起来了，扬眉吐气了，在国际上开始有了自己的地位，一步一步地提高了中国的国际地位，成为联合国安理会常任理事国。特别是北京申奥成功，更加说明我国的综合国力、军事实力、经济实力、科技实力、文化实力真正提高了，在外交上腰板也直起来了，中国可以说“不”字了，在国际事务中起到了举足轻重的作用。尤其是我国成为世界第二大经济体以后，在国际舞台上说话的分量越来越重了，发挥的作用越来越大了。

二、增强了中国人的凝聚力。中国人曾被外国人看成是一盘散沙、“东亚病夫”。这种看法在北京争得奥运会的主办权以后就彻底消失了。北京申办奥运会成功，固然有许多因素，但最重要的是全国56个民族的团结，心往一块想，劲往一处使，一心一意申办奥运，把举办奥运看成是中国人的最大心愿，以争创体育竞技新水平为主要目标，确保争得举办奥运会的权力。从1998年11月25日北京递交申请举办2008年奥运会的那一刻开始，中国政府和13亿人民就开始心连心，手牵手，携手共创举办奥运会的条件，步调一致地朝着健康的方向、为实现举办奥运会的目标向前推进。随着申奥成功，中国人民更加团结了，更加一致了，13亿中国人像拧成一股绳，一方面把我国原有的体育项目集中起来强化训练，迅速提高体育竞技的能力和水平，争创一流国际水平；另一方面把全民健身运动带动起来，努力提高人民的素质，增强人民的体质，一心一意谋发展，同心同德搞体育，为实现中国从体育大国走向体育强国而努力奋斗。

三、扩大了中国在世界上的影响力。2008年北京成功举办奥运会是中华民族的百年梦想，千年盛事，中国人民的自信心、自豪感得到充分的彰显，中国的政治、经济、文化在世界上产生了广泛的影响。从政治上来说，奥运会与政治有极深的历史渊源，奥运会以其独特的方式发挥着自己的功能，产生巨大的政治影响力。中国走向世界，世界更多地了解中国，促进中国与世界的合作与交流，有利于维护国内、国际政治局势的稳定，促进中国的政治建设。从经济上来说，奥运会带给一个国家的不仅仅是一种荣耀和世界给予的信任，而是意味着更大的商业机会和经济盈利空间，更是促进一个国家、一个地区经济发展的极好机会。从中国文化方面来说，借助奥运会这个平台，把中国文化、中国价值、中国话语权传到世界各国去。软实力跟上了，硬实力与软实力结合在一起，无疑会给中国文化的传播、影响及未来发展都带来良好的机遇。

四、证明中国有能力举办奥运会。奥运会是世界上体育竞技最重大的盛事，能够举办奥运会，说明中国的综合实力已经达到一个新的水平，有足够的能力来承办花费巨大的体育盛事，有高超的组织能力办好奥运会。北京以申报奥运会成功为契机，在2004年以后的五年投入1800亿元用于改善环境，治理污染，改进交通、通信等基础设施。投入130多亿元建设大批具有国际水准的奥运会体育场馆，还要完成900多万平方米的危旧房改造任务。中国的总体体育水平达到世界优秀程度，包括奥运项目28项，非奥运项目12项，其他6项，总共46个竞赛项目，如游泳、体操、田径、球类、武术、水上、击剑、赛艇、象棋、板球、自行车、跳水、骑马、足球、滑冰、高尔夫球等。仅这两方面就足以证明中国有实力有能力举办奥运会。在世人看来，中国的确强盛起来了，奥运会的举办权非中国北京莫属。

五、更好地发扬奥林匹克精神。奥林匹克的精神是什么呢？奥林匹克精神是“更快、更高、更强”。这六个字的内涵非常丰富，充分表现了奥林匹克运动不断进取、永不满足的奋斗精神和不畏艰险、敢于攀登高峰的拼搏精神。在体育赛场上，面对强手，发扬勇往直前的大无畏精神，敢于拼搏、敢于挑战、敢于胜利。对自己永不满足，不断战胜自己，发挥自己的潜力，超越自己，实现新的目标、达到新的境界，克服大自然给人类带来的各种各样的限制，挣脱自然对我们的约束，取得更大的自由。奥林匹克精神既是一种“更快、更高、更强”的自我挑战精神，也是公平、公正、平等、自由的体育竞技精神。奥林匹克包含的这种自我挑战精神和公平竞争精神构成了当代人类自我完善和社会交往的基石。奥运会放在中国北京举办，能更好地发扬奥林匹克精神：一是北京是中国的政治经济文化中心，有众多的媒体，通过电视、报纸、杂志、书籍、电子通信、邮件等途径宣传奥林匹克精神，使这种精神广为传播。二是北京拥有众多人口，达到2100多万。通过人的宣传，奥林匹克精神进学校、进教室、进各类人群的头脑，中国又是一个拥有13亿人口的大国，通过这条途径，使奥林匹克精神家喻户晓，人人皆知，深入人心。在世界其他国家，起不到这种无量的宣传奥林匹克精神的轰动效应。

2004年6月，北京市政府及北京第29届奥组委决定参加在希腊雅典主体育场举办的第28届奥林匹克运动会闭幕式。在闭幕式上，北京奥组委将从国际奥委会主席手中接过奥林匹克会旗，而后进行8分钟的中国文艺表演。为纪念两个文明古国在奥林匹克舞台上相逢，雅典奥组委特别安排了49秒的中华人民共和国国歌演唱。在会旗交接仪式之前，两国各组织70名国歌合唱团团员，身着本国绚丽多彩的民族盛装，站在本国国旗下演唱本国国歌。此项活动是北京在奥林匹克舞台上的一次重要亮相，对于展示中国悠久灿烂的文化，体现中华民族大团结，宣传改革开放的现代化中国，树立中国和北京良好的国际形象具有重大意义。北京市政府和北京第29届奥组委将这一光荣的政治任务交给了中央民族大学。

为什么北京市政府和北京奥组委把参加雅典奥运会闭幕式演唱国歌的光荣任务交给中央民族大学呢？中央民族大学具有显著的民族特色和无可替代的特殊政治地位，有资格、有能力、有条件承担这个光荣的政治任务。

（一）中央民族大学是一所56个民族聚集的民族团结进步的少数民族高等学府。其一，中国高等教育的国民教育，有两个系列，一个系列是普通高等教育院校，另一个系列是民族高等教育院校，在全国共有16所，领头雁、带头人就是中央民族大学。中央民族大学是全国唯一一个同时拥有

56个民族师生的大学。少数民族学生占70%以上，汉族学生占30%左右。在中国、在全世界，最具有民族代表性、广泛性、典型性的单位，非中央民族大学莫属了。其二，中央民族大学隶属国家民族事务委员会，是我国培养56个民族人才的摇篮，也是中国民族团结进步事业的象征，是展示我国各民族优秀文化的重要窗口，具有丰富多彩的民族文化资源。2004年，中央民族大学在校学生有12000多名，教职员工4000多人。学校有三个艺术类学院，不但拥有专业的音乐演唱人才和专业的合唱指挥家，更重要的是56个民族的大家庭符合此项活动的宗旨和组织原则。其三，建校以来，学校曾多次参加国内外各种大型的政治文化宣传活动，还在人民大会堂独立承担第三届全国少数民族文艺汇演的开幕式大型文艺演出任务，具有丰富独到的文艺表演经验。

（二）中央民族大学是所极其特殊、极其重要的国家研究型综合性高水平重点大学，是“211工程”“985工程”一流大学。中央民族大学历史悠久，其前身是中国共产党在延安成立的民族学院，中华人民共和国成立后，在党中央、毛主席等历届领导人的支持和关怀下不断发展，形成了一批别的高校替代不了的特色学科、优势学科、精品学科。选择这样的学校去雅典参加奥运会的闭幕式唱中国国歌，无疑会为中国人增光添彩。

（三）中央民族大学充分展现了中华人民共和国的民族风采，凝聚了民族魂。中央民族大学56个民族师生组成的社会主义民族大家庭，是中华民族多元一体格局的集中体现，谁也离不开谁，汉族离不开少数民族，少数民族离不开汉族，少数民族之间也互相离不开。中央民族大学又是56个民族师生的聚居地和集散地，是各民族魂的集中、重要代表。各个少数民族的第一个本科生、第一个硕士生、第一个博士生都是从中央民族大学走出来的，具有全国其他高校所没有的代表性，这个代表性是于中央民族大学成立之日起就存在的。每当各民族的节庆到来，本民族师生都穿上自己的民族盛装，载歌载舞，用多姿多彩的民族风情，用具有民族风俗习惯的饭菜饮食，共同庆贺。在中央民族大学似乎每天都有节日，各民族师生在欢乐幸福的环境中生活，民族团结、民族感情充分体现。广大师生是各民族在京的优秀代表，也代表着各地的少数民族，既是国家队，又是地方队，理所当然成为中华人民共和国国歌合唱团的成员代表了。

（四）中央民族大学在国内国际已产生较大的影响，正在以健康的步伐全面建设世界一流的民族大学。2001年5月，时任中共中央常委、国务院总理朱镕基同志到中央民族大学视察，给中央民族大学提出一个响亮的口号：把中央民族大学建成世界一流的民族大学。这个口号一直鼓舞着中央民族大学的师生在各条战线发挥作用。鼓励老师钻研学术，科研成果丰硕，鼓励学生到社会上创业，应聘各种岗位，施展自己的才华，成为各行各业的佼佼者。对学校来说，这一口号对学校的声誉产生了广泛久远的影响，《同一首歌》走进中央民族大学，北京市、国家民委、教育部三家共建中央民族大学，中央民族大学被评为北京市的文明单位等殊荣接踵而来。从国际上来说，来中央民族大学学习的美国、日本和东南亚留学生每年将近1000多名。我们与美国哈佛大学、英国剑桥大学、韩国汉城大学、法国巴黎大学等78所大学签订了合作交流协议书。在国内、国际上，中央民族大学都产生了广泛的影响。作为一所有影响的大学，唱国歌的历史重任自然落在我们肩上。

说到这里，我们就明白北京市政府和北京市奥组委把唱国歌的政治任务交给中央民族大学的缘由了。奥运会国歌合唱团的活动不仅能对外树立北京乃至中国在奥运舞台上的光辉形象，也有利于增强民族团结，激发爱国热情，弘扬奥运精神。6月20日上午，我校接到这个任务后，全体师生员工奔走相告，无不欢欣鼓舞，立志要完成好这一光荣的历史使命。

当天上午，校党委书记王彦同志主持召开校党委常委专题会议，贯彻落实北京市委的指示精神，对国歌合唱团组建及相关工作进行了周密部署，明确要把这一工作当作重要而光荣的政治任务来完成，并确定由校长荣仕星同志亲自带队前往雅典，黄凤显副校长具体负责，成立了配合北京奥组委工作的专门小组，指派曾经多次组织协调过校内外重大政治文化宣传活动、在这方面具有比较丰富经验的学校办公室副主任周铁海为项目总协调人，制定相应的工作方案，确保各项具体工作的落实。

6月21日，我召开了国歌合唱团工作小组会议，强调了两个方面的工作，一是向北京市奥组委报送国歌合唱团的工作方案，提出筹备演出过程的六个阶段，即精选团员、合唱排练、出国动员、演唱国歌、国歌影响、回国体会。这个工作方案很快得到北京市奥组委的批准，并拨给中央民族大学200万元的工作经费，确保各项工作的完成。二是学校立即按工作方案的预定步骤开始工作。从接受任务到演唱时间只有两个月，时间紧、任务重、要求高、压力大。

随后，我在学校大礼堂对各族师生召开了第一次动员会，进行了广泛而深入的宣传，阐明了接受此任务的光荣意义，提出了“外树爱国好形象，内增爱校凝聚力”的口号，宣传了爱国主义精神和奥林匹克精神，维护祖国尊严，增强中华民族大团结意识，得到了广大师生的热烈响应，起到了积极的作用。于是，按照工作方案，紧接着进入了有序的工作程序。

第一阶段：精选团员。从6月22日开始，在全校进行国歌合唱团团员的公开选拔。按照要求，我们对遴选国歌合唱团团员的政治条件、个人条件与综合素质提出了严格的要求，对合唱团的民族成分和男女比例做出具体规定。具体的步骤是：1.个人自愿报名。两天内，全校共有近4000名师生踊跃报名。2.各院系党组织对报名者进行政治审查并核实报名材料。学校选拔工作小组进行复审和初选，共推选出156名初步人选。3.严格面试。156名初步人选在学校大礼堂进行1分钟演讲和面试，11名评委逐个评分。

总成绩=专业知识+外语水平+个人条件，重在个人平时的综合表现。4.择优录取。按照择优录取的原则和民族成分、男女比例的要求，选拔工作小组最后确定了60名学生、10名教师共70人的国歌合唱团。其中，男30人，女40人，学生包括了汉族、达斡尔族、土族、藏族、回族、哈萨克族、赫哲族、拉祜族、纳西族、独龙族、土家族、裕固族、水族、瑶族、满族、京族、柯尔克孜族、彝族、壮族、锡伯族、苗族、黎族、侗族、蒙古族、塔塔尔族、俄罗斯族、东乡族、畲族、傈僳族、维吾尔族、布依族、朝鲜族、仡佬族、佤族、毛南族、撒拉族、傣族、高山族、白族、布朗族、阿昌族、普米族、怒族、德昂族、门巴族、珞巴族、基诺族、鄂温克族、塔吉克族等49个民族成分。团员中绝大部分来自民族地区，有的甚至是不通公路的贫穷落后地区。按北京市奥组委的要求，还要选7个民族的师生，我们又从老师中选了6个民族代表，共计55个民族。56个民族的大家庭还少一个鄂伦春族，最后在中央民大附中选了一个鄂伦春族学生。这回56个民族的民族成分就齐了！通过两天的严格精挑细选，确定了70名师生组建赴雅典奥运会闭幕式演唱的中央民族大学国歌合唱团。接着我们就开始进行紧张而又活泼的准备排练了。

第二阶段：合唱排练。国歌合唱团成立后，我作为中央民族大学校长，专门召开了团员大会，对全体团员和工作人员再次进行思想动员。对每一个团员提出要求：1.强调祖国的荣誉高于一切。每一个团员都要增强中华人民共和国的国家意识，增强高度的政治责任感。这是国家和个人难逢的重大机遇，大家要讲政治，要有高度的政治觉悟，为国争光，为北京市争光，为中央民族大学争光，为你们父母兄弟姐妹争光，为自己争光，充分展现中国人民文明礼貌的良好素质，展现中华民族的风采。2.全力以赴投入排练，要精益求精，展示最优秀的精神风貌，唱出最高水平的歌声，表达最丰富的感情，体现56个民族的团结、健康、向上的精神。3.要严于律己。大家知道世界关注中国、关注北京、关注奥运，我们的一言一行都代表国家的形象，所作所为不能有损国格，不能有损人格。因此，要注意遵守政治纪律、采访纪律、新闻纪律、外事纪律。4.发扬吃苦耐劳的精神，互相关爱、共同协作，保证完成任务，向党中央、国务院，向全国人民交出一份最优秀的答卷。

同时办理护照、定做民族服装等准备工作也按计划有条不紊地进行。7月6日，合唱团团员放暑假离校，8月15日统一返校。团员返校后进行集中排练，具体安排是：1.练习演唱国歌。2.根据张艺谋导演的要求排列队形和表演。3.强化外语训练，同时举办系列讲座，包括奥运知识、国情知识、民族知识、校情介绍等，并要求团员自学有关知识。8月16日，国歌合唱团正式进入国家奥体中心排练。至今团员们还忘不了那6天的排练过程。

由于表演服装是在很短的时间内赶制出来的，很多团员的鞋子磨脚，有一位纳西族的女孩子第一天排练后足跟就磨破了，但她没有丝毫抱怨，只是默默地将伤口清洗干净后贴上了创可贴。谁知到了第二天，不合脚的鞋子把创可贴也磨破了。面对大家的关怀，她面带微笑地回答："没事，多贴两片就好了。"由于高温天气，穿的靴子密不透风，到第三天排练时那位团员的伤口已经严重发炎，最后不得不去医院接受治疗，可这时她担心的不是自己的伤口，而是合唱团的排练工作，她眼含泪光地自责："都是我不好，连累了大家的排练。"苦和累在团员们身上换来的是一个坚强的信念，那就是"为祖国争光、为民族争光"。还有维吾尔族老师阿达来提和蒙古族老师白薇都是年近50岁的女同志，在排练时每一次拉开"2008北京欢迎您"的大横幅后，都是在她们的带领下一遍又一遍地仔细卷起来，手指磨破了，缠上一点卫生纸又继续和年轻人一起排练，横幅只做了一个，在雅典最后演出时还保持完好无损，无不浸透着她们的心血，体现了合唱团团员不怕苦、不怕累、不怕痛的连续作战精神。

8月20日北京市委领导来审查时，合唱团因一直进行排练而没吃上晚饭，学校后勤部备了夜宵放在学校大门口团员们下车的地方，当时参加8分钟演出的其他演员（奥运宝贝）也住在我校，她们先回到住地，看到大门口放着的夜宵喜出望外，于是分而食之。合唱团部分团员没得吃了，岁数小的同学饿得哭了起来，得知事情原委后，演员组的女孩子们又把东西送还回来，合唱团的同学们哈哈地笑成一片说："咱们都是为了一个共同的目标，吃在谁的肚子里都一样。"事情虽小而有趣，却体现了整个接旗团成员们团结友爱的精神。

第三阶段：出国动员。8月24日，国歌合唱团临出国的头一天，我对他们进行了第三次动员，重点阐述了中华人民共和国国歌合唱在雅典奥运会闭幕式上特殊的政治意义和历史意义。1.唱国歌是中华人民共和国公民一项光荣的政治任务；2.唱国歌是一次特殊的国际表演；3.唱国歌是民族团结的象征；4.唱国歌是一项与国际接轨的重要外事活动；5.在奥运舞台上唱国歌是百年难遇的展示国家综合国力的重大活动；6.唱国歌是展现中华民族风采、展示当代中国少数民族大学生精神风貌的一次重要活动。通过动员，同学们明白了道理，知道了基本的礼节，懂得了规矩。我还专门讲了政治纪律、外事纪律、组织纪律，要求大家必须遵守纪律，演唱国歌之前，一律不能请假。同学之间要团结和睦，相互帮助，确保完成任务。8月25日，包括领队和工作人员在内的75名团员登上北京奥组委的专机，向奥运圣地飞去。当地时间8月25日下午5：30抵达雅典，行车40公里入住"金马夏令营"，第二天便投入到紧张的活动和排练当中。

8月27日，合唱团进入距住地40多公里的K2排练场排练，当时雅典的气温在摄氏40度左右，我们的民族服装又厚又沉，团员们热得快坚持不住了。这时旁边高跷队的一名队员晕了，像一棵树似的向合唱团倒了下来，看到这种情况，同学们没有跑开，而是拼着全力接住那名队员，随后扶他去休息。那几天烈日炙烤，锤炼着合唱团团员的坚强意志。每当合唱团团员身着多彩的民族服装出现在排练场时，都博得希腊朋友们热烈的掌声。我们知道，那是他们在为中国喝彩。

8月28日，合唱团还在雅典为国家旅游局“2008北京 — 中国欢迎您”奥运旅游宣传活动奉献了一场精彩纷呈的文艺演出。

第四阶段：演唱国歌。8月29日，期待已久的激动时刻即将到来。晚10点30分，雅典奥运会接旗闭幕式开始，精彩的演出节目有以下三个部分：一是奏希腊国歌；二是唱中华人民共和国国歌，交接奥林匹克会旗；三是8分钟精湛的中国文艺表演。

到我们放歌的时候了！这时团员们身着绚丽多彩的民族盛装，个个精神抖擞，目光炯炯，全神贯注铿锵有力的指挥，怀着满腔爱国激情，万众一心，发出了“起来，起来，起来”的吼声！当自信、坚定、雄壮的国歌在雅典上空回荡，当中华人民共和国北京市市长王岐山接过奥林匹克会旗时，全场欢声雷动，一片沸腾……精彩的49秒时间很短很短，但是国歌的旋律却在合唱团团员心中、在中国人民心中、在北京市人民心中、在中央民族大学师生的心中长长久久地回荡。

第五阶段：国歌影响。国歌合唱团团员在雅典期间还充当和平使者，他们深知自己每到一处都代表着祖国的形象，都主动和外国朋友交流沟通，讲述自己民族的进步，宣传祖国的发展，所到之处都留下了响彻云霄的中华人民共和国国歌声，留下了56个民族团结的美好形象。

记得在K2排练场时，我们在休息处遇到了一位旅居希腊多年的老华侨，他激动地对我们说：“我已经很多年没有亲耳听到我们的国歌了，刚才你们的演唱实在是太好了！你们要像参加奥运会的运动员一样，唱好国歌，为国争光！”

在与普通希腊人的接触中，我们深深地感受到，随着中国国际地位的提高，中国人在世界上正日益受到关注。在跟金马夏令营的女经理交流时，她的一句话代表了整个希腊人民的共同愿望，她说："中国和希腊都是文明古国，并先后举办奥运会。我衷心祝愿2008年北京奥运会能够成功举办，请把奥林匹克精神带给13亿友好的中国人民！"

雅典之行结束了，但这次经历将成为我们人生中一笔宝贵的精神财富，我们深深地意识到自己肩负的担子更重，我们的年轻一代，将肩负起中华民族伟大复兴的历史重任。

2004年国歌合唱团返校后并没有解散，他们在学校和其他地方继续参与"建设新北京、办好新奥运"的各项社会活动，继续弘扬中华民族精神，宣扬奥运精神，又光荣地接受了在2008年北京第29届奥运会开幕式上演唱国歌的任务，使国歌美丽的旋律从北京唱到希腊的雅典，又从雅典唱回北京，国歌的歌声永不消失，国歌象征着在任何时候、任何地点，为捍卫国家和民族尊严，中华民族的坚强意志和不屈精神，永远不会被磨灭。

第六阶段：回国体会。2004年9月3日，中央民族大学国歌合唱团回到学校，我就布置每个师生写一篇心得体会，告诉大家要把最深厚的感情写出来，把最难忘的事情写出来。大家都非常认真地写了，从进入合唱团到演出高唱国歌到回国整个过程的体会，都进行了深刻、生动、具体的描述。这里摘录部分学生的体会和感想。

一、那难以忘怀的记忆

（马亮，男，柯尔克孜族）

时光飞逝如箭，大学四年，弹指间已经过去，只是有些记忆并不会随着时间的流逝而淡去，2004年雅典奥运会闭幕式接旗表演的一幕幕场景仍然就在眼前。

按照惯例，奥运会的下一届主办方要在本届奥运会的闭幕式上接过奥运会会旗，并有八分钟的时间向世界展示主办方的风采。北京市委、奥组委决定在我们学校挑选70名师生组成合唱团参加接旗仪式的表演，我们的主要任务是合唱国歌并在表演高潮时向世界展示印有“2008，北京欢迎您”的条幅。学校在接到这项无比光荣的历史任务后，通过严格的挑选，最终确定了70名师生正式组建了中央民族大学赴雅典奥运会闭幕式国歌合唱团。在短暂的兴奋过后，8月15日合唱团开始收假排练。

我们的排练分为“国内”“国外”和“实地”三部分。8月16日全团进入北京奥体中心体育场开始了国内培训。忘不了那6天的时光，每天下午3点开始，团员们顶着烈日酷暑，一遍又一遍地练唱着国歌，一次又一次把条幅拉开，直到深夜一两点，在整座城市进入梦乡后才踏上回家的路。团员们很累，但每位团员脸上却看不到丝毫的困倦，洋溢的满是自豪与幸福。有人说“接旗团员很幸运”，是的，我们的确幸运，可这背后却有着很多大家看不到的辛苦。由于我们的表演服装是在很短的时间内赶制出来的，很多团员鞋子都磨脚。记得有一位团员在第一天排练后就将足跟磨破了，但她没有丝毫抱怨，只是默默地将伤口清洗干净后贴上创可贴。谁知到了第二天，不合脚的鞋子竟然连创可贴也磨破了。忘不了那位团员面对大家关怀时面带微笑的回答：“没事，多贴两片就好了”。由于高温天气，穿的又是密不透风的靴子，到第三天排练时那位团员的伤口已经严重发炎，最后不得不去医院接受治疗，可这时她担心的不是自己的伤口，而是合唱团的排练工作，忘不了她眼含泪光地自责：“都是我不好，连累了大家的排练。”

经过辛苦的国内排练后，我们合唱团于当地时间8月25日下午5点30分到达奥运圣城——雅典。在短暂的休整后，8月27日全团进入离雅典市区50多公里处的K2排练场进行排练。那几天，当地持续高温，尽管团员们在出发前都已做好了思想准备，但还是被40度左右的高温给镇住了，很多团员的手臂和脸庞都被晒得脱了皮。记得有一位负责队伍组织的老师，在国内时就因为排练过于辛苦而导致喉咙沙哑，虽然服用了很多药物仍然没有丝毫好转。到了更加辛苦的国外排练时，这位可敬的老师仍然每天坚持排练。喉咙痛到实在说不出话时就用扩音器，就是这样，这位老师没有休息过一天，认真地进行着排练。每次听到扩音器里老师沙哑的声音时，团员们的心都在颤抖。还有一位团员，因为连日在高温下排练不慎中暑，身体很虚弱，可她仅仅休息了不到两个小时，就又重新加入到排练队伍中来，很多一同排练的外国表演人员都对她的顽强和奉献精神报以雷鸣般的掌声。

8月29日，隆重盛大的闭幕式表演正式举行。上午11时，合唱团就来到雅典主体育场指定地点候场，下午5点30分在实地进行了最后的彩排。记得因为主办方的表演方案临时改变，有几位老师不能上场参加演出，大家都非常震惊。经过这么长时间辛苦的排练到最后时刻却不能上场，来到奥运主会场却不能参与其中，对于个人来说这是多么大的人生遗憾！但这几位老师却表现得极为高尚，一方面积极配合主办方的工作，另一方面为了不影响团员们的情绪，一直在身旁给团员们加油打气，让大家好好表演。团员们都知道这几位老师的良苦用心，很多团员都眼含泪水做着准备工作。晚10点30分接旗仪式开始，身着绚丽多彩民族服饰的合唱团成员满怀爱国激情，在奥运圣火点燃之地齐声高唱国歌，每一声“起来”都唱出了发自心底的自豪。随后在接旗表演的高潮时，我们合唱团又在跑道上拉出了两条五十多米长的大红绸，映入世人眼帘的是醒目的黄色大字“北京欢迎您”“Welcome to Beijing”，我们被淹没在掌声和欢呼的海洋里，每一个人都拉着绸子兴奋地舞动着，大声传达着我们的邀请“Welcome to Beijing !”我们的表演成功了，我们合唱团完成了中国人的首次奥运表演。

那晚的奥运表演之夜终生难忘，清晰地记得很多团员在高唱国歌时都哭了，那一道道的泪痕又是多么的美丽。

虽然已经过去了，但我知道，那些记忆永远不会远去。

二、我到雅典接奥运旗之一：幸运之神惠临

（郑紫豪，男，满族）

这个夏天，是我在北京读大学的第二个夏天。对于我来说也是一个不同寻常的夏天。

6月23日，我接到学生会的紧急集合通知。党中央国务院、北京奥组委指派中央民族大学承担“中华人民共和国赴雅典迎奥运国歌合唱团”的任务。学生会全体成员要积极配合学习部在当月25日前做好活动的前期宣传、布置等工作。按常规，这并非学习部的工作范围，但由于这学期几次大型活动的成功举办，我所在的校学习部已成为学校中战斗力最强、效率最高、最有威望的一个部。因此，校领导将这项艰巨而紧迫的任务交给了我们。在平日工作中，对于类似紧急工作早已习惯，我也逐渐成为学习部不可缺少的骨干。

短短两天里，我们完成了横幅、喷绘展板、海报等所有前期宣传工作。25日下午，是各院系和个人上交申报材料的规定时间。广大同学对这次活动表现出了极大的热情，工作台被围了个水泄不通。三小时之内，我们就收到了将近4000份申请材料。就在这获得回报喜悦的同时，我也有些担心。能代表国家、代表首都青年参加这样的活动是每个人的愿望和梦想，我也报名参加了选拔。我觉得，于个人而言，这不仅是一次开阔眼界、锻炼自己的机会，更是一次为祖国、为学校增光的机会。

一天之后，由奥组委和学校领导组成的评审小组选出了156名学生进入复试。虽然拥有初试入选的幸运，但我明白考验只不过是刚刚开始。复试中，评审小组将根据每个人一分钟的演讲情况最终选定国歌合唱团的60

名成员，竞争之激烈可想而知。

作为第136个演讲选手，等待的时间是漫长的，等待的心情是复杂的。对着礼堂门口的墙壁，我将早已烂熟于心的稿子反复演练了几遍，这才长出了一口气。终于叫到我的名字了。我面带微笑、从容稳健、不卑不亢；每一个表情、每一个吐字都散发着沉着和自信。演讲结束，台下响起了热烈的掌声。我感到，最后的成功离我不远了。

6月28日，结果终于出来了，我入选了！之前那么多的努力和付出终于有了回报！我的心情就像一名整装待发的战士，热血沸腾。我深知这次出征对于国家、对于学校、对于我个人意义重大。

我来自贺兰山下、黄河之滨、塞上江南的宁夏。作为团队里唯一的一名宁夏人，我更加感受到那股能为家乡增光的力量！作为一名新世纪的中国青年，我深深感受到那股为祖国而骄傲的力量。我将和我的队友团结协作，以我们的睿智、勇敢和豪气见证中国征服世界。

我到雅典接奥运会旗之二：汗与泪的交响

当同学们还在享受轻松、闲适的假期时，我已回到了学校，准备参加奥运会闭幕式演出的集训。

8月16日下午，学校为国歌合唱团的全体队员做了详细的行前培训。下午6点，我们集合前往国家奥林匹克体育中心，参加第一次排练。总导演张艺谋介绍说，我们70位民族青年一是要肩负唱国歌的重任，二是要在演出尾声拉出长32米、宽6米的红绸。为保证演出效果，大家整个下午不知重复了多少遍这一展、一合看似简单的动作。

辛苦还在后面。头天晚上十二点才回到学校，第二天上午，新的排练又开始了。而且增加了难度，两块红绸各加长了18米。红绸重了，单是拉起来就已经很费劲，还要扯着它边跑边欢呼。虽说练得熟了，头绪也摸清了，可实践起来丝毫不比第一天轻松。短短50米的路程，每次下来我们都汗流满面、气喘吁吁。导演的要求也越发严格，从确定出场时间、控制情绪到整齐动作，每一步都精益求精。

18日是领导审查节目的日子。上午，我们领到学校为我们量身定做的民族服装。这些服装从帽子、头饰、配饰到鞋子，都非常精细、非常别致。有以前在电视上见过的鲜艳的苗族服装、华丽的藏族服装，也有样式奇特、穿戴繁多的鄂伦春族、普米族服装。凡能想象到的款式、能用得上的颜色、能加上去的配饰全都在我们的服装中体现出来了。穿上新装的兴奋将我们前几天的辛劳、疲乏扫得一干二净。下午的演出中，大家情绪饱满，态度认真，主席台上响起了热烈的掌声。

辛苦没白费，汗水没白流！大家将帽子抛向空中，高声欢呼、共勉。一时间，奥体中心变成了欢乐的海洋，到处飞舞着我们的快乐和喜悦。初尝了付出后的欣慰，我们共同期待，在雅典的体育场上，我们有更加精彩的表现。我们自信，我们会成功！

我到雅典接奥运会旗之三：共同见证中国

北京时间8月25日清晨，我们奥运会闭幕式演出团一行三百多人，登上了赴希腊雅典的飞机。

飞机在几万英尺的高空穿行，我的思绪也随之飘荡。不断想象着将要抵达的城市，想象着我们这次的使命。经过十多个小时的飞行，我们于当地时间下午5点半抵达雅典。

雅典的道路不如北京那样平直，从机场到住地途中有很多坡和弯道。邻街而建的房屋群落各具特色，令人目不暇接。它们从街边向内扩展，一直绵延到街后的小山。远远望去，错落有序、雅致自然。

住地位于雅典市郊，是一个名为GOLDEN HORSE的夏令营。这里不算偏僻，但很安静。第一次出国的我，感觉什么都很新鲜；抑制不住内心的激动和喜悦，放下行李就奔往夏令营的各处浏览参观。这里设施齐全，且全部免费开放，俨然一个充满生气、氛围轻松的青年大家园；房屋设计尤其别致，每一幢都散发着独特的味道。

奥运会的闭幕式定于雅典时间29日晚举行。虽然我们团是提前三天到达，但之前的准备工作并不轻松。26日，在雅典奥组委统一领取了工作证件；27日大家就开始了第一次系统、完整的联排。我们国歌合唱团第一个出场。熟悉的声音在异国的空中响起，每位团员都精神抖擞、目光炯炯。铿锵有力的指挥，激情洋溢的旋律，自信、坚定的声音，将我们，这些中国青年代表为国争光的特殊情感凝固在了49秒的精彩瞬间。

接下来是8分钟的文艺演出。一开场，一群身着红色中式短裙的女孩们手持二胡、琵琶，随着欢快、活泼的背景音乐一边演奏、一边欢舞，可谓是传统与现代的精妙融合。舞蹈家黄豆豆送上了兼有舞感、武感的中国功夫，在流水、丹青的意境中将古老、经典的华夏文化展示在全世界的面前。北京戏曲学校的小朋友们带来了洋溢着童真色彩的京剧武术和猴戏。孩子们演技娴熟，充满自信，赢得了来自大演员们如潮的掌声。最后，随着一名小女孩充满稚气的《茉莉花》演唱结束，全体演员拉出欢迎奥运到北京的巨型红绸高声欢呼。28名少林小子脚踩高跷，身着夸张的传统民族服装，每个人手持20公斤的大红灯笼绕场而行。霎时间，整个体育场被涂上了鲜亮、喜庆的节日色彩。

29日，迎来了最后的大决战。当地时间22：08，我们即将向全世界展示中国的风采；我们将与几百个国家的数万名运动员一起为奥运欢呼，为全人类的盛典喝彩。

中午时分，我们就来到位于雅典市中心的奥运会主体育场。整个主会场比我想象的要大得多，据说可以容纳8万到10万人。晚上7点，我们在工作人员的带领下来到场内，在休息室做最后的准备。每一个人都在静心等待；周围静得出奇，静得似乎只有墙上挂钟指针走动的沙沙声。突然间，人群一下子沸腾起来了。红色！国旗！中国队来了！所有人齐声高喊“中国队加油！中国队加油！”这声音是对奥运健儿的深切祝福，也是激励我们战斗的号角。加油吧，我们，中国56个民族的青年，新世纪的北京大学生。此刻，我仿佛感受到了从遥远的祖国传来的深切期盼……

短短的8分49秒像八年那么长，短短的8分49秒却一晃而过。“我们胜利了！我们胜利了！”我们没有让祖国失望，没有让所有关注我们的人失望，我们可以大声地说：“我们成功了！”所有的人情不自禁地拥抱在一起，跳着、叫着、哭着、笑着。掌声经久不息，这掌声是来自世界的赞扬，来自祖国的鼓励，来自我们对自己的肯定。“起来，不愿做奴隶的人们，把我们的血肉筑成我们新的长城……”

三、我的奥林匹克

（朴萌，女，朝鲜族）

曾经，我和奥林匹克那样的接近，真正意义上的触手可及，好像奥林匹克就是我所拥有的一样。记得2004年，雅典奥运会如期举行，而我也是个大一刚结束马上升上大二的学生，对大学的生活已经适应并且憧憬着美好的新学期，室友带给我们一个振奋的消息，说奥委会要在我们学校进行一次参与希腊奥运闭幕式的活动，大家兴奋了起来，讨论着并开始着手准备材料，我看到整个学校的人都动了起来，似乎没有别的能比奥运更带动大家这么高的参与度了。很幸运的，首轮材料审查我通过了，得到了宝贵的演讲机会。上场的那刻，面对台上的老师们和台下的同学们，我几乎眩晕，幸好我早已背熟了要说的材料，大声流利地说了出来。过了几天，又一次幸运地得到消息，我成功了，我沉浸在成功的喜悦中不能自已，每天我都默默地在心里说，我的奥林匹克，我来了。

希腊的奥运理念是“把奥运带回家”，能去奥林匹克发源地体会一次空前盛会一辈子可能就这一次吧。我知道，我们每个幸运儿都代表着祖国的形象，所以大家都很努力地进行出发前的准备和训练，我们同学和老师的主要任务是唱国歌，我们要把中国的精神面貌带到雅典，带到全世界人民心中，不能有丝毫的马虎，所以我们没日没夜地练习，不知疲惫，每次唱国歌我们都很大声，很认真，热血沸腾，好像这世界都安静了，只听我们唱着肃穆庄严的《义勇军进行曲》。

终于到了出发的时刻，在多天的疲惫后，我们踏上了征程。身体的劳累并没有降低我们精神上的兴奋，我们依旧很高兴，平时在学校严格要求我们的老师们此刻也是跟我们玩在一起，气氛和谐而又温馨，我们是来自不同地方的少数民族学生，在迎接奥运旗帜的共同目标下，克服自己本民族的习惯与大家融合在一起，其乐融融。我不禁又一次慨叹：奥运竟然带给我们如此高的凝聚力和爱国情绪。

在希腊，我们仍然是每天彩排演练，希腊正是酷暑难当的季节，每天30多度的高温让很多同学开始感到身体不舒服，在这样的情况下，大家依然很配合工作，没有一个人半途撤退，休息的时候好多人就横在凳子上睡觉，休息的时候整个场地安静无声，我醒过来睁眼看到大家都在休息，脸上都写满了幸福的表情。我知道，自己此时此地也跟大家一样，抛开所有烦恼，一心为了人类共同的目标而感到满足。我们的体育健儿应该在赛场上努力拼搏吧，我们也没有放松，为了中国能有完美的八分钟展示。

结束练习后，我们回到住地，唯一的降温休闲方式就是跳进泳池里游一圈，我们的老师依旧很负责任地在岸上看着我们，在夕阳的余晖里，我觉得他们的身材很伟岸。白天集合出发前，我们坐在院子里看一会直播比赛，即使我们听不懂解说员在说什么，在中国运动员出现的时候我们也都振臂高呼。

这样的日子一直持续到真正闭幕式那天，我们早早地站在后台等待，看了会儿闭幕典礼，尽管那么多次彩排，临到真正开始了我们还是很紧张，绝对不能出一丝错误。排好队，我们依次入场，从后台走出，眼前豁然开朗，运动场很大，四周坐满了观众，无数的闪光灯闪着，先是希腊方面唱了国歌，他们的国歌跟爱琴海一样温婉，映衬了我们国歌的大气和雄壮。唱着唱着，突然之间我感到很激动，嗓子有点哽咽，想到我们日益强大起来的国家，人民生活安康，一个中国人的自豪感和民族使命感油然而生。我们北京市市长从雅典市长的手里接过奥运大旗，也接过了奥林匹克精神，把它带回中国，带回北京，再传递到世界每个角落。我偏头看见身边的一位男同学眼里闪着泪光，想他此刻也跟我怀着同样的崇敬心情吧。真切地盼望着2008北京奥运快点到来，届时会有更多的人来了解我们中国，让我们几千年的文明继续传承下去。

希腊之行就这样结束了，可意义远非于此。领略异国文化莫过于寻根溯源，这次我们正是带着奥林匹克精神感受到为何奥运在此发源，100年后重办奥运的重大变革，给我们中国办好2008年奥运会做了榜样，我们会一直顺着这条路走下去，本着奥林匹克精神大胆创新，把奥运会办得更加辉煌灿烂。

中央民族大学国歌合唱团在希腊雅典奥运会闭幕式上接会旗仪式中的演唱为什么能够圆满成功？我通观全过程，回顾六个阶段，启示和体会颇深。

（一）有政治使命感，有祖国利益高于一切的信念。政治使命感是国家给予公民的一种权利和义务。高度的政治使命感是年轻人必备的一种思想意识，必将提升青年人的爱国情怀。当代社会的政治使命感主要体现在集体主义价值观中。使命感，即人对一定社会、一定时代，社会和国家赋予的使命的一种感知和认同。使命的意义是什么？人为什么要承担使命？自己的使命是什么？应该通过怎样的努力，以怎样的实际行动去实现自己的使命？对于这些问题的深入思考和感知，并在这种使命感的指导下完成自己的使命，实现人生的价值。对一个丈夫来说，让妻子和孩子过上好日子就是他的责任，是他的使命，妻子和孩子幸福了，他就有了荣誉感。我们学校从领导到教师到学生始终都把在雅典奥运会会旗交接仪式上演唱看作自己的政治使命，看成是自己的责任。因此，从进入合唱团到严格排练到最后登台表演，大家将这一任务看成是国家赋予我们合唱团师生们的一项历史使命，是党中央、国务院、北京市奥组委交给我们的一项光荣重大的政治任务，无论碰到多大困难，多大矛盾，多大坎坷，我们都有义不容辞的责任，去完成第一次在国际舞台上由56个民族演唱国歌的政治任务，这也说明了各民族学生跟党走、跟党干的信心和决心，始终坚持的祖国利益高于一切的信念。

（二）树立大局意识，发扬集体主义精神。大局意识就是指顾全大局的思想认识。就是要看得长远，不计较眼前得失，从而得到最长远最广最多的利益。对于一个学校而言，顾全大局就是顾全国家的整体利益。自从我校接受了唱国歌这一政治任务后，合唱团的团员们都从国家的整体利益出发，树立了个人服从组织、学校服从党中央、服从北京市整体要求的大局意识，把唱国歌看成是进一步发挥校园文化特色，校外树形象，校内增凝聚力的好机会，提升师生员工对祖国的认同感和使命感，发扬集体主义精神，以学校整体利益为重，以北京市整体利益为重，以中华人民共和国的整体利益为重，时时处处想的都是树立大局意识，唱响中国国歌，以达到培养师生员工良好品德，端正行为规范，认清形势，整体推进学校的爱校爱国教育的目的。只有我们合唱团树立了大局意识，才能完成好北京市奥组委交给我们的政治任务，才能圆满成功地演唱中国国歌，才能顺利出国到达希腊雅典，胜利回国畅谈体会。

（三）能够吃苦耐劳，做到精益求精。我校接受这个合唱国歌的政治任务后，在炎热的北京夏天连续排练两个星期，加班加点，集中封闭，吃苦耐劳。为了尽快熟悉队列，演唱时统一声调，有的团员声音哑了，喝口水接着练，吃得苦中苦，没有半点怨言。从训练开始到训练结束，有的同学发烧了也忍住不吃药，有的站得脚肿了，脚跟被磨破了，也一声不吭，发扬了吃苦耐劳的精神和中国人的老黄牛精神，树立求真务实的态度，对演唱国歌的要求不分心、不分神，一个声音唱到底，一个目标干到底，练了又练，练中求好，好中求精，精中更精。如果没有团员们这种吃苦耐劳的精神，就没有雅典奥运会闭幕式上精彩的49秒表演，就没有精诚团结的优秀合唱团的韵味，就没有完成北京市奥组委交给我校政治任务的本钱和底气。今后不论从事何种工作，都要保持发扬这种“吃得苦中苦”的精神。

（四）增强高度责任感，为国争光。责任感是一种自觉主动地做好分内分外、一切有益事情的精神状态。从本质上讲，它既要求利已，又要利他人，利事业、利国家、利社会，而且自己的利益同国家、社会和他人的利益相矛盾时，要以国家、社会和他人的利益为重。我们学校的合唱团团员之所以获得优秀的评价，就是因为他们具有高度的责任感和为国争光的态度。正因为他们具有了责任感，才能有驱动自己勇往直前的不竭动力，为了国家去做这件有意义的事情，感到自己存在的价值和意义；才能得到人们的信赖和尊重，真正做出利他、利国家、利社会、为国争光的事情。如果没有这种责任感，没有为国争光的精神，就没有一切的一切。因此，一个人在社会上生存，最起码的道德底线就是要有责任感。

（五）遵守纪律，严格要求。中央民族大学国歌合唱团赴雅典参加奥运会闭幕式演唱成功的因素就是有铁的纪律保障。从挑选团员开始，我们就严格按照要求的条件去做，精选了一批优秀的学生和老师，他们素质都比较高，外语水平比较好，个人体能也很棒。进入排练阶段，我们实行严格的纪律，封闭训练，不到一个月的时间就完成了排练的政治任务。在出国演出阶段，我们严守外事纪律，要求在合唱团演出之前，谁也不能请假。演出结束后，我们规定四人合成一个小组，外出活动要在9点钟之前回到住宿地，互相帮助，共同维护这个优秀的团体。正是有了这些严格的铁的纪律，我们才能顺利地胜利回国，去多少人回多少人，圆满完成了任务。

挺身而出，妥善处理工程欠款事件

2002年上半年的某一天上午，从中央民族大学东大门突然冲来一大批建筑队民工，大约有100人，他们穿着建筑队的工作服，有的戴着安全帽，有的扣着一条大皮带，皮带扣上还插着各种各样的工具：扳手、铁锤、铁钳等，到学校行政办公楼，即俗称“行政三号楼”的前面，停下来不走啦。

那时正好是刚下第一节课，老师和同学们都走出教室到外面伸伸腿，弯弯腰，做体操，也有部分老师同学走到“行政三号楼”看热闹，看这帮建筑工人究竟来学校要干什么。说来也巧，校党委书记和主管基建的副校长正好从三号楼走出来，还没到门口，就被这帮建筑工人拦住了。有一个看似工头的人站到前面问，“你们哪位是学校校长和分管基本建设的副校长?”书记和副校长没有直接回答，反问他：“你们是哪个单位的人啊，干嘛到我们学校来啦?”那个人说话了：“我们还没吃上饭呢！我问你，你究竟是谁?”书记直言不讳地说，“我是中央民族大学的党委书记，跟我一起来的是副校长”，书记又说，“你们赶快离开学校，学生正在上课呢！”那个“头”带头喊起来了，“今天我们既然来了就不走了，看你拿我怎么样！”同来的民工喊：“要我的工程款，拿不到钱决不罢休，拿不到钱绝不回去！”大家吵得面红脖子粗，民工们开始骂脏话了，书记指挥着老师学生们拦住他们，嘴里喊着：“不要让他们冲到办公楼里面去，请他们走出校园去！”

双方已到了剑拔弩张、一触即发的状态，再发展下去不知道会发生什么状况。这时我正好下课后向行政三号楼走来，看见一大帮人在那里争吵，中间还夹着书记和副校长，我赶紧大步快走到三号行政楼前，大致了解了一下情况后，带着办公室、保卫处、基建处的工作人员，挺身劈开一条路，走进人群中间，站在那里问他们："你们是哪个部门的？来那么多人是要干什么？"有一个人说："我们是某某集团三局的工程队，学校欠我们工程款200万元，今天我们是来讨债的！"我看这架势，当机立断，敢于担当，进入一线指挥。我悄悄地跟书记说了几句话，立即叫办公室的同志先带书记和副校长离开。他们离开现场后，我说："我是中央民族大学的校长，是这个学校的法人代表，法人是要履行法人的权力的，要钱问我要，有什么事由我来处理。"这么一说，民工们就把我围上了。据我观察和分析，那个出头的人，可能是他们的工头，于是我说，"喂，你这个头如何称呼你啊？"他回答："我姓李。叫我老李就行了。"我立即问他："你能代表他们的利益吗？能代表他们的诉讼请求和表达意见吗？""完全可以。"我接着又说："我提议一个办法，大家看行不行。工友们，除老李之外，请你们再选两个代表，共3人组成谈判小组。"他们很快就推荐出老王和老赵，看来他们是有备而来的。我又问他们："你们选出的三人小组能代表你们的利益和要求吗？"大家异口同声："行啊！""那我在这里有一个小小的条件，请你们配合工作，我知道你们今天到学校来，是想拿我校尚欠你们的工程款，但你们用这种激烈的方式突然袭击，像刚才那样闹，既要不到工程款，又给双方都带来了压力。现在你们自己选出了三人的谈判小组，那么请你们三人跟我到办公室去谈。我在这里先向你们保证，事情会得到妥善解决的，请你们不要聚集在我们三号楼门前了。你们可以先回家等候消息，或者去逛商场，或者在树荫下面乘凉。"这时老李也附和说了一句："你们就听校长说的吧，有什么消息，我们三人小组都会尽快通知你们。

今天拿不到工程款，我们坐在学校不回去了，你们回单位去等着拿钱吧！”这么一来，百余号民工很快就散去了，我们的教师职工、学生也就散了，校园恢复了平静，我也暂时舒了一口气。

刚散去的老师、学生和干部心里犯嘀咕，荣校长为什么要主动出面担责呢？事实很简单：（一）我是中央民族大学的校长，是法人代表，法人说话有分量，是能够代表一校说话的。（二）刚才书记与工头都在气头上，再僵持下去可能会导致冲突加剧，有可能使局面失控。换一个思路，换一个人来处理会对双方都有利。讲实话，我对该工程情况也比较了解，会拿出解决问题的实招来。（三）工程队一开始就呼喊着要见法人代表，校长留下正是顺应了工程队的要求，有利于办好此事。（四）我是敢于担当责任的人，不怕苦、不怕烦，直截了当地进入一线谈话，我相信，我的灵机应变能力、冷静沉着性格，有礼有节的处事方式，会让此事圆满解决的。接着，双方在校长办公室商量如何处理这件事。建筑工程队代表首先提出一次性结清200万元，了结此事。我问基建处处长，该工程验收合格不合格，该留下的维修费留了没有，现在还有什么问题；工程余款有多少经费是属于工程留下的维修费，有多少是欠工程经费的。基建处和财务处的主要领导立即认真核对数据，然后交给我一份工程款支付表，我心里有数了。说真话，当时学校的银行账户里是没有钱的，为了缓解矛盾，解决问题，我只能向国家民委求援借用200万元，以解决燃眉之急。处理类似的突发事件，我始终相信办法总比困难多，冷静对待，沉着应对，问题终究是能够妥善解决的。

经过谈判我们双方达成如下协议：（一）学校欠工程队的工程款，即200万元于今年年底全部支付，分为三期支付，今天首期支付100万元，10月1日二期支付50万元，12月1日三期付50万元；（二）从今天起，工程队的工头负责不再允许民工到学校扰乱学校正常教学秩序，否则后两期的工程款暂缓支付，一切后果由建筑公司负责；（三）把今天发生的情况写成备忘录，明确双方的责任，以备后查。从事情发生、发展到处理前后一小时左右，还算顺利圆满地解决了问题。最后建筑队的工人都回去了，学校恢复了平静。

从这件事的处理，有哪些地方值得我们认真思考呢？我的体会是：（一）要依法行政。学校要与建筑工程队签订补充合同条款，明确双方承担的法律责任。在条款中要写明建设项目投资总额，工程概算是多少，工程的概算与决算相差的最大额度不能超过10%，超过部分的审计费由承建单位支付，违者罚款总投资额的5%。（二）严格遵守合同条款。建筑工程队进场之前，建设单位就与建筑工程队签订合同，具体条款应体现建筑工人的劳务费留存百分之几，建筑商的工程款是多少，留下的维修费是多少，特别是工人的劳务费由建设单位财会负责监督，承建单位按时按数支付给工人，承建单位不能挪作他用，不能折扣，必须按时支付。承建单位的材料费、管理费按合同规定由建设单位支付。（三）违法必究。合同一旦签订就产生法律效力，不论哪方都承担义务和责任。如在合同中有规定，建设项目竣工后，及时把所有的材料交给建设单位，所有的建筑档案必须按时交清，并在验收合格之后一个月内清理所有杂物，否则按合同要求罚款总投资额的5%。留存的维修费待到期后全部退给建筑单位，否则将对建设单位进行罚款。（四）建设单位一定要聘请律师作为常年法律顾问，合同的签订请律师把关，一定要慎之又慎，做到依法办事，绝不能盲从，绝不能胡来。以上四点体会是工程项目建设应当注意的事项。同时，在管理上也要加强监管，以提高行政效率和监督效能，杜绝发生意见分歧甚至导致民事诉讼纠纷的情况出现。

这件事的发生还引发我思考如何在行政管理上对基本建设项目实行严格的监督和管理。因此，我对工程招标管理方面的步骤、进场要求、支付工程款、工程验收及使用、项目档案提交、清场要求等，都做了一系列的指导性意见，要求财务处、基建处、审计处对学校基本建设项目管理制定具体的规定。

（1）工程招标管理的步骤。①选定招标代理公司（代理费超过50万元要公开招标代理公司）。②由代理公司编制招标文件，计算工程量清单，编制工程预算招标控制价。③建设方审核招标文件、工程清单、招标控制价。④上报招标管理市场备案、审核，确认招标文件、工程清单、招标控制价。⑤发招标公告3至7天，施工单位报名。⑥报名单位领取资格预审文件后20个工作日提交资格预审文件。⑦由招标市场抽取专家，建设方可派1至2人为评标专家（5名专家派1名，7名专家可派2名）进行资格审核，评出7家入围单位。⑧7家入围单位领取招标文件、工程量清单后20个工作日，提交招标文件，进行开评标。⑨评标结果经建设方确认后由招标市场进行公示，公示7天，没有投诉就可发中标通知书，签订施工合同。⑩资格后审：标的较小的工程，可采取资格后审，即在评标时，同时进行资格审查，而不是在评标前进行资格审查。

（2）进场要求。整个施工过程，施工单位进场以后要接受监理公司、建设单位、管理部门的监督管理，整个施工过程每一分项和部分工程都要进行严格的检查验收。监理要对施工单位的工程质量、进程、安全、投资、信息进行全面的控制和管理。①施工单位进场后，首先要对工人进行进场教育，即安全、消防、文明施工等方面的教育。②施工现场要有各项管理规定标板，要有施工总平面布置图。③要有总体施工进行计划表。④要有工程方及管理人员系统图。⑤现场责任分区有专人负责标志。⑥现场要符合安全、消防、文明施工、环保的要求。⑦消防设施要有明显的标志。

（3）支付工程款。合同签订后预付30%工程款，然后随进度分期

（3—4期）或按月或季度支付工程进度款，付到80%后，待工程完工进行工程结算，付到95%，留5%保修款，保修期满后结清。保修期：建安工程保修两年，防水工程保修5年。

（4）工程验收及使用。工程竣工：①要由建设方组织设计单位、监理单位、施工单位、建设单位进行四方工程验收。②工程消防验收。③四方验收及消防验收合格后，请地方住建委的质量监督站进行核验。④请当地规划局进行规划验收。工程验收依据国家建筑安监工程质量验收标准；使用要求：工程验收完成后，工程各项指标达到验收合格质量标准并签订保修合同，即可入住使用。

（5）档案提交。工程完工验收合格后，半年之内必须将档案提交到市或区县城建档案馆保存，以备存备查。

（6）清场要求。建设单位与施工单位结算完成并按规定支付工程款，扣除保修费，建设单位的管理部门要结清施工所用的水电费，同意还给建设单位提供给施工单位的房屋及场地。

通过制定以上这六个方面的管理规定，学校的基本建设进入了规范化管理，学校基建也走上了有法可依、有章可循、有据可查的法制轨道。从此之后再没有建筑队的工人到学校聚集的现象了，学校有了一个安静和谐的学习和工作环境。

用心指导硕博士研究生　为国家建设发展培养优秀人才

“雄关漫道真如铁，而今迈步从头越”。我于1999年12月底调任中央民族大学校长后，一切都是新的。在新的工作岗位上，担子重了，任务多了，压力大了。但行政管理、学术研究、教学活动三位一体的职责没有变，我除了认真履行校长主持学校行政管理全面工作的职责之外，还坚持“三位一体”的工作，同时关注着我从事的公共行政管理研究的学科建设。为什么呢？原因是我经过调研后发现，行政管理专业在中央民族大学的学科专业目录中竟然是空白的，既没有本科专业，更没有硕士、博士专业点。20世纪90年代，作为一门新兴学科的公共行政管理，在全国已经形成纵横联系、南北结合的学科群建设和学士、硕士、博士学位群的全面布局。在理论学术界已经竖起两面大旗，北有著名学者黄达强教授，南有著名学者夏书章教授，后面还有一大批后起之秀。从学科专业设置和招生来看，著名高校如中国人民大学、北京大学、清华大学还有中共中央党校、国家行政学院，都设置了行政管理学科专业，面向全国招生。学士、硕士、博士学位教育一应俱全。许多地方院校、普通大学、省市县党校、行政学院都设置了行政管理专业，同样具有学士、硕士、博士三个学位层次的培养模式。而中央民族大学各层次的行政管理专业还是空白的。

2000年年初，我到各系部进行调研，也到一些高校进行了调研，多数人的意见是在中央民族大学应当建立管理学院，开设行政管理专业，学士、硕士、博士学位授权点一起论证，逐步建设，创造条件，分次上马。2001年朱镕基总理来中央民族大学视察，提到要加强学校的管理工作。2002年教育部、北京市政府、国家民委三家共建中央民族大学，提出建设世界一流的民族大学，建设一流学科，其中也包括管理类的学科建设。这样问题就提出来了，一是要不要成立管理学院，二是要不要设立行政管理专业学士、硕士、博士的人才培养模式。

2001年5月，学校召开校长办公会议做出决定，组成管理学院筹办组。我当时找论证小组做出工作部署，强调了几点：1.起点高。这个管理学院虽然起步晚，但具有许多优越的条件，全国行政管理学科、专业建设的经验已经成熟，完全可以吸收他们的成功经验，站在巨人的肩膀上进行建设，登高望远走捷径。2.构架新。对管理学院的机构、人员、编制要以全新的视角来谋划，如引进教师人才，一律要求是著名高校毕业的博士研究生；管理者也要硕士以上学位，专业设计也要考虑学士、硕士、博士一起论证，阶梯式发展，一个台阶跟着一个台阶上，缩短论证时间，先上马后完善，以主体式的思维搞学科建设。3.机制活。从学生的培养模式入手。由于我们管理学院成立晚，师资力量不够充足，我们就成立导师组，采用导师小班课堂教学和单一教练法相结合的指导机制，学生自学与老师指导学生读书相结合的学习机制，采取学术论文与学位论文相结合的教导机制。4.要求严。要做到进人条件、资格审查，考核、报批等各项程序都要严。5.见效快。要做好分工，使目标导向和问题导向相统一，把顺推时间和倒推时间计算清楚，列出时间进度表，在规定的时间内按时按质地完成任务。由于我要求严格，布置任务具体，目标明确，因此，他们在三个月时间内就拿出了筹建管理学院的方案，经过召开相关学院教授、院长座谈会，相关管理干部座谈会，广泛征求意见，在修改的基础上，校领导又召开一次论证会，通过校长办公会议和校党委常委会的决定，管理学院于2002年12月正式成立，李俊清教授出任管理学院首任院长，以原来的政治经济学、政治学等学科为基础组建成一所综合性管理学院，专业设置横跨管理学和法学两大学科门类，学科层次完备。随着学院的发展、结合民族地区的实际，注重培养民族地区各级政府急需的管理人才，根据社会的现实需要和学校的实际情况，对学科专业不断进行设置调整。经过多年的发展，公共管理学院的学科专业从无到有，从小到大，从弱到强，设有工商管理、市场营销、会计学、财务管理、人力资源管理、旅游管理、行政管理、公共事业管理、政治学与行政学九个本科专业，拥有工商管理、公共管理、政治学三个一级学科硕士点，下设中外政治制度、科学社会主义与国际共产主义运动史、国际关系、民族政治学、组织管理、民族地区公共行政管理、教育理论与管理、社会保障、企业管理、技术经济与管理、会计学、旅游管理十二个硕士学位点，还有公共管理专业硕士（MPA）和工商管理硕士（MBA）学位授予权，更有民族政治学、民族地区公共行政管理、工业社会管理专业博士学位点。截至2014年年底，管理学院共有在读学生1734人，其中本科生945人，学术学位硕士生308人，专业学位研究生431人，博士生38人。

我作为中央民族大学民族地区公共管理学科学士、硕士、博士授权点的创办者之一，从2000年开始招收民族地区公共行政管理专业博士研究生，2004年开始招收行政管理、民族地区行政管理专业硕士研究生，迄今为止直接指导的已经毕业的博士研究生45人，硕士52人，是带领、指导学生较多的博士生导师之一。那么，我采取什么措施指导研究生呢？

一、帮助学生制定培养计划，鼓励多读书

研究生培养与本科生的重大差别就是实行导师负责制，导师要对学生的学习全面负责。因此，每一届研究生从入学开始，我首先了解掌握所带学生的实际情况，帮助他们在学科培养方案统一要求下，制定个性化的学习和研究计划，尽量做到因人而异、因材施教。在和学生讨论并制定培养计划时，允许每个学生的兴趣点、研究路径有所不同，但对研究生的要求有一点始终不变，那就是要勤读书。我对研究生们总是反复叮嘱："无论上学之前是什么背景和经历，现在作为中央民族大学的一名研究生，务必要转变角色，更多地把自己当作一名学生来看待，所以一定要学会读书，多读书、读好书，这是研究生学习的基本功。"所以，在帮助学生制定培养计划时，我总是给他们列出一份长长的书单，包括公共管理专业的书、与专业有关的其他门类的书以及作为一个现代中国人的应读之书。这些书有必读的、精读的、熟读的、深读的、选读的、泛读的。

现在研究生学习与20世纪有很大不同，那个时候干扰很少，读书是一件比较纯粹的事情。当前我们的生活已经发生了翻天覆地的变化，学校外面的世界很喧嚣，尤其是在北京读研，学生会面临很多机会和诱惑。因此，书要能读进去，就必须为自己营造一个读书的心境。每年我与博士、硕士研究生见面时，总会督促他们：钱什么时候都可以挣，但书不是什么时候都可以读的。如果整天在外面忙忙碌碌，书读不进去，文章也写不出来，最终只能因小失大，得不偿失。

当然，读书不是被动的吸收，而是一个主动求解的过程。所以，我经常鼓励研究生勤读书，并不是要他们读死书，而是要读书时形成思考的习惯，带着问题去阅读，至少要弄清楚四个问题：①作者研究什么问题；②用的什么方法；③有哪些创新的东西；④有哪些东西值得借鉴和引发思考

的地方。

二、理论与实践知识并重，力求上好研究生专业课

我作为研究生导师，给博士生主讲《领导科学理论与艺术研究》《读书与社会科学研究方法》两门课程，给硕士生讲《领导科学与艺术》《少数民族领导干部任用与选拔机制研究》两门课程。从广西北上到北京，西进到宁夏，又南下回到广西，虽然一直都担任领导职务，但任何时候都没有对所主讲的课程有一丝懈怠或随便应付，时刻谨记自己作为一名教师的职责，认真努力地给研究生上好每一门课。对于所讲课程，我都写好教学大纲、专题理论报告、案例分析，制作了专门的课件，多是以自己出版的专著和写过的论文为主线，分为若干个专题，每次上课都是以三四个专题讲座的形式讲授，以启发学生思考。

研究生课程自然不同于本科生课程，就公共管理专业课而言，不能是本科生课程的压缩版或增删版，必须符合研究生学习的特点，适应政府管理实际工作的需要，这就要求理论与实践知识并重，着眼于研究生能力的培养。包括培养学生的战略思维、辩证思维。比如《领导科学理论与艺术研究》就是一门理论和实践性都很强的课程，我依托自己的研究著作《领导干部协调艺术论》《论领导者责任》，并结合自己多年从事高校和党政机构领导工作的实践经验，现身说法，通过实际工作案例，从行政学、政治学、经济学、社会学、心理学、伦理学的角度，为学生全面深入讲解作为一个领导者应该具备哪些基本素质，应该如何与上级、同事、下级以及群众处理好关系，进而顺利开展工作。

“授人以鱼，不如授人以渔”，在研究生教学过程中，我还结合自己对理论和实践问题的思考和研究，注重学习方法尤其是研究方法的示范、引

导和传授，诸如如何发现问题，如何获取资料，如何分析解决问题，从什么角度切入进行考察，应采用怎样的思维方式，如何梳理头绪，提炼要点、重点、难点和热点，形成文字等，甚至行文的格式规范，以期对研究生有所启发，使他们真正学有所获、有所知、有所通。我始终坚信，只有使研究生学会学习，学会研究，掌握使他们终身受益的研究方法，才能事半功倍，执一应万。

三、指导研究生做好开题报告

开题报告是研究生进行科研工作的起点，在研究生教育过程中起到承上启下的作用。在指导学生作开题报告时，我非常注重以下几点。

一是确定研究论文题目。找一个既有一定的学术价值，同时研究生又能胜任的选题不是一件容易的事情。因此，一个好的论文选题常常需要多方面的讨论与推敲，要给研究生足够的思维空间，激发他们的想象力。由于学生个体能力存在差异，在确定选题时关键在于对他们的引导，既让学生有选题的自主权，又不是撒手不管放任自流。所以，在选题的过程中，我会详细地询问学生的兴趣，考察课题是否合乎他们的需要，不会凭着个人研究偏好来指导学生。

二是论文题目的可行性分析。研究生开始研究前还需要对论题进行可行性论证。研究生作为科研的新手，往往认识不到选题可行性牵扯的一系列问题。因此，在指导学生确定选题的过程中，通常要求学生既要充分了解所选论题已有的研究成果和当前的研究动态，充分估计研究过程中可能出现的困难；又要对自己的知识储备和分析问题、解决问题的能力有一个实事求是的、客观的评价。指导学生的这些年，我都要求学生尽可能从“研究理论是否可行？所必须的研究条件是否具备？自身的基础和能力水平是否能胜任?”等几个方面详细分析选题的可行性。此外，我还鼓励学生主动就可行性问题与我进行探讨，防止学生在一些不可行的研究课题上浪费时间。

三是撰写文献综述。确定了论文选题之后，就要让学生很好地查阅并熟悉相关文献资料，并对文献进行综述。在做文献综述时，我要求学生一定要从中了解在这个问题上前人已经做了哪些重要的工作？哪些问题已经得到解决？哪些是遗留下来尚待解决的问题？哪些问题需要进一步发展和完善？他们采用的是什么研究方法？他们所得出结论的科学性、指导性如何？我认为，只有这样的文献综述才能体现开题人对本研究领域的理解与把握，才能很自然地把自己学位论文的创新点及学术价值凸显出来。创新点要突出的地方是：其一是观点上的创新，不能人云亦云，学术上要求存同求异。其二是内容上的创新，对内容的陈述、分析、论证要求从创新角度进行思考。其三是研究方式的创新。一般论文的篇章结构、研究方式多数都是五段论：核心概念，理论基础，现状，存在的问题，成因分析，提出对策和建议。我不拘泥于原有的研究方式而让学生另辟蹊径，独树一帜。在指导学生作文献综述时，我不仅教会学生如何熟练查找、阅读文献，还训练学生面对大量文献，如何快速有效地提取自己需要的东西。所以我就要求研究生尤其是博士生在阅读文献时一定要认真地做读书笔记，在占有材料的基础上进行深入思考与分析，找出带有规律性的东西，进而发现和探索新想法。

四是设计论文研究计划。选题确定后，研究生还要制定论文研究计划，进行超前思考，以便能够及时地展开论文写作工作。除了研究生开题报告所要求的固定内容和基本框架之外，我还要求学生拟定一张详细的时间表，并向我展示、与我讨论后确定下来。这样我就会按时间表定期进行检查和督促，并根据实际研究情况适时调整时间表，确保它始终是现实可行的。

四、指导学生撰写学术论文

研究生，顾名思义，应该具有相应的科学研究能力。在这个方面，我特别注重通过指导学生撰写学术论文来培养他们的独立研究能力。首先，严肃学生的文风，强调学术道德，强调独立创新。在与学生讨论学术论文时，我从一开始就强调，论文写作务必尊重他人劳动，严禁抄袭，引用的文献一定要注明出处、注明引用了哪些，而且引用他人文章的分量要合理，不能大段直接照抄，要尽量使用自己对该文章的理解，用自己的研究成果融会贯通。我恳切地对学生们说："现在真正有意识主动抄袭的学生很少，更多是不会明确、正确引用和标注他人的文章，所以一定要习惯正确如实准确地引用。"其次，提倡反复修改，严谨认真写作。文章是写出来的，也是改出来的。在与学生讨论写作时，我和研究生们会共同列出论文的三级提纲，然后让学生写草稿，再反复指导修改。这里面的工作量其实是很大的，最好的学生也得两三次修改，一般学生得五六次修改甚至大改。尽管讨论好了，提纲也列好了，等学生执笔的时候就变样了。所以每次修改学生的论文都要仔细检查观点是不是正确，内容上有没有漏洞，语言表达是不是言简意赅，数据图表是否准确，文字书写有无错误等。经过这样认真的修改，每次都能让学生感到心服口服，大家都觉得每一次修改都是一次提高。

五、指导撰写学位论文

学位论文是研究生攻读学位期间的最终成果，研究生的基础知识、理论能力与独立科研能力，最后都要通过学位论文来体现。因此，撰写学位论文是研究生培养中最关键的一个环节，也是导师工作极为重要的组成部分。在论文写作过程中，我总是耐心地为研究生答疑解惑，进行指导。论文初稿交来后，我就像批改平时作业一样仔细：①结构是否合理，比例是否恰当，不能头重脚轻，也不能腹大腿小；②逻辑是否严密，章节之间的逻辑、段落之间的联系、论点与论据之间的逻辑，论述的逻辑，要丝丝入扣，无懈可击；③语言是否精练，行文是否规范，引用和借鉴的地方是否做了说明，等等。每次论文指导过后，同学们私下都禁不住感叹道："荣老师这么忙，但是从题目、结构、材料、语句到标点符号、格式规范，都一一订正，毫不马虎，这么有耐心，我想不写好论文都难""看到一个不符合规范的标点符号荣老师都用红笔标识出来，真是细心，改不好论文就对不住荣老师了"。正是我的严格把关，才能较好地保证学位论文的质量，也培养了研究生严谨的学风，对他们以后的工作和品格修养也大有好处。

经常有别的老师带着疑惑问我："您干嘛非得花这么长的时间去审读学生的毕业论文，只要没有大的硬伤不就可以了！"我总会毫不犹豫地回答道："道理很简单，一是对学生负责，二是审读过程也是学习的过程。学生花3年时间对一专题进行研究，论文的观点，论文所涉及的知识点，导师并非完全俱知，通过审读论文，导师的知识面得到了扩展，知识结构也会得到一定的优化，教学相长，为什么不仔细研读学生的论文呢？"

在指导学术论文过程中，我经常和他们一起讨论，给他们提出的修改意见如果学生没有采纳，我总会仔细分析：为什么不采纳？是学生的对还是老师的对？如果是学生的对，我一定会同意，支持学生的观点，绝不会因为所谓师道尊严而抹杀了对真理的追求和服从。

六、准备学位论文答辩

答辩是研究生教育过程中的一个重要环节，是学生学习成果的一次重要检验，也是一次综合的研究成果汇报。如何才能做好学位论文答辩呢?这是每一个面临毕业的研究生都关心的问题。针对部分同学对学位论文的答辩技巧、答辩时应注意的问题等还不是很明晰，为了提高研究生答辩质量，使他们更加圆满地完成学业，我对学位论文答辩也高度重视，进行精心指导，反复强调要学生注意以下几点。

一、准备好内容。自己陈述部分要简明扼要，答辩以前要梳理出一条清晰的思路，要求熟悉论文的全文，尤其是主体部分和结论部分的内容，明确论文的基本观点和主要依据，弄懂、弄通主要概念的确切含义及课题的解决方案。

二、做提问的准备。根据论文的内容，让学生自己准备一些可能要被问到的问题，考虑详细一些、全面一些，不打无准备之仗。

三、调整好心态。要有良好的心理准备，树立信心，不害怕，不轻视，放下包袱，轻装上阵，以愉快和自豪的心情去进行答辩。

在我的帮助和指导下，每年研究生都是满怀信心、精神饱满地参加答辩，并获得优异的成绩，顺利通过学位论文答辩。

十多年过去了，我指导的研究生一批一批走上社会，不断传来他们取得业绩的好消息。“筚路蓝缕，以启山林”“桃李不言，下自成蹊”，可以说是对我这么多年认真负责指导学生的最好总结。有付出就会有回报，我的用心指导，换来的是桃李遍天下的喜悦。现在我指导过的博士、硕士生在国民经济的各个行业都大显身手，成绩优异。

在党委政府工作的，不少毕业生已经是各自部门或单位的领导者甚至是一把手了。虽然他们都身居要职，但在各自岗位都是兢兢业业，恪尽职守，做出了不俗的工作业绩。在高校工作的，有些是学校教师骨干、学科带头人，还有一些已经是校长、院长，成为高校的领导者了。他们都秉承我的教诲，薪火相传，为民族地区的教育事业发展和人才培养贡献着自己的力量。在企业工作的，也都成为本单位的业务骨干和部门主管。

说来奇怪，学生们告诉我，不管毕业多久，每每在碰到困难、容易气馁的时候，总会出现荣老师一丝不苟、耐心恳切、平静亲切的样子。这也许就是人格魅力吧。学高为师、身正为范。学生们的每一丝进步我都是看在眼里，乐在心里。我期待学生们青出于蓝而胜于蓝，在工作岗位上做出更大更好的业绩来。这就是作为老师的我对学生们的最好鼓舞和希望。

用心做一个指导研究生的好导师，让每一个学生都成功，这是我的信念，也是我一直在躬身实践的准则。虽然一直肩负着繁重的行政工作，但我坚守中央民族大学管理学院的三尺讲台，秉持“课程教学无小事”的理念和“精益求精”的态度，默默克服各种困难，十多年来风雨无阻，指导了一届又一届的博士生、硕士生，恪尽一位教师的职守，无怨无悔，令人动容。曾经有人请教过我，这么多年带硕士生、博士生有什么经验体会？我用了4句话来概括：

（一）读书是写好学位论文的基础。要写好一篇学位论文必须掌握大量的理论原理、基本知识、实践经验，实地考察了解实际情况。这些理论、知识、经验从何来呢？一是多读书。读书是开启人类智慧的钥匙，是推动人类文明进步的阶梯，读书学习是人类之始、传承之经，为天下之最，读书也是一种乐趣，天下第一好事。在大学读本科、硕士、博士，不是单纯为了拿文凭，而是成为一个有理论懂得战略思维和能辩证思考的人，一些大学生在就业压力下，认为读大学就是为了一张文凭，其实不然。在大学，我们学会了思考，学会了做事做人。多读书、读好书，帮助我们提高学习做事能力。多读书，博览群书，积累和丰富自己的基本原理、基本知识、基本观点和基本方法，在写作时就能横贯东西、纵通古今，就能运用自如，融会贯通、下笔成章、一气呵成。读书关键的环节是信息文献资料，具体做法是：一要关注相关科研信息。通过报纸、杂志、电视、广播、数据库、网络的途径来获取自己所需的文章信息，重点了解与自己研究方向相关的机构，相关权威杂志、相关研究领域权威人士的文章，了解哪些人、哪些大学或研究机构、哪些研究方向，比较好的文章就把它的信息记录下来。二要阅读消化资料，开始进行比较阅读，分析相关文章的异同，学习其思路和研究方法，注重做读书笔记，单单是进行阅读是不会有太大收获的，阅读后还要写读书笔记，记下文章的重点和感想，重点文章是什么杂志、第几期、发表时间、论述什么观点、写作的思路。三要分类整理，中外文献、数据、数学模型、实证研究、政策依据、学术理论都分类记下来，精选几篇有代表性的文章，写心得体会，学习、吸收、消化、创新。二是多思考。古人言，学而不思则罔，思而不学则殆。读书积累到一定程度，要学会思考，带着问题思考，对问题思考多了，自然理论功底就厚实了，分析问题和解决问题的能力也就提高了。三是多应用。毛泽东同志曾说，学习的目的在于应用，应用得越充分越有道理，说明越有知识、越有水平。文章写多了，也会熟能生巧，举一反三，久而久之也就成为某方面的行家里手了，成为某些领域的专家了，甚至成为理论大家了。被梁启超称为六人政治家的管仲、商鞅、诸葛亮、李德裕、王安石、张居正，中国政治学家钱瑞升、邓初民、张友渔、赵宝熙等都是通过著书立说，发展学术论文，一步一步积累走出来的。所以读书与不读书有天壤之别，是普通人和高尚人的区别。

（二）讨论是写好论文的重要环节。写论文要经过好几个环节，讨论，就某一篇论文、某一个问题提意见，通过讨论，会使论述的每个环节得到修改、完善和丰富。一是确定论文题目和初拟论文提纲时需要讨论。一个人能力再强，写作水平再高，智慧总是有限的，常言道："一个好汉三个帮"，通常来说，自己定好题目和写好论文提纲后，找几个同学讨论讨论，通过讨论提出问题，找出差距，弥补不足。这样能使文章题目更为简明、精炼、正确。论文提纲的篇章布局，内在的逻辑结构，基本观点的确立，内容的分析，就会得到进一步的完善、充实，避免论文写作中的错误，提高论文表述的正确率。二是写作初稿完成以后，再找几个同学来讨论论文全篇的基本观点或某个观点或某几个核心概念或几个重要的观点，通过讨论征求意见，就会把论文的基本观点准确确立起来，对概念的内涵和外延的把握更为全面准确。文章是改出来的，经过讨论，一次又一次地修正，就会大大提高论文的质量和水平。三是论文基本定稿后再请同学来讨论，这时着重于文字的推敲和润色，可以采用自己读论文，同学听评论文的方式来进一步修正，读着读着，不顺的地方，不精练的句子，不恰当的表述会出现不通顺的感觉，这时再修正，再读文章就顺当了。四是论文定稿时准备提交答辩的环节，进行最后一次讨论。这次讨论的重点在于与答辩老师换位思考，思考之一，我如何陈述论文的观点、重点、创新点和可能存在的问题；思考之二，老师会提出什么问题？通过讨论，进一步加深对论文的理解与把握，更加熟悉自己的论文。这样答辩时就能应对自如，顺利通过答辩。

（三）笔耕是写好论文的实践过程。勤于笔耕，硕果累累。写论文不是写一篇或几篇就可以成为名家的。要着力于笔耕，勤写、多练笔，什么类型的文章都练。一是读书笔记、读书摘要，读后感，心得体会，课堂笔记，眉批都要练，这类文字表述主要是积累理论和知识，本学科专业的名言、警句、谚语、格言、悟道等，如马克思撰写《资本论》的准备阶段就阅读了大量的书籍，并写了二百多本读书笔记。在写《资本论》第一卷里关于英国工厂历史的时候，他把大不列颠图书馆里的蓝皮书（英国国会的调查报告，卷帙浩繁，其中多为非常琐碎的材料和统计数据）几乎都看遍了，而他用这些资料写成的文字却只有20多页。马克思的一生大多数时间是深夜两三点钟才结束工作。他的大部分时间都与书为伍，他从书的海洋里汲取人类一切的文化成果，哲学、法学、历史学、经济学、语言学、诗歌、戏剧、数学、医学等等，他无所不读。在写《资本论》第二卷的过程中，为了弄清俄国的统计数字，他查阅过的书籍足有两立方米之多，同时，他写下了大量的摘要，并用到了第二卷的写作中。对于马克思来说，笔记是通往科学发现的可靠桥梁。列宁写《帝国主义是资本主义的最高阶段》时，写了一百多本读书笔记，收集了各国经济发展数据。毛泽东为写《实践论》《矛盾论》，也写了许多读书笔记和眉批。二是写报告、调查报告、公文写作、通讯报道、会议纪要、备忘录等，这类文章主要是适用各种工作需要，用文字把它记载下来，备案存档，为日后写作做材料准备。我在插队的时候，每天都写上一两篇通讯报道，一篇投给公社的广播站，一篇投给县人民广播站，开始的时候，用稿率比较低，一周都不用一篇，后来一周用一篇、两篇或三篇，用稿率在40%左右，后来摸清了各类广播站的用稿规律和特点，用稿率提高到50%—60%，天天写报道，一天两篇，一个月60篇，一年下来就是720篇，捕捉新闻的政治性、新闻性、奇特性、导向性等特点，继续练笔，用稿率继续提高到70%—80%，后来又提高到90%—100%的用稿率。这时我和广播站的关系就发生了变化，不是我投稿了，而是乡、县、市、自治区要求我投稿，投稿命中率几乎100%，投一篇用一篇，年年被评为优秀通讯员，这个过程持续了两年时间，直至我上大学离开了公社、离开了县城。三是写文章、学术论文。写多了，练笔的时间多了，文章就会写得好，有质量、有水平。到现在为止，我写了100多篇论文，每篇都能在国家级刊物或核心期刊上公开发表，从一篇两篇三篇四篇开始，写多了自然水到渠成，质量也不断提高，先后获得广西社会科学优秀成果六个二等奖、五个三等奖、六个佳作奖。实践证明，功夫不负有心人，有志者事竟成。

（四）调研是提高论文质量的基本途径。学习文献，吸收文献，消化文献是提高论文质量的一种途径，但这种途径还是从理论到理论的路线，有一定的局限性，不容易创新。自己亲自到社会去，到工厂去，到农村去进行调查研究，这往往会得到十分独到的见解，真知灼见。如毛泽东的《中国社会各阶级的分析》就是调查研究写出来的，就是他深入到农村、到工厂、到社会、到学校等各种阶层深入调查，分析第一手材料的成果。毛泽东的调查研究工作方法理论概括起来包括三个部分：一是什么是科学的调查研究。调查研究的实质就是实事求是，寻找规律性的东西。我们要从国内外、省内外、区内外的实际情况出发，从中引出固有而不是臆造的规律性，找出周围事物的内部联系，作为我们行动的向导。而要这样做，就不能凭主观想象，不能凭一时的热情，不能凭死的书本，而凭客观存在的事实，详尽地占有材料，在马克思列宁主义一般原理指导下，从这些材料中引出正确的结论，做出正确决策，指导我们的行动。所以，调查研究的过程就是实事求是的过程。二是怎样进行调查研究？毛泽东系统地论述了调查研究的科学态度和方法。他依据人民群众是历史的创造者、是认识世界和改造世界的主体的历史唯物主义观点，论述了调查研究过程从实际出发，实事求是，注意客观性的要点。他依据对立统一规律，论述了在调查研究中必须从实践中来，到实践中去。必须坚持群众路线的方法，从群众中来，到群众中去。具体的调查方法是:（1）普遍调查，就是从面上了解一般情况的方法。（2）典型调查，就是从个别事物入手，了解事物共同本质的一种调研方法。（3）会议调查，就是由调查者亲自主持会议，由深明情况且具有代表性的人参加的一种研究方法。（4）蹲点调查，就是深入基层调查的一种有效方法。有时为了深入了解情况，发现问题，就要亲自实践一番，弄清它的规律，切切实实去调查它、研究它，要下去蹲点，到乡村、工厂、商店去蹲点。（5）试点调查，用这种试点方法在一切工作中突破一点，取得经验，然后利用这种经验去指导其他单位工作。如果不进行试点，一下子就把它作为领导意见的一般号令全面推开，这是非常危险的做法。试点的作用是由点带面，指导全面工作。通过试点，取得经验后再全面推开，这是稳妥的做法。从写论文来说，我们在论文中提出的观点，采取的措施，布置工作的方法对还是不对，都可以到实践中去试一试，搞对了就要认真总结经验，以点为基础，全面推开，这样不但提高了论文的质量，而且也证实了论文观点或建议对策的可行性和有效性。

读书是写好论文的基础，讨论是写好论文的重要环节，写作是写好论文的实践过程，调研是提高论文质量的基本途径。话语虽然十分普通，但却表达了一条平凡的“至理”，蕴含着非凡的智慧。

一个优秀的导师应心胸宽广，舍得付出，不仅仅自己优秀，还要有为国家培养英才贤士的能力和抱负，带出一批将帅之才！

保持与上级领导的沟通，赢得支持和帮助

毛主席说，虚心使人进步，骄傲使人落后。这句话是真理，是经过实践证明的真理，是前人总结的正反两个方面的经验和教训得出的结论。某些时候我也存在骄傲的苗头，谦虚不够。这又导致我在工作中、思想上不够注重与上级领导很好地沟通和汇报。在多数情况下，我向主管领导沟通和汇报工作多一点，向主要领导汇报工作较少，因为考虑到主要领导管大事，过多地打扰他也不好，又担心向主要领导汇报沟通多了，容易被人误解为越级汇报，分管领导有看法。其实两位领导都想要了解中央民族大学的发展情况，都希望我去汇报和沟通。后来我就分阶段分时间分内容向主要和主管两位领导分别汇报，从次数和时间上向主管领导汇报自然是多一些。在工作实践中，我深刻反思，认识到自己只顾干实事，与上级主要领导沟通汇报不够，深深体会到沟通汇报的重要性，并转变了思维方式，学会了沟通、汇报。中共中央调整国家民委领导班子时，领导认可我的品德，看中我的能力，欣赏我做事的风格，让我分工负责管理国家民委下属的六个单位。2007年7月，中组部指定我为中央国家机关挂职宁夏工作小组的组长，委派我到宁夏回族自治区党委挂任党委副秘书长，兼任宁夏大学党委书记。2010年选任广西区人大常委会副主任，走上副省级领导岗位，

我的人生又实现了一次历史性的转变。主动与上级领导沟通、汇报是十分重要的，从哪方面向上级领导进行沟通和汇报呢？根据我的亲身经历谈两点体会。

一、下级领导干部与上级领导沟通的重要性

沟通是人与人之间、人与群体之间思想与感情的传递和反馈的过程，以求思想达成一致和感情通畅。沟通是人们分享信息、思想和感情的过程。

社会成员只要区分为领导者与被领导者，上下级关系就必然存在。绝大多数的领导都有自己的上级，班长上面有排长，排长上面有连长，连长上面有营长，再往上，还有司令员。在现代社会中的领导者，研究和探讨与上级的沟通，很有必要。

领导者每天都可能处在错综复杂的关系中，摩擦和矛盾是经常发生的，处理这种关系需要领导者进行沟通，从中理出头绪，进行必要的思想沟通和疏导，巧妙地缓冲、化解和消除各种不利的因素。沟通，指的是上下级关系比较好地经常在一起交流思想、工作和生活情况的一种交融、交汇的方式，把自己的团队拧成一股绳，并指导他们去实现一项共同目标的活动。通过沟通，使班子成员之间、领导下属之间统一思想、统一步调，从而形成一个上下团结、和睦相处的生动局面。美国著名的心理学家和人际关系学家卡耐基说过："组织的第一个原则就是沟通"，他认为沟通是一个首要法则，进行组织工作的必要性是这个法则的要求。据统计，领导工作有60%是用在各方面的沟通协调上。所以我们说，善于沟通，是领导艺术的一个重要方面，也是领导者的一个重要任务。每一位领导者，他的周围都有一个工作关系环境，包括作为上级、下级、同级的多种角色。对上

要汇报，对下要交流，左右要协调。作为一个组织和个人，处处需要沟通协调，从某种意义上说，领导的关键就是沟通协调。沟通协调无方，不是合格的领导者。协调是要讲方法的，也就是要有沟通的艺术，涉及部门协调、利益协调、工作协调、环境协调和人际关系协调等项内容。其中协调人际关系的艺术是重点，包括处理好上级与同事的关系。

绝大多数领导者在当别人上司的时候，都无法避免地受到自己上司的检验、考察。作为领导者，良好的沟通与汇报是正确处理同上级关系的关键，对自己更好地完成工作任务和个人更快地成长进步，将产生重要的作用和影响。

（一）良好的汇报和沟通会得到上级的支持和帮助

在实际工作中，领导者经常会与自己的上级发生联系。处理好与上级的关系，经常向上级沟通汇报工作，会更大限度地取得上级领导的信任、理解、支持和帮助。领导者的工作大都是在其上级的直接领导和指导下进行和完成的。上级处于指导地位，起主导作用，其对部下的信任程度和支持与否，很大程度上取决于彼此的交往与关系。如果能平衡好与上级的关系，那么上下级之间关系就比较融洽，心理距离就会缩短，感情因素就会增加，上级领导会从多方面给部下创造和提供方便。社会学理论认为，人们在品评某个领导时，不仅注意其自身的知识、水平、素质、能力，而且还关注他的社会关系，特别是他与上级的关系。一般地说，上级信赖和支持的领导者，往往更具有权威性、号召力和影响力，其工作和成绩容易被上级领导肯定，其能力和才华容易被上级领导器重，即使出现一些曲折和闪失，也容易得到上级领导的理解。

在工作环境内的人际关系中，领导者对更上一级的领导起着承上启下的桥梁作用，对下级则起着组织、指挥、调度、控制、协调、平衡的纽带作用。领导者可以按照工作的需要调整、改善和加强工作环境内的人际关系。下级理顺与上级的关系，就可能为自己争取到一个良好的人际关系环境。下级同上级关系处理得好坏，往往在很大程度上决定着上级能否理解并支持下级的事业，从而对下级获得支持和环境条件的机会产生影响。同时，下级在工作中的任何创意计划、方案要想得到顺利推行，首先要得到领导的支持。主动向上级领导沟通汇报，上级领导还会为下级的工作出主意想办法，提供各种支持。对于同一项工作，上级领导是支持还是反对，其成效大不一样，沟通好与上级的关系可以收到事半功倍的效果。

（二）良好的汇报和沟通会得到上级的信任

决定一个人进退的因素概括起来有两类：一是主观因素，主要是指一个人的思想素质、业务能力，性格及身心健康等。二是客观因素，主要指一个人所处社会的政治状况、周围环境及工作环境等。上下级关系属于客观因素的范畴，作为社会组织的主导力量，上级领导拥有对下级的培养、鉴别、选拔和使用等权利，在一定程度上决定着下级的职业前途。当一个下级在工作中得到上级的充分信任，那就意味着自己的工作能力得到了上级的肯定，容易获得进步的机会。如果下级不能处理好与上级的关系，不仅可能失去上级对你的信赖，而且会失去更多的支持、指导和帮助。在一般情况下，得到上级信赖和支持的领导者，往往更具权威性、号召力和影响力，能够赢得下级更多的拥护和追随。

（三）良好的汇报和沟通会得到上级的谅解和爱护

这里所说的谅解和爱护，主要是指上级对下级心理方面的关怀。上下级关系对于一个人的心理健康十分重要，美国心理学家马斯洛认为，人的需要是分层次的，其中“自尊”和“自我实现”是较高层次的需求。下级如果能从上级那里获得“自尊”和“自我实现”的支持，做到襟怀坦荡、言行一致、表里如一，保持一种健康的心态，对自己的身心是十分有益的。相反，则容易出现疲惫衰老、人格变形、自暴自弃、心理变态等病态心理。我国著名心理学家丁赞教授曾说："人类心理的适应，最重要的就是对人际关系的适应。所以人类心理的变态，主要是由于人际关系的失调而来。"而上下级关系，在所有人际关系中又居于重要地位。在现实生活中，善于处理与上级的关系，会得到"自尊"和"自我实现"，心理状态比较健康；而不能获得精神满足和需求的人，会出现心理变异，不仅影响自己的工作和发展，同时也会对身心健康带来负面影响。

（四）良好的汇报和沟通会得到上级的肯定和表彰

根据心理学的观点，下级与上级沟通得越好，他与上级的心理距离也就越短，他的成绩和能力就越容易被上级发现，并得到认可及理解。一般情况下，上级总是选择那些在他看来既有工作能力和成绩，又同自己关系较近的下级作为培养和使用的目标，尤其是在下级能力和成绩相当的情况下，上下级关系即成为能否被培养和使用的决定因素。实践证明，在同等情况下处理好与上级的关系，加上个人主观努力，其成绩、能力、才华更容易被上级发现，得到上级的肯定，从而更快更好地取得进步。

二、保持与上级领导沟通汇报的重点内容

在我国，每一个部门都有自己的主管部门和主管部门的主管领导和主要领导，从业务关系来说，有上级业务主管部门和主管领导，有上级部门和上级领导。上级主要领导和主管领导主要对下级进行领导、指导、协调、督促、检查，看下级业务部门是否坚持政治方向，求真务实，认真负责，扎实肯干，敢于担当。比如说，中央民族大学的上级主管部门是国家民委，直接受国家民委主任和主管的副主任领导和指导，中央民族大学能否取得工作成效，关键之一即在于保持与国家民委主要领导和主管领导的有效沟通，得到国家民委领导的重视、支持和帮助。因此，下级部门保持

向上级领导沟通汇报是至关重要的一个环节。

俗话说，灯不拨不亮，话不说不明。领导干部要发挥领导作用，一刻也离不开与下级进行及时有效的沟通。沟通好，二者可以和睦共事，同心同德，形成强大的合力，推动事业走向成功。反之，则会造成人际关系紧张，甚至产生对立情绪，导致人心涣散、一盘散沙、一事无成。因此需要双方的沟通，形成共识，一起朝前走。那么，应在哪些方面进行沟通呢？

（一）工作沟通

上下级沟通的实质就是要使下级明白上级的意图和工作安排，上级领导了解下级工作的运行和完成情况，促进各项工作顺利展开。沟通使领导行为具有良好的合作氛围和渠道，促进领导决策的顺利实施，最终得以落实。一是领导者要认识到工作沟通的重要性，并把这种思想付诸行动。如果领导者通过自己的言行认可了上下级的工作沟通，这种观念会逐渐渗透到组织的各个环节中去。二是提高沟通的心理水平。要克服沟通的障碍，必须注意以下心理因素的作用。（1）在沟通过程中要认真感知，集中注意力，以便信息准确而又及时的传递和接受，减少信息的损失。（2）增强记忆的准确性，是消除沟通障碍的有效心理措施。记忆准确性水平高，传递信息可靠，接受信息就准确。（3）提高思维能力和水平是提高沟通效果的重要心理因素，高的思维能力和水平对于正确传递、接受和理解信息起着重要作用。（4）稳定的情绪和良好的心理气氛，创造一个相互信任的、有利于沟通的小环境，有助于下属真实地传递信息和正确地判断信息，避免因偏激而歪曲信息。三是学会有效地倾听。有效地倾听，能增强信息交流双方的信任感，是克服沟通障碍的重要条件。

（二）思想沟通

与下属沟通思想，是领导工作的重要一环。作为领导，要实现自己的工作意图，必须与下属沟通，沟通使领导者能够更加准确地了解信息，预防盲目。实现思想沟通，主要通过以心交心，用感情打通对方心灵的方式，激发他们的积极性。有这样一个故事，一个人在森林里迷路，经过很多次努力，总是走不出去，后来又绕回原地。这时他遇到了另一个族人，于是向他问路，那人说他自己也迷了路，走了很多路，还是出不去。于是他们俩一起找出路，互相帮忙记下走过的地方，克服困难，他们忘记了疲劳和饥饿，终于走出了森林。其实，人生就像一座森林。我们总有迷失和疑惑，而如果我们能够分享彼此的经验和感觉，我们就会觉得人生旅程没有那么糟，有时我们还能找到更好的道路、更好的方式。这就是沟通的作用。

当上下级在日常关系中发生一些问题的时候，如果仔细想一想，导致问题的主要原因，通常都会想到同一个答案。就是我们没有良好的沟通习惯，这是真的！我们很少告诉对方自己的感受，也绝少仔细去听对方究竟说什么。

在与上级领导的交往中，最重要的关系之一就是分享和沟通。当然，这不仅限于你对上级领导的感觉，还包括你的希望、恐惧和难题。如果你把所有的想法都锁在内心里，你自己不但会因此心胸狭窄和沮丧，那些跟你亲近的上级领导也无法适时地给予你帮助、同情和支持。要尽量在上级领导面前讲话，特别是敢于发表不同意见。在沟通的过程中，要认真听取上级领导的谈话，要平静安详，专注耐心，不可左右环顾，心不在焉；也不宜轻易打断谈话，当场立刻反驳。

（三）学习沟通

沟通的过程是汲取智慧的过程。如好的方法、主意、决策雏形等都可以由沟通中得到。一个成功的领导者，往往不是一开始即具备非凡的能力，而是不断地向他人学习，吸取别人的长处，在学习的过程中一步一步地完善和发展自己的领导才能。所谓“成功是经验的积累”便是这个意思。

在日常工作中，每一位下属都可以提出他们的长处，通过有效的沟通，谦虚地相互学习，在学习中交流，又在交流中进步。为了搞好学习沟通，双方应做到：一要营造氛围。上级领导干部要在发扬民主、加强沟通方面率先垂范，自己带头讲真话，讲实话，学会倾听，乐于倾听不同阶层、不同人群的诉求和意见，做到察民情，听民意，晓民声。领导要以“言者无罪，闻者足戒”的胸襟，让想说话的多说，不敢说的大胆说，不愿说的主动说，形成“知无不言，言无不尽”的良好氛围。二是沟通渠道。当前，我们正处于改革发展的攻坚阶段，新情况、新问题层出不穷，领导干部难免有把握不准、考虑不周的时候，时刻需要认真听取多方面的真知灼见。沟通不能受一时一事或者一项工作的限制，不能只做表面文章，要始终敞开大门，始终保持言路畅通，形成一种深入了解民情、充分反映民意、广泛集中民智的长效沟通机制。三要讲究方式。面对许多身处基层的一线基层领导干部，上级领导干部要想听真话、实话，更要讲究沟通方式，更要多深入基层，深入一线。深入实际，多调查，多了解，主动和下属交流，用诚心去打动他们，用耐心去开导他们，使那些藏在心里、卡在喉头、憋在嘴边的肺腑之言，倾情而出。这样才能真真切切地听到逆耳忠言、有益谏言。四要态度诚恳。作为领导干部，要想下级真心地和你交流思想，必须用一颗真诚的心去感化他，而不是让人感觉你是在公事公办。相信大家对《三国演义》刘备三顾茅庐的故事非常熟悉吧，诸葛亮之所以把自己的治国之策和盘托出，关键就在刘备的真诚打动了他。同样，对于一个上级领导者来说，如果在和下级交流时，能够让人感到你的真诚，并且为你的真诚所打动，又何愁下级不真心实意地同你交心呢？换言之，就是学会倾听各种不同声音，才能得民心。要想通过沟通，消除工作中的摩擦和障碍，应该注意在沟通中非常重要的一个环节，那就是真诚。

（四）生活沟通

在生活上同下属多沟通，可以为您增加一份人情味，架起沟通桥梁。它有助于上下双方找到共同点，并在心理上强化这种共同认识，从而消除隔膜，缩短距离。历史上最好的例子是拿破仑与他下属的关系。拿破仑非常了解他的下属，能叫出下属全部军官的名字。他喜欢在军营中走动，遇见某个军官时，马上就会叫他的名字跟他打招呼，谈论这名军官参加过某场战斗或军事调动，并不失时机地询问士兵的家乡、妻子和家庭情况。这些做法使他的下属非常吃惊，他们的最高统帅竟然对他们的个人情况了如指掌，军官和士兵在同拿破仑的交谈中备受鼓舞，因而对拿破仑忠心耿耿，从而敢于拼搏，不惜血洒疆场。在现实生活中，我们也经常遇到有许多身居高位的人物，会记得只见过一两次面的下属的名字，在乘坐电梯或门口遇见时，点头微笑之余，叫出下属的名字，会令下属激动不已。

上级领导还要通过沟通关心下级的生活，聆听他们的忧虑，他们的起居饮食，都要考虑周全。人非草木，孰能无情。情感为人类所独具，在人类的生活中起着巨大的作用。人的任何认知和行动都是在一定的情感推动下完成的，积极的情感可以焕发出惊人的力量去克服困难，消极的情感则会大大妨碍工作的进行。上下级之间感情融洽，这是一种比什么都重要的巨大力量，它可以大大推动工作进展。建立感情，增进友谊，对下属嘘寒问暖，关心其切身利益，了解其疾苦，解决其困难，把关心爱护渗透到生活的点点滴滴，达到“润物细无声”的效果。

下级向上级领导汇报工作时，有可能是需要上级领导的支持，或者需要上级领导的指导和建议，同样也有可能是上下级之间的工作存在需要澄清的误会，等等。在这些情况下，用倾听去发现问题之所在十分重要，是因为它决定了有效沟通能否顺利实现，沟通后事情能否得到真正解决。所谓倾听，就是一定要在交流中用心去听和理解下属想要表达的意思。抓住下属的话语、表情的细节并从中解读其真实想法及意图。

总之，一个领导者与上级领导的良好沟通是做好工作的桥梁，是领导干部不断进步的阶梯，做好沟通是建造“过河”的“桥”或“船”的方法。

教保安练真功夫　保障学校平安

尽管中央民族大学地处首善之区，但是过去学校里仍有一些歪风邪气，有的人冲进校领导办公室和会议室，有的人评职称没有通过就威胁校领导，有的学生喝酒后与保安人员发生口角。晚上到了规定休息时间，还有一些学生从校外回来，与保安人员发生口角，甚至有时还打起架来。个别保安甚至因此受伤。一天晚上10点钟左右，大约三十多个外来人员喝了酒到学校寻衅闹事。这些人都是彪形大汉，出言不逊，保安人员把他们拦在东门，他们就大喊大叫起来。保安人员让他们出示证件进行登记，他们既不拿出证件，也不按要求登记，还一个劲儿地骂保安，“你们究竟让不让我们进去，不让，我们就冲进去了”。不由分说，这些人直接推开铁栅栏冲了进来。学校其他保安人员闻讯陆续赶到东校门，双方在校门前僵持了一阵，开始扭打起来。学校保安人员只有16人，有几个保安受了伤，急忙呼110，直到巡警赶到现场，才把当事人带走。

一定要整治这种不良风气，一定要还师生员工一个安定和谐的校园。于是，我们学校领导研究决定，增加保安人员数量，增加站岗和巡岗，保安巡逻不留死角，对肇事者要严厉惩治；另一方面要加强训练，保安人员要练就一身硬功夫，提高保安人员自身的防卫能力。为此，学校专门聘请北京市武警总队二支队的武术教练来指导武术训练。

武术教练很忙，来的次数有限，为了尽快提高保安人员的实战能力，练就一身真功夫，我自告奋勇当武术教官。

我的家乡靖西，人称壮族武术之乡。小时候，特别是在插队中，我曾拜过师父，学习过套路、招数、散打、拳术。我学的是南拳套路及散打、棍术、擒拿。说起来，我还是有点“实战”经验的，练就的也是经过实践检验过的真功夫。有一回我在老家——广西靖西县化峒公社，当时我14岁，读初中二年级。一天晚上10点钟左右，我家对面化峒镇供销社百货商店有强盗从窗口钻进去偷东西。值班的是姓赵的女同志，她看到强盗正在货柜上拿东西，大包小包装满了一麻袋。当强盗往回走时，小赵溜到外面把门反锁起来，跑到街上喊起来：有强盗进供销社百货商店偷东西啰！大家赶快起来抓强盗啰！街坊人家都听到了，我急忙穿好衣服，拿起一条木棍冲出去。大家到商店后四处查看，找不到强盗。小赵比画着说，刚才强盗从这里走到那里，应该还来不及逃走。正在疑惑时，说时迟那时快，这个强盗忽然从值班室床底下钻了出来，手里还拿着一把匕首，边往外跑边喊：“闪开，否则我要杀人了！”我冲上去，不由分说就是一棍子，正好打中他拿刀子的右手腕，咣当，匕首落地了。当时天黑，又没有电灯，也看不见匕首掉在什么地方。他就向着我冲了过来，我来了一个横扫右髌骨，他一下子就跪了下来。强盗非常强悍，很快，他重新站起来，挥动右拳猛地向我打来。我一闪身，他打空了，我顺势一劈，打中他的脖子。他嗷嗷叫着，又侧身冲了过来。我拦腰横打，他趴下了。不料他这一趴下，正好摸到了刚才落地的匕首，跳起来恶狠狠地用匕首向我刺过来。我斜身用木棍一挑，再次挑落他手中的匕首，他痛得直喊叫。另外几个人冲上来了，我向前一跨步，向他后背踩了一脚，用手摁住了他。小赵找来一条麻绳把他捆上，立即送去派出所。经过审问，知道他是一个惯犯。我见义勇为，为民除害，感到十分高兴，后来还收到供销社写来的感谢信。跟师父学的武术还真管用，说实话，面对拿着匕首的歹徒，没有两下子，是抓不住他的，天生我才必有用。

另一次是我20岁时。这时我已是广西民族学院大二的学生了。有一次从学校坐公共汽车到市中心，坐到南宁市华西路站时，有位中年妇女说，她的钱包不见了。我环视了车上的人群，发现有个穿一套牛仔衣、留一头长发和一撮胡须的青年男子，东张西望，神情紧张。他伸手到中年妇女的手包里去，随后中年妇女就喊钱包不见了。我判断，应该是这个青年男子偷的钱包。中年妇女也注意到了这个人了，但又不敢喊，只是紧盯住他。到了华东路停车站时，他下车了，这时中年妇女喊起来，“抓贼啰”。我紧跟着他下车，刚下到人行路上，我一个横扫挡腿，把他绊倒了，反扭他的手按住他，要他交出钱包。众目睽睽，他不得不掏出钱包扔在地上，中年妇女捡了起来，说是她的钱包，跟我道声谢后，拿走钱包就转身又上了公共汽车，我这才松了手。岂料这个贼立即拳脚交加攻击我，说我多事，今天非要教训我不可。他拳打脚踢，我还来不及躲开，就被他一拳打中了右胸腔。我先看周围是否有他的同伙，还好，没有。于是我就和他对打起来，我使用了罗汉双拳循环拳术，一下子就打到他身上好几拳，又用横扫挡腿猛地一扫，他又跌了下来。我问他，“你偷了钱还有理啊，赶快到派出所自首吧。”他不愿走，我一个擒拿功，迅速把他的右手反转过来扭住不放，往前推。恰好，这时有两个民警同志巡街过来，我就把这个小偷交给民警同志。押到派出所审问后，罚了他的款，做了笔录。随后民警同志问我，“你是哪个单位的？”“广西民族学院大二学生。”“哦，你见义勇为，挺身而出，行为可嘉，我们向您致敬，感谢你。”

三回五次的实战，证明了我学的功夫不是花拳绣腿，是真功夫，是实实在在的南拳散打，能用得上、打得好、打得赢，是可以给保安教几招的。那么，如何有效地对我校保安人员进行武功训练呢？我采取了如下措施：

第一，制定和实施保安人员武术训练方案。其一，训练的指导思想和目的。指导思想就是练真功夫，目的是强身健体，维护学校良好的秩序。其二，训练的时间。集中一个星期早晨和傍晚两个时间段训练保安人员。我亲自授课，做示范动作。其三，训练内容分两部分。一是锻炼体能，强化耐力。早晨起来，队长带领保安人员沿着运动场跑步，做俯卧撑，早晚打沙袋一次，练习民兵拳的基础套路。二是专业拳术。短桥套路、南拳散打、南派棍术。其四，训练方式。以集体教练为主，全体集中训练，教官做示范动作；以个人自练为辅，反复练习，熟悉动作；以组为单位，一组十人分开训练。具体的训练方式是，对打、交叉打、教官对队员、队员对队员、一打一、一打二、一打三、三打一、二打一。注重交流经验，交叉学习，取长补短。整个训练过程突出两个字：真打。其五，训练的步骤；第一步：热身运动，跑运动场十圈。第二步，锻炼基本体能，做俯卧撑100个，打沙袋50次，练广播体操的基本动作。第三步：短桥套路。其特点是动作连贯，气势磅礴，虚实结合，上下结合，手脚结合。保安人员在练的过程中十分认真、刻苦，不怕累。一周下来，基本动作大都能掌握，记得住基本要领。第四步，南拳散打。总共有32招数，招招致对方的要害，出拳重，打得痛，钻空位。如罗汉双连环拳，势如破竹，打得对手站都站不住脚；冲下返上拳，如两拳都打中，对方必能被制伏；一拳三变，头拳打檀中，二拳打额头，三拳打会阴。这一拳下去一般很难抵挡；左刀右刀横劈拳，左刀右刀实际上就是左臂右臂犹如大刀，左挡右劈，右挡左劈；鹰爪拳，顺着额头从鼻子、嘴巴、胸膛往下刮，当然这一招不是对付坏人不使用，一般人不能使用这招。给保安人员教了南拳散打后，他们大开眼界，干劲倍增，充满精神，提高了他们的实战能力。他们说，以前从来没有学过这些招数，都是花拳绣腿，基本套路。第五步，擒拿拳术。主要有两个动作要记住。一是横扫拌腿，致使对方倒下，二是迅速向前，反扭对方的右手，把他的右手往上抬，抬得越高他越没有反抗力，然后斜推着走。保安人员听后觉得非常实用，按照要领他们反复训练，练出实战经验和实战能力。第六步，南派棍术。主要练五个基本动作，一是劈下去，二是横扫上中下段，三是往上挑，四是直刺胸部、腹部、阴部，五是挡，头顶上挡、左右竖挡、转身九十度挡。拳术有很多流派，各派又有很多的分支，分支又有很多小门派。我主要讲我所知道的武术基本要领和一些实战实招。经过训练，保安人员的功夫基础和能力有了大大的提高，成为一支思想好、作风正、本领硬、听指挥的保学校一方平安的战斗队伍，在海淀区的高校中也称得上优秀的护校保安队。

第二，学校领导要重视保安队伍的建设。保安是社会治安管理条例的忠实执行者，是维护学校安定团结、和睦相处的保护者。为了保学校一方平安，领导要高度重视这支队伍建设，包括给他们提供办公场地、住宿场所和机构编制，提高工资和福利待遇。让他们认真负责、勤奋努力地工作，安心生活。还要组织他们学习理论、专业知识，提高他们的文化水平和综合素质，力保学校平安和谐的良好环境。

第三，加强学习，提高保安人员的理论水平和治理能力。作为学校治安管理队伍的保安人员，除了保一方平安的职责之外，还要加强理论学习，学习马列主义、毛泽东思想。通过学习，学会运用马克思主义的立场、观点和方法去发现问题、分析问题、解决问题，提高保安工作的战略布局和战术实施能力，学会以多视角多层面的宽广视野去分析和提出校园环境存在的隐患和问题，预测可能发生的问题，走出一条高校稳定发展的便捷道路。保安人员又是与违规违纪违法甚至犯罪人员做斗争的一支护校队，要执法如山，还要认真学习国家的法律、法规和学校的规章制度，明确学校管理的理念就是以法治校，做到有法可依、有法必依、违法必究、执法必严，办事依法、遇事找法，解决问题用法，化解矛盾靠法，努力建设一个人人讲法的法治学校。同时学习高等教育的管理概论和治理理论，了解和掌握高等教育的管理规律和特点，了解学校管理的理论原则和管理方法，学会校园管理的资源配置，把人防和技防结合起来，围绕学校的中心工作去维护好学校的良好秩序，保障学校有一个安定团结的环境。保安人员还要学习武术知识，掌握武术技能，努力提高自己的武术水平，以自身硬功夫去履行保障学校财产和人身安全的职责，为广大师生员工提供一个干好工作、过好生活的良好环境。

第四，依法管理保安队伍。改革开放以来，我们国家开始走上法治轨道，法制建设越来越健全。只有依法行政，有法可依，执法必严，违法必究，才能维护一个安定团结的政治局面。就保安人员来说，应该做到：思想上、政治上、行动上与以习近平为总书记的党中央保持高度一致，坚定共产主义的理想信念，坚信中国特色的社会主义的理论、道路、制度，把一切私心杂念清扫干净，保持校园里的社会主义理想、道德风尚。增强保安人员的组织纪律性，要管理别人，约束别人遵守纪律，自己要带头遵守纪律，为了党和国家的利益，为了学校和广大师生员工的利益，人人都要遵纪守法，努力创造一个和谐的法治社会。

从这件事我深深体会到：（一）学校要有一个和谐安定的良好环境。学校风气正不正，关系到学校能不能树立良好形象的问题，风气正，这个学校就有生命力、发展力和创造力。在一个氛围宽松、团结和谐的好环境下，广大教师才能安心从事教育教学工作。同样，在一个良好的尊重人才、尊重知识的学术生态环境下，广大教师才能放心、开心、顺心地搞好学术活动。如果打闹风、打架风、告状风、蛮缠风盛行，广大教师还能愉快地进行创造、研究、发展吗？可见，营造一个团结、民主、和谐的良好环境是十分重要的。那么，谁来营造良好的校园环境呢？一方面是领导带头，教职工跟上，还要保安人员努力维护，大家形成共识。校领导一马当先，师生员工万马奔腾，这样才能马到成功。另一方面，依靠制度管理，依法治校，营造一个人人尊法、学法、懂法、用法的良好法治环境。再一方面，依靠保安人员维护校园良好的教学、科研、工作、生活秩序。综合治理，良好的风气蔚然成风，东风就会压倒西风，正气就能压倒邪气。（二）学校要有一支打铁必须自身硬的保安队伍。保安人员是和不法分子做斗争的专门队伍，首先要学会保护自己，才能保护别人。如果自己一点真功夫都没有，也没有实战经验，一动起手来，打不赢，制服不了对方，学校就可能招致损害，难得太平。要平安，就要教导保安人员提高快速反应的实战能力、应战能力，努力维护学校安定团结的政治局面。真正提高自己的理论水平、法律水平和管理能力，为学校的建设和发展做出贡献。（三）学校要有一支忠于人民教育事业的保安队伍。人民群众是一个单位的基本要素，为人民服务是中国共产党的根本宗旨。学校保安队伍还要成为政治保障的卫队。遇到学生思想不稳定、老师思想波动，有人不遵守纪律，有人造谣挑拔的情况，需要有保安队伍阻拦劝说，学校才能安定。保安队伍要坚持为学校的教学、科研、生活的安全稳定服务，自觉增强为广大教师员工的利益服务的意识。（四）学校要有一支能保护单位好人的保安队伍。刚到学校时，曾遇到一个蛮横不讲理的人，想用低劣的无赖手段镇住我。有人很怕他，我因为练过武术，根本不屑他这一套。结果还没拉开架式，只怒吼两声，还没打，他就“落荒而逃”。但一个人的力量是有限的，有了一支过硬的保安队伍，才能全面整治、妥善处理违法、违规行为，镇住坏人恶人，保护好人善人。

事实证明，我的做法是正确的。这一招还成为我在中央民族大学时的“护身符”，一些不法分子怕我的“功夫”，不敢惹我，收到了威慑效果。既能强身健体，又能镇住邪恶的坏人坏事，何乐而不为呢？

任何经历都是一种财富。如果小时、插队时不练武功，我就没有这个胆，没有敢抓小偷、逮强盗这种底气，也做不了那种伸张正义、见义勇为、助人为乐的善举。让一切有志青年人都强身健体，保家卫国，保卫自己，弘扬正气，将中华文化中的见义勇为精神发扬光大！

一个领导干部的威望体现在下属对你“五个阶段”的转变

——口头服从你，心里佩服你，主动配合你，离任后怀念你，住院还看望你

一个领导干部怎样才能得到其下属的信任、支持、拥护和爱戴呢？这不是凭空得到的，而是在实践活动中自然形成的。领导干部只有在群众实践中认认真真地做事，为下属多办事，办实事，办好事，在为下属办事过程中逐渐提高自己的威信。要经历五个标志性的发展阶段，才能成为有权威、有影响、有凝聚力的领导干部。

第一阶段：下属口头服从你。从组织原则上来说，任何一级领导干部任命都经过组织部门的考核、群众推荐、党委讨论决定、公示、任命等程序。一旦组织部门下发了职务任命通知书，这个干部就具备了任职资格的条件保证，就具有行使相应职务的权利。他就可以依据任命通知书的职务规范、职务职级依法依规行使职权，他所在单位的干部职工就有义务服从他的领导。这时候他的权力表现为下级的干部职工口头服从领导。这也是行使职务权力的第一个阶段。这时候的权力性质是组织行为，组织给你什么职务，你就行使什么权力，在其位谋其政行其权，这个权力是与组织任命书联系在一起的，任命书下发那一天起和职权生效的日子里，某人的职

务权力就相应存在，一旦撤销这个职务任命书，相应的职务权力就不存在了。同时也说明某个领导干部职务任命书的存在，要求相应下属听从他的领导，服从他的工作安排。他是领导者，其他人是下属。下属对领导的认识有两种可能：一是原来就认识的，如果是本单位提拔的同志，大家都了解和熟悉，服从他的领导就比较习惯和自然，但仍然停留在口头服从的阶段；如果是外地、外省、外单位调任的同志，那么新的下属对这位领导就比较陌生，更多的是口头服从领导了。这个阶段主要是组织所为，行使职权不是个人行为。这当然也与个人的任职条件有关联，这一点是任何一级组织部门都会充分考虑的，条件成熟的领导干部适应角色就会快一些，进入工作状态会快一点。可见，第一阶段开展工作主要依赖于组织的支持、帮助和给予一定的条件。这样，就为下一步的工作奠定了基础，自然也就转入第二阶段了。

第二阶段，下属心里佩服你。这个阶段的支撑点主要靠个人的智慧、经验和能力等综合素质的表现。领导干部工作做得好不好，成效大不大，群众是瞪大眼睛看着的。群众的眼睛是雪亮的，是看得明白的，心中是有一把客观的尺子来衡量的。你做得怎么样，工作好还是不好，是看你新官上任“三把火”烧得怎样。有的“三把火”没有烧好，反过来被别人“烧”了。例如，我的一个同事，一心想做一番事业，刚到一个单位当一把手，正好碰上分房。他原来的住房条件不好，想改善。就参加了分房排队，结果评分排在第二名。许多老同志不服了，说他刚到本单位没几天，就抢住房！于是告状满天飞。房子没得到，威信大为下降，后来评职称，就更没法通过了，工作十分被动。虽然他是上级任命的干部，但没有做出什么成就，就考虑自己的利益，必然会引起大家的反感。要把组织部门任命后大家对你的口头服从变为心里佩服，才能得到群众的信任、支持和帮助。那么，在工作中如何才能使教职工心里佩服呢？这里应当采取几个措施。一是做几件让群众看得见实际效果的实事。我刚到学校工作，在调查研究中把群众反映最强烈、最集中、最现实的问题找出来解决，让群众在短期内看到老大难问题的解决效果，急群众所急。二是以身作则，率先垂范，处处都要严格要求自己。首先自己要做得好，做出一个榜样，榜样的力量是无穷的，火车跑得快，全靠车头带。领导带得好，群众就会跟上。三是善于处理学校的历史遗留问题。历史遗留问题都是棘手问题，后任的同志也有责任处理好。历史遗留问题往往涉及历史和现实的复杂情况，处理得当，历史与现实问题都解决了，才能排除障碍，调动各方的积极性。但处理不当，也会增加矛盾，因此要十分慎重。以上三个措施我都能做得扎实，做得有效，所以在领导下属开展工作中，我很快由第一阶段转向第二阶段的“心里佩服你”，取得了良好的效果。

第三阶段：下属在行动上主动配合你。当你在某单位工作一段时间以后，各方面的情况都比较熟悉了，也培养了一些骨干力量。从行政管理的基本步骤来看，其过程应当是：领导决策 —— 部署落实决策的具体措施 —— 检查落实工作目标 —— 跟踪项目落实的汇报，总结经验和教训。这个管理过程需要一批或一些主体力量去执行。执行力够不够，就要看你用人的艺术了。一是执行某项决策，你选什么样的人去执行？回答肯定是能干和忠诚的人。二是执行过程监督手段、行政手段、法律手段和经济手段相结合。结合的节点只问效果不问过程。三是任务完成后实施表彰 —— 精神激励和物质奖励相结合。到这里，行政决策的执行过程就算完成了。在管理的过程中，有无数次的行政决策，不可能每个决策都要布置人员、机构去落实，你作为“班长”，还有若干个副手或助理。这些人都是你的智囊团成员。进入班子以后，他们就按分工的职责范围来落实你的决策或者你布置的工作任务，这些人员与你共事一段时间后，已熟悉你的工作思路、工作规律和特点，适应了你的工作节奏，他们一方面按照你的指示工作，另一方面会主动配合你完成某项工作任务。这时候你就能够举重若轻了。抓大放小、以大带小，运用工作方法就能够达到炉火纯青的地步，主要精力就放在把握方向、抓大局、管大事的重点上。一旦你的副手或助手行动上会主动配合，你的工作水平就会大大提高，工作业绩更加显著，工作经验更加丰富，你就完成了第三阶段的任务，自然进入了新的阶段。

下属在行动上主动配合你，这是领导工作的最高阶段，也是领导艺术运用最好的阶段，工作效果最佳的阶段。如何达到三个“最”呢？我的体会是:（一）知人善任。领导者如何才能做到知人善任、择人授权？知人善任是领导者权力分配中的用人艺术。知人，就是能历史地、全面地、辩证地了解一个人的长处、短处，或优点、缺点，做到扬长避短。善任，就是能够科学地、合理地任用人才，授予权力，以做到人尽其才，才尽其用，从而有效地发挥人才的作用。知人是善任的必要前提。知人难，难在言行有虚有实。善任难，难就难在容人之短，用其所长；知人善任更加难，难在既知人又善任。（二）充分信任。领导者只有充分信赖下属，关心下属，才能赢得下属的支持，赢得下属的支持才能共同成就事业。“疑人不用，用人不疑”，一旦相信下属，就不要零零碎碎地授权，可一次授予的权力，就一次授下去，授到位。授权后，就不能大事小事都干预，不要事无巨细都过问。充分信任，就要做到下属职权范围内的事让人家说了算，只要不违背大的原则，不偏离大方向，就要支持下属工作。对于工作上出现的小失误，要采取宽容的态度，实施容错、纠错机制，允许失败，允许有小的差错。领导者一旦选中得力的部下，就不要为其他声音所扰，应倚重有加，无所顾忌。人们感到最扫兴的就是“吃力不讨好”，只要下级一片忠于事业，即使方法效果欠佳，也要多加鼓励，而不要迁怒于人。这样部下才会更加用心做事，否认会失去人心。（三）敢为下属担当责任。要使下属能在必要的时候贡献力量，领导者必须容下属之过。容过，就是对下属所犯的错误要能够体谅和理解。容过，体现的是领导者的一种风度和胸怀，也是一种高超的领导艺术。领导者要为下属创造一个宽松和谐的工作环境，当下属员工在工作中有过失时，作为领导者，要主动揽过，承担责任，千万不要抓住不放，使下属抬不起头来。否则，下属就无法继续开展工作。

但容过不等于放任，下属有了过失，要批评帮助教育，还要提出改进工作的方法。领导者只有充分信赖下属，关心下属，才能赢得下属的支持。自古以来，敢于承担最大责任的人，才能获得最大的成就。一个不敢负责，有了功劳就往自己身上揽，有了错误就推得一干二净的人，其结果将会是下属满腹牢骚和不满，对领导产生这样那样的偏见，挫伤部下的工作积极性，疏远领导和下属的关系。

以上三个体会说明下属能在行动上主动配合你，不是凭空而来的，而是有感情、思想、工作的基础条件的。这一阶段的完成，也是领导者运用高超领导艺术的结果，是每个领导者所要追求的境界，更是上级领导和下级人员关系密切共同团结奋斗的良好关系的体现。我相信每个领导者都有这个愿望，这就依靠自己的努力工作和处理好各种关系。

第四阶段：当你离开领导岗位之后还有人怀念你。为什么有人怀念你呢？分析原因有这样几个方面：（一）做人好。古训说：修身齐家治国平天下。从一个国家来说，要治国理政，首先要有登高望远的政治眼光，为中国和世界人民谋幸福，做一个受百姓爱戴、拥护、支持的领导者。从一般人来说，做人好就要做一个理想坚定的人，一个有道德的人，一个有益于人民的人，一个脱离了低级趣味的人，一个高尚的人。这就是做人的底线。（二）做好事。作为一个领导干部都应当有为官一任造福一方的愿望。给当地老百姓留下什么呢？我的体会是：明确发展的思路，有思路才有出路，有新思路才有新出路，有大思路才有大出路。一个领导者到一个新单位上任后，总在想办事，敢干事，会办事，办成事，不出事，给当地干部职工留下实实在在、不可磨灭的成果：一个个飞机场，一条条高速路，一个个千万吨码头，一条条高铁，一栋栋万丈高楼，一个个新兴产业……都是领导带头干出来的。所以，很自然，当这些领导离开领导岗位后，当地群众都会十分怀念他，赞美他。（三）廉政勤政。清正廉洁的领导会给老百姓留下好印象，不贪不占的干部容易赢得群众的信任，自己的威信也随之提高。广大干部群众要求领导干部干干净净地进公务员队伍，为人民服务，同样干干净净地走出来，永葆共产党员干部的纯洁性和先进性。你能够堂堂正正做人，扎扎实实做事，清清白白地做官，就能深得人心，形成向心力和凝聚力。这样的领导不论是在岗还是离开岗位，他的下属都会深深地怀念他，即使他离开工作岗位后，同样有人爱护他、支持他、怀念他，说明他的领导水平达到了很高的境界。我在三所大学当过校长、书记，在每个学校工作时都把造福一方作为自己的信条，为学校做出了较突出的贡献。离任后每次回去，总会有校领导、中层领导、教师、职工、学生过来陪我在校园漫步，参观学校实验室、办公楼、学生宿舍、学生食堂。不少普通教师职工在节假日、星期六、星期天发短信给我，经常有书信来往，请我小聚一下，好像我还在他们那里工作一样。他们的邀请是真心实意的，因为我不当领导了，他们并不能从我这里得到什么“好处”。

离开领导岗位后还有人怀念你，这时的怀念是真实的，没有半点的虚伪，没有假意，没有造作，只有真心实意，这时才能说明你的领导水平和高超的领导艺术，是真正地得到人心、得到真感情，把这种真感情提升到了一个新阶段。

第五阶段，你生病了住进医院，还有人到医院看望你。这个阶段特指你的老年时代，身体有病住进了医院，认识你的人主动到医院探望你，用自己的钱买些营养品、水果送给你。这说明你在单位里威望很高，你的属下、朋友、同事、同学自然去探望你，跟你不是很熟的人也去探望你，知道你名字的人也去探望你，做人做到这个程度就得到最大的安慰了。

上面陈述的五个阶段是环环相扣的，台阶是一级一级提升的，含金量也是一步一步升高的。我认为每个领导干部都能走完这五个阶段，圆满奏完五部曲，则无愧党组织的培养，不愧对人民的期望，不愧对国家。那么，一个伟大的称呼在祝贺你，“人民公仆”的本色永不改变。

整顿会风出奇招　端正会风见成效

我调任中央民族大学任校长后，教职工反映比较集中比较强烈的就有会风问题，我也开始关注会风的整治。

如何看待开会？从工作层面来说，学习贯彻落实上级的精神靠会议传达、布置，检查工作靠会议通知，从党委、政府到人大、政协都有各种会议，有些会议必须得开、不得不开，但有些会议真是浪费时间，没有效率、没有效果，这种会议可以不开。有的会议可开可不开就不开，可以合并召开的就合并召开，能开短会就不开长会。开会的作用有正面的积极影响，也有负面的消极影响。这就要从实际出发，具体情况具体分析。

我们党一贯主张提倡良好的会风，反对歪邪的会气。正风正人气，人气旺、事业兴。第一，会风正是贯彻落实上级精神的正路导线。物理学上讲只有接通火线和零线，电灯、光管才会发光照明，如果接不上电源，线路对接不良，电灯、光管也不会发亮。正会风就是通电，准确地把党中央的精神、上级领导的精神直接贯彻到底，不走弯路，落实中央的精神不变样，直通到底，不折不扣地学习、领会和贯彻，这就是物理学的通电原理在政治学中的运用，是通电接地气的过程，线路越直越好，越直用的时间越短，功能发挥更佳。会风正，贯彻党中央、上级领导的精神会更直接更有效果。

第二，会风正，是提高工作效率的行动表现。会风正，这个单位就能扬正气，压倒歪风邪气。透过现象看本质，会风是外在的表现，会风正了，开会时大家都讲实际、讲实话、讲实效，就不会东拉西扯，漫无边际。会风不正就会出现开会不讲正题，讨论离开主题，发言不说专题，议论专谈怪题，这还有什么工作效率可言。所谓工作效率，一般指工作产出与投入之比，通俗地讲就是在执行某项任务时，取得的成绩与所用的时间、精力、金钱等的比值。产出大于投入，就是正效率，产出小于投入，就是负效率。工作效率是评定工作能力的重要指标，提高工作效率就是要求正效率值不断增大。一个人的工作能力如何，很大程度上看工作效率的高低。从会风来说，会风正投入的时间少、费用少、精力少、人员少，产出的效率大、效果好，这就体现为工作效率高。

第三，会风正是党和人民群众手相连心相连的链条纽带。通常来看，在同一个单位什么场合见到领导频率最多呢？应该说是在开会的时候，不论是在台上看得见还是在台下走着见，都是以不同方式见到领导。而领导的威信高不高，形象好不好，讲话是否有水平，报告是不是体现听民意、顺民心、集民智、说民情，通过一到两次会议就能一目了然，就会记在心里，印在脑海里。如果领导在会议上所讲的话都是体现权为民所用、情为民所系、利为民所谋，密切联系群众，那么党和人民群众的感情就会越拉越近，就会手牵手，心连心，同呼吸，共命运，党和人民连结的纽扣就会越扣越紧，越扣越牢，就能在建设和发展上，在改革开放的实践中发挥主动性、积极性和创造性，为单位建设和国家建设贡献力量和智慧。

第四，会风正，是党接受人民群众监督的衡量尺度。党接受人民群众监督有多大尺度，反映党的胸襟有多宽。通常来说，人民群众监督党的活动是通过多种方式进行的，例如涉及民生的重大问题，就需要召开听证会、座谈会、协调会等进行充分的论证、充分的审议。人民群众所关心的重大项目、重大工程、重大资金的开支都应当得到广大人民群众的认可，群众的同意，群众的赞同，群众的答应，真正体现依法治国，人民当家作主和党的领导有机统一。如果闭门造车，听不进人民群众的呼声、建议和意见，党委或政府就做出决定，这种决定往往会造成决策上的错误。可见，通过会议监督党在人民群众中是否遵循执政为民的宗旨，这才是开会的真正目的。如果重大项目、重大资金开支、重大事项的改革没有经过人民代表大会常委会的充分审议、有效监督就批准政府付诸实施，那么这个决定，就是否定了人民群众发挥历史作用的价值，显然是一种危险的信号。如果在酿成大错之后才在社会上公布告知人民群众，才让群众提意见和建议，才用人民群众最大的智慧来衡量党的执政基础是不是牢靠、执政地位是不是巩固、执政方向是不是为人民服务，这个党就不能代表人民群众的根本利益建设小康社会，带领人民群众夺取社会主义现代化建设的新胜利。

第五，会风正，是党树立良好形象的实际效果。党的事业能否获得稳步发展，人民群众的根本利益是否得到体现，从大会会议的召开可以看出。从党的十八次代表大会召开的时间来看，一大到六大，党的代表大会是正常召开的，基本上是相隔一年或两年召开一次党的代表大会，贯彻党的路线方针和政策是比较正常的，党的群众基础也比较稳定。从六大到九大，党的代表大会的召开相距时间在十年以上，从时间表的排列来看是不大正常的。从十一大到十八大，党的代表大会召开时间基本是正常的，都是按五年换届召开一次，党在人民群众心目中的形象也是好的，政治生态正常良好发展。特别是十五大以来确立了邓小平理论作为党的指导思想，十六大以后，党的指导思想不断丰富和完善，有“三个代表”的重要思想、科学发展观，习近平治国理政思想，党在人民群众心目中的形象越来越好，这些都说明了会风正是维护党的良好形象的实际效果。同时也说明了党风正会风才正，会风正党的形象就会树立起来，从历史到现在，从中国到外国的实践无一不证明会风正的极端重要性。

确实，会风不正，整个单位就会出现各种问题和矛盾。调研中，我分析了学校会风不正的种种表现，概括起来有“三多三少”。

一是迟到早退多。其原因，一方面是会议主持者没有很好地研究该不该开会。为什么要开会？开会为了什么？开会范围、内容弄不明白。主持者不明不白，与会者不清不楚，这种会开与不开、从早到晚到一个样，听完会与半途听会也没有太大的差别，久而久之就产生这种懒散的思想和不负责任的行为。另一方面，会议没有纪律要求。来与不来一个样，早到晚到一个样，表现好坏没有奖赏也不受惩罚，谁也说不了谁，时间一久，麻痹了。再一方面，学校的待遇比较低。领导本身不硬气，说话底气不足。因此，形成这种不正之风是不奇怪的。

二是会下交头接耳多。这种现象也是会风不正的表现。一方面，开会传达的内容跟与会者关系不大，没有直接的利益关系。没有实质性内容的会议事不关己高高挂起，于是台上开大会台下开小会，不断地交头接耳，聊一聊自己关心的事吧！另一方面，与会者互相间没有什么约束力，没有相互警示，主持会议的人抱着多一事不如少一事的心理，对这种行为不批评，听之任之，讲小话的人摸透了主持人的脾气，于是开小会，讲小话，习惯了。会风渐渐就变坏了，变疲了。

三是身在会场心在外的多。首先，这种会议的内容和与会者关系不大，虽然人在会场里，但心不在焉，身在神不在，马虎应付。其次，长期以来这种现象司空见惯，听会与不听会一个样，开会通知要求与实际是否到会也是一个样，这种习惯行为也没有人太在意了。再次，参加会议的人有教师、干部、政工队伍人员。萝卜白菜各有所爱。教学工作的会议，老师到会率会高些，认真听一听，因为这关系到自身利益或自己感兴趣的问题，但是其他人员就不那么上心了。思想政治工作会议，政工人员到会较齐，其他人员自然身在曹营心在汉了。

四是用心听会的少。出现这种现象也是有原因的。首先，与会者关心会议的内容取向不同，利益关系重大的他认真听，不仅用心来听而且还是边思考边分析地听，一直听到明白和理解；与会者不想听的、不愿听的也就谈不上用心与否了。其次，针对性不强的会议，报告中泛泛而谈，深度不深、广度不广，听者也是泛泛而听，用心不用心听会也无伤大雅了。

五是认真记录的少。本来开会做笔记，回来做传达，是天经地义的事，但为什么只有少数人认真记录呢？原因何在？一方面，是否认真记录没有一个衡量的标准，也没有考核的内容、考核的指标、考核的结果。另一方面，正气上不来，歪风压不住，有的会议开着开着突然就停止，随之散场。会都没开完，记录岂能完整。

六是坐定位置不走动的少。从会场的纪律要求来说，通常坐好自己的位置后，不应该走来走去，但有的人不自觉，走到前排坐一坐又走到后排坐一坐。前面点点头，后面摆摆手，扰得人心神不宁。

综上所述，学校会风不正的原因主要有：其一，没有建立和健全会议、会场的管理制度；其二，没有严格执行开会纪律，缺乏考勤制度；其三，与会者没有将外化的约束力转变为内化的自制力，不能严格地要求自己。这种会风如不整治就会影响学校的形象，不得不整治了。我的主导思想是：整治会风出奇招，会风端正见成效。整治会风要从四个层次来实施，第一层次是全体教职工大会会风如何整治？第二层次是全体中层领导大会会风如何整治？第三层次是校党委常委的扩大会议会风如何整治？第四层次是一般群众大会会风如何整治？

我上任后的第一次教职工大会，也是布置工作的第一次大会，在学校大礼堂召开。第一阶段是会场的会风要端正，秩序要好，纪律要严。离开会时间还有十分钟，会场秩序还比较乱，大会主持人着急了，拿起话筒，对着台下的教师干部说，各位老师、同志们，请你们尽快到中间来坐，我们马上就要开会啦。过了半分钟，没有人动。主持人说了三次没有效果，我看了下手表，还有两分钟就要开会了，亲自出马吧。我拿过话筒，以洪亮的壮乡普通话，对着台下的全体教职工说："尊敬的各位老师、同志们，请你们全部向后看。"我故意停顿了一下，当他们纷纷转头向后张望时，我问，"看见什么了吗"？并自问自答，"你们什么都没有看见，就是看见你们散散拉拉地坐在后面的这几排位置，躲在大柱子后面多不自在啊。我们是谁？我们是中央民族大学的人民教师，是传道授业解惑的人类灵魂工程师，是为人师表的榜样，是教书育人的教育工作者。今天是我们开学初召开的第一次大会，刚才大会主持人叫了三次，大家都不听指挥，不愿坐到前面来，这样懒散能为人师表吗？能成为教书育人的人类灵魂工程师吗？请各位老师自觉地从我做起，从现在做起，做一个为人师表的楷模，全部坐到中间来，立即行动吧。"话音刚落，大家争先恐后，不到30秒钟就都走到了大礼堂中间，整整齐齐坐下来，秩序井然地等待开会了。有一个良好的开端就有一个良好的结果。大会布置了新学期的工作任务，不到一个小时会议就结束了，会议开得很成功，圆满完成了各项任务。

2002年上半年，我作为北京市第九次党代会的代表出席会议，会议要求把党代会的精神传达给教职工。我认真准备好传达提纲，选择了图书馆15层楼向我校的中层领导传达党代会精神。中层领导是学校的中坚力量，但会风也不尽如人意。我要采取措施整治会风。其一，我让办公室工作人员到百货店买笔记本，事先写上单位和姓名，每人发一本笔记本，专门用来记录会议内容。其二，开会将要结束时，我采取出其不意的做法，严肃会风出硬招。当然，要恰如其分，既能达到提醒整改的目标，又不要使中层干部埋怨。下午我早早就赶到会场，做好准备。会议开始了，主持人在我传达之前先说明今天的会议内容是传达北京市第九次党代会的精神，很重要，同志们要认真听、认真记，会后还要在各学院、各部门进行传达。随后我用一个小时四十分钟传达完会议精神，然后从主席台上站起来说，请同志们先到阳台上休息十分钟，把笔记本留下，我要进行记录检查。我让办公室人员把150本笔记本收到主席台上，迅速翻阅检查，笔记本的记录分为三类：一类是认真记录的，大约占三分之一，这部分人记录了观点、内容，重要内容、具体例子都做了认真的记录，总体内容比较完整；一类是观点记了，内容没有记，有头无尾或有尾无头，观点、内容不完整，这部分也占了三分之一；最后三分之一是根本没有记会议传达的精神，东写一句西写一句。会议第二阶段开始，我讲了笔记本记录的三类情况，大家都睁大了眼睛，静静地听。我继续说，我们学校中层领导有150多人，只有三分之一的人是认真的，其余三分之二是不够认真或不认真的，这种态度这种思想如何搞好工作呢？这主要表现为"懒、散、乱、差"，具体到某人是什么情况我就不宣布了，下不为例。

从此往后，中层领导会议一直保持着良好的会风。

第三层次的会议就是校党委常委的扩大会议。有一次，学校研究制定"三个规划"，即学科建设规划、师生队伍建设规划、学校基础设施和基本建设规划，参会人员除了校领导之外，还有部分有关学院的领导。开会时间到了，还有十人左右没有到，我看到会风不正的现象仍然存在，这是不容许的。但用什么方式警示他们呢？我告诉办公室主任把会议室的大门关起来，迟到者不准再进入会场。过了半小时，我让办公室主任开门，让他们进来，他们一个个都十分尴尬。我让他们说明迟到的原因并做了保证今后开会不再迟到的表态。从此往后再没人迟到了，会风也端正了。这就是"拒之于门外"的"怪招"。

第四层次是群众大会。这种会议主持不好也会产生不良的后果。有一次我在学校大礼堂进行中央民族大学争创北京市文明单位的动员，主持会议和做动员报告都是我一个人。通过多次整治，学校的会风已经有了很大的改观，会场纪律好了，人的精神面貌也好了很多。但是领导在会上做报告，台下打瞌睡的现象还时有发生。于是我说，开会之前，我先给大家讲个小故事。有一个单位领导在台上做报告，有个别同志在打瞌睡，领导提醒了他三次，他仍狡辩，这位领导忍不下去了，警告他说，不要再睡觉了，会后到我办公室来一趟！我问大家，你们听完这个小故事有什么感受？我接着说，在我们的会上如果发现有这类现象出现，我不会跟你对话，而是把你请出去，你这一年的奖金就没有了，荣誉称号也没有资格评了。同志们哈哈大笑，也为之一震，个个都打足精神听报告，认真记录，会议由始至终都在良好的气氛中进行。由于这次工作动员到位，任务分解具体，要求、目标、责任明确，最后通过了北京市文明单位的评议，中央民族大学获得了北京市文明单位的光荣称号。这就是“讲小故事提神术”。

经过整治，会风有了很大的转变。一是由迟到早退到提前或准时到会的转变；二是与会者由开会讲小话到用心安静听会、认真做笔记的转变；三是与会者由在会场中随意走动到不走动、专心致志听会的转变；四是与会者由精神萎靡不振到精神振奋的转变。会风正了，人也变得有气质了。维护良好的会风，既要与会者自觉配合，也要主持者有先进的管理理念，科学的管理方式，有严肃的纪律，健全的制度，内容创新。除此之外，我还有几点体会：一是正风气，开短会。会议不可不开，但不能开得太长，一般大会以一个半小时为宜。太长了，超过一个半小时，人们就坐不住了，走动的、抽烟的、开小会的、上厕所的等等。开短会，有话则长，无话则短，讲究的是效率、效果。二是树形象，讲短话。一个人、一个单位、一个民族、一个国家要树立起良好形象，关键是讲真话，在国际上树立形象，靠的是这个国家的综合实力、经济实力和军事实力，国强才能说硬话，这个硬话不在于长篇大论，而在于代表人民的呼声，代表人民的利益，说话管用。如邓小平同志说的学马列要管用，他的著作也很精炼。具体到某单位也一样，只要领导说了管用的话，这个单位的领导树立起正面形象，就会有成绩。三是严会风，准时开。做人要言必信、行必果，开会到点就开，到点就散，说话算话，这才有信义、有威信。一次会议的开头、结尾都要严格执行时间要求，久而久之大家就明白准时的重要性。四是讲真话，不念稿。念稿就会使听众产生不真实的感觉，有人会觉得稿子不是您亲自写的。我从事教育工作多年，基本上做到脱稿讲话，即兴讲话，所以大家觉得有味道，很真实。毛泽东主席就十分强调脱稿讲话，这是促进良好会风的重要举措。我们要认真学、认真做。五是算成本，讲效果。开会要计算成本，既讲政治成本、环境成本，也要讲经济成本、时间成本、精神成本，算算账，合算就开，不合算就不开或者少开。开会是要讲效果的，有效果才叫作真开会、开实会，这样的会开了值得，开了有效益。开好会还真是一门学问呢。我们要认真研究开会的形式，努力提高会议效率，营造一个良好的会风，提高开会的效能。

掌握谈判主动权　与汉城大学合作办学

为了开创国际交流的新局面，加强与世界一流大学的交流合作，我们采取走出去的发展战略，2004年5月3日至13日，我作为中央民族大学校长带领我校国际教育学院翁燕珩副院长、外国语学院韩国语教研室朴文子主任、人事处人才交流中心朴花顺主任等4人组成的中央民族大学校长访问团，对韩国以汉城大学（现为首尔大学）为主的7所高校、1所高级中学和6所机构进行了为期10天的访问。

本次访问旨在提高我校在韩国的知名度，拓展韩国留学生到我校留学的生源；拜访已经建立友好关系的院校，巩固相互间的交流合作；结识新的合作对象，拓展我校的国际交流合作规模；走访韩国知名财团及机构，使我校师生在韩留学生活得到实际性支持。

为尽力实现访问目标，我带领访问团成员行前进行仔细了解和研究，根据所要访问交流的各个院校及机构的情况，分析并制定出了访问策略，重点是位于韩国首尔的汉城国立大学，它是世界著名、亚洲顶尖的研究型国立综合性大学，是韩国最好的大学。

汉城大学在2014—2015年QS世界大学排名中排名全球大学第31位，亚洲大学第4位，韩国第1位。在泰晤士高等教育世界大学声誉排名中列全球大学第26位，韩国第1位。韩国汉城大学在世界高校排名中比我校高出100多位，是名副其实的韩国高校之首。因此要扩大我校在韩国的影响、要在韩国寻求更多、更广泛的合作院校和领域，一定要攻克汉城国立大学！得到他们的认可、能与他们签订合作协议，不仅可以提高我校国际合作的水平，扩大与世界一流院校合作的数量、领域和质量，而且与韩国其他院校的合作及争取财团的支持也将变得更顺利，为今后的国际交流工作和我校在韩国的良好声誉打下基础、开创新局面。

5月3日，我们到了韩国，在10天时间里，访问团考察了汉城国立大学、明知大学、庆熙大学、梨花女子大学、祥明大学、江南大学、淑明女子大学、杨平高级中学，拜访了韩国大学教育协会、韩国在外同胞财团、韩国国际交流财团和韩国教育多媒体财团，参观了韩国韩中青少年文化交流中心。

5月4日，我们一行来到汉城大学，恰逢“五·四青年节”。这是一个充满朝气的节日，是年轻人奋发向上的节日，也是初夏开始的日子。这天天空特别晴朗，万里无云，道路干干净净，校园里四处开满了鲜花，像是为迎接中央民族大学校长访问团的到来特意安排的，又似乎昭示着我们这次访问成功。花草向着我们微笑，喜鹊在枝头上欢歌，欢迎我们来到美丽的汉城大学。

在那里，我们受到了韩方热情而彬彬有礼的欢迎。落座后，汉城大学校长首先向我校访问团介绍了汉城大学的历史、发展沿革、现状，介绍了其优势学科、院系结构、专业设置、科研队伍、国际合作等，访问团大开眼界！不愧为世界一流大学！最后，谈到与世界各国大学合作的情况时，韩方校长强调说，他们的国际合作在每个国家只选择一所最好的大学签订国际合作协议，其他的都不会签合作协议！这一点我是没有想到的，我们访问团各位成员事先也不知道汉城大学这规则。这个突如其来的信息，如同突降暴雪，访问团成员们的心凉了大半，合作的前景变得黯淡下来。

我端坐台前，不动声色，静思分析，全神贯注地听着。汉城大学校长介绍完毕，我就开始介绍中央民族大学的情况。首先对汉城大学对我校访问团的热情接待表示感谢，继而表明我校愿意与汉城大学合作的诚意。在简单介绍了我校一些基本概况后，我话锋一转，着重道出了我校的特色与优势，浓墨重彩地强调中央民族大学的特色、优势和特殊地位，这是中国所有其他高等院校，就算清华、北大也无法替代的。

办学特色是一所学校得以存在、发展和走向鼎盛的重要根据，有特色才会形成自己的优势，有优势才能发展，有特色和优势才能在国家教育体系中处于不可取代的地位，发挥应有的独特作用。中央民族大学的特色和优势主要表现在以下方面：

（一）中央民族大学是中国共产党为解决国内民族问题而创立的高等学府，在学校初创、发展时期等各个历史阶段都得到了党和政府的高度重视和亲切关怀。毛泽东主席生前曾与周恩来、朱德、刘少奇等老一辈无产阶级革命家一起先后14次接见我校师生员工代表。党的第二代、第三代领导集体也十分关注学校的建设和发展，党和国家领导人多次到校视察。1994年2月20日，江泽民总书记亲自为学校建校50周年题写校名。朱镕基总理2001年5月14日视察了中央民族大学，并提出要把中央民族大学建成世界一流的民族大学。这些已经成为学校宝贵的精神财富，是鼓舞各族师生员工进一步办好学校的巨大力量。当我讲到这里的时候，汉城大学的校长伸出大拇指说，你们学校真了不起啊！

（二）中央民族大学是中国少数民族教育的最高学府，是全国民族院校中唯一一所国家“211工程”和“985工程”重点建设的大学。现有博士点、硕士点、本科专业上百个，十大学科门类齐全，是全国民族院校中的领头雁，全国56个民族中，学生民族成分始终保持在55个左右，是民族成分最多、最全的学校。

（三）中央民族大学是少数民族人才的摇篮。为少数民族和民族地区专门输送了大量的合格人才。建校以来已培养了一大批国家领导人、省部级领导、地厅局级、县处级领导，企事业单位的领导、教授、博导等，特别值得一提的是中国的第一个少数民族学生的本科生、硕士生、博士研究生都是从这所大学走出来的。听到这里，汉城大学校长又赞叹说，真是人才辈出啊！

（四）中央民族大学拥有一支高素质、高水平、各民族成分较多的师资队伍。这支队伍素质好、水平高、能力强、影响大。

（五）中央民族大学是国内研究民族问题的重要基地，为解决国内民族问题做出了重大贡献。建校初期，学校的专家、学者承担和完成了党和国家交给的一系列重大任务，参与了三次大规模的全国少数民族调查研究，确认了中华人民共和国多民族大家庭中的一批成员，初步奠定了我国55个少数民族的格局，为国家实行民族区域自治提供了依据；参与了关于少数民族社会历史的调查，首先弄清了各少数民族的历史和所处的社会形态，为少数民族地区的社会改革提供了重要依据；参与了关于少数民族语言的调查研究，首次全面了解了我国少数民族语言的状况，帮助16个少数民族创制和改革了文字。这些调研成果对党和国家制定民族政策和宏观决策起到了十分重要的作用。改革开放以来，我校专家提出的“中华民族多元一体格局”理论观点，关于南沙、西沙考古新发现等科研成果，对民族地区的进步乃至对维护国家统一和民族团结起到了极其重要的作用。讲到这里，汉城大学校长插话说，你们学校对国家建设的贡献真是不小啊！我接着说，还有独特的好东西呢。

（六）中央民族大学是中华民族大家庭的缩影，是我国民族团结进步的重要窗口。56个民族的师生员工和睦相处，平等团结，是我国民族大家庭的集中反映。各族师生员工有的被视为本民族在京的代表，有的则被视为本民族的领袖人物，在民族地区有一定的影响和较大的发言权。每当民族地区出现问题时，这些同志就成为做好工作、解决问题的重要力量，发挥了特殊的、不可替代的政治作用。

（七）中央民族大学具有得天独厚的国际语言文化交流条件。中央民族大学汇集了56个民族的师生员工，具有鲜明的多元文化元素。民族类学科在国内处于一流水平，在国内外具有广泛影响力。如著名的民族学家费孝通、林耀华、宋蜀华先生等都是我校的教授。

（八）中央民族大学的预科教育为全国一批定点高校输送了合格的少数民族大学生。这些少数民族大学生都具有代表性、广泛性、典型性的特点和优势，为祖国边疆的建设做出无私的贡献。

我校不仅有其他院校都有的学科和结构，还有一大批享有国内外盛誉的专家学者，更是全中国56个民族共同的家园和最高学府。我校特有的优势学科不仅包含其他高校的自然科学和一般人文科学，更是研究全中国55个少数民族的政治、经济、文化、语言和传统习俗等的集大成者。换言之，想认识中国，对中国所有民族有一个透彻的了解，又只能到一所学校的话，就只能到中央民族大学，在这所高校就可以领略到各个民族文化传统并能接触到所有民族的学生和教师，这是独具特色而其他高校无法比拟的、独一无二地进入了“211工程”和“985工程”重点大学行列的中国民族高等学校！

在会谈中，由于我超强的应变能力、机敏的反应、智慧的应答、全面而又独具特色、舍我其谁的介绍，加之访问团成员的精彩表现与配合，使对方感到震撼，充分感受到了我校的实力、特色和队伍的能力，他们立即感到，与我校合作不仅是必要的而且是必需的；不与我校合作将是一大遗憾，历史机遇擦肩而过，难以弥补。

尽管汉城国立大学在中国已经与著名的北京大学建立了友好合作关系，但是在访问团的努力下，汉城大学破例与我校正式签订了友好合作关系协议！这是汉城大学历史上的突破，也是中央民族大学历史性的突破！具有里程碑意义！中央民族大学的国际合作从此又迈上了一个新的台阶，开创了一个新局面！

汉城大学这座重点堡垒攻破后，在随后几天的访问中，访问团势如破竹，按照既定方针，陈述与我校合作的重要性和可行性，攻克了一所又一所高校。有与汉城国立大学签订友好合作协议作样板，其他学校也纷纷主动表示与我校具体专业、系科以及学院合作的意愿，并就互相交换交流师资、学生，操作具体课题或项目进行了具体商谈。此外，在资料交换、学术交流、协力举办国际性学术研讨会等方面也达成了多项共识，并要和我们签订友好合作协议以及具体的实施细则。已经签过的学校看到我们的成就，对加强与我校的合作更有信心，友好关系得到了进一步加强。

在拜访韩国的各财团和机构时，他们得知汉城大学已经破例和我们签订了友好合作协议，都表示愿意给我校在韩留学生以支持，给我校师生在韩国深造提供一定的实质性帮助。还有些财团在会谈中表示愿意为到韩国留学的我校优秀学生提供全额奖学金。

本次出访的目的明确、思路清晰，尽管时间紧张、任务繁重，但是我领着访问团，做出了实质性的努力，认真地执行了出访计划，出色完成了出访任务，为我校的国际交流事业迈出了坚实而有力的一步，为拓展我校留学生生源做好了强有力的前期工作，为我校师资交流提供了更加宽阔的平台。访问取得圆满的成功！

谈判成功，赢得与汉城大学签约合作，我的体会有以下几点：

第一，明确任务，做实工作。本次出访，任务是明确的，措施是具体的，目标就是要扩大学校的影响力和提高知名度，认认真真谋事，扎扎实实做事，主动“走出去，见成效”。因此，在出访前我就明确表示，任务就是要和所访问的院校建立更加明确的友好合作关系，就是要落实到友好协议的签署上，如果这项任务完不成，就算没有完成好这次出访任务。这样，就把任务由虚变实，把总体任务分解为具体任务，真正落到实处，落到效果上，这也是访问取得成功的明确前提和首要保障。

对于已经建立友好关系的院校，主要是巩固相互间的合作关系，没有建立友好关系的院校力求结识新的合作对象。扩大我校的国际交流合作规模，与韩国汉城大学建立合作关系，并且拓宽与韩国知名财团及机构的合作渠道，使我校师生在韩国留学交流得到实际性支持。如果没有签订具体的合作协议和合作项目，那就是没有完成任务。

因此，这次访问，我本着不忘老朋友、结识新朋友的信条，努力把过去已经签过合作协议的单位、学校所定的条款都变成了实实在在的任务去完成，并且取得了实质性成果。在拜访原来已经建立友好关系的院校时，不仅巩固了已有的合作，同时又开拓了新的合作项目；与各财团的会谈，由于始终掌握着主动权，所以赢得了各财团的好评、理解与支持，纷纷与我校签订捐赠、支持我校留学生在韩国学习、提供全额奖学金等友好协议。可以说，如果没有把任务明确细化、量化，想取得出访的突破性收获是完全不可能的！

第二，充分准备，争取主动。俗话说：不打无准备之仗。做任何一件事情，成功的要诀都是要充分准备，做到知己知彼，百战不殆。本次出访前，访问团对受访院校和各大财团的情况进行了较为充分的了解，准备了较为翔实的资料，包括背景资料、现状资料、发展资料。这样使我在会谈中时时刻刻都处于主动地位，对谈判对方的情况了如指掌，十分熟悉。能够有的放矢地介绍我方的情况，也能向对方传达出清楚信号：我们对你们是很了解的！同时也为出访团其他成员提供准备，在需要其他成员对等座谈的时候能够有准确而清楚地表现。这一点也为出访的成功奠定了较为坚实的基础。

第三，随机应变，掌握主动。本次出访前，虽然已经做了大量、细致的准备工作，但是仍然出现了疏漏——访问团事前对汉城大学在世界上每个国家只和一所最著名的大学签订友好合作协议的情况一无所知。在会谈的过程中，汉城国立大学校长非常明确而清晰地向访问团表达了这一点。他们已经和北京大学签订了友好合作协议，因此我们中央民族大学的到访，也只能是礼节性的访问或者参观一下，不可能再和我们签订“友好合作协议”了。会谈陷入僵局。我却能做到处事不惊，镇定自若，平和地静听对方的介绍。轮到我发言的时候，我避其锋芒，机智灵活，绕开合作事宜，先介绍我校的情况，抛出一系列北大、清华不具备而全中国唯我校独有的特色，让对方既吃惊又钦佩。当看到随着我平静而有力的介绍，对方校长及全体成员的面部表情由随意轻松转为安静认真，进而严肃倾听时，我知道，成功了！这种排山倒海的气势、大气而自信的神态已充分展现出中央民族大学的风采和气度，完全征服了对方——名噪世界的大学、汉城国立大学的校长们，使他们打破规定和传统，主动与我们签订了友好合作协议。这是汉城国立大学历史上的破例之举，也是我们访问团突破性、实质性的出访收获。

听完我方的介绍，汉城大学校长来了个180度大转弯，马上告诉秘书，把常务副校长、副校长、教务处、科研处、训导处等部门的负责人请来商议。他们认为，汉城大学与中央民族大学签订协议就等于全面了解了中国高等教育，特别是中国民族高等教育系列的精华，就能全面了解中国56个民族的主要代表。然后，他们提出要与中央民族大学签订协议，突破了汉城大学只与某国一个最好的大学签约的惯例。我非常高兴，一股暖流涌遍全身，抓住汉城大学这个工作重点，可以了结我的心愿了！经过最后的谈判，双方真诚地讨论了合作交流的协议条款，十分顺利地签订了协议。这件事马上在韩国传开，当天晚上韩国媒体做了报道，其他学校也相继来签约，其他问题也就迎刃而解了。后来，我们团员评论说，没有校长的机智、果断、处事不惊、镇定自若的大智慧，与汉城国立大学签订友好合作协议，简直就是天方夜谭！

第四，攻克重点，带动一般。本次出访的目的，就是要扩大我校在韩国的国际合作院校，提升我校在韩国的声誉和影响，而汉城国立大学又是韩国最著名、最有影响力的大学。万事开头难，好的开始就意味着成功了一半。只要闯过了汉城大学这最重要的一关，就为后面6校6机构的访问、会谈、合作与争取赞助打下了基础。因此，我把重点定位于汉城国立大学，第一站就要争取与他们签订友好合作协议的战略方针是清楚、明确和非常正确的。抓住了主要矛盾和矛盾的主要方面，突出重点，带动一般，是科学的思想方法和工作方法。重点和一般是相互对立统一的，重点是一般工作中的重点部分。在国际交流中，既要解决重点问题，还要解决一般问题。汉城国立大学是我们本次国际交流合作中的谈判重点、签约重点、合作重点。不论是定计划、谈判内容、谈判重点，始终把它摆在国际交流工作突出的重要位置上。汉城大学也有许多优势条件，例如在世界100强高校中的排名很靠前，学校历史悠久，师生队伍实力雄厚且水平高，科研成果丰硕且质量高，这些都是我们下决心想办法要攻克这个难关的推动力。随后，我们在韩国访问的一切问题就迎刃而解了。

本次出访，收获颇多，体会颇深：任务明确不模糊、充分准备不懈怠、抓住重点不放松、处事镇定不慌乱、灵活机智不跑题、始终主动至成功！

领导干部在一个阶段喊一个口号
始终激发下级潜在正能量

口号是“供口头”呼喊的，带有纲领性和鼓动作用的简短句子。马克思主义哲学认为，物质决定意识，意识对物质具有能动的作用。口号作为意识的表现形式之一，是对当时社会、政治、经济、文化的反映。不同性质的口号，有不同的反映，起着不同的作用。

一、历史上农民起义的口号

中国历史上，成功的农民起义都有唤起民众的响亮口号。从陈胜、吴广提出“伐无道、诛暴虐”的口号，到洪秀全、石达开的太平天国提出“有田同耕，有饭同食，有衣同穿，有钱同使，无处不均匀，无人不饱暖”的口号，农民阶级的进步意识，在当时的斗争中发挥了积极的作用。

二、近代中国革命的口号

甲午战争后，亡国灭种危机空前加剧。洋务派和维新派中很多知识分子逐渐意识到西方资本主义东渐中国的趋势，于是提出变法自强。1894年，孙中山先生在美国檀香山建立“兴中会”时，提出“振兴中华”的口号。1905年7月，中国同盟会通过以孙中山提出的“驱除鞑虏，恢复中华，建立民国，平均地权”为政治纲领。1906年孙中山首次提出民主、民权、民生三民主义。1925年3月12日，孙中山先生与世长辞，他在遗嘱中说：革命尚未成功，同志仍须努力。

三、中国共产党领导革命和建设各阶段的口号

1927年8月7日，中央在汉口召开紧急会议，毛泽东在会上做了重要发言，提出党今后“须知政权是由枪杆子中取得”，这是党对革命认识的重大进步。1930年1月5日，毛泽东写信批评一些同志对时局估量的悲观思想，他引用一句老话：“星星之火可以燎原”。由此，这句话成了中国革命力量由弱到强，最终取得彻底胜利的代表性表述。1935年8月1日，中国共产党发表《八一宣言》，号召各党派、各界同胞、各军队“停止内战，一致对外”，为抗日救国的神圣事业而奋斗。在抗日战争时期，国共合作抗日统一战线中，我党多次强调“独立自主，自力更生”的原则，后来这一口号成为中国革命和建设的基本立足点。1939年2月2日，中央召开生产动员大会，毛泽东发出了“自力更生，艰苦奋斗，自己动手，丰衣足食”的口号。1940年，在抗战两周年纪念对时局的宣言中，中央提出“坚持抗战到底，反对中途妥协”的口号。1943年8月25日，《解放日报》发表题为《没有共产党就没有新中国》的社论，后来这一口号被视为对新民主主义革命真理性认识的高度概括，被用作歌曲的名称唱响全国，一直至今。1945年6月11日，毛泽东在七大所作的闭幕词中提出“下定决心，不怕牺牲，排除万难，去争取胜利”的口号。1946年，全面内战开始，国民党气焰嚣张，人民解放军军事力量处于弱势，毛泽东同志就战争打法做出了重

要指示："集中优势兵力，各个击破敌人。"1946年8月，毛泽东在会见美国记者安娜·路易斯·斯特朗时说："一切反动派都是纸老虎，看起来，反动派的样子是可怕的，但是实际上并没有什么了不起的力量。"1947年，人民解放军实现了由战略防御到战略进攻的伟大转折。10月10日，党中央发表了《中国人民解放军宣言》，响亮地提出了"打倒蒋介石，解放全中国"的战略口号，蒋介石隔江而治的想法被我百万雄师过大江的壮举变成泡影。1949年三大战役结束后，毛泽东在为新华社所写的新年献词中，发出了"将革命进行到底"的伟大号召。

四、中华人民共和国成立后建设时期的口号

1949年9月21日，在政治协商会议第一届全体会议上，毛泽东发表了《中国人民站起来了》的开幕词。从此，这句话成为表达中华民族获得新生的自豪自信的话语。1949年9月30日，中国人民政治协商会议的宣言标题是"中国人民大团结万岁"，之后，此口号在解放初期成为流行口号之一，后来演变成"全国各民族人民大团结万岁"。1950年朝鲜战争爆发，党中央提出"抗美援朝，保家卫国"的口号，组织中国人民志愿军开赴朝鲜战场，与朝鲜人民军并肩作战。1952年6月10日，毛泽东同志写下"发展体育运动，增强人民体质"的题词，为中华人民共和国体育事业指明了方向。1953年12月，毛泽东在审定和修改中宣部关于学习、宣传过渡时期总路线的提纲时写到，这条总路线是照耀我们各项工作的灯塔。从此，这句话风行一时。1956年1月，在全国知识分子问题会议上，毛泽东、周恩来等领导人提出了"向科学进军"的口号，提出了分步骤、分阶段、缩小与世界发达国家先进科学技术水平差距的思路。1957年2月，由毛泽东在最高国务会议第11次会议上正式提出"百花齐放、百家争鸣"的口号。1962年8

月15日，雷锋同志因公殉职，1963年初他的优秀事迹被公开报道，3月5日，《人民日报》发表了毛泽东的题词“向雷锋同志学习”，从此影响几代人。1963年年底大庆油田开发成功，1964年2月5日，中央发出了“工业学大庆”的口号，“有条件要上，没有条件创造条件也要上”。1963年，铁人王进喜的光辉形象、“工业学大庆”的口号传遍全国各地。1964年2月10日，《人民日报》刊登了大寨发展农业的先进事迹，毛泽东主席提出了“农业学大寨”的口号，全国形成了“农业学大寨”的高潮。1962年7月2日，在中央召开的农业问题工作会议上，邓小平引述“不管白猫黑猫，能捉老鼠就是好猫”这句话来说明恢复农业生产的方法，需要实事求是，不要千篇一律，此后广为流传。1977年，邓小平指出，一定要在党内形成一种空气，“尊重知识、尊重人才”，从此这句话成为对新时期党的知识分子政策表述的代表性口号。1978年5月11日《光明日报》发表文章《实践是检验真理的唯一标准》，从根本上否定了“两个凡是”，在全党全国引起了强烈的反响，一场关于真理标准问题的大讨论迅速展开。1978年12月13日，邓小平在中央工作会议闭幕会上发表了《解放思想　实事求是，团结一致向前看》的讲话，把广大干部群众从个人崇拜和教条主义中解脱出来，推动了改革开放和现代化建设。1979年9月，党中央国务院设立四个经济特区，通过多年实践，改革开放是强国之路成为人们的共识。1983年10月1日，邓小平为北京景山学校题词，“面向现代化，面向世界，面向未来”，为新时期中国教育体制的改革和发展指明了正确的方向。1983年3月7日，团中央号召广大青年学习张海迪身残志不残、艰苦奋斗的精神，邓小平挥毫题词“学习张海迪，做有理想、有道德、有文化、有纪律的社会主义新人”。1986年8月，邓小平在天津视察过程中指出，“我的一贯主张是让一部分人、一部分地区先富起来，大原则是共同富裕”。1992年1月29日，南巡途中的邓小平视察时指出，“我们的国家一定要发展，不发展就会受人欺负，发展才是硬道理”。2000年2月1日，北京奥申委正式确定申办口号：“新北京新奥运”。2001年7月13日，北京赢得第29届奥运会主办权。

正确的口号自然会激发下级的正能量和工作主动性，但在实际工作中，也不要粗制滥造口号，由于历史等条件的制约，除了正确的口号外，在我国也出现过“阶级斗争为纲”“两个凡是”等错误口号，阻碍了我国社会经济发展。也有粗制滥造的口号，例如在过去的计划生育工作中，有的地方提出“一人超生，全村结扎”“该扎不扎，房倒屋塌”“该流不流，扒房牵牛”等口号，一方面反映工作之艰难，另一方面也反映我们的干部工作思路出现了问题，严重挫伤了群众的感情。从不同时期不同口号可以看出，意识对物质具有能动作用。意识不仅能够正确地反映客观事物，而且能够反作用于客观事物，正确反映客观事物及其发展规律的意识，能够指导人们有效地开展实践，促进客观事物的发展。歪曲反映客观事物及其发展规律的意识，则会把人的活动引向歧途，阻碍客观事物的发展。因此，应多创作一些群众喜闻乐见、有益身心健康、正确的口号，少一些粗制滥造、错误的口号，我们的工作就会多一些进步。

我在广西民族学院工作的时候，为了使教职员工了解我校的办学特点和优势，我提出了“要把广西民族学院办成具有民族性、区域性、国际性的一流知名大学而努力奋斗”这个口号。国内知名大学是在学科建设上要有处于先进地位的一流学科，有同类学校同类专业的优势学科，但我们还未达到这个目标，需要我们去努力，去奋斗。这个口号一经提出，就告诉我们的教职员工要创造条件实现一流的知名大学目标，而全面深入宣传一流的知名大学的口号，使师生员工重视奋斗目标，同心协力完成奋斗目标。后来，广西民族学院的教师干部始终把学科建设放在首位，把最主要的精品课程建设抓紧抓好，经过近8年的艰苦勤奋，终于实现了由一般大学转变为地方综合性的重点大学。大家始终铆足干劲，向着既定目标前进，在2006年获得国务院教育部批准，将广西民族学院更名为广西民族大学，这是多么荣耀、多么令人自豪的品牌，这是多么响亮的称呼。这个成果是怎么来的？这是奋斗得来的，这是同心同德干出来的，等靠要是得不到的。同时国务院学位委员会还批准广西民族学院成为博士授权点单位，并批准了四个一级学科的博士专业授权点。从学科建设和学位授予来说，博士学历是最高的了，没有博士学历的学科建设，学校的档次是永远提不高的，提出将广西民族学院建设成为民族性、区域性、国际性的一流知名大学，既是发展定位、奋斗目标，也是一种鼓励的重要举措，是相辅相成的。为实现一流知名大学的建设目标，我们认真地干，大干、苦干、真干。获得博士授权点是各级党委政府正确领导的结果，是教育部、区教育厅亲自指导和关怀的结果，是广大师生员工努力拼搏奋斗的成果，也是口号的效应。当然成果不是喊出来的，但口号起着振奋的作用，口号凝聚了人心，集合了大家的力量，促进了伟大事业的成功！

2001年我已到中央民族大学工作。5月13日，中央民族大学校庆50周年之际朱镕基总理来校视察，参观了我们的校园，听取我的汇报后，朱镕基总理发表了重要讲话，并郑重提出要把中央民族大学建设成为世界一流的民族大学。这就是一个口号，是中央民族大学的奋斗方向和目标，是中央民族大学建设和发展的定位，又是中央民族大学学科特点和规律的充分体现，它激励师生员工奋发向上的积极性和主动性。全校各方面的工作都围绕这个口号、这个中心任务，各部门认真履行各项工作职责。实践世界一流大学的活动，一是建设世界一流的知名大学，使学校有目的有目标地去做好各项工作，毫不松懈地抓紧抓好学校部署的各项工作任务，扎扎实实地一步一步地去实现世界一流民族大学的目标；二是加强重点学科的建设。常言道，普通大学看专业，重点大学看牌子。中央民族大学是否能建成世界一流大学，既要看牌子硬，又要看学科专业强，关键看学科的建设。学科建设能否体现专业学科的优势和特点，这就要看学科建设的目标定位了。朱镕基总理对我校的定位是：世界一流的民族大学。这样的口号鼓舞了全体师生员工努力奋斗，努力实现一流学科的建设。经过15年扎实勤奋的准备工作，到2017年，教育部提出高等院校进行“双一流”建设，由于有了“985工程”一流大学重点建设的基础，使中央民族大学自然跨进了“双一流”大学的重点建设行列。可见口号在学科的建设发展上起到了不可估量的作用；三是师资队伍的建设，我们也按照朱镕基总理提的口号，建设世界一流的师资队伍。首先引进一流的师资，顶尖人才的专业队伍、骨干队伍，培养高精尖的人才，没有这样的队伍是建设不了世界一流的教师队伍的。从这里开始建好一支高水平、能力强、素质好的优秀教师队伍，把引进和培养结合起来，真正把教师队伍建成世界一流的水平。四是按照朱镕基总理提出的口号来培养世界一流的学生。只有世界一流的学生才能体现一流大学的功能定位，才是名副其实的一流大学。只有坚定不移地实践世界一流大学的目标体系、功能体系、管理体系、培养体系，才能使我们培养的学生成为有理想、有道理、有文化、守纪律的一流社会主义接班人和建设者。

领导干部在不同时期喊出不同的口号，将会推动本地区、本单位、本部门的工作，按照目标定位去建设和发展，去完成各阶段的中心任务。为什么领导干部在各个时期要提出不同的口号呢？这些口号会产生什么作用？有什么重要的意义？我的体会是：

第一，喊口号的意义在于不断宣传某个组织、部门、单位的中心任务，围绕着战略部署的远期目标，形成全体成员坚定不移的目标意识，朝着明确的目标定位和价值取向去奋斗。第二，通过口号，使人们心中常念着组织、单位、部门的理念和思路，牢记组织的宗旨，始终牢记组织的使命，并为使命和目标的实现而努力工作。如“中国人民站起来了”的口号，使中国人民时刻想念毛主席这个大救星，拥护和爱戴人民领袖毛泽东。第三，提振组织、单位、部门广大干部群众的士气。如“全国各族人民大团结万岁”的口号，就会激励中国56个民族像石榴籽一样紧抱成一团，形成内部力量的共鸣共振，同心同德，同向同行，增强气势，汇成浩瀚的大江大海，勇往直前，完成一项又一项任务，去夺取一个又一个胜利，实现一个又一个目标。第四，长期呼喊口号，使组织的声音大大提高，大大提高战斗力，使精气神提升起来，心灵活跃起来，激情振奋起来，可以好好学习，天天向上，践行目标，努力把蓝图变成巨大的物质力量。第五，坚持持之以恒地喊“为人民服务”的口号，会使组织的广大成员更团结、更有效、更持久地提高干部群众的浩然正气和转变工作作风，使领导干部自觉深入实践、深入基层、深入群众。

有的口号想到它，令人力量倍增，实践它，使人精神焕发。有的口号具有很强的震撼力、感染力和凝聚力，对动员带领全体人民夺取辉煌的业绩起到很大的作用。多制造有利于事业发展的口号、正确的口号、使口号成为鼓舞人、推动人、激励人的，人们取之不尽用之不竭的精神力量。

“吃了豹子胆”，灵机打断朱镕基总理的讲话

2001年5月16日是中央民族大学校庆50周年的庆典喜日，是我到中央民族大学第二年遇上的大好事、大喜事，如何把大好事、大喜事办成大实事，能为中央民族大学的师生员工扎扎实实地办实事，谋发展，这是我作为校长所思考的问题，也是我职责所为必办的事情。

我们开始筹备中央民族大学50年校庆的活动。按“大庆”的惯例是做好“四会一展”。“四会”即：办好一个隆重、热烈、简朴、高效的50年庆典大会，中午的见面会，晚上的欢迎招待宴会，学术座谈交流会。“一展”：中央民族大学成果展览。这些都是固定的程序，不可不办，必须办好。但是我考虑的重点中心问题，是如何请到时任中共中央常委、国务院总理朱镕基同志来视察中央民族大学。这是事关学校建设和发展的重大问题，必须科学策划，明确目标定位，认真制定实施方案，落实具体任务，务必圆满成功。为此，我分为几个具体步骤实施：

第一步，策划。我们策划了几个方案。请朱总理来校视察，又参加庆典大会；或者只是来视察；或者只来参加庆典大会。一方案是双向活动——既视察又参加庆典；二方案视察；三方案参加庆典活动。按照锁定的目标定位开始筹划。学校很快成立筹备工作领导小组，我任组长。这个组长责任重大啊！请不到朱总理来校，失职；请来了走一趟，但没有解决任何问题，没办成实事，也不完满；请来了实实在在地批示一些项目，

实事办成了，则完成了职责。当时，我就按做大事的目标定位去争取，去努力，去制定具体的活动方案。我首先登门拜访中央民族大学的名誉校长、时任国务委员的司马义·艾买提，请他出主意，授“锦囊妙计”。在他家，我向他汇报工作后，专门就校庆50周年的事宜进行了讨论，最后确定了请朱总理既来视察又参加庆典活动的第一方案。司马义·艾买提主动提出由他出面直接向朱总理汇报、传递信息。开局顺利！

在时间紧、任务重、压力大的情况下，经过大家的努力工作，各项筹备工作初见成效。2001年“五一”刚过几天，我们接到了朱总理办公室的通知：朱总理同意近期来学校视察工作，你们务必做好充分的准备。司马义·艾买提同志也打电话告诉我，说总理同意来民大视察工作了，这是天大的好事啊！我立即召开学校领导班子会议和校庆办及各工作组会议，按相关要求传达了通知精神，布置了工作任务，提出了工作要求和遵守的纪律。一切安排妥当，准备就绪，就等着5月14日朱总理来中央民族大学视察了。

第二步骤，实施。那一天来了，2001年5月14日，我们终于等到朱镕基总理来学校视察啦！整个中央民族大学校园都沉浸在幸福欢乐之中，老师们、同学们、同志们兴高采烈、欢欣鼓舞、精神振奋，少数民族学生穿上鲜艳美丽的民族盛装，校领导、中层领导都穿上了整齐的西装，迎候朱总理的到来。5月14日那天我们要做什么事呢？具体分为五个阶段进行。第一阶段，朱总理参观中央民族大学民族博物馆。陪同朱总理来校视察的有教育部部长陈至立、财政部部长项怀诚、国家发改委副主任汪洋、北京市市长孟学农、国务院秘书长王忠禹、副秘书长徐绍史、总理办公室主任李伟。朱总理一行的车队开到民族博物馆前面，下车后在我和王彦书记的引导下，一并走进民族博物馆参观。

为什么我们选择民族博物馆作为总理的一个视察点呢？话还得从头说

起，当我们接到朱总理来视察的通知后，首先讨论，总理来了，我们给总理看什么呢？从理工科来说，我们比不上清华大学，从文科来说，我们比不过北京大学，那里有悠久的历史，是"五四"运动的策源地、新文化运动的中心，有国家文科重点建设基地，硕士点、博士点数百个学科专业。那么，我们凭什么能让朱总理刮目相看呢？最后决定只有打我们的民族牌，重点推出我们的民族特色，把民族博物馆的展示作为朱镕基总理视察第一阶段的内容。我们的民族博物馆还真有几样重头戏，一是当年毛主席送给达赖喇嘛的金碗放在我校的民族博物馆保存；二是慈禧太后最后一份御批也放在我校民族博物馆；三是高山族用贝壳串成的贝壳梭衣放在我校民族博物馆；四是1952年高校院系调整有一批著名学者都集中到中央民大来任教，包括吴文藻、潘光旦、费孝通、林耀华、于道泉、翁独健、冯家升、吴泽霖等。朱总理一行在民族博物馆参观了二十分钟，重点看了重要部分的展示。

他往回走到门口的时候对我和王彦同志说，我粗略看了你们的民族博物馆，你们还是有民族特点的，有值得看的地方。你们那几件文物可是镇馆之宝啊，需要保护好，让世世代代流传下去，不要忘记历史。你们学校大师级的教授费孝通先生，以前我在清华读书的时候很喜欢听他的课，我对他的课印象很深。你们民大有这样的大师我也感到荣幸啊！

我们往大礼堂那边走，进入第二阶段。

第二阶段，请朱总理和中央民大广大师生职工代表在礼堂前面合影留念。当天我们邀请了七部分人作为代表与总理合影留念。一是全部校领导、中层领导；二是教授、部分副教授代表；三是部分博士、硕士、青年教师的代表；四是人大、政协代表；五是青年学生代表；六是职工代表；七是离退休教授代表。这里还有个小插曲，当天，海淀区降了一场暴雨，朱总理一行进了门雨还一直在下。我们十分担心，几百人的队伍在那里等候与总理合影，如果雨不停风不住，等了很久照不成相，大家肯定会怨校领导选择时间不对，结果盼来一场空。说来也巧，当朱镕基总理走进民族博物馆的时候，雨停了，风住了。当我们一起走出民族博物馆的时候，还露出了一丝阳光、一片蓝天白云。我们很快走到大礼堂门前照相，真是“贵人出门招风雨，贵人照相雨就停”！

三百多位教职员工愉快地和朱镕基总理合影留念，实现了我们的愿望。这场雨不仅没有影响总理的整个行程，还增添了蒙蒙雨中情，民大的美景美美地展示在总理面前，青草、绿树散发出的清香沁人心脾。朱总理和我们少数民族师生的深厚感情如绵绵细雨润物无声，总理的重视和关怀感动着师生员工，增强了民大的凝聚力和号召力，校领导的威信也得到提升。好像是老天有意安排，朱总理一行刚上车，天又下起了大雨。这回不怕了，朱总理一行直接到中主楼下车，我们又顺利地进入到新的阶段。

第三阶段，朱镕基总理与55个少数民族的代表合影留念。当总理健步走进中主楼的时候，早在这里等候的55个少数民族的师生代表挥着手里的鲜花，高喊着“欢迎朱总理”。朱总理招招手，面带微笑地说，“老师们好，同学们好”，走进了最中间的那个位置，闪光灯一闪，留下了总理慈祥的面容。这张合影可不简单啊，是具有重大历史意义的照片。它是中华人民共和国成立以来第一张真正的56个民族代表的合影照片。朱镕基既是中华人民共和国的总理，又是汉族的代表，他的音容笑貌和精神风范将会激励少数民族老师和学生在祖国的大江南北，在祖国边疆，在少数民族地区，在贫困地区发挥作用，做出贡献。后来我们制作了大中小三张不同规格的照片，送到朱总理办公室，他非常高兴地挂在办公室、接待室并放在办公桌上，似乎天天和55个少数民族的代表同呼吸、心连心、共命运。56个民族的合影拍完后，我们和朱镕基总理一行移步到会议厅，进入了整个过程的重要阶段了。

第四阶段，我向朱总理汇报工作。当大家在会议厅坐定以后，主持人国家民委副主任江家福同志说，尊敬的朱镕基总理，各位领导同志们，大家上午好，现在汇报会开始，先请荣仕星校长汇报民族大学的工作。我当时举手说，在汇报工作前我先讲几句话，刚才朱总理和我国55个少数民族代表照的这张全家福，是中华人民共和国成立以来第一张具有政治和历史意义的极其珍贵的合影照。朱总理听后，开怀大笑，十分高兴。我脱稿汇报，主要是三个方面的内容：一是学校的概况和特色；中央民族大学是党和国家为解决国内民族问题、培养少数民族干部而专门创立的高等学校，其前身是1941年9月我党在延安建立的民族学院。中华人民共和国成立不久，根据毛泽东主席的有关指示，中央决定在北京建立中央民族学院。1951年6月11日，中央民族学院正式开学。第一任院长是杰出的无产阶级革命家乌兰夫同志。1993年11月，中央民族学院更名为中央民族大学。中央民族大学是全国唯一有56个民族的单位。其特色是：为少数民族和民族地区培养了大批干部和专业技术人才；成为国内研究民族问题的重要基地，取得了丰硕的科研成果；在宣传党的民族政策、帮助党和政府处理民族事务方面发挥了特殊作用。二是存在的问题与学校采取的措施。存在的问题有：办学经费严重短缺；基础设施较差，校园面积小；学科专业结构需要进一步调整；学生中困难生和特困生的比例较大。针对存在的问题，学校采取了如下的措施：深化内部管理体制改革，减少行政机关和人员；从国家特别是民族地区经济社会发展的需要出发，对学科专业结构进行了战略性调整；加大对科研的投入，加强学校的基本建设和基础设施改造；采取各种措施帮助困难学生，确保在校学生不因经济上的困难而退学。三是请求国家帮助解决的问题。主要是：将中央民族大学列入教育部“振兴21世纪教育行动计划”中重点建设的大学行列；加大基础设施建设的投入，建设四栋大楼一个工程，即文科、理科、图书馆、干部培训大楼，地下管网改造工程。我汇报完后，有几位同志、老师、同学分别从不同方面进行简略的汇报。接着是朱总理讲话，在他讲话中，我“吃了豹子胆”，临机打断了朱镕基总理两次讲话。第一次是当朱总理讲到他还记得他在清华大学读书的时候，校长梅贻琦先生讲过：“所谓大学者，非谓有大楼者之谓也，有大师者之谓也。”大学主要要有大师，不一定要盖大楼，山不在高有仙则名，水不在深有龙则灵。我听朱总理讲到这里，十分担心他会把我提出建大楼的请求否决掉？于是我灵机一动，立即举手说，“尊敬的朱总理，时过境迁，时代发展到今天，没有大楼也引不进大师啊”！朱总理接过我的话立即说，“我并没有反对你盖大楼啊，汪洋你算一算，刚才荣校长说的工程建设需要多少资金”？汪洋当即回答，“总共5.1亿人民币”。“好吧，中央民族大学的工程项目优先上报，优先审批，优先支持。”朱总理讲了“三个优先”，我高兴极了，心里泛起了阵阵波涛。接着朱总理继续讲话，他说：“我对民族地区是深有感情的，最近我刚从四川阿坝羌族藏族自治州回来，又去了湖南湘西土家族苗族自治州考察，民族地区实在太穷了，需要经费进行建设的项目太多了。我非常同情和理解他们的难处。光从青海到西藏这条铁路，就需要1000亿人民币，我哪有那么多钱呢？我当总理难啊，我需要平衡啊。”我一听到总理说要“平衡”，又害怕他把我校的五项工程也“平”去了，马上举起手来说，“尊敬的朱总理，我记得有一次您讲话时曾说道：领导的艺术就是突出重点，带动一般。”总理机敏过人，立即接过我的话说，“是啊，领导的艺术就是突出重点。你看今天我到中央民族大学带谁来了，财神爷项怀诚部长，教育财神爷陈至立，审批项目的负责人汪洋，属地管理北京市市长孟学农，国务院秘书长王忠禹，副秘书长徐绍史，这个阵容多大啊！你们学校的工程项目我们重点帮助、重点建设、重点支持！”又得到朱总理表态支持，我们成重点了！而且是“三个重点”！我心中说不出有多高兴！作为一国总理，对一个学校连说“三个支持”“三个重点”，对中央民族大学的师生员工来说，真是大好消息！在座的领导、老师、同学们热烈鼓掌，掌声经久不息，表示衷心的感谢。总理还问，“世界上还有哪些民族大学?”“有前苏联的东方大学、莫斯科大学、美国的印第安纳大学等。”朱总理最后强调要进一步办好中央民族大学，并提出要把中央民族大学建成世界一流的民族大学。有了这个响亮的口号，今后我们就会干有奔头，学有方向，做有力量，这个口号在激励着中央民族大学的师生奋勇前进!

座谈会结束了，总理视察步骤进入第五阶段，也是当天朱总理一行视察的最后一站。当朱总理走出中主楼时，在北教学楼的走廊里有许许多多学生在等待，他们全神贯视望着中主楼出口处，仿佛担心稍不留神就会失去见到朱总理的大好机会。这时朱总理迈着健步神采奕奕地走出来了，一下子，等候多时的师生员工深情的目光都落在朱总理身上。一个学生憋得满脸通红，不知如何表达自己的激动，突然振臂高呼：朱总理！朱总理拱手与大家相望，大家都向朱总理挥手欢呼：朱总理再见！祝愿尊敬的朱总理健康长寿!

当我送朱总理一行时，王忠禹秘书长抓住我的手说，“盯紧啰，抓落实!”散会后，许多同志和老师夸我，荣校，今天您是吃了豹子胆了，竟然敢两次打断朱总理的讲话。总理多高明，那么巧妙地接话，效果棒极了！回到办公室，我静静地思考着，今天我灵机一动地插话为什么能恰如其分呢？看上去是灵活机智，实际上除了善抓机遇，我是有所准备的。一是在朱总理到学校视察前我是做过调查研究的，曾经向熟悉总理情况的同志了解总理的个人性格、开会风格、要求和特点。总理的性格很刚强，开会要求很严，讲话者或发言者都要脱稿，开会的特点是不断插话、讨论，甚至辩论。了解这些情况后，我在汇报时，不仅脱稿讲话，也做好了插话的准备。二是我提问、提要求，谋支持，求帮助，都是从学校的事业出发，不是从我个人私利出发，即使我讲得不对，我也没有任何私利掺杂其中，批评我也不怕，所以就敢于打断总理的讲话了。我想，总理是个心底无私天地宽、天下为公的人，肯定不会因为被另一个出于公心的人打断讲话而生气。三是总理对少数民族怀有深厚感情，关心、帮助和支持少数民族地区的建设和发展。我是从中国民族高等教育事业的大局出发，从进一步办好中央民族大学的目标出发，有什么值得担心害怕的呢？而且我说的都是实话、真话、心里话，我相信，我心目中的总理是能听得进去的。事实上我所考虑的恰恰与朱总理想的是一致的，所以每次插话后，他都支持我的观点，并表示了明确的态度。成功来自公心。当然，工作并没有结束，最重要的是王忠禹秘书长叮嘱我的六个字："盯紧啰，抓落实。"

第三步骤，跟进。朱总理答应中央民族大学的项目优先审批，重点支持，但从理论到实践还有一个重要环节，就是资金到位。从此以后，我经常跑到国家发改委去，跟踪落实资金。到了2002年4月初，教育部、国家民委、北京市政府三家共建中央民族大学的协议签订仪式开始筹备，我抓住这个机遇，把它看成落实资金的重要一步，于是进入朱总理视察后批准建设项目的实质性阶段。看见了曙光，离目标的落实不会太遥远了。

第四步骤，落实。我知道朱总理日理万机，工作非常繁忙，但把他到中央民族大学视察一年后各项工作的进展情况向他报告，也是应该的，必需的。我亲自写了一封汇报信给他，主要以三家共建中央民族大学为契机，向他汇报工作，邀请他来指导三家共建中央民族大学的签字仪式。我想相隔一年时间，他即便不会再来民大，但也会用其他方式给予支持。我就通过总理办公室直接送汇报信和邀请函给他。结果正如我所料，他明确表示不来参加三家共建中央民大的签字仪式了，但在汇报信上，他题写了八个字："谨表祝贺，敬祝成功！"我拿到总理办转来的批示，立即去找国家发改委的领导和投资司、社会发展司。国家发改委非常支持，立即做出决定，本周拨款到位。2001年5月14日到2002年4月26日，将近一年，大功告成！我校得到5.1亿的建设资金，我校的基础建设和基本建设的重要基础，奠定了！

这件事情，使我深深体会到：（一）抓住机遇，利用机遇，是做事成事的前提条件。我们中央民族大学校庆50周年，这是客观存在的机遇。抓住机遇利用机遇就能成事，就能占领先机。抓不住，机遇还是埋在地下的黄金，发不出光来。要抓住机遇就要研究机遇，从策划、实施、跟进、落实等步骤抓紧抓好，一环扣一环，环环相扣，让实打实的规划成为实践的蓝图，一步一步地实现。（二）大胆策划、加强沟通是做成事的重要条件。从人的思维来说，有战略思维，辩证思维，发展思维。战略思维是管长远的、根本的方向和形势的判断。辩证思维是任何事物都要看它的两面，正面和负面、顺境和逆境。发展思维是观察事物的特点和内在规律性。做成事离不开这三个思维，但是不能空对空，要理论联系实际。中央民族大学校庆50周年，从战略发展来看，要把中央民族大学建成世界一流的民族大学，要从人才培养、学科建设、师生队伍的建设着手，要按长远发展思路、世界一流目标来做好三方面的建设。每个指标体系、每个建设环节都要朝着一流的方向。还要注意以辩证思维的分析方法来衡量三大建设，如学科体系建设，要有三个部分组成，即学科的理论体系、实践的蓝图、实例分析等。发展战略就是既要坚持已经成熟的学科原理、原则和方法，又要有新的实践创新。加强沟通就是与学术界、理论界的同行学者多交流思想，多交流学术观点，多交流研究方法，这样才有利于学科的进步与发展。从中央民大成立50周年校庆的成功经验来看，成功在于对这件事大胆策划，一开始就定位在请中共中央常委、国务院朱总理来视察，围绕这个目标定位开展一系列的工作。同时加强同国务院有关部门的沟通，了解和掌握基本情况，在汇报中抓住重点、汇报重点，赢得重点支持；后续落实过程中又与国务院秘书长加强沟通，保障渠道畅通，在比较短的时间内，取得明显的成效。（三）紧盯跟进，狠抓落实，是我们成功的必要条件。我们办事的出发点和落脚点都在落实，落实，再落实，才见实效。总理在会上讲了，我们还不能放松，要一直紧盯不放，从项目的立项到项目论证，很好地与国家部委的有关人员对接联系，抓紧、抓紧、再抓紧，没有变化按原规划进行，有变化及时修改方案，及时落到规划项目的框框内。

我们四幢大楼和地下管网的改造，都是一步一步地跟进，直至全面落实，最后35万平方米的建设面积用不到两年时间全部完成竣工，投入使用。没有这种责任担当，没有这种吃苦不怕累的精神能完成任务么？是绝对不可能的。要有一股闯劲和拼搏精神才能办成事办好事。

以上三点体会对于一个学校领导是否有作为、成就大事业，是可以借鉴，有启发的。只要我们善于学习，善于总结经验，一定能够不出事，办成事，办好事。

中华人民共和国第一张56个民族大家庭的合影

2001年5月13日上午，朱镕基总理一行来到中央民族大学视察工作，我们事先需要做好各方面的准备，经中办、国办同意，请朱总理同中央民族大学的55个少数民族师生代表在中主楼留一张合影，是当天的一项重要活动。那一天，朱镕基总理一行参观了中央民族大学博物馆，带着在清华大学读书时费孝通、吴文藻、林耀华、冰心等大师给他留下的美好回忆，到大礼堂前，和三百多名教职工代表合影留念，行车到中主楼。这时，各自代表不同少数民族的55位师生，身着民族盛装，绚丽多姿，光彩夺目，热情洋溢，朱总理刚健步走进中主楼大厅，师生员工就一起热烈鼓掌，喊着“朱总理好！”随后他走进55个少数民族师生队列中间，他与在前排就座的同志一一握手，向同志们拱手致谢，随后坐下与师生员工代表合影，留下了中华人民共和国成立以来第一张56个民族大家庭合影。

这张民族大家庭的“全家福”合影是一张具有历史意义、政治意义、现实意义的照片。从历史意义来说，中华人民共和国成立以后，第一代、第二代领导人、第三代领导集体的核心江泽民同志，都没有和55个少数民族代表一起照过集体合影。这张照片中，55位少数民族师生，各自代表着本民族，簇拥在第三代集体领导成员朱镕基总理——汉族的优秀代表身旁，这是中华人民共和国历史上没有过的。这是56个民族大团结的珍贵史证。作为一个单位，能够同时派出56个民族的代表，在中国，在全世界，只有我们学校——中央民族大学能做到！历史就是历史，历史是真实写照，这可是第一张全国各民族的“全家福”啊！祝福全国各族人民大团结！祝福我们的朱总理！

从政治意义来说，第一，这张照片体现了民族团结。中国是一个多民族的统一的国家，不论是大民族还是小民族，无论是人口超过千万的民族，还是人口只有几千人的民族，都是中华民族的一个组成部分，都是缺一不可的成员。在中国共产党领导下的土地革命、抗日战争、解放战争取得胜利，是各族人民团结奋斗的结果；中华人民共和国成立之后，不论是国民经济恢复、社会主义改造、社会主义建设、社会主义改革，还是社会主义现代化建设，都是中国共产党领导各族人民团结奋斗取得的成果。民族团结是国家兴旺的基础，是力量、是方向，这张合影中56个民族全有了，真正体现了民族大团结。第二，这张合影体现了民族进步。《中华人民共和国宪法》和《中华人民共和国民族区域自治法》规定，各族人民在政治上平等，每一个公民都享有选举权和被选举权，享有教育权、民主监督权、言论自由权、劳动权、休息权，我国的国体是实行以工农联盟为基础的人民民主专政，政体是实行人民代表大会制度，各族人民当家作主。为了贯彻落实党和国家的民族政策，在中国共产党的领导下成立了5个民族自治区政府，30个民族自治州政府，120个自治县政府，1100多个民族乡政府，让各少数民族享受民族政策的各种规定，包括人口在100万以上的少数民族都在全国人大常委会中安排一名常务委员。第三，巩固中国共产党的执政基础。工人阶级和各族人民的先进分子都能申请加入中国共产党，成为中国共产党的成员，这些党员是中国共产党的执政力量，没有这个基础，社会主义江山就坐不牢，中国共产党的执政地位就不能巩固。中华人民共和国成立后，毛泽东主席十分重视各族人民经济社会发展和繁荣进步，时代发展到2001年，朱总理代表国务院、代表汉族和55个少数民族代表照了一张民族大家庭的合影，无疑具有十分重要的政治意义。民族大家庭的合影体现了民族进步，56个民族的团结进步就是中国社会稳定的重要保证，只有民族团结才能有民族进步，才能有民族繁荣昌盛。社会稳定才能巩固民族平等、团结、互助和谐的社会主义民族关系，才能体现政治平等、民主发展、各族人民当家作主。

从现实意义来说，中国各民族的大团结，意味着中国社会的和谐稳定，这张民族大团结合影的成员中，每个人都代表一个民族，每一个民族都是中国这个大家庭的组成部分，缺一不可，56个民族都齐全了，就意味着祖国统一，认同中国历史，认同中华文化、认同中华民族，认同中国共产党的领导，认同中国特色社会主义道路。从历史到现在，中国是统一多民族的国家，是多元一体格局下的中华民族体系。现在的中国需要和平统一的发展环境，这张合影中的56个民族是祖国统一民族团结的真实写照。两岸统一，实现祖国的统一，这是早晚的问题，任何“台独”分子都阻挡不了。朱镕基总理在任期内答中外记者问时已明确表态，任何想从祖国统一大家庭分裂出去的“台独”主张都是不允许的，是要受到历史惩罚的，我们坚决反对“台独”，坚决反对分裂祖国、分裂民族的一切行为。留下这张民族团结“全家福”，是彪炳千秋、载入史册的大事。

中国56个民族都是哪些民族呢？有汉族、壮族、满族、回族、苗族、维吾尔族、彝族、土家族、蒙古族、藏族、布依族、侗族、瑶族、朝鲜族、白族、哈尼族、哈萨克族、黎族、傣族、畲族、傈僳族、仡佬族、拉祜族、东乡族、佤族、水族、纳西族、羌族、土族、锡伯族、柯尔克孜族、达斡尔族、景颇族、京族、基诺族、德昂族、乌孜别克族、俄罗斯族、裕固族、保安族、门巴族、鄂伦春族、独龙族、塔塔尔族、赫哲族、高山族、珞巴族、布朗族、撒拉族、毛南族、阿昌族、普米族、塔吉克族、怒族、鄂温克族、仫佬族。

参加合影的55个少数民族代表，都是我们从各学院、各处室、附中挑选出来的优秀学生和教职工，经过严格的政治审查，绝大多数都是中国共产党员、优秀的共青团员，是本民族学生的优秀代表，他们的心情难以平静。同学笑着告诉我，有位在前排与朱镕基总理握过手的同学，连续两个晚上都举着右手洗澡，想多留点右手掌上的灵气、运气、福气。

朱镕基总理十分珍爱这张中国56个民族大家庭的合影，根据总理办公室工作人员对合影冲洗、尺寸、底色的要求，我们分别冲洗了大、中、小三种样式的照片，朱镕基总理分别挂在他的会议室、接待室、办公室里。据说，他还不时伫立在照片前自言自语说，少数民族的学生真可爱、真朴实，祖国的未来建设就靠他们年轻的一代了！

朱总理不仅口头上支持中央民族大学的建设，更是落实在行动上，先后批示支持5.1亿元经费搞基础建设，使中央民族大学发生了很大的变化，真是旧貌换新颜啊！真不愧为各族人民的好总理啊！事实上，中央民族大学没有辜负朱总理的殷切希望，从2001年总理视察到2005年1月，学校完成了几件让人振奋甚至是里程碑式的大事：一是抓住机遇跨进了“211工程”二期建设行列；二是《同一首歌》走进中央民族大学；三是代表中国北京市参加雅典奥运会的闭幕式演唱国歌；四是抓住机遇跨进“985工程”重点大学的建设行列；五是荣获国务院授予民族团结进步的先进集体、北京市文明单位、北京市教育系统先进单位等荣誉；六是学校基础设施建设发生了翻天覆地的变化。

办实了这件大好事，我总结出几点体会。(一) 抓住机遇，办事能快就不要慢。当我校接到朱总理办公室的通知时，我们马上研究接待方案，其中特别安排了这张56个民族大家庭的合影，非常有意义，因此，赢得了朱总理的重视，赢得了朱总理的认同，取得了良好的效果。(二) 严格挑选，认真做实。挑选55个少数民族代表人选，首要条件是身份的真实性。参加合影的人必须是本民族的，民族成分不能造假，要经得起检验，对号入座，认真再认真，核实再核实。这项工作也检验了中央民族大学领导班子办事的认真态度，负责的工作作风。通过这项工作，我们学校也得到了朱总理的信任。（三）高水平洗出照片，及时送达总理办公室。2001年5月13日上午朱总理到学校视察，下午马上冲洗出民族大家庭各种规格的合影照片，第二天上班的时候，三张不同规格的“全家福”合影及朱总理整个视察活动的主要照片被装订成册，送达总理手中。总理非常高兴，肯定了我们扎实的雷厉风行的工作作风，值得肯定，值得赞扬。（四）落实到位。为了组织好55个少数民族代表与朱总理的合影，我亲自抓落实，提出“九个落实”：人员落实、排练落实、服装落实、时间落实、责任落实、质量落实、结果落实、要求落实、送达落实。让朱总理高兴而来，愉快而归，舒心工作。让他看到了中央民族大学的希望，从这件事看到中央民族大学办事思想正确、办事认真、作风扎实，效率高、效果好。

满足大学生在学校大门留张纪念照的愿望

我刚到中央民族大学任职的第二天一大早，发现学校东大门竟然没有，变成了废墟。我非常纳闷，作为民族高等教育领头雁的中央民族大学，竟然连一个大门都没有？当时，学校需要新建、改建、修建、扩建的项目很多，必须分轻重缓急，排序来建。但学校大门关系学校的形象，应该摆在诸多学校建设项目的前面。此时，我心中就把这个项目列入建设计划。

同年2月，我在学校办公楼会议室主持了2000届毕业生代表座谈会，了解毕业生的学习、生活、就业、家庭经济情况，同时征求他们对各学期课程设置的门数、时数安排、教学实习的时间安排和其他方面的意见。与会的一位同学提出建学校大门的建议：我们2000届的同学入学到现在已经4年时间了，都没有看见过我校的大门是啥样的，每次父母亲和兄弟姐妹从家乡到学校来看望我，总想和我在学校标志性的大门前照一张合影，带回家乡让父老乡亲分享我在大学学习生活的喜悦，但4年时间很快就过去了，从现在开始到毕业还有5个月时间，我们都没有雄赳赳地走一回学校大门，至今我们都不知道学校大门在哪里？请校长尽快建好学校大门，满足我们能在学校大门照一张纪念照片的愿望，不要让人生留下遗憾！

这位同学的意见使我深感内疚。我想，建设学校大门既是同学们的意愿，也是外树学校形象的需要，下决心，建设学校大门！我当即答复他，同学们，我郑重地保证，在今年6月1日“六一儿童节”建好学校大门，并通过你们转告所有的毕业生同学，校长满足你们这一点要求，在中央民族大学毕业时不留遗憾！当时同学们热烈鼓掌，响亮的掌声经久不息。

会后，我叫校办主任马上通知基建办主任和后勤管理处的负责同志来办公楼开会，议题就是一个：建设学校大门，什么时间动工，什么时间完工，什么时候能让学生照相，列好一个时间表，确保“六一儿童节”使用，让同学们高高兴兴地再过一回“儿童节”！为了兑现这一承诺，我亲自制定学校大门建设的工作方案，提出了建设的要求。第一，学校大门建设的特点。学校大门要体现民族性、现代性、国际性、实用性、简明性、开放性的优点和特点。第二，学校大门的栅栏要安全、稳固、美观，有利于交通顺畅，方便行人和行车。第三，施工质量、技术第一，选用优质材料，实用耐久，大方明亮。第四，建一个建筑行业的标杆性建筑模式，集观赏、造型优美、安全可靠为一体。做到拿出去是建筑品牌样板，留下来是美景共赏。用天然大理石做面板，内用不锈钢干挂，用金色镶嵌边缘，选毛主席书法刻上“中央民族大学”六个大字。

第五，为了争取时间，施工图纸、施工方案一起做。从2000年3月4日开始施工，5月30日全部竣工交付使用，保证两个月内全部完工。在规定的时间内，依照法规程序，验收合格，一座基础坚实又具有现代建筑特点的学校大门顺利竣工交付使用了。学校举行了一个简单的竣工典礼仪式，师生们非常高兴，奔走相告：校大门落成了！“六一儿童节”那一天，同学们都走到学校大门照相，站在那里感受母校的光彩。很多学生都穿戴本民族的盛装，单照或排成一行一行地合影，个个精神抖擞，千姿百态，照了一张又一张，真的像在过幸福的“六一儿童节”。校外的学生也络绎不绝地来到我们学校大门照相，几乎持续了一个月。同学们热烈称赞，师生员工竖起拇指，纷纷点赞，称赞校长是一个干实事的值得信赖的校长。

我也非常高兴，可为大家办了一件实事、一件好事、一件喜事了！

学校大门完工交付使用之后，我又召开了一个专题会议：配合学校大门建出整体效果，研究学校大门的前面（前段）、中间（中段）和后面（后段）的整体设计问题。做好从东向进校门前段、中段和后段的衔接，体现出整体效果。我请分管副校长、有关设计师、校办、基建办、后勤处的有关同志共同研究这个问题。在会上，我抛砖引玉，提出如下设想：前面建一个花圃，种上各个季节的鲜花，同时建一个铁制护栏，以防人群走进去踩花。中间是学校的大门，用不锈钢的钢管铸成栅栏，采用自动和手动系统，连接席地而铺的红色天然大理石，显得很高雅、开阔、简洁、明亮。后段设计一个开放式喷水池，在校牌的后段，面积要大，水池里安装56个喷泉龙头，象征中国56个民族团结向上，每到少数民族节日或有重大活动，自动喷水装置就喷水开放，还设计了180条吉祥如意的彩色灯带，寓示"民族团结、吉祥如意"。经过充分讨论后，大家都赞同，教职员工、学生也赞成这样做。后来，施工单位在一个月的时间内完成建设，竣工交付使用。从此，中央民族大学没有校门的历史结束了，新校门的建设画上了一个圆满的句号。许多学生自豪地说：我们学校大门真棒！是一个非常雄伟的学校大门。后来还成为同学们观赏游览的风景点，为树立中央民族大学的良好形象发挥了样板作用，至今仍然闪烁着56个民族的光彩。

学校大门从没有到建成，作为校长有什么体会？

（一）想学生之所想，办学生之所需。这是一个校长的职责，任何时候都不能忘记。学校有教师和学生两个主体，教师和学生，学校服务的就是这两个主体，离开了这两个主体，将难以成事。老师是向学生授业、传道、解惑，在课堂上教给他们基本知识、基本理论、基本方法，让他们在学习中练就本领，为走向社会学到本领奠定基础；学生主要是学习知识，学会运用马克思主义立场观点方法去分析问题和解决问题，培育科学的思维方式。

（二）建好学校大门，树立学校良好形象。学生爱校建校护校是来自内心情感的体现，内增凝聚力，外树好形象，这是学校老师和学生都应当遵循的基本原则。一个大学没有大门，没有标志，就等于没有形象，外联不知从何处走进来，人才不知从何处走向社会。有进有出才符合规律，没有标志性的大门，校长说话办事都不顺利。作为中国少数民族高等院校领头雁的中央民族大学，没有大门的十年时间，学校的形象到哪里去了？本来，这件事不大，只要认真听一听广大师生的意见，思想上重视，就能办好。如果学校领导没有认真听取学生的意见，听了也不认真采纳，这与全心全意为师生服务的宗旨是格格不入的。

（三）在其位谋其政。师生员工的愿望就是学校领导的工作目标。学生提出建设大门在情理之中，无可非议，是领导职责范围的事，在其位谋其政，如果及时建造学校大门，前几届毕业的学生就不会为没能在学校大门口留个纪念照而遗憾。在工作之余能看一看照片，学生也不易淡忘母校，也会把母校放在心中。没有任何留念的东西，久而久之，母校、老师在他们的记忆中就逐渐消失了。能翻看在母校大门的留影，是多么珍贵的记忆啊！所以，领导干部能否做到在其位谋其政是十分重要的，也是学校领导应该服务的范围，在实践中要加以落实。

（四）为官一任造福一方。我既然担任了中央民族大学校长，就有责任造福中央民族大学，为师生员工服务，为学校的建设和发展鼓实劲、出实招、办实事、求实效，为培养少数民族干部和各类高级人才做出贡献。

（五）深入基层、深入实际、深入一线。这是领导工作的基本功，如果高高在上，对下属不闻不问、置之不理、不贴近实际、不贴近群众，就会一无所知、一无所获，外面欢声雷动都听不见、看不见，这就会严重脱离群众。离开群众，就像鱼儿离开了水。因此，把自己置于教职员工之中，时刻关心人民群众的冷暖，关心群众的生活疾苦，不论做什么事都应该以“六个是不是”来检验、衡量自己，即群众答不答应、群众是不是拥护、是不是赞成、是不是支持、是不是赞扬、群众满不满意。只有群众赞成的事才能做得好、做得细致、做得完美，否则就会遭到群众反对，做事就丧失了根本。根基不稳树就会倒下来。毛泽东强调一切从群众中来，到群众中去，领导干部和群众处理好关系，关系融洽了就如鱼得水。有了群众的支持，我们办事就会无所不能，永远立于不败之地。

（六）做事要有前瞻性。从这件事来看，学校东大门从无到有，从古代建筑特色到体现现代气息的开放性，以前瞻性的设计理念，至今不落俗套的新颖性，使学校大门的建设永远跟着时代的步伐。结论就只有一个，任何决策都要有先进性和前瞻性，勇往直前地追赶时代潮流。

回购西墙二号楼，切实解决教职工住房困难

中央民族大学反映比较强烈、比较集中、比较现实的是教职工的住房问题。2000年的中央民族大学，自20世纪50年代以来建成的包括高层住宅楼、临建住房、筒子楼单身宿舍等在内的各种形式的职工住房面积仅13万平方米，远远不能满足总数近2800人教职工的住房需求，存在大量的无房户和住房未达标户。这不仅严重影响了学校教职工的积极性和主动性，也掣肘人才引进和教师队伍建设，特别是高端人才的引进，进而影响了学校的学科建设和科研创新能力的提升，影响学校向更高层次发展。

常言道：安居方能乐业。有居方能安居。有居要采取两种措施、走两条路，一是自筹资金，自己建房，分配给教职工居住。当时中央民族大学经济比较困难，学校没有闲置资金，老师们大多囊中羞涩，集资建房的道路走不通。二是银行贷款建房。这条路存在一定风险，万一还不了银行贷款，月月年年扣教职工的工资，就会造成教师生活困难，久而久之，会受到教职工的埋怨、指责，甚至反对，此路也不通。怎么办？那就得选择第三条道路，寻找一个有经济实力的合作方，他们出资金，校方出土地，走合作建房的道路。按比例享有房源，资金方和土地方合作建设这种方式比较保险，双方都心安理得，顺理成章，原来的校领导就决定采取这种建房

方式解决教职工的住房问题。

话得从历史说起，早在1994年，由于建设资金严重短缺，经报请国家民委批准，学校与北京市某房地产开发公司签署协议，以学校提供土地、对方提供建设资金的方式联合开发学校西围墙内的11亩土地，用于建设两座约4万平米的高层楼房，建成后双方各得一座楼。该联建模式于1996年获得国务院机关事务管理局的批准。联建工作的过程一波三折，归属对方的一座楼很快建成，而归属学校的另一座楼因各种因素未能建设，对方以赔付土地出让金方式终止了合作。1998年学校又与北京某A公司签署《合作建楼合同书》，在学校西围墙内原合作建楼用地范围内，建设两栋高层住宅楼及管理办公用房。合同约定，学校提供建设用地及建设有关审批文件，某A公司负责建设资金投入，项目建成后学校获得一栋高层住宅楼，某A公司获得一栋高层住宅楼及管理办公用房，使用权为70年。在双方的努力配合下，1999年获得规划许可证和开工许可证。自此，西围墙一号、二号住宅及附属用房开工建设，施工单位为河北省某B公司。

建设过程并非一帆风顺，开发商与施工方之间因拖欠工程款发生纠纷，2003年北京市建委曾主持召开了民大西围墙一号、二号楼及附属用房建设项目工程款纠纷问题协调会，会议听取了建设项目参建各方关于工程建设情况及欠款的主要原因。从确保项目建设顺利进行、民大教师尽早入住的大局出发，参建各方本着友好协商、尊重历史、求同存异的原则，就建设主体、工程款结算依据及交付方式等达成共识，在北京市建委的协调督办下，相关工作步入正轨，顺利推进。

学校领导班子经认真研究，审时度势，做出回购学校西墙二号住宅楼的决定，这样会解决140余户职工住房问题，使原有预期实现翻番。

2003年10月，学校与北京某A公司正式签署了《西围墙二号楼回购合同书》，合同书还就回购款支付进度及金额、住户购房按揭、土地回购分割登记、竣工档案移交、工程建设标准、公共基础设施配套标准、验收标准、自来水及物业、维保事宜，以及违约责任等，在充分协商的基础上进行了约定。合同签订后，学校积极筹措资金，在不影响教学科研活动正常开展的前提下，按时支付回购款，本着诚信原则认真履行合同义务，得到合同对方的积极配合，两栋住宅楼及时竣工交付学校。

2004年10月，中央国家机关住房制度改革办公室同意并批复我校以经济适用房价格，向职工出售西墙一号和二号住宅楼288套，职工规定享受住房面积标准以内部分，每平方米均价4500元。批复要求，出售住房的房价款应单独建账，专户管理，主要用于支付建房款。学校按照上述批复意见，制定了售房方案，该方案突出重点解决无房户和住房困难户住房问题的主导思想得到全校上下一致拥护，经反复征求教代会意见后很快实施。2004年底，260多户职工欢天喜地搬入新居。在住房出售过程中，购建两栋住宅楼的成本基本全额得以补偿。更为重要的是，260多位教职员工解决和改善了住房，极大地提振了教职工干事创业的热情，同时，还预留部分房源，为以后引进和安置20多位高端人才打下了坚实基础。

回购西墙二号楼，从动议到决策再到实施，前后历时不到一年时间，关注民生、心系群众是实施回购的动力之所在，抓住机遇、果断决策是关键，充分论证、积极稳妥是成功回购的重要保证。在随后房价飞涨的北京，此举经济效益和社会效益无疑是凸显的，这也为学校今后在改善办学条件及职工住房条件的工作中提供了成功范例。

是什么力量在推动着我，回购学校西墙二号楼，解决和改善了教职员工的住房问题？我的体会是：一、关注民生，心系群众是实施回购之动力所在。在工作中，人民群众的愿望就是领导干部的奋斗目标，始终把实现目标和群众的利益联系在一起，为人民群众的利益而努力工作，当时，最实在的利益就是给教职工一套住房，让他们有一个居住的地方，这是教职工的最大利益所在。解决好这个问题，教职工的心和领导就拉近了，甚至贴紧了。住房问题是民生的牛鼻子问题，务必处理好，处理恰当。我刚来北京，也存在住房的问题，如何取舍呢？在这种机遇和挑战的形势下，是先考虑自己的利益还是先考虑教职工的利益呢？在利益面前，我首要考虑的是人民群众的利益，尽快妥善解决教职工的住房问题，给教职工一个安居之地，正是这种力量推着我去想去干，也是这种力量支持我去回购西墙二号，先职工之忧而忧，后职工之乐而乐。我主动提出不参加这次学校的住房分配，优先解决教职工的切身利益，其结果教职工得到了好处，获得了利益，大家都念着我的好，我的威信也就是通过这一件一件事情的解决而不断提高。

二、抓住机遇，果断决策。要成事就要抓住机遇，机不可失失不再来。当我一听到学校西围墙一号、二号住宅及附属用房施工方有整栋出售给中央民族大学回购的意向，马上叫后勤房产处去了解、证实。条件时机都成熟，我马上布置分管后勤工作的副校长进一步了解情况并形成初步的回购方案提交学校专题研究会讨论审议，通过后再提请校党委常委会审定。作为学校的法人代表，我明确表态要做好这件事，真正把好事办实，把实事办成，给教职工一个圆满的答卷，时不待我，果断决定，做了一件功在当代利在千秋的大事。

三是充分论证，积极稳妥是成功回购的重要保证。领导者做任何一件事都要考虑经得起历史的检验，人民群众的检验，实践的检验，没有100%的把握就不要搞，搞就要搞赢。准备购买的时候就要全面了解和掌握对方的基本情况，问清楚几个问题：一是合作方有没有经济实力，银行的资金证明有没有，有多少？二是工商行政管理部门注册的资金是多少，经营范围是什么，是在期限内还是过期了，法人的代表证和法人的身份证是否核实？三是核实法人的税务证，每年交税是多少？在了解和掌握这些情况后才进行合同书签订。为什么要如此谨慎呢？这是关系到教职工的切身利益，来不得半点虚假的东西，按常规来说，一个科学家进行100次实验，99次都是失败的，只有1次是成功的，他就被称为一个伟大的科学家。但是一个政治家做了100件事，有99件都成功了，只有1件失败，你就得下台，检讨，甚至坐牢，投入的成本是很大的。回购直接关系教职工的利益，如果搞砸了，其后果影响很大，搞得不好就得下台。因此，我在回购西墙二号时，采取了以下几条措施：第一，召开几个座谈会，即教师代表座谈会，主要对象是教授、副教授、讲师的代表。第二，干部代表座谈会，处室负责人，各处处长，副处长，科级代表座谈会。第三，职工代表座谈会。这三个座谈会主要听取教职员工的意见和建议，主题是要不要回购西墙二号，回购以后如何分配，提出具体的分配意见和方案，然后将方案提交教代会讨论通过，接着提交校长办公会议和党委常委会议最后审定。通过上报国管局和国家民委审批。在充分论证的基础上，综合听取同教职员工的意见，我和其他校领导做出了拍板的决断。先后经历不到一年的时间就办完了相关手续，并按教代会通过的住房分配方案做出了安排，许多年轻的博士、副高职称的教职工都高高兴兴地搬进了新房，整个工作圆满完成。始料不及的是，校西围墙二号楼的市价，由2004年买楼时的每平方米4500元飙升到现在每平方米若干万元，增值20倍以上。卖房的企业懊悔死了，买到房的教职工神采飞扬，感激校领导想教职工之所想，急教职工之所急，做出了正确的决策，到现在还绝口称赞让他们发了大财的校领导呢！

建章立制规范职称评审　让“各种歪风”荡然无存

1985年国家教委出台《高等学校教师专业人员职务评审试行条例》，终结了高等学校职称评审工作原来的学衔制，开始改为用评聘结合的方法确定专业技术职务。1986年5月，在北京市教委的直接领导下，中央民族大学作为北京地区高校教师专业技术职称改革第二批试点单位之一，开始了专业技术职务评审工作。1986年，中央民族大学有教授10人、副教授89人，教授占教师的比例为2%，副教授占教师的比例为17%。

到2000年，经过14年常态化的职称评审，我校已有在职教授93人，在职副教授212人；教授占教师的比例为13%，副教授占教师的比例为30%，教师队伍的职称结构得到了改善。但学校的职称评审工作也暴露出诸多问题，出现了一些不良现象。（1）找人风。以往，我校职称评审没有具体的细化标准和严格的组织条例。申请人心里没底，不知道自己在教学、科研等方面达到什么样的标准才算够条件，于是少数教师从学校宣布当年职称评定时间表开始，就不断地找专家、领导、职能部门进行“游说”，意在使评审人员对自己有更多的了解。那些底气不足的人，更是想通过“找”的办法让评委投自己的同情票。个别人还在评委面前贬低其他申请人，为自己拉票。（2）胡搅蛮缠风。每年一次的职称评审都在10—11

月份进行，每到这个时候，职称评审场所外总有人等候评审委员会委员走出门外，就有人刨根问底，拉住评委不放的事时有发生。造成专家评委、相关领导和职能部门不能正常工作，当事人更不能安下心来搞好本职工作。(3) 评审结束，有些一门心思拉票的人，一旦没能如愿，就会找有关领导和职能部门去“理论”，往往情绪非常激动，甚至采用威胁、恐吓等手段，要横招、不讲理。(4) 告状风。极个别没有晋升的人意见大，也不管自己条件是否合格，到处告状。(5) 请客送礼风。为了评审通过，有人送礼、请客，而且此风一年比一年严重。

造成这种“找、闹、威胁、恐吓、告状”风气屡禁不止的原因是多方面的。具体来说：一是没有职称评审具体的实施细则。只有国家教委颁布的原则，没有详细具体的条例，特别是没有分别适用于各个不同学科特点的细则，严重影响了职称评审工作。一方面使各级专家掌握起来没有相对确定的统一标准，再加上各级评审组织的专家每年都可能有所更换，不同专家对教育部宏观条例的理解也有不同，于是评审工作难免受到人为因素的影响，有忽高忽低、忽松忽严、忽而强调科研、忽而又强调教学等情况发生，导致职称评审工作缺乏连续性，引起很多教师的不满。这也是导致一些教师生怕由于评委对自己不够了解而被误伤淘汰，一定要找评委当面汇报自己的教学科研等方面情况的重要原因，客观上使原本应安心教学科研工作的教师消耗了宝贵时间和精力。另一方面，由于细则的缺失，使一贯踏踏实实、勤勤恳恳、谦虚谨慎的优秀教师，由于不清楚自己是否够条件，尽管有同行资深专家教授多次呼吁应予提职，自己却不敢主动申请高一级职称，在某种程度上却给个别人制造了浑水摸鱼的机会。加上确实发生过用“找”“闹”等不正当手段达到目的、获取了高一级职称的事，造成了很坏影响，个别人就不想在教学、科研上下功夫，只想通过“找”“闹”等不正当的手段获取职称。二是极个别教师道德缺失。讲道德是中华民族优秀的传统素质，也是一名教师的行为规范。公道才能赢得人心，正派才能获得信任。一个缺失道德的人是不会得到人们的尊重和拥护的。如在职称评审中，因为自己没有评上职称而到处吵闹、告状，甚至威胁，恐吓领导、评委，闹得鸡犬不宁。所以，应面对现实，评不上创造条件第二年再评，第二年不行第三年再评，只要努力了，认真地创造条件，终究会成功的。关键是自己要有良好的道德品质，公道正派，思想端正，时刻想到自己是人民教师，坚持为民执教，凡事都要出于公心，而不是围绕个人的功名利禄打转转。其次是品行要端正，要站得正，端得正。这样，暂时评不上职称也会得到大家的理解和支持。三是极少数教师法律意识淡薄。在高校评上职称或评不上职称，都是正常的事，符合条件的先上，条件不符合申报岗位的要求，暂时评不上也在情理之中。极个别评不上职称的人，见人就闹，这是法律意识淡薄的表现。法律明确规定，在法律面前人人平等，凡是中华人民共和国的公民都应当受到法律的保护，保护公民的合法权益不受侵犯，保护公民的政治民主权、生命安全权、经济财产权、精神名誉权等等。在日常工作、生活中，那些违背法律的要求，只想着自己的利益，这种行为将会受到法律的制裁。因此，作为一名人民教师，要学习法律理论和法律知识，增强法律意识，一方面以法律保护自己的合法权益，另一方面以法律约束自己，凡事要三思而行，在工作、学习、生活中哪些事情能干，哪些话能说，哪些事不能做，哪些话不能说，都要考虑清楚。一句话，要认真学习好法律，读懂法律，学会用法律来保护自己，不断为建设法治社会做出贡献。四是个别老师缺少为人师表的风范。大学老师的基本职责是教书育人，既要传授知识，授业传道，解惑释疑，又要培养学生的思想道德品质、做人的规矩。为人师表，需要加强自身修养。社会对教师的要求历来都是最高的，要激励教师重视教风建设和师德建设，把育人工作贯穿于教学始终。但是如果老师不注重自身修养，职称评审没有评上，就心理失衡，工作失神，这时学生会怎样评价你呢？很自然学生就会不尊重你，心里不佩服你，甚至瞧不起你，你在学生心目中就失去了份量和存在的价值。所以，教师不论遇到什么困难，在课堂上，在校园里都要为学生示范，弘扬优良师风，树立良好的师德风尚。五是职称评审的原则性、权威性、严肃性不够。在大学里，教师评职称是一件很严肃的事情，具有很强的原则性，从个人申报直至完成评审各项工作要求都是很严格的，也是大学老师最关心最在乎的事情之一。通常评审出来的教授、副教授、讲师都具有较高的权威性，在学校在社会上都被尊重。然而有个别领导、评委在职称评审中对自己要求不严，对申报职称的当事人要求也不严，掌握标准不严，导致个别人的职称评审中原则性、权威性、严肃性不够，违背了公平、公正的原则，引起教职工的不满。评不上的就找校领导理论，到上级机关告状。某种程度上说，是校领导坚持原则不够，失之于宽、失之于松、失之于软，如此下来，会在教职工中失之于信。因此，坚持职称评审的原则性、权威性、严肃性是十分重要的。

为了回避干扰，学校曾经每年都将校学科组专家拉到远郊区去封闭式评审，耗费经费，但仍不能从根本上解决“找、闹、告”的问题。

2000年新学期开始，我对学校职称评审存在的诸多问题做了调查研究之后提出：匡扶正气，树立学校的权威，严肃职称评审的组织纪律性，中央民族大学的职称评审工作要采取措施进行改革，让职称评审有法可依，有章可循，用制度来规范教师职称评审。

一是调查研究，学习和借鉴其他高校的经验。我亲自召集人事处、教务处、科研处的有关负责人明确任务，要求首先认真学习教育部和北京市教委关于职称评审的指导性文件，吃透上级文件精神，把握住大方向；其次到兄弟院校调研，了解北京地区高校尤其是“211”“985”学校的评审规定，制定的条例。人事处组织了几个调研小组，分别到中国人民大学、北京师范大学、首都师范大学、北京理工大学、北京工业大学、北京外国语大学、中央音乐学院、北京舞蹈学院、北京体育大学等兄弟院校进行了调研，学习研究了兄弟院校的经验和具体做法。再回到学校，分别召开各教学单位主管教学的负责人和教师代表的座谈会，召开各学科专家学者座谈会，听取与会者对职称评审工作的意见和建议。得知学校要对职称评审办法进行改革，教师、专家和各院系负责人都给予了热切的关注，提出了许多宝贵的意见和建议。

二是制定职称评审条例及实施细则。我提出中央民族大学的职称评审条例，一要体现政策性，二要有民大的特色。条例要全面、精确、细致、灵活，要让教师看得见、摸得着，既要有指导性又要有可操作性，教师系列一定要以教学为主，管理系列要体现工作实绩和业务水平。

人事处职能部门对收集上来的意见和建议分类整理，将共性的意见拿出来与教务处、科研处等有关人员进行讨论，达成共识，形成了我校教师系列职称评审条例实施细则及组织评审条例的初稿，报送主管校长审阅。按领导审阅中提出的意见进一步修改，再反馈给各院系征求意见。根据征求上来的意见和建议，再做修改。修改后的条例，再一次反馈给上述专业人员进行讨论，在此基础上形成了较为全面的评审方案。此方案于2000年9月6日提交校教师职称评审委员会审议，同时将在方案形成过程中收集到的几个有争议的难点问题交由评委会讨论，充分讨论之后，投票表决通过，正式成为中央民族大学职称改革的指导性文件:《中央民族大学申报教师职务基本条件的暂行规定》和《中央民族大学申报教师职务组织条例》（以下简称《条例》），作为中央民族大学（校）字（2000）99号文件下发到各单位。这份四易其稿的《条例》从酝酿到形成，前后经历半年的时间。

《条例》体现不同学科的特点，按人文社科、理工、音乐、舞蹈、美术、体育6类学科的不同特点，分别制定了教授和副教授评审条件，形成了12个附件。上述后4个学科的适用评审条例，是根据征求意见过程中这4个学科教师们的强烈要求制定的。这样针对不同学科的特点，有的放矢地制定条例，使得申请人更明晰学校对他们的要求，在评审中的可操作性也比较强。另外，分别制定这4个学科的适用条例，并没有降低评审标准，只是根据学科特色，变通成为对这些学科专业的具体要求。以申请舞蹈学科教授职称为例：舞蹈表演专业是形体艺术，不同于人文等学科。他们教授形体表演是强项，而写论文是弱项，论文数量不多。一部分青年教师曾经对职评失去了信心，于是不安心教学工作，忙着出去“走穴”或在校外兼课，系主任一筹莫展。针对这一情况，我们对适用于舞蹈学科的条例做了如下规定：在教学方面，增加了一倍半的授课时数要求（由原来的年均144学时增加到360学时），在科研方面，减少了一篇论文的要求。这一变通的结果，使得教师们在校内授课有了积极性，在外“走穴”、兼课的年轻教师主动回到学校，把主要精力投入到对在校学生的培养上。在制定《教师系列评审条例》的同时，我们还制定了其他九个与学校专业技术人员有关的系列职称评审条例：科研系列，教育管理研究系列，学生思想政治教育系列、工程系列、实验系列、图书资料系列、文博系列、出版系列、卫生系列。这些条例的制定过程与教师系列的做法相同。这样就形成了一整套《中央民族大学申报专业技术职务基本条件的暂行规定（含39个附件）》。以后的两年里，我校又制定了外语学科教授、副教授的评审条例，制定了预科部等三个副高职称评审条例，附件由原来的39个扩充到44个。

由于经过认真调研，充分征求意见，注重结合学科特点，具有很强的针对性和可操作性，因而在较长的时期内，职称评审条例得到了各学科教师、专家的普遍认可和遵循。

三是严格评审条件，鼓励、支持优秀教师破格晋升。以人文社科学科对教学的要求为例：1. 对教学有严格的必备条件要求：系统讲授两门本科或以上课程（至少一门为基础课或专业课），近五年年均授课时数不低于144学时，且教学效果良好。2. 除上述必备条件外，设立7条与教学相关的选项，需要满足其中两项：（1）近三年教学评估及本专业主干课程的教案评估均为优秀。（2）作为主持人承担省部级以上教改立项项目或精品（优秀）立项项目一项；或校级教改立项项目或合格（优秀）课程立项项目两项。（3）作为主持人承担省部级以上精品教材立项项目一项。（4）获省部级以上优秀教学奖（成果奖、教学奖、教师奖、教书育人奖）一项；或获校级教学奖两项。（5）主编或合著（前三名）正式出版一部具有较高水平的专业教材。（6）非外语专业的教师，用英语或其他外语讲授过一门专业课，使用原版教材，且教学效果评估良好。（7）全过程培养一届硕士研究生或协助培养博士研究生。以上这7条选项，基本涵盖了与学校教学有关的各项工作，只要完成其中的两项，就达到了第二条要求的底线。教师们普遍反映这样的条例很接地气，能鼓励教师发挥自己的优势，对教学做出积极的贡献。

为了鼓励在教学、科研、教书育人方面工作成绩卓著、贡献突出的青年教师脱颖而出，条例中还规定了具体的破格条件。

四是严格职称评审的资格。鉴于学校以往职评风气不正的情况，我们将评审纪律明确写到了评审条例中，规定任现职期间，有以下情节之一的，取消当年申报资格：1.受到学校通报批评和处分；2.工作业绩考核不合格；3.伪造学历、学位、奖励证书；4.虚报科研成果或工作成绩；5.被认定为剽窃他人科研成果；6.拉拢或贿赂评委或学科组成员；7.威胁、恐吓评委或学科组成员；8.诽谤、诬告其他候选人。

评审条例还规定对教学评估不合格的教师采取一票否决制。当时，曾有位青年教师，由于在校外兼课较多、校内备课不充分，教学评估不合格，被取消了评审资格，对他促动很大。从2001年起，这位青年教师努力做好本职工作，连续几年教学评估都达到了优秀。

我校此次实行的《评审条例》，在教学和科研方面的要求，在北京地区高校中是持平或偏高的：人文社科类与中国人民大学基本持平；理工类与北京工业大学基本持平，这两类学科都高于首都师范大学同类学科的标准；艺术类三个学科都远高于其他同类院校。这对提高我校教师教学质量和科研能力起到了前瞻性的指导作用。

五是严格职称评审程序。在制定《评审条例》的同时，制定了《中央民族大学评审组织条例》。《评审条例》是对申报人的要求，《组织条例》则是对评审组织和评审程序的要求。确立了公开、公平、公正的评审原则，明确了院、校两级评审组织的职能、责任和评审程序。具体做法：1.本人向所在院系提出申请，提交与评审有关的材料。2.院系评审小组进行审议。3.校学科评审组评审，具体分为：专家审阅材料；申请人述职、答辩；对申请人的教学科研水平进行评价；4.校评审委员会评审。

院系要负责按评审条件的规定，逐一审核申请人的材料，要分别到教务处师资科、科研处科研科核实、认定教学时数和科研成果，双方经办人要在核实结果上签字；请同行专家为申请人的代表作做鉴定，同行专家中至少需有一位是校外专家。申请人的材料完全合格之后，组织申请人在院系评审小组述职，评审小组进行评议。评审小组成员由院系党政一把手和教授们组成，要对申请人进行教书育人、教学、科研全面考核。评议通过后，院系将申请人材料报送到校学科组。

在上述四个环节中，院系评议和校学科组评审是关键。校学科组主要是依据院系提供的申请人材料、同行专家的鉴定、申请人在校学科组的述职和答辩等方面的情况，对申请人的教学水平和科研能力进行综合评价，仅仅满足数量要求而质量较差的人员是不能过关的。对评审中有争议或出现的疑难问题，由学科组长及时汇报给校职改领导小组进行讨论，集体做出决定，以避免不同学科处理类似问题的标准不一致。并把对这些新出现的问题的处理决定写进关于评审条例的补充说明中，作为今后新增加的一条规定，保证评审条例的连续性和逐步完备性。

学校职改领导小组对校学科组的评审非常重视，基本是全天候接待，随时听取汇报，任何时候出现问题都能及时研究，得到稳妥的解决。学校在职评工作的时间安排上，尽量拉开学科组评审与评委会评审之间的间隔，有意让学科组的专家有足够的时间，鉴定申请人提交的材料，对出现的问题进行充分的讨论，并把投票放到学科评审规定的最后一天，这样各学科出现的问题，就能在职改领导小组得到解决。这一沉淀过程，避免了操之过急，出现不好挽回的漏洞。评审工作一旦结束，马上对获通过的申请人员进行为期一周的公示。

2000年我校评出教授16人，平均年龄47岁；副教授15人，平均年龄39岁。值得高兴的是，上报北京市教委的16名教授，百分之百获得通过。这是历年来上报通过率最高的一年，得到了国家民委、北京市教委对我校职称改革工作的肯定。实行了这套比较全面的职称评审条例之后，各级评审井然有序，公开透明。校学科组的评审就在校内进行，整个评审过程无一人告状。市教委主管职称的同志开玩笑地说："没有民大的同志来访，我们可以缩编了。"

乘着2000年职称评审顺利的"东风"，我们一鼓作气，2001年向教育部申请并得到批准，获得了民族学、历史学、中国少数民族语言文学三个学科的教授、副教授终审权。以前，我校这三个学科在市教委只有学科评议权，没有终审权。但由于多年职称评审中乱象不断，北京市教委曾一度把我校这三个学科的上报人员又分发到市级相近学科组进行再次评审，等于实际收回了我校这三个学科的评议权。接着，2002年北京市教委又批准了我校哲学与宗教学、经济学两个学科的教授、副教授终审权及数学、法学两个学科的副教授终审权。这样，不同学科专业的职称基本得到涵盖，各专业人员能对号入座，找到自己的职评标准和尺度，有了努力的方向，使学校职称评审工作向着健康有序的方向发展。

六是加强对职称评审工作的监督。为了保证职称评审工作公开、公正、公平，我们首先成立了职称评审监督工作小组，由党委副书记兼纪检书记担任组长，成员有纪监委副主任、各院系的纪委委员。

（1）全程监督，实行“五个严”，即严格评委选拔条件、严格职称申报程序、严格资格审查环节、严格投票过程、严格抽查制度。（2）投票结果当场唱票，立即公示。（3）学校实行评审工作“三个结合”，校内专家和校外专家相结合，领导成员评委与教授专家评委相结合，老年评委和中青年评委相结合。

从我校职称评审这件事来看，要使职称评审工作制度化、规范化、长效化，我有几点体会供大家共勉。

一是制度管人是职称评审工作的根本保障。制度一般指要求大家共同遵守的办事规程或行为准则。没有规矩，不成方圆。一个社会组织、一个单位、一所学校有自己的制度，这个制度就是大家知道做什么、怎么做、怎么做好，哪些事能做、哪些事不能做。我们在职称评审中制定了《中央民族大学申报教师职务基本条件的暂行规定》和44个附件，明确了每个申报职称的人都得按章办事，明确了具备什么条件才能申报副教授、申报正教授，这样就有了共同遵守的规矩，有了风清气正的良好氛围。从学校职称评审的实践来看，制度管人是十分重要的。其一，制度具有指导性和约束性。制度对一个单位的相关人员能做什么事、不能做什么事、如何做事都有一定的提示和指导，同时也明确了相关人员做什么得到表扬、违背了规定受到什么样的惩罚，具有相应的约束力。其二，制度具有规范性和程序性。制度对实现工作程序的规范化、单位中各类人员岗位职责的规范化、管理过程中实施方法的科学化起到了重大作用。制定制度必须以国家相关法律、法规、政策为依据。制度本身要有程序性，为大家的工作和活动提供应当遵循的依据。其三，制度具有惩罚性和激励性。我校申报职称条件规定8种情况取消当年的申报资格，其中有一条就可以否决，如威胁、恐吓评委或学科组成员，违反了就可以取消其当年的申报资格，这就是制度的惩罚性。另外，又规定了破格条件，支持和激励优秀教师脱颖而出。用制度管人管事尤为重要，它起着根本性、长远性作用。

二是以德管人是职称评审的良心保障。一个有道德的人首先是一个有良心的人，他会带着良心、带着责任、带着感情去做事。一个有道德的人会树立正气，打击歪风邪气，如果是一位教师，他就会为人师表，爱岗敬业，教书育人，他就会崇尚科学精神、法治精神、民主精神，他就会把自己的力量贡献给祖国，奉献给学校，奉献给社会，奉献给学生。不言而喻，大家都做好人，做好事，职称评审过程中的歪门邪道自然会消失，学校的正能量就会上升。那么如何以德管人呢？要进行道德建设，其一，开展三大活动，即大宣传、大动员、大参与。大宣传就是宣传我校开展的道德建设活动，在网上、宣传栏、校报及各种报刊上进行广泛的宣传，让每一位老师、学生都知道学校在开展道德建设的重大意义、指导思想、原则、主要任务、基本要求。大动员，可以分类进行，比如全体学生干部、全体老师、全体学生，让大家都知道，自觉地投身到道德建设的行列中来。大参与就是说不是一个人、少数人，而是全校师生员工共同参与。其二，实施四个工程。结合道德教育开展礼仪工程、诚信工程、和睦工程、爱心工程。其三，分内容、分层次，突出道德建设的重点，可分为三大类，党员领导干部、教职工、学生，每类工作重点都不一样。领导干部要求别人做的自己首先做到，要求别人不做的自己首先不做。其身正不令而行，其身不正虽令不从。每个层次的重点都不一样，老师要提倡爱岗敬业，教学要好，科研要专；学生要遵纪守法，勤奋读书。其四，要着力三个创新。创新思维，思维要跟上形势；创新机制，机制要有保障，学风、教风、校风建设要有制度保障；方式上要创新，如文化名人进校园，企业家进校园，校友回校园，院士进校园，开展大学生学术论坛、博士讲坛等，围绕主题逐步开展。其五，加强领导，明确要求。道德建设能否搞好，关键在于领导，关键在各处室，学院的书记、院长要高度重视。体现在“五个重”，即重在实际行动、重在效果、重在领导以身作则、重在内心世界的变化、重在实事求是、坚持到底。

三是以法管人是职称评审工作的长效保障。学校不严明纪律就会产生职称评审上的“五种歪风”，就会产生“有法不依，执法不严，违法不究”的现象，就会出现混乱局面。因此，我们必须严格执行学校的各种规章制度和管理制度。制度是要大家共同遵守、共同执行的。当然，领导带头是关键，领导秉公办事，不徇私情，执法严明，正气才能上升，歪风邪气才能被压下去，事情才能办好。领导的示范作用，必定能得到广大教职工的拥护和支持，影响和带动广大教职员工严格遵纪守法，严格执行校纪校规，职称评审工作才能有序而富有成效地展开，职称评审中存在的各种歪风定会荡然无存，法制管人的长效机制彰显成效。其一，广大师生员工要牢固树立依法治校、依法管人的思想。随着科教兴国战略的实施和依法治国方略的确立，依法治校、依法管人已成为党和政府管理教育的基本方针，依法管人作为依法治校的重要组成部分，将成为未来管理的必然选择。无论是学校内部管理，如教职员工职称评审过程的管理、学生教育过程的管理，还是学校外部管理，法治都将发挥重要的作用。目前，学校作为最基本的教育主体担负着教育发展的重任，学校能否发挥应有的作用，很大程度上取决于学校的管理理念和管理方式。所谓以法管人就是学校以国家法律、法规、规章和文件规定为根据，完善内部各项管理纪律，使学校各项管理都做到有章可循，有法可依，这就需要学校的领导、教职员工人人都树立以法管人的法治思想。其二，学校全体教职员工、学生都要学法、懂法、用法，营造一个浓厚的以法治校、以法管人的良好氛围，人人都明白学法干什么、用法做什么的道理。从我做起，从自身做起，为维护国家宪法、法律、法规的尊严，建设法治社会、法治政府、法治国家做出应有的贡献。其三，学校要自觉接受教育行政主管部门依法治校、以法管人的监督。学校应当依据法律、法规、规章制度进行教育教学活动，依法维护教职员工、学生的合法权益。如在职称评审过程中出现的各种歪风，如随意对校领导、评委进行谩骂、指责、干扰，甚至恐吓、威胁等，这些都侵害了人身的合法权益，教育行政主管部门有权监督学校捍卫法律尊严，严惩不法分子，依法保护师生员工的合法权益，发挥以法管人的震慑作用。

办法总比困难多　竭尽全力争取办学经费

2000年1月，我上任伊始，对中央民族大学校现状做过一个调研，学校面临的困难、问题和矛盾十分严峻。从20世纪90年代开始，学校学生规模一直保持在4500人左右，其中本科生在3500人左右，加上成教学生也不过6000多人。学生少，学校的收入来源就少，学校发展缓慢，自身创收能力较差，学杂费收入只有2000多万元。而财政拨付的教育事业费连人员经费开支都不够。2000年的时候，国家对学校维持基本运转的经费拨款为4342万元，而学校的人员经费开支为4515万元。学校能用于教学、科研方面的资金十分有限，许多该办的事情办不了，教职工福利待遇与周围学校相比也比较低，学校的教学、行政用房、学生宿舍严重不足，生均教学仪器设备值大大低于国家教委规定的标准，基础设施严重老化，办学经费严重不足。

面对学校存在的经费困难，我首先想到的是一定要扩大招生规模，学生人数不增加，办学规模就扩大不了，学校就无法发展，一定要在办学规模上有新的突破。为了改变这种被动的局面，大家深挖潜力，经过与教育部、国家民委多方沟通，2001年的学校招生规模突破了多年来徘徊不前的局面，达到了历史最高点，招生总数比2000年净增了908人，其中研究生净增83人，本专科生净增604人，成人教育学院招收学生净增了221人。之后的2002年、2003年、2004年学生人数均有大幅度增加，到2004年年末，学生人数已超过万2，其中：本专科生9715人，硕士研究生1027人，博士研究生315人，干训生148人，预科生383人，函授夜大生8570人，比2000年时翻一番还要多。办学规模扩大了，学校的学杂费收入自然也就增加了。2000年时，学校每年学费住宿费收入只有2400多万，随着招生规模的扩大，到2004年，学校学费住宿费收入已达1.2亿元，增长了约5倍。

在近20年的时间里，国家对学校的投入基本上是按常规运作，没有特殊投入，学校的办学经费已达捉襟见肘的地步。因此，在扩大招生规模的同时，我们想到，一定要多争取国家对民大的投入，对民大的拨款要适当倾斜，给予重点支持，要把学校的重点工程纳入国家专项建设中。2001年6月，是学校建校50周年，朱镕基总理在校庆期间视察了学校，提出建设“世界一流民族大学”的奋斗目标，借此机会，我和学校领导班子做了大量的工作，积极主动地向上级有关部门反映情况，协调上级部门和财政部门，积极反映支持学校事业发展的具体资金需求情况，认真组织项目论证，积极联系财税物价部门，采用座谈、汇报等方式，让这些行政部门了解民大、理解民大，取得了有关部委的极大支持和帮助。学校的基本建设进程取得了重大突破，国家批准了学校“十五”规划改扩建方案，批准在“十五”期间投资5.1亿元建设资金，用于学校的图书馆大楼、文科大楼、理科大楼、百旺山西山校区中央民族管理干部学院的基地建设和校园的基础设施建设。同时，财政部修购专项资金拨款也大幅度增加，2000年时，财政部给学校的修购专项资金拨款只有1400万元，2004年修购专项拨款达10300万元。通过争取大量的财政资金，学校先后完成了学生食堂的改造，新建了研究生宿舍楼、图书馆，对老图书馆进行了维修改造，新建了通信工程实验室、多媒体与语音教室等。学校的基础设施环境得到了极大改善，校园环境焕然一新。

除了争取国家的修购专项和基本建设资金拨款外，我们还积极争取国家民委、教育部和北京市“三家”共建，2002年6月21日，在民委多功能厅，国家民委、教育部、北京市签订了三家共建协议。这一协议的签订，标志着学校在21世纪进入了一个新的发展时期。通过该协议，北京市承诺每年给学校拨1500万元的专款用于解决困难学生的助学金问题，并且将西校门道路改造问题纳入北京市建设予以解决。

为了争取更多的资金，我积极落实“211工程”第二期项目，争取在“211工程”二期建设总经费中占有较大份额。2002年在校内先组织了专家对“211工程”“九五”期间建设项目进行了验收，对存在的问题进行了分析整改。2002年10月，学校“211工程”“十五”期间建设项目可行性研究报告通过了专家的论证审核，在“十五”期间共争取到国家发改委和财政部中央专项资金5000万元。2004年，经过多方努力，学校终于进入了“985工程”一流大学建设行列，当年就得到“985工程”专项资金2000多万元，学校的办学经费不足问题得到了极大的缓解。

在争取国家各种经费支持的同时，我提出“生财有道、聚财有门、理财有方、用财有效”，在学校范围内有效组织竞聘上岗、裁减冗员、下岗分流的政策，节约人员开支，向管理要效益。要求财务利用合理合法合规的手段节约开支，在保证学校正常资金用量的前提下，调整暂时沉淀的资金存款形式，最大限度地使其增值，增加收入近200万元。另外，要求财务和审计严格审核开支项目内容和标准，如认真甄别西围墙住宅项目垫支费用项目，多次与建筑公司谈判，核减费用开支40多万。现在看来，增收几百万、节约几十万都不算什么大资金，但是在当时却是一笔了不起的资金，对学校的发展发挥了很大的作用。

总之，千方百计、百计千方地拓展筹资渠道，为学校建设和发展争取和筹措资金的艰难经历让我记忆犹新，体会深刻：

（一）勤汇报，争取上级的支持。勤跑上级主管部门汇报工作，让领导多了解、理解和支持学校的建设和发展。一个新领导到一个新的单位，特别是异地调任新岗位，工作上是一张白纸，因此，既有有利的条件，也有不利的条件，把握好机遇和挑战就是有利，把握不好都是不利条件。这时候就需要认真分析形势，因势而动，多去汇报，让主管领导有足够的时间了解你及你担任领导的那个单位，把从不熟悉到熟悉的转变变成支持你工作的动力。我到中央民族大学上任的时候，比较重视汇报工作，包括向主管领导、主要领导、主管部门的汇报，让他们知道我们单位存在的困难和问题，知道我们需要主管部门帮助解决什么问题。

研究和吃透政策，争取政策支持。我到学校工作后，感觉民族大学最大的短板是办学经费严重不足。钱不是万能的，没有钱也是万万不能的。学校的支出主要是三个方面，基本维持费、学杂费、教职工人员经费，三项相加一个亿左右。当家难为无米之炊，看得见的经费就是这些了，那就从看不见的又拿得到的政策中寻找新路子。当时我组织财务处的同志认真学习高等教育的政策、民族教育的政策、民族地区的政策以及边疆地区、贫困地区、革命老区的政策，还有其他教育政策，从学习政策到研究政策到运用政策，争取经费。结果找到了两块相对固定的收入：民族预科教育可以提高生均拨款标准，这一块有上千万元；属地关系北京市每年可以补助困难学生1500万元，两项相加3000多万元。积少成多，我们慢慢会扩大经费的来源了。

多跑、了解和掌握信息，争取项目支持。国家发改委、财政部、教育部有许多横向项目经费，只是原来我们不了解而已。我经常跑这些部门，了解他们在哪些项目上能支持我校的建设和发展。一是我校50周年大庆，朱镕基总理支持，拨给民族大学建设项目资金5.1亿元。二是各部门的项目经费。我们跑多了，跑熟了，跑对了，自然了解和掌握的信息就多，获得的项目支持就多，有财政部专项中央资金5000万元，教育部专项经费下拨2000多万元，"211工程"第二期经费2000多万元，"985工程"又多了2000多万元。此外，还有教学和科研专项经费以及对口支援民族地区的专项经费。三是争取民委、校友的项目支持资金2000多万元。这三项经费有六个亿以上。短短几年，我们争取到了一大笔资金，为我校的建设和发展做出了重大贡献。

开展互助支持活动。平时我经常带着有关处室到国家发改委，财政部、教育部去走动，建立起良好的沟通关系，也向他们提供我们的招生信息，包括博士、硕士、学士、预科生的招生。人走动多了就有了感情，一有什么好的项目支持，符合政策的，他们就报信息给我们，结果又得到项目经费。平时也请他们来指导我们三个艺术学院的汇报演出。总之，保持联系，建立感情，互相帮助，争取得到更多的经费支持。

把握方向出重招　关键时刻做决断

2001年是中央民族大学扩大招生的第二年，本科招生由原来3000人的规模扩大到6000多人，翻了一番。马上就面临一个严重问题，学生的住宿如何解决？当然许多学校都存在着这个问题，中央民族大学更加严重，因为很多年都没有建学生宿舍了。刚好，为了解决北京高校大学生的住宿问题，北京市教委专门在河北和北京交界的廊坊建了大学城，许多大学都想把一年级大学生搬到这里住宿。新建的大学校区硬件条件还是比较好的，公共基础设施、图书馆、体育活动中心、文理工科的实验室、公共食堂、游泳池等硬件都有了，但软件上不去，周围也缺少文化教育的环境氛围，周边还都是农田。

我听到北京市教委的安排以后，开始亲自带着校办、党办、学生工作处、后勤处负责人到市教委了解情况，听取市教委关于安排各高校进驻廊坊大学城的意见：第一批进入的有中央民族大学、北京理工大学、北京工商大学、首都师范大学，后面将有许多高校陆陆续续进驻。2001年4月3日在市教委开会回来后，我们校党委、行政领导专门召开了专题会议，讨论和布置了去廊坊办学的工作方案。大家基本同意去廊方办学，并成立专门机构，即中央民族大学关于在廊坊大学城办学的工作领导小组，由严玉明副校长牵头，校办、学生工作处、后勤管理处、各院系的负责人参加。机构成立之后，我又带上一班人亲自到廊坊大学城实地考察，到2001年4月底我们先后考察了三次，从大学城的基础设施和基本建设到学生宿舍，从学生食堂到体育中心、公共图书馆、周边环境、治安条件，伙食包括清真灶到汉灶的安排等都进行深入仔细的调研。百闻不如一见。4月底考察那一次回到学校后，我又布置做好大学生进驻的工作方案，这个方案包括管理人员的安排、老师上课的安排、临时住宿、交通车辆、吃饭问题、学生活动都做好准备，先后在教授、副教授代表、行政管理人员代表、班主任代表、青年教师代表座谈会上讨论了五次，修改工作方案3次，方案应该是比较具体可行了。在这个基础上又提交校委会讨论通过。为了确保不出问题，我又认真深入斟酌这个工作方案，可行还是不可行？利弊如何？好在哪里？不足、不可预见的问题、困难有哪些呢？公共突发事件可能出现的问题、意外事故等，我都认真地一次又一次深入研究。最后，终于得出了结论。5月3日，召开最后一次校领导专题会议，专门研究这个方案，参加的人员扩大了范围，有校领导、各处室、各院系的负责人参加。我主持会议，开门见山讲了几点意见。

我们中央民族大学要不要去廊坊大学城办学？大家提出了不少意见，集中起来主要是两种意见，去和不去。我们能不能去廊坊大学城办学，好处在哪里、不足之处在哪里？在廊坊大学城办学可能会出现的问题和困难是什么？我们还有没有替代到廊坊大学城办学的可行方案？最后综合大家的意见，意见比较统一，一致同意到廊坊大学城办学。在这种情况下要我这个“班长”下决心了，是赞成大家这个方案还是否定这个方案？赞成，就是顺着大家的意见走下去，皆大欢喜；否定，一定要拿出具体的方案、摆出翔实的理由，以理服人。当断不断，必受其乱。作为一校之长，法人代表，我郑重宣布，中央民族大学不能去廊坊大学城办学！与会的同志大吃一惊，你望我，我望你，非常惊讶。我心里也嘀咕，要把大家的观点扳过来是不容易的，一人对三十人呢！如何统一思想？我看了看大家，非常冷静地说了我的观点：（一）中央民族大学各族学生的心理状况和实际情况不宜于到廊坊办学。我们学校75%的学生是少数民族学生，预科生100%是少数民族学生，相当多的人都是从农村来的，他们怀着对伟大祖国首都北京的崇敬，来到我校读书。在地方生活过的同志都知道，有在北京工作和学习的经历，本身就是一种自豪。同学们在学习之余，也想到首都北京看一看、玩一玩、走一走，但到了廊坊，自豪感没有了，什么都看不到。没有实现自己的愿望，回家时，同学问起北京城市如何，也难以回答，造成心理落差，甚至个别学生不想断续读书，这样就难做他们的思想教育工作了。因此，为防止产生这个问题，就让他们留在海淀区魏公村吧。（二）老师上下班来回坐大巴交通成本高，路途远，行车不便。花在路上的时间正常要3—4个小时，堵车时就要花5—6个小时，一天都花费在路上，老师也会有怨倦情绪。首先是经济成本不划算，还有精神成本、时间成本都不合算，这个方案老师也难以通过。硬压下去也可以执行一段时间，但是时间长了老师也会反对的，现在能修正，就不要等到将来了。（三）管理人员跟班和学生一起在廊坊大学城住宿，由于离城区比较远，来回也不方便。他们也想回家，但工作需要，他们又回不了，就会出现不安定情绪，学生工作也难以做深做细做好。（四）廊坊大学城周围缺乏文化教育氛围，更没有大学校园氛围，公共设施也不够，图书馆存书量不够，远远达不到学生的学习要求，没有什么文艺演出，也极少放映电影，学生会感到寂寞，不能安心学习。（五）民大学生当中有一部分是伊斯兰民族，必须有清真灶，但那里的清真灶不够。当然这一点可以改进，可以及时跟进了解，尽量解决学生生活不便的问题。（六）我们制定了一个替代的工作方案。这个方案就是中央民族大学2001届大学生住宿安排方案，可以把以上提出的问题都解决好。什么方案呢？就是把大一学生安排在我们附中的新学生楼里。仔细一算，新学生楼的床位安排了一年级今年新生之后，还有点空位。再过一年，我们学校的大学生、研究生学生综合楼都建好了，吃住行都在学校里，我们的学生统统都可以在北京校区生活学习。最后，大家同意了我的意见，大一新生全部安排在附中新学生楼。我们又采取了增加座位、延长开放学习时间等措施，解决了图书馆座位不够等问题，经过实践比较，利弊分析，现实和未来的结合，不去大学城办学要好得多。

在关键时刻做出决策，要有足够的政治勇气和政治定力，要有远大的战略眼光，具有宏大胸怀，有敢于担当的精神，正确处理好舍和得的关系，鱼和熊掌不可兼得。一方面，参会者都是校领导、处室、院系的主要领导，否定他们的意见是不容易的，果断决策是不容易的。另一方面，相信他们还是服从真理的。要有挺身而出、力排众议的信心和决心，说之有理，论之有据，力挽狂澜，最后让大家统一意见。后来有一些学校搬回来了，没有进去的学校后来也再没有入驻。

在这个过程中，我有几个体会：（一）做出决策之前要深入调查研究，掌握第一手资料和实际情况。决策前提要充分，要开多个座谈会，多听大家的意见，尤其是一线教职员工的意见，他们直接面对学生，直接接触学生，他们懂得学生的心理特点、学习情况、学生的爱好，只有充分了解和掌握学生的实际情况，做出决策才是正确的。（二）要决断不要优柔寡断。作为一个领导，要有主见不要主观，多听意见是对的。广泛听取各方面的意见，特别是与自己意见相左的或不同的意见，都要听，正确的话要听，错误的话要听，结合各种不同的声音做出决策。相同的意见要吸纳，整理充实自己的决策理由，在民主基础上实行集中，在集中指导下实行民主，最后形成决议。意见统一之后，议而要决，决而要行，行而有果，一旦形成集体决定，就要坚决执行，果断采取措施，绝对不能含糊，绝不能议而不决，决而不行。（三）要做好决策的备选方案。对某件事情的决策方案要有2—3个备选方案，要有主选和备选方案，一个方案行就用一个方案，一个方案不行就用第二个方案，二方案不行就用三方案，或者三个方案结合汇总，融合成更系统的方案。这样在决策中就能有正确的完善的方案，工作中就会主动得多，回旋余地也会大得多，选择最优的方案也灵活得多，领导在决策中也能掌握主动权。（四）还要做好决策后的跟进工作。主要要有执行措施，落实人员责任，机构责任，领导责任。排好时间表，画好线路图，还有检查、督促措施，整个过程都要有跟进检查的标准，检查的要求，检查结果的评估。还有总结措施，做每一件事情都要善于总结经验，吸取教训，看一看哪些经验值得总结，有哪些经验值得推广，值得学习和借鉴，善于对自己的工作进行总结就是进步的表现。

高校行政决策是这样，党政机关、军事打仗也如此，道理上一通则百通。比如在1935年3月10日红军在长征途中，要不要攻打打鼓新场的问题，前委的同志意见不一致，其他领导同志尤其是当时在一线指挥战斗的林彪和彭德怀也主张攻打打鼓新场，毛泽东一人反对攻打打鼓新场，当晚周恩来、朱德看到了我军截获国军的机要文件，醒悟到如果攻打打鼓新场，将会导致我军失败，第二天前委重新开会，由毛泽东同志阐明不能攻打打鼓新场的理由，在这种情况下，毛泽东力挽狂澜，排除万难做出不攻打打鼓新场的决断，得到大家的同意。最后实践证明，毛泽东力排众议、独自做出的决策是正确的。我们在领导岗位上，不论是做什么工作，当真理掌握在自己的手中时，都要有果断的决策，在关键时刻，要敢于挺身而出，在生死关头要有敢于冲锋陷阵、勇于负责的精神，要有力挽狂澜的勇气，坚定不移的政治定力，敢于奋勇向前的气势。事实证明，独自掌握真理做出决断是不容易的，这就需要平常加强学习，多读一点书，掌握基本原则、基本原理、基本知识，有了正确的理论武装头脑，在马克思主义理论的指导下，运用马克思主义的立场、观点、方法分析问题和解决问题，加强实践磨炼，认真总结实战经验，就能以无往不胜的精神去战胜一切困难，就能去战斗，夺取一个又一个胜利。

规范管理　三处会审　核准支付工程款

管理混乱是我到任中央民族大学后的突出感受，学校管理分工和职责不清，议事规则和办事程序不规范，管理环节存在严重漏洞。由于学校基本办学条件建设缺乏总体规划，项目建设随意性较大，一些项目前期论证不充分，导致决策失误，同时由于缺乏有效的监督机制，曾经出现修缮基建项目盲目上马，拖欠大额工程款、甚至项目停建下马的情况，严重影响了学校建设和发展进程。

为了扭转这种项目管理和财务管理混乱、无谓消耗学校有限资源的不利局面，切实将资金用到刀刃上，发挥基本办学条件建设应有的作用，有力推进学校教育事业的发展，我在调研的基础上进行了深入的分析和思考。问题的症结在什么地方，如何才能有效地控制项目建设，如何才能提升资金的使用效率，这些问题时刻萦绕在我的脑海之中。只有解决了这些问题，才能理顺学校项目建设中的关系，将学校各部门从内耗中解脱出来，集中精力全心全意为学校发展贡献力量。

调研发现，基建进度付款和结算付款管理上的混乱源于职责不明，缺乏办事程序和规范，财务监管不力。要想解决这些问题，就需要从制度上规范行为，在管理上强化责任。首先要建立科学的决策机制和运行机制，健全包括咨询、审议、决策、执行、监督、反馈等环节在内的管理体系，使学校的重大决策更加民主化、科学化、法制化，执行上更加高效化和规范化。这不仅需要有良好的制度和管理体系，还需要提高学校各职能部门的管理能力，充分发挥各部门的积极性，各司其职。我常常对下属们说，要管好自己的人，看好自己的门，办好自己的事。

于是，我将规范基建付款的立足点落在明确责任之上，将其中的责任落实到具体部门、具体责任人，并且在付款程序和手续中得到体现。基建付款的依据必须合法、合规、合理、明确，能够完整地反映基建活动的轨迹和工程款的核算过程，确保基建付款的客观公正。2001年支持制定并出台了《中央民族大学关于加强基本建设财务管理的暂行规定》，规范了基建财务管理。

一是把住资金关口，完善财务管理体制。将原独立核算的基建财务收归校财务处，明确财务处为基本建设财务管理的职能部门，基本建设资金纳入学校统一核算。同时，将资金支付关口前移，其他职能部门制定的有关基本建设管理的文件、办法，凡涉及财务收支或与财务工作有关的，必须经财务处会签，未经会签，财务处不予执行。

二是把好合同审核关，实行“三处会审”制。工程项目招标结束确定中标单位后，进入合同联审环节。先由基建处负责合同初审，根据招标文件和施工图纸需要对合同进行审核，包括工程名称、施工单位、工程规模、工程内容、施工图纸、付款方式、进度要求、进度付款、质量要求、现场安全管理、协调三通一平、保修期限、工程资料移交、洽商要求、附件资料等合同全部内容都要进行初审。

财务处负责依照基建财务管理规定，审核付款条款。包括：合同单位与中标单位的一致性、合同单位银行开户名称、银行账号、合同价款金额、工程款支付方式、工程预付款及进度款支付约定、工程结算的约定、质量保证金和保函条款等。

审计处立足于经济监督审计职能，对合同文本中与经济指标有关联的相应条款予以确认。包括：项目内容的实际确认、计价体系的约定、暂估材料价格的价差调整、变更洽商计入结算的相关约定、审计费扣除的合同约定、下浮或让利率的合同约定、项目执行使用水电、租房的费用结算办法、工期延误的罚款规定、文明安全违规的罚款规定、清标工作中基础性分析和整理形成的不平衡报价价差的扣除规定、竣工文件及竣工图纸的编制费承担约定、检验试验及联动调试费用的承担约定、其他违规情形的处罚约定等。

三是明确分工，依法履职，各负其责。基建处是基建工程的组织实施部门，负责工程项目的立项、实施和竣工验收工作。基建处根据学校发展需要和教学工作需求，进行调研和可行性研究，提出基建项目，并报学校进行审批，重大基建项目还需报请国家民委和国家发改委批复立项。项目获批立项后，由基建处组织设计工作，按投资概算选择招标方式组织招标，在招标完成基础上报合同联审。并组织施工单位及时入场施工，会同监理公司对工程质量进行监控，协调施工中出现的问题，对工程中的变更洽商需求及时汇报请示。工程完工后，需基建处组织相关部门进行竣工验收，并准备相关资料提请审计处进行竣工结算审计。

审计处在基建管理中起经济监督作用，在合同联审、工程造价、进度款审计、结算款审计等环节发挥着不可替代的作用。审计工作不仅是事后监督，还需要进行跟踪审计，在合同联审过程中需要对合同文本中与经济指标有关联的相应条款予以确认，并且进行工程造价审核。在工程付款时，必须经由审计处提出审计意见，无论是进度款还是结算款，都必须以审计处的审计意见或审计报告为付款依据，确保付款金额的合理性。

财务处是基建付款最重要的监管环节，财务处不仅要把好资金关，坚守最后关口，还需要将关口和监督前移，在基建项目申报、合同联审过程中都需要发挥作用、提出自己的意见，其中违反相关财经法规和预算安排的，财务处有权拒绝执行。在支付工程款时，财务处需要对发票、合同、相关支撑材料进行认真审核，根据预算安排确定资金来源和支付方式，做好资金支付工作。

四是规范和细化工作规程，严格付款审核、堵塞漏洞。各部门必须严格按照以下程序进行相关业务：（一）按合同约定的条款支付款项，在工程建设过程中，每笔款项开支都必须有主管校领导、基建管理部门、审计部门和监理公司签署意见的报告等资料，经财务处主管基建财务的负责人核实后方可支出。一般情况下，累计预付工程款和进度款不超过70%。（二）对已完工工程，由学校工程预算审核人员进行审核，对大部分财政拨款、国债投资项目资金及资金量大的自筹项目送会计师事务所进行审计，一审后征询学校审计和财务部门意见，考虑是否需要与施工单位见面或要求审计单位进行重新核实。（三）工程款的最终结算，必须提供质量验收合格材料、审计后双方认可的决算书，由施工方提供基建管理部门确认的各种档案资料和主管校领导的批示。

与此同时，财务处严格审核支付依据和材料，基建付款材料必须能够如实地反应项目实施的全过程、工程款核算的全过程、具体责任部门和责任人。在工程款支付请款单上必须列明付款项目（预付款、进度款或者结算款）、项目名称、合同价、工程审定价、已付工程款、本次付款金额、工程地点、建设单位及负责人、设计单位及负责人、施工单位及负责人、监理单位及负责人、审计单位及负责人、接收单位及负责人、开工日期、竣工日期、验收日期、工程质量保证金、工程档案保证金、付款依据、工程管理部门意见、财务处审核意见、校领导意见等要素，将该项工程付款的主要要素列明，使之一目了然。同时，工程款请款单后附的支撑材料必须完整，预付款申请单需要后附发票、合同、立项资料；进度款申请单需要后附发票、合同、进度款审计意见和审计报告；结算款申请单需要后附发票、合同、竣工验收单、竣工结算审计意见和审计报告；设计费和监理费付款参照工程款付款手续和资料。

不仅需要做好基建工程管理和完善基建付款管理，还需要做好基建档案管理工作，各部门需要将工程项目全过程的相关资料进行归档，妥善保存管理。财务处留存的支付资料不仅明确了项目的基本情况、责任部门和责任人，支撑材料记录该工程项目的立项、实施、验收、结算痕迹，还为进一步追溯提供指引和目录。项目的详细资料保存在相关部门，留待日后备查，可以通过这些资料追溯还原工程项目的实施情况，是日后复查的重要依据。

通过对合同联审和工程款支付程序的规范，形成职能部门间的良好工作衔接，完善了工程管理和监督，从而保证了学校资金安全和有效运行。

善于发现机遇　利用机遇　抓住机遇
创造机遇　人生定能走向成功

我是从1973年7月知识青年上山下乡的时候开始计算工龄，至今已有45年的历史。在这段人生经历中，经历了风风雨雨，爬坡过坎，辛酸苦辣，也经历了顺顺利利，春风得意。人生的链条始终不断，意气风发，朝前迈进！这个链条的扣子是什么呢？就是“机遇”二字。发现机遇，利用机遇，抓住机遇，创造机遇，把这四个环节的文章做好了，做足了，定能走向成功。

一、发现机遇是走向成功的基础

1973年7月，我作为上山下乡的知识青年，到靖西县化峒公社力行大队知识青年农场劳动锻炼，接受贫下中农的再教育。当时我只有17岁，第一次离开家门，离开父母兄弟，家务事、农活都不会做，什么事都得从头做起。农场知青总共20人，由两部分组成：一部分是靖西县城来的，有18人；从化峒镇来的知识青年只有我和另外一位。力行大队派一名老党员、老农民、老生产队长高尚雄同志担任我们知识青年农场的队长。大队指定我协助他，担任知青农场副队长。

知青接受再教育，学什么呢？一是学习和掌握农活基本常识。要学会犁田耙田，放牛吃草，进栏喂牛；种植农作物，主要种玉米、稻谷、高粱、三角麦、红薯、木薯。当时稻谷产量都很低，每亩产量200—300斤。自己种的粮食，还不能养活自己，每月都要跑回家，父母从他们的口粮中匀一些资助我们。也学习种蔬菜，种白萝卜、南瓜、黄瓜、大白菜、卷心菜、芥蓝头等。每天三顿饭：早饭一个煮红薯加一个玉米棒；中午煮一锅主食，或玉米饭、或南瓜饭、或大米饭，分中、晚两次吃；菜就是一个，大白菜或萝卜干，或者姜丝拌盐。每天劳动分两段进行，早上9点到12点，下午3点到6点，劳动6个小时。二是学习政治理论，学习毛主席的最高指示，念报纸，每天出去劳动之前都要集中学上半个小时，背毛主席语录，让毛主席语录深入人心，落实到行动上。除集体安排的学习时间外，其他时间由自己支配，我当时就选择看名人传记，主要是马克思、恩格斯、列宁、斯大林、毛泽东还有其他所有能找得到的传记和其他书籍。这些书籍都是到公社图书馆借阅。我还选择看了大学的教科书，有清华大学化工系的、北京师范大学历史系的和北京大学数学系的教材。当时虽然看大学教材，但对大学是茫然一片，不知道大学的功能是什么？只是想扩大自己的知识面罢了。还有一个知青平时也比较喜欢看书；其他知青有的下象棋，有的打扑克，有的钓鱼，有的去走村串寨，各自都有自己的安排。经过一段时间的劳动，多数知识青年都学会了干农活，种农作物，种蔬菜。我学到的农活、种养技术比他们要多一些。我们自己也养鸡养鸭养猪，但数量都很少，一年只养1—2头猪，到年底杀一头给大家改善生活，另一头趁赶集的那一天杀了，拿猪肉去卖，换些油盐酱醋。鸡鸭也是8只10只，大多是生蛋的母鸡，卖掉鸡蛋换些生活必需品。农场有个不成文的规定，每年都用自己农场养的鸡、鸡蛋来招待外单位来我们农场交流工作的知青，但只能有一次，数量是一只鸡五个蛋。公社、县城管知青工作的领导下到我们知青农场看望大家，需要在我们农场停留个把小时的，就按规定杀鸡炒蛋招待他们。知青每三个月回家一趟，住上一两天，看看父母兄弟姐妹，顺便拿一些生活用品，带上一瓶盐、两瓶萝卜干，回到农场充公，大家一起享用。我常常想怎样才能使生活充实一些，不虚度年华。三是通报会，主要交流知青工作信息。公社每两个月召开一次情况通报会，交流知青工作、劳动、学习、生活的情况。我们公社从1969年就开始有知青了。每年也有少部分回城工作，去工厂当工人，如自行车制造厂、绢纺厂、水泥厂、炼油厂、毛巾厂、食品厂等。有一天我去参加信息通报会，看见在群策村的知青李莉和三友大队的知青刘庆玲坐在一起，拿着大学入学通知书，一个是上北师大的化学专业，一个是上广西师范学院的汉语言文学专业，满脸笑容。我坐在她们后排，看得清清楚楚，好羡慕啊！以前，我根本不知道有保送知青上大学这回事，这大机遇竟在偶然之中被我发现了，心中有说不出的惊喜。知青保送上大学需要具备什么条件？保送的程序如何？需要经过哪一层面的部门批准？会后我马上刘姐姐长李姐姐短地去问。她们俩对我挺友好的，一五一十地和盘托出告诉我，当然是要选拔各方面突出的先进分子。回到农场后，我就认真制定了一个自学、进步计划，并认真付之行动。一是积极创造条件争取加入中国共产党组织，成为一名中共党员。二是认真接受贫下中农再教育，争当知青农民的先进分子。三是为贫下中农做好事，做善事。四是积极写广播稿，每天坚持给公社广播站写新闻稿件，力争每天都有1—2篇发到公社广播并得到采用，每隔1—2天就给县广播站写新闻稿并争取被采用，力保每天被县广播站采稿1篇。五是利用自己的特长和优点为贫下中农做好服务工作。从此以后，我加倍努力。功夫不负有心人，有心者能成事。经过我的努力，终于水到渠成了，在各级党组织的培养和考察下，经力行大队的农文直、高尚雄两位老党员、老农民、老队长的介绍，我于1975年6月光荣地加入中国共产党，成为一名中共党员。这时我感到高兴至极，有说不出的喜悦，难以忘怀。好事连连，1975年7月初，大学的保送招生工作开始了，在党支部的支持和帮助下，我得到大队领导的推荐和公社领导的批准，上报广西区教育厅招生办和学校审批，终于在1975年8月初，我接到了广西民族学院政治系的录取通知书，圆了我的大学梦。这是我们靖西县化峒镇唯一的大学入学通知书，我是化峒公社片区唯一得到机会上大学的知识青年，来之不易啊！这是我的光荣、镇的光荣、公社的光荣。知青们都为我高兴，为我欢呼，我也非常感谢公社领导、大队领导和知青农场的领导对我的关怀和支持。事实证明，善于发现机遇、努力创造条件，是走向成功的基础。

二、利用机遇是走向成功的桥梁

1974年9月，在知青通报会上靖西县知青办李威光主任明确宣布，公社、县、地区、自治区四级知识青年积极分子汇报会将在10—12月内完成汇报推荐工作，9月20日以前完成公社的推荐工作。我向公社知青办毛遂自荐：一是我义务为当地农民看病治病，一年多来治愈的患者有一百多人，多是手脚扭伤或者骨伤；经过我的治疗，基本上能正常生活工作劳动。我的处方是：透骨硝、落地生根、小榕叶、打不死、爬山虎、罗裙带。先把这些草药切碎，放进铁锅里炒五分钟，让草药发热，然后用纱布包好绑在受伤的地方，敷上15分钟拿下来。一服药敷两次，然后用药渣来泡脚，泡上15分钟。我用这个方子给力行大队的贫下中农治病约100多人，受到了贫下中农的欢迎。二是义务给中学、小学生上课。我1973年6月从靖西县化峒中学毕业，1974年6月至8月因化峒中学数学课刘老师生孩子，有一个班的高中数学没有老师上课，教导主任找到我去中学代课两个月。高中毕业教高中学生，在学校历史上还没有见过。在中学读书时，我数学基础比较好，每次考试都拿一百分。无论是初中的数学老师还是高中的数学老师，都十分信任我，相信我能上好高中一年级的数学课。我没有辜负化峒中学领导和老师对我的期望，非常认真地进行备课，加上我的高中数学老师甘必旺的指导，我做得很出色，教得很有效果，同学们很容易听懂我的课，这个班级的学期考试百分之八九十都获得及格以上的好成绩。代课两个月后，我回到力行知青农场，化峒中学还给我写了表扬信。回到力行大队知青农场，我又与高队长商量办一个小学夜校，每期30人。总共办了一年多，共收学生300多人。这个学习班共培养学生300多人。为培养贫下中农的子女，我不辞劳苦，经常用自己理发挣到的钱去买学习用具和笔记本、作业本送给小学生们，大家学习的积极性很高。加上我的教学方法对头，他们容易接受，学得也快，一年下来基本把文盲消灭了，为他们上好小学打下了良好的基础。三是义务理发。插队两年，我为贫下中农、公社的领导干部义务理发一千多人次。我理发的技术比较高，平头、分头、短寸头都理得比较好。他们都找我理发，中午晚上都不休息。每次赶集我也到镇上摆摊理发，挣到的钱全部给孩子们买课本、作业本和学习用具，总共约有一百多元钱。四是在力行大队进行民兵队伍的操练。我是力行大队民兵营长，负责队员的军事训练，不仅让他们学到基本知识，还组织他们实际操练，每晚轮流巡逻，保一方平安。讲完了这四个方面的先进事迹，化峒公社知青办李主任感到很惊讶：“怎么没发现这块埋在土里的金子?”他认为，如果这些先进事迹在知青先进工作汇报会进行汇报，肯定会引起很大的反响，大家肯定都会推荐我为地区的先进分子。他赶紧说，你的先进事迹很好，我马上推荐给县知青办，争取在县里一炮打响！我抓住这个机遇，做好先进事迹汇报，获得县级、地区级、自治区级的好评，被评为四级知青先进分子，为化峒公社、靖西县、百色地区的知识青年争了光。县知青办和公社知青办的两位主任都十分高兴，教育有方啊！

荣誉激励着我，我的工作热情更高，为人民服务的劲头更足了。党总支把我列为党员考察对象，到第二年7月份又推荐我上大学。实践证明，利用机遇是走向成功的桥梁，使我在人生长河中，实现了理想的飞跃，成为一名大学生。

三、抓住机遇是走向成功的途径

机遇可遇不可求，机遇来了，稍不注意，就会悄然而逝。1975年9月，我从靖西县化峒公社来到广西首府南宁市的广西民族学院读书，看到71届和72届的师哥师姐毕业，有人留校，从一个大学生变为大学老师。我决心也要创造条件，争取留校，实现学生到老师的身份转变。首先学习上争优。认真听老师讲课，每次老师讲课，不论哪门课程，我都认真做好课堂笔记，我们年级开设的课程很多，包括哲学原理、政治学原理、政治经济学、中共党史、国际共运史、科学社会主义、马列著作原著选读、中国历史、逻辑学、中文、新闻等。在大学里，我当了学习小组长。小组长负责传达系部任课老师的授课安排计划、老师布置的作业，把学生的作业收上来交给任课老师评估打分，还有老师下班讨论的安排老师讲课的内容，我都记得清清楚楚，老师对我印象很深刻。老师下班讨论我积极发言，老师规定每章讲完课后都组织学生进行一次课程讨论，以组为单位，每组都有一位老师下班。我作为学习小组长，组织讨论，有更多的机会发言，开头讲明讨论的题目、要求，中间又进行插话，最后进行小结，发言的次数多了，给老师留下的印象加深了，特别是资深教授冯琛老师。我为组织好讨论经常到他家去请教和讨论一些问题，在系部开展的评教评学中，他的这门课获得优秀率最高，他也年年被评为优秀教师。每当他下班组织讨论，我都准备充分，积极发言，扣紧主题，论述重点，简明扼要，提出理论问题和实践问题，最后请冯老师做点评，收到了学习讨论的良好效果。每次冯老师下班辅导和组织讨论对我都十分关注。我每门课程考试都在95分以上，在校期间就在学报上发表了两篇论文，冯老师认为我是一个可培养的好苗子，能培养成一个优秀的教师。1978年3月，学校通知各系部教研室开始推荐留校的学生，他首先推荐的就是我，并要求学校系部把我派给他当助手，帮助他完成科研任务。经过系部的推荐，学校领导批准，我留校任教了，实现了我的第二次人生转变，从大学生转变为大学老师。事实证明，抓住机遇是走向成功的途径。

四、创造机遇是走向成功的开始

留校当老师以后，我根据强基础、练本领、提能力的计划，在教学和科研工作中认认真真、兢兢业业。到1989年，我的教学很熟练了，科研也取得了一定的成果，发表了多篇学术论文、合作编了一些教材，专业上，从国际共产主义运动史这门课程转到行政管理研究。1989年，我被评为行政管理副教授，第一次出版了《实用行政管理学》这本专著。这本书的出版影响很大，自治区各类学校、行政学院都用我这本书作为教材。在行政学界，我开始有了地位和影响力，也在《行政管理学》杂志上发表了学术论文。这是我努力创造机遇的结果。一是从课程选择来说，我从共运史转到行政管理学，从历史学科转到管理学科，同时开设公共关系学课程，加强了管理学科的学习和研究，有意识地创造机遇，培养自己的管理能力。二是从科学研究的方向来说，我开始注重管理学研究，认真积累经验，提高管理能力，积蓄力量，一旦学校需要就勇敢地走出去。1989年，我担任系党总支副书记，实现了从教师到管理者的身份转变，小步快跑，在工作细节上从来没有出过差错，七年以后，我担任广西民族学院校长，从老师转变为领导干部，快步发展。三是实践锻炼，不断提高自己的领导能力和水平。打铁还要自身硬。每次岗位的转换，我都把它当成是一次实践锻炼的机会，虚心学习领导工作的艺术，博采众长，为争取更大进步创造机遇。实践证明，谋事在人，成事也在人。努力创造条件，就能走向成功，就能成就事业。二是创造条件，逐步发展，按每个层级的要求来做，机会是给有准备的人的，只有抓得住的人才能脱颖而出，取得成绩。实践证明，创造机遇是走向成功的开始。

以上四个环节，是我人生历史的转折点。总结来说，第一步是善于发现机遇是走向成功的基础，我从知青转变为大学生；第二步利用机遇是走向成功的桥梁，我从大学生转变为大学老师；第三步利用机遇是走向成功的途径，我从老师转变为领导干部；第四步创造机遇是走向成功的开始，实现了我人生路线图奋斗目标。机遇是公平的，对每个人都一样，抓得住它，你就能发展，就能前进，就能成就事业。

机遇是客观存在的，机遇就在你自己手里，机遇往往是突然或偶然的，有时甚至不为人所知，在回首往事时才认识到过去的某件事是机遇，庆幸抓住了它，或者后悔失去了它。能否发现和抓住机遇，关键是人的基本素质，善于发现机遇的人是有准备的人。能抓住机遇的人应该有以下基本素质。第一，要随时做好准备。人的一生经历少年、青年、老年阶段，从少年时就开始尽可能地获取各种各样的广博知识，按照知识结构给自己创造机遇，机遇突然出现时，你要抓住它，而且从学生时代就要尽可能锻炼自己的观察能力、创造能力，一旦机遇到来，你要有判断能力，辨别是不是机遇，要抓住还是放掉。用自己的创造性思维和前瞻眼光，分析和把握未来的趋势，明确未来发展的方向，这样你才能抓住机遇；第二，要从小事、平常事做起。认真做好每件事，包括大事、中事、小事，点点滴滴都要认真思考，扎扎实实地做好事，观察每件事发展的细节、环节、关节。道理很简单，机遇总是很突然地出现，来也匆匆去也匆匆，一不留神，即现即消。你有心，善于观察和分析事物的发展规律，了解其产生发展灭亡的内在规律，你就能抓住机遇，并利用机遇发展自己。牛顿万有引力的发现，是因为某天突然看到苹果从树上掉下来，抓住了这个机遇而发现了万有引力定律，为人类做出了重大贡献；第三，一旦出现机遇，要全力以赴，一心一意地抓住它，研究它，把握好它。千载难逢的机遇也好，百年不遇的机遇也好，都要奋力抓住它，抓好它，不让它溜掉，紧抓紧追不放，不能错失良机。我国第一个乒乓球世界冠军容国团有一句箴言：人生能有几回搏，他拼搏了，所以赢得了世界乒乓球冠军。教育界、科技界、卫生界也一样，人生能有几回搏，在日常工作生活中，你感觉到大机遇出现时，往往转瞬即逝，功亏一篑。所以当你认为是机遇时，不妨搏一搏，博了，就可能改变你的人生坐标和方向，成就你的人生事业。第四，注意在自己行业内的沟通交流，捕捉多方面信息。各种信息千变万化，机遇也常擦肩而过，你沟通交流多了，就会注意到，心理有准备了，就能更准确地抓住机遇。

机遇即有机就遇，不让它溜而不遇。在各方面发挥你的优势，提高把握机遇的能力，就能促进事业大发展。

创造中央民族大学附中发展的三个基础条件

中央民大附中是一所历史悠久具有鲜明特色的民族中学。中央民大附中的前身是蒙藏学校，创立于1913年。星移斗转，春华秋实。中央民族大学附中已走过了不平凡的一百多年历程。她是我国历史上第一所面向全国招生的民族学校，是我国历史上第一所民族高校，在民主革命时期是涌现中国共产党早期党员最多的学校。中华人民共和国成立后，把蒙藏学校改编为中央民族学院附属中学。她是位居首都北京、唯一面向全国招生的民族中等学校，是一所对民族地区的稳定、发展、繁荣，对边疆民族地区反分裂、反颠覆、反渗透斗争发挥重要作用的学校。

一、中央民族学院附属中学的诞生及其历程

（一）由蒙藏学校改为中央民族学院附属中学

1949年1月31日，北平和平解放。毛泽东等中央领导特别关注蒙藏学校，电令北平军管委、北平市委、东北局转告云泽（乌兰夫）选择接收人员。内蒙古根据中央电，派高布扎布（内蒙古文教部长）、大成义二人接收了蒙藏学校。1949年4月，北平市人民政府教育局与内蒙古自治区有关方面研究决定，派20世纪30年代曾在蒙藏学校读过书的黄静涛任蒙藏学校校长，云曙碧任党支部书记。当时学生有470多名，教职工40多人。教

育部与中央民族事务委员会共商，在征求乌兰夫、黄静涛等领导的意见的基础上，1951年6月11日教育部正式下文，蒙藏学校当日起改为中央民族学院附属中学，由中央民族事务委员会直接领导，原校址延用。

（二）由中央民族学院附属中学改为北京市一六〇中学

“文化大革命”期间，中央民族学院附中受到冲击。1966年，学校停止了对少数民族地区的招生。1968年起招收北京市学生，无须考试，就近按片入学。1972年改为北京市一六〇中学。

（三）由北京市一六〇中学恢复为中央民族学院附属中学

1978年，附中恢复，招收各地少数民族学生。当时，学生享受北京地区中专学生助学金待遇，即免费住宿，国家供给伙食费，提供课本、作业本和资料，补助一定数量的零花钱，公费医疗。这种供给制和准供给制，实施了十几年，直到20世纪90年代。

学校响应北京市的总体规划，执行国家民委和中央民族学院的决定，1985年，经北京市批准，在中央民族学院西门外法华寺村为附中征得校舍用地，与将要建设的中央社会主义学院为邻。当时，法华寺村甲5号还是一片菜地，无房可用。几经选择，最后定在海淀蓝靛厂北门外10号。于1987年11月8日从西单校院搬迁到临时租期三年的暂借校址。1990年9月，海淀蓝靛厂北门外10号租期届满，必须搬迁。海淀区法华寺甲5号是附中的新校址，搬到这里，站稳脚跟，是唯一的选择。于是，在这里建起两排砖木结构平房，再搭起几排铁架支撑、油毡盖顶、薄板挡墙的板房。砖房做学生宿舍和教室，板房做办公室、食堂、图书室和仪器室。从1990年8月7日起至9月30日期间，学校搬到了海淀区法华寺甲5号，就是目前的校址。

（四）由中央民族学院附属中学改为中央民族大学附属中学

随着教育改革的深入，教育部于1993年11月批准，同意由中央民族学院更名为中央民族大学。随着这一更名，中央民族学院附属中学也更名为中央民族大学附属中学。

二、附中办学的经验及成效

（一）蒙藏学校时期

中央民族大学附中风雨历程，已走过了一百多年。中华人民共和国成立前，在蒙藏学校时期，学校办学有三条成功的经验值得借鉴。

第一，创办蒙藏学校是成功的。功劳应归于贡桑诺尔布总裁。在清朝末年，贡王承袭王位后，首先对自己所辖旗制进行了大刀阔斧的改革，并东渡日本考察参观了博览会，考察了明治维新的经过和成果。由此，贡王增强了创办教育的信心、决心。起初，贡王在他的王府西院开办了崇正学堂，招收旗民子弟免费入学，从中选拔优秀学生送到北京东总布胡同东省铁路俄文学堂，专攻俄语。次年在王府西大沟门旧邸设立了守正学堂，选拔本旗官员子弟入学，专施军事训练。此后又兴办了毓正学堂，专收女生，这是蒙古族最早的女子教育。贡王创办的三个学堂是蒙古族现代教育中最早的学校，开启了民族教育之先河。

在辛亥革命时，贡王与孙中山先生有来往，与严复、梁任公（梁启超）和吴昌硕等学者画家有深厚的交谊。通过这些人的介绍，他结识了一批失意于宦途、落拓于江湖的江南名士。他在旗内改革旧政，兴办教育，依靠的就是这些人。

1905年冬，贡王主办了蒙汉合璧的隔日刊报纸《婴报》，这是内蒙古地区历史上第一份报纸，社址就在崇正学堂内，以启发民智、宣扬新政为宗旨。内容有国内外要闻、时事短评、科学知识、各盟旗动态等。每期印数颇多，分发各村落。

正因为贡王改革旧政、启迪民智、兴办教育等在社会各界产生了影响，在民国初创时，在孙中山民主共和思想的感召下，他选择了正确的道路，受命担任北洋政府蒙藏事务局和蒙藏院总裁。他致力于促进民族团结、反对民族分裂、维护国家主权和祖国统一，维护少数民族权益，积极发展少数民族文化教育事业。在他的不懈努力下，创办了蒙藏学校。这是他对我国民族教育发展做出的卓著贡献，在近代史上留下了璀璨的一页。

第二，克服困难，贵在坚持。蒙藏学校时期，学校从创办开始就遇到了很多困难。起初，虽然政府批准同意创办蒙藏学校，但是当时并没有配备创办蒙藏学校的条件。没有校园，没有老师，没有经费，更谈不上教室、操场、宿舍、食堂等应有的硬设施。然而，在当时蒙藏事务局和蒙藏院贡桑诺尔布总裁的鼎力支持下，借租小院办学，克服了一切困难，蒙藏学校一直坚持到北平解放，贵在坚持。

第三，培养了大批少数民族有志革命青年。蒙藏学校时期，特别是20世纪20年代初，从内蒙古土默特旗来的39名蒙古族学生，大多数分期分批走上了革命的道路。在校期间，他们就接受进步思想，积极参加反帝爱国学生运动。在李大钊、赵世炎、邓中夏等共产党人的帮助下，参加马克思主义研究小组，认真学习马克思主义理论，参加创办革命刊物，加入中国社会主义青年团，后转为中国共产党党员，走上革命的道路。这批青年学生，后来兵分六路走上了新的革命征程。根据李大钊等的安排，有的赴莫斯科中山大学，有的赴广州农民运动讲习所，有的赴蒙古国进入第三国际主持的机构进行党务学习，还有的赴莫斯科东方大学、黄埔陆军军官学校学习，也有直接回内蒙古领导革命斗争的。其中，乌兰夫就是典型代表。他就是1923年秋从内蒙古土默特旗进入北平蒙藏学校的39名蒙古族学生中的一个。在校期间他就接受进步思想，积极参加反帝爱国学生运动。在李大钊、赵世炎、邓中夏等共产党人的帮助下，参加马克思主义研究小组，同年加入了中国社会主义青年团，1925年9月转为中国共产党党员。10月，受党组织委派赴莫斯科中山大学学习，他学习勤奋，成绩优良。1929年，经组织批准回国后，在内蒙古地区组织开展革命斗争。抗日战争爆发后，他坚决贯彻党的抗日救国十大纲领，组织指挥盟旗抗日武装队伍，英勇抗击日本侵略军，表现了共产党人顽强战斗、不怕牺牲的革命精神。在延安工作期间，他为陕甘宁边区培养民族干部付出了极大的心血。抗战胜利后，乌兰夫按照党中央的部署，深入发动群众，开展自治运动，先后于1946年、1947年成功地召开了内蒙古革命史上有着重要意义的“四·三”会议和“五·一”大会。按照党中央的指示，坚持中国共产党的领导，坚持民族区域自治政策，坚持国家的统一，经过艰苦的工作，使内蒙古出现了在我党领导下团结统一的新局面，成立了我国第一个民族自治区。中华人民共和国成立后，乌兰夫历任中央人民政府委员、政务院委员、国防委员会委员、中央民族事务委员会党组书记，副主任、主任，中央民族学院院长、华北行政委员会委员、中共中央华北局副书记、中共中央内蒙古分局书记、绥远省人民政府主席、国务院副总理，内蒙古自治区党委第一书记、自治区人民委员会主席、内蒙古军区司令员兼政委、内蒙古大学校长、中共中央华北局第二书记、内蒙古自治区政协主席、五届全国人大常委会副委员长、五届全国政协副主席、中共中央统战部部长、中华人民共和国副主席、七届全国人大常委会副委员长。1955年被授予上将军衔。

乌兰夫在我国社会主义革命和建设中，作为党和国家的领导人，为加强国防建设和巩固政权，为民族工作的健康发展，为做好新时期统一战线工作呕心沥血，鞠躬尽瘁，为国家富强、民族繁荣，做出了不可磨灭的贡献。

蒙藏学校时期，除乌兰夫这样的典型代表外，还有很多从蒙藏学校走上革命道路的少数民族青年学生，他们在不同时期，在不同的工作岗位上，为我国民族独立、团结、统一和解放事业做出了重大贡献。有的为革命为党的事业献出了年轻的生命，如光照千秋的烈士，有荣耀先、多松年、李裕智、贾力更等。

总之，蒙藏学校时期，以上三条是最突出最值得借鉴的经验。

（二）从北平和平解放至今

从北平和平解放到现在，也就是从蒙藏学校改为中央民族学院附属中学以来，近70年的办学过程中值得借鉴的经验和成效主要有以下几个方面：

第一，党和国家领导人毛泽东、刘少奇、朱德、周恩来、任弼时、董必武等高度关注蒙藏学校的稳妥接管及民族教育的发展。北平和平解放后，认真落实了毛泽东主席和党中央进城后民族工作和民族政策的部署，给学校配备了得力干部，任命黄静涛为校长，任命云曙碧为书记；第二，把蒙藏学校改编为中央民族学院附属中学，由中央民族事务委员会直接领导；第三，对原蒙藏学校的校园进行了扩充。1950年，学校购买了堂子胡同18号一处民居院落；第四，在学生待遇方面实行供给制。学生住宿、伙食、书本文具、服装鞋帽，都由学校统一供应，实行公费医疗。校园进行封闭式管理；第五，稳定教师队伍，聘用专家型人才，管理严格；第六，附中除招收一般少数民族学生外，特别注意招收以下四种学生。一是烈士后代。烈士为了国家的独立、人民的解放，抛头颅，洒热血，党和国家对其后代应有关怀和抚恤，应格外重视对他们的教育。附中就是体现党和国家对烈士后代关爱的一所学校。二是干部子弟。这些革命干部大多是民主革命时期参加革命的，经历过革命战争，出生入死，九死一生，对革命有功；中华人民共和国成立后又担任领导职务，无暇顾及子女的教育。学校为其子女提供一定的方便，是理所当然的。三是少数民族民主人士子女。

少数民族民主人士为民族地区的解放、民主改革、社会主义建设做出了重要贡献，对他们的子女给予到京城上学的机会，是落实党的统一战线政策的具体体现。四是在民族地区、边远地区工作的汉族干部子女。为这些人的子女提供在京上学的便利，有助于他们安心民族地区、边疆地区的工作，有利于民族团结；第七，始终坚持为少数民族和少数民族地区培养人才的宗旨。虽然“文革”期间学校遭受冲击，停招少数民族学生，并且把学校划归北京市，但是，“文革”结束后，党中央拨乱反正，在社会各界关注下，在附中师生员工和广大校友的努力下，特别是在乌兰夫同志的关照下，1978年恢复了附中，又开始了新的征程；第八，学校办学必须积极主动争取党和政府的惠民政策，认真贯彻落实党的教育方针、路线和政策。

三、中央民族大学领导班子为附中发展奠定三个基础条件

（一）中央民族大学为附中申请面向全国招收少数民族学生，并纳入北京市高考录取范围

中央民族大学领导高度重视附中的建设和发展。2001年中央民族大学党委针对附中书记、校长到龄退休的实际情况，从民大处级干部中遴选得力干部配备了附中的领导班子。当时附中的硬软件设施条件相当薄弱，只有两排十多间平房做学生上课的教室，有两排十多间简易板房做学生宿舍和办公室。有学生三个年级三百多人，有新疆克拉玛依委托班一百多人，在校生合计为四百多人，老师三十多人。无法做物理化学生物实验，没有图书室（馆），没有活动场所。而且，当时学校遗留问题还很多，很复杂。有学校征地引发的拆迁户拆迁补偿问题，安置拆迁户问题，学校与开发商合作开发教学楼和安置拆迁户综合楼停工以及施工单位民工拿不到工钱等遗留问题。学校的软硬件设施条件和这些遗留问题直接影响着学校的正常

教育、教学和管理工作，阻碍和制约着学校办学水平的提高和进一步发展。更严重的是，2001年教育部实施了招生制度改革、课程改革和教材改革，附中遇到了前所未有的严峻挑战。当时，很多在校学生提出转学回原籍的要求，如此一来，在附中就读的外省区学生留不住，如果严重流失，最终将造成附中没有生源的局面。附中面临着生死存亡的危机。

附中领导班子为了保住办学百年的附中，及时反复研究，主动采取了积极措施。一方面着手对提出转学申请的学生及其家长做安抚工作，防止学生转学引发学生流失；同时，抓紧解决学校遗留问题；另一方面抓紧时间学习研究有关少数民族教育发展方面的文件。其中，重点学习研究了《国务院关于进一步加快发展少数民族教育的决定》，在学习和研究探讨过程中得到了很多启示和解决当前附中面临生死存亡危机的思路，并把解决学校遗留问题的意见和解决学校危机的措施思路及时汇报给我。

我本来就非常重视附中的建设和发展，大力支持附中的各项工作，认真地指导附中的领导班子。为了实现教育均等，合理分配教育资源，建立少数民族地区优秀高端人才培养机制，我们提出让中央民族大学附中面向全国招收少数民族学生。为了实现这一目标，我对附中的申请报告和论证材料一份一份加以修改签发，呈报国家民委和教育部。经教育部牵头，协同国家民委和北京市教委反复多次来附中进行调研，2003年1月28日，教育部和国家民委联合下发文件，批准中央民族大学附属中学招收外省区少数民族学生，享受北京籍学生的待遇。这一特殊惠民政策充分体现了党和国家对少数民族学生和少数民族教育的亲切关怀，更体现了党和国家对中央民族大学附属中学的特殊关怀和支持。中央民族大学附中获得了千载难逢的机遇，获得了新生，获得了生存发展的大好时机，解决了附中生死存亡的危机，挽救了这所办学百年历史的学校。

（二）财政部同意中央民族大学附中单列高中阶段财政支出专户

办学经费是学校办学的命脉，能够及时、足额、高效投入办学经费意义重大。原来中央民族大学附属中学的国拨经费划拨三次后，才能划到附中。如此一来，附中的国拨经费严重不足，效率低下，学校办学遇到了很多困难，一定程度上制约了学校的发展和教育教学管理水平的提高。为了使附中的国拨经费划拨及时、畅通、足额和高效，经财政部牵头，协同教育部和国家民委多次反复调研后，2006年11月财政部研究决定，从2007年开始，中央财政将按照“综合定额加项目支出的办法，核定中央民族大学附中经费预算并适当给予倾斜照顾，经费支出单列‘高中教育支出’新项目，设立财政支出专户，改变以前年底在高等教育支出中调剂安排的做法”。财政部的这一决定，充分体现了党和国家对少数民族教育和少数民族人才培养的高度重视，更体现了对中央民族大学附属中学的特殊关爱和照顾。2008年，学校实行财务零余额支付，附中的办学经费得到了保障。从此，中央民族大学附属中学走上了快速发展的轨道，加快了学校软硬件设施建设步伐，培养了更多的少数民族人才。

（三）中央民族大学无偿给附中一栋楼办学

中央民族大学附属中学由征地引发的拆迁户拆迁补偿和安置的遗留问题一直未能得到解决。另外，中央民族大学附属中学与开发商合作，在附中教育用地上开发附中教学楼和综合楼项目，由于开发商不注入资金等，施工方停工，民工拿不到工钱，形成烂尾工程。这两项遗留问题，附中靠自己难以解决。因为当时附中除国拨的人头经费外，没有其他建设项目国拨经费。因此，中央民族大学为了解决附中的两项遗留问题，首先成立附中遗留问题调研小组，在调研的基础上做出决定：一是发放拆迁户的拆迁周转费，并按照当时协议合同安置了拆迁户住房；二是民大出资将附中教学楼和综合楼建设项目继续建设完成。教学楼给附中，综合楼为民大使用。为此，中央民族大学为附中投入了巨大的人力、物力和财力，帮助附中解决了历史遗留问题。实际上，中央民族大学无偿给附中一栋楼办学，这充分体现了中央民族大学领导对附中的特殊关爱、照顾和巨大的支持。如果附中的两项遗留问题得不到解决，特别是如果没有中央民族大学给附中一栋楼办学，附中难以得到快速发展。

以上三件事，对于附中来说，都是大事，是附中生死存亡的“瓶颈”，缺一不可。中央民族大学领导为附中的少数民族教育和人才培养，特别是附中的健康快速发展奠定了基础条件。如果没有这三个基础条件，就不可能有附中的今天。

四、中央民族大学附属中学进入21世纪后实现了跨越式发展

中央民族大学附属中学在风风雨雨中历经百年社会变迁，它的发展史就是一部各民族地区追求实现社会跨越式发展的民族教育史。历史的脚步迈进了21世纪的门槛，国家政通人和，民大附中也迎来了生命里的春天，学校实现了真正的跨越式发展。

（一）政策惠泽中央民族大学附属中学

2003年1月28日，教育部、国家民委批准中央民族大学附属中学面向全国招收各少数民族学生。这是党和国家为进一步加快发展少数民族教育所做的一次重大决策。经过一年多酝酿，2005年学校正式开始面向全国部分省市自主命题、自主组考和自主招生。

2005年，中央民族大学致力改革，简政放权，改变以前由民大副校长兼任附中校长的做法，面向全国公选附中校长，任命田琳为附中校长。2006年确立附中为独立法人单位，大学只管办学方向，只管附中班子团结，只管解决实际困难。附中编制内的人事权、预算内的财务权和政策内

的管理权全部交给附中。这一决策为民大附中的自主独立和进一步加快发展建立了责权利统一的法人保障机制。

（二）按照教育规律，完善办学思想体系

学校领导班子从民大附中沉淀深厚的文化底蕴里，挖掘、梳理、归纳出其鲜明独特的少数民族特色校园文化，完善了办学思想。有宣言、校训、校风、教风、学风、校歌、校徽、办学宗旨、办学精神、办学定位、办学目标、行为准则、工作态度等。其中，办学宣言是：中央民族大学附属中学因民族而生，为民族而存，伴民族而兴，随民族而旺；倡导海纳百川，有容乃大，和衷共济，团结一心；坚持民族平等，团结互助，共同奋斗，共同繁荣。望学子以和为结，以勤相勖，各美其美，美人之美。今持社会与和谐，意即和气致祥，百年兴学，赤心报国，兴我中华。校训：各美其美，美美与共。校风：为人为学至诚至和。教风：进德敬业精益求精。学风：好学好问善思善行。校歌:《志在远方》。校徽：是由绿色底色和橄榄枝构成的图案，象征着多民族的团结、和谐。绿色象征着太平盛世下附中朝气蓬勃、充满活力；图案中心是一只白色的祥和鸟，象征着附中的莘莘学子将从这个培养少数民族人才的摇篮飞向祖国需要的地方。办学理念：以人为本，学生第一。坚持民族平等，让每个地区、每个民族都有“声音”。关怀和帮助每一位民族学生健康成长、全面进步，让学生低进中出、中进高出、高进优出；从而维护民族地区社会稳定，促进民族地区经济发展。办学宗旨：维护民族团结，传承民族文化，培养民族人才，促进民族发展。办学精神：民族情怀，教育自觉，社会担当。办学定位：把附中办成“高水平、有特色、有影响、能示范”的示范高中，全国特色高中，全国少数民族优质高中学校。办学目标：学校有名气，教师有地位，学生有出息；能出人才，能出经验，能出思想；培养出学生懂得感恩，懂得责任，懂得成才；有强烈的国家意识、社会责任、集体观念；为争做民族的精英、国家的栋梁奠定基础。使学校成为在北京、在民族地区、在全国有很大影响的示范中学。成为各少数民族地区的学生及家长信赖和首选的学校。行为准则：敬（敬重）、净（干净）、静（安静）、竞（竞争）。工作态度：努力，努力，再努力！争取，争取，再争取！

（三）附中发展的战略定位

基于民大附中的历史发展分析及内外部环境分析，学校21世纪的战略定位为：国家民族后备干部的培养战略基地。附中是培养国家少数民族干部的关键节点，是识别及培养少数民族后备干部的重要学校，是边疆少数民族地区实现长治久安的重要基石。附中在未成年人的教育中有意识加强国家民族政策、民族文化、中央及边疆关系等方面的学习，重视国家意识、民族团结、大局观念的培养。多民族学生汇聚首都，感受祖国的温暖，多民族学生朝夕相处、取长补短，自然完成多元民族文化间的交流与学习。附中这种教育功能具有不可替代性，这是附中可持续发展的灵魂。

从人的教育成长规律来说，中学时期正是学生长身体、学知识的最佳时期，也是可塑性最强的时期，这段时期的教育对学生人生观、世界观和价值观的形成影响最大。因此，从国家稳定、民族团结及优质稳定的民族干部队伍培养出发，从青少年时期就对少数民族学生进行国家意识、中华民族意识、社会责任意识、领导力的培养，是民族干部可持续长效培养机制建立的关键。

民大附中在历史上对国家、社会稳定、民族团结、民族进步发挥了关键作用。作为全国唯一一所面向全国招生的民族中学，其历史贡献和现实特点，决定了学校在国家未来少数民族干部培养中所必须具备的特殊战略地位，即不仅仅要履行对民族地区学生的教育责任，更重要的是建立让国家重视、对民族地区稳定发展有重要意义的民族干部培养系统工程，培养对民族地区建设和国家社会稳定发展有影响、有作为、有贡献的少数民族接班人，成为为国家源源不断培养输送优质民族后备干部的战略基地。

（四）附中发展的三级目标

学校领导班子承前启后，认真抓好“办成各族人民满意的学校，带出各族人民满意的教师，培养各族人民满意的学生”三件大事，设定了“三级目标”：近期目标：创建海淀区示范高中；中期目标：创建北京市示范高中；远期目标：创建“高水平、有特色、有影响、能示范”的全国千强示范高中与具有一定国际知名度和美誉度的国际化民族强校，并提出“逐渐向拥有国办普高，职高、外省托管班和国有民办初中的民族综合学校进行规模化的教育延伸”的发展思路。既定目标和思路已部分成为现实，发展态势良好。

（五）学校办学规模逐步扩大

目前，全校有49个教学班，学生总数2300余人，比2000年增长了5.5倍。其中，少数民族成分50个，包括蒙古族、藏族、满族、壮族、土家族、苗族、回族、侗族、朝鲜族等，少数民族占学生总数的99%。全校现有在职教职工231人，比2000年增长了4.5倍。其中，专职教师182人，特级教师两人，北京市骨干教师3人，高级教师55人，硕士61人，博士5人，年龄结构和学历结构趋于合理。

学校校园占地24亩，建有教学楼七千平方米，学生宿舍一万平方米，学生食堂和操场4200平方米，塑胶运动场八千三百平方米，拥有现代化的教室和教学设备，完善的校园网络系统，全部实现多媒体教学。现代化的实验室、微机室、电子阅览室、电子录课室、心理咨询室等设施一应俱全。图书馆现有图书五万册，图书种类四千多种，期刊一百四十二种。

（六）学生高考成绩逐年提升

教育教学质量是学校的生命线。进入21世纪以来，学校始终狠抓教育教学质量，一方面采取积极措施，强化师资能力，提高师资队伍水平；另一方面把好学生入口关，严格审核各省区推荐生的推荐材料，提高生源质量。为了提高生源质量，学校研究决定，从2005年起，自主命题，自主组考，自主招生。此后，学校生源质量得到很大的提高。加上学校各项工作的管理规范强化之后，教育教学质量有了很大的提高，学生高考成绩逐年提升。

在教育部、国家民委、北京市教委和中央民族大学的关怀下，在全体师生员工的共同奋斗、共同努力下，民大附中各项工作水平获得了全面提升，特别是教育教学水平不断提高，高考升学率逐年提升，学校实现了跨越式发展。民大附中逐渐赢得了良好的社会声誉，学生高兴，家长满意，上级称赞，高校认同。学校影响日益深远，在以习近平为核心的党中央坚强领导下，少数民族教育更快更好发展，中央民大附中的明天会更加灿烂辉煌。

我2005年调到国家民委工作，离开了中央民族大学。附中在全体师生员工的共同奋斗、共同努力下，不断发展壮大，2010年民大附中开始筹建新校区，该校区占地150亩，可容纳学生四千人。2012年民大附中与海南省陵水县签署协议，联合创办了民大附中海南陵水分校。2013年9月正式开学，运作良好。到目前为止，附中京内外分校有10所、合作学校8所。同时，教学质量不断提高，2005年142名推荐生，高考上重点校人数为18名，占13%，考上本科以上人数为31名，占22%，当年升学率为73%；2006年192名推荐生，高考上清华北大1名，600分以上人数8名，上重点校人数为42名，占22%，上本科以上人数为102名，占53%，当年升学率为83%；2007年256名推荐生，高考上清华北大2名，600分以上人数为13名，上重点校人数为53名，占21%，上本科以上人数为112名，占44%，当年升学率为85%；2008年369名（50%推荐生，50%自主招生），高考上清华北大11名，600分以上人数为41名，上重点校人数为186名，占50%，上本科以上人数为265名，占72%，当年升学率为92%；2009年435名（自主招生），高考上清华北大10名，600分以上人数为74名，上重点校人数为288名，占66%，上本科以上人数为376名，占86%，当年升学率为99%；2010年465名（自主招生），高考上清华北大14名，600分以上人数为133名，上重点校人数为365名，占78%，上本科以上人数为442名，占95%，当年升学率为100%；2011年555名（自主招生），上清华北大人数为21名，600分以上人数为155名，上重点校人数为472名，占85%，上本科以上人数为546名，占98%，当年升学率为100%；2012年565名（自主招生），高考上清华北大41名，600分以上人数为197名，上重点校人数为505名，占89%，上本科以上人数为559名，占99%，当年升学率为100%；2013年560名（自主招生），高考上清华北大47名，650分以上人数为215名，600分以上人数为423名，上重点校人数为510名，占91%，上本科以上人数为554名，占99%，当年升学率为100%；2014年574名（自主招生），高考上清华北大72名，600分以上人数为403名，上重点校人数为535，占93%，上本科以上人数为572名，99.7%，当年升学率为100%；2015年620名（自主招生），上清华北大人数为67名，600分以上人数为492名，上重点校人数为570名，占92%，上本科以上人数为615名，占99%，当年升学率为100%；2016年617名（自主招生），上清华北大74名，600分以上人数为474名，上重点校人数为551名，占89%，上本科以上人数为612名，占99%，当年升学率为100%；2018年555名（自主招生）上清华北大53名，650分以上人数为196名，600分以上人数为392名，上重点校人数为518名，占93%，当年升学率100%。

把中央民族大学带进“985工程”一流大学重点建设行列

2004年5月24日是一个非常难忘的日子，是关系到中央民族大学盛衰发展的关键时刻，能否转危为安，就看能否抓住机遇，奋力开拓！为什么这样说呢？事由是5月24日教育部在北京友谊饭店召开“985”一流大学的评审会议，我们中央民族大学是被评审的对象之一，也是列队最后的一个对象。当时的形势对中央民族大学非常严峻，专家的意见对中央民族大学非常不利，同行专家持负面态度，只有教育部的领导还在犹豫，结论是“凶多吉少”。面对这种危机，中央民族大学怎么办？是争取还是放弃？我的态度是全力以赴地积极争取，哪怕有1%的希望也要用100%的努力去争取。如何争取呢？

于是在开评审会之前，我就“斗胆”去找周部长。见到他的时候，我便开门见山表明我的态度，对他说，周部长请您给我十分钟，陈述中央民族大学进入“985工程”大学建设行列的理由。他说：“同行专家和其他专家都否定你校了，连陈述的资格都没有了，我也不同意。”我不肯放弃，对周部长说：“周部长，你给我十分钟的陈述机会，最后不论专家如何打分，都怪不了你，全国1.12亿的少数民族都会感谢你。”周部长见我讲得这么肯切，同意我在专家评审会上陈述理由。

在专家评审会上，我脱稿讲了10分钟，讲了三个要点。一是，政治上要高度重视少数民族的教育问题。中国共产党历来把少数民族教育问题摆在首要位置，主动与少数民族搞好关系。例如，在长征路上，红军重视维护少数民族的利益，准备进四川彝族地区时，刘伯承请彝族头领小叶丹歃血结盟，帮助红军顺利通过这个地区。到达陕北后，以朱德总司令的名义发出尊重和关心少数民族的告示，争取得到少数民族群众的支持和帮助。在共产党未夺取全国政权之前，1936年10月，就成立了豫海县回民自治政府，这是中国共产党领导的第一个回民自治地方政权。1947年7月5日在内蒙古成立了第一个自治区级的少数民族一级政府，比中国共产党全国夺取政权还要早两年时间。1950年，全国没有全部解放之前，在四川河坝地区就成立了阿坝藏族羌族自治州人民政府。这些历史说明，中国共产党有远大的政治眼光，在民族团结进步上发挥了特殊的作用，为巩固社会主义革命政权，在宣传和政治上高度重视民族问题。由此可见，中国共产党是高度重视民族问题的。支持和帮助少数民族发展教育历来是党中央、国务院的一项重大的政治战略和政治任务，政治上重视少数民族也是中国共产党的一贯主张。现在更是从宪法上、法律上强调各族人民一律平等，保障各族人民当家做主的权利和享有受教育的权利。

在政策上高度支持少数民族教育工作。《中华人民共和国宪法》《中华人民共和国民族区域自治法》、中华人民共和国民族区域制度、国务院关于支持少数民族发展的若干规定都明确规定，要支持少数民族的教育工作，让少数民族享受平等教育权，在全国民族地区、民族自治区、民族自治州、民族自治县都成立了民族院校，让少数民族普遍享受平等的受教育的权利。中国共产党早在1941年就建立延安民族学院，罗瑞卿担任第一任教务长，随着全国解放、全国政协成立，经毛主席、党中央批准，民族学院在国子监成立，乌兰夫担任第一任院长。1952年院系调整，从清华大学、北京大学、燕京大学调来了一批著名的教授，包括吴文藻、冯光旦、费孝通、翁独健、冯家昇等著名学者、专家、教授，为中央民族大学的学科建设奠定了良好的学术基础，也带出了一批优秀的学生，对后来的民族学、中国少数民族语言学等优势特色学科的发展发挥了重大作用。由此，国民高等教育体系形成两个重要组成部分，一部分是普通高等教育系列，一部分是民族高等教育系列。民族高等院校是培养少数民族人才的摇篮，中央民族大学是少数民族高等教育的领头雁、带头人，主要面向全国少数民族地区招收少数民族学生，是少数民族教育的最高学府。从《民族区域自治法》到自治区民族自治政策做了许多规定，在政策上都明确保障少数民族享受平等教育的权利。可见，在中国少数民族高等教育体系中不能缺少这一部分，不但不能削弱，而且要进一步加强，政策支持力度应更大，倾斜更多。实事求是地讲，中央民族大学的条件与清华大学、北京大学相比肯定还存在很大的差距。但不同的起点没有可比性。打个比方：中华人民共和国是母亲，共和国的教育体系是同一个母亲生了两个小孩，一个是普通高等教育，发展比较健康，肌体比较发达，另一个是民族高等教育体系，还不够强壮，但不管怎样，都是同一母亲的孩子，国家有责任抚养教育他们。就国民教育系列来说，现在普通高等教育的“985工程”大学有37所，多一个也不多，少一个也不少，但民族高等教育系列，目前多一个是一，少一个就是零。从政策上倾斜或支持是完全应该的，也是中国民族教育发展的需要。把中央民族大学列入“985工程”大学建设行列，这是全国56个民族的人民热切期盼的共同愿望，是题中之义。

从感情上高度投入民族高等教育事业。中国民族高等教育事业要发展是要感情投入的，做好民族教育工作，首先就要有感情，只有投入感情才能做好培养少数民族干部的工作。过去中国共产党夺取革命的胜利，建立中国革命政权，都是得到了全国各族人民的支持，红军长征二万五千里，跨过沼泽地中的少数民族地区，离不开少数民族人民的引路和帮助。爬雪山过草地，都有少数民族同胞开道引路。中国共产党和少数民族群众是有深厚感情的。毛泽东、周恩来、李维汉等老一辈革命家和少数民族领袖，各族人民感情十分好，各族人民都有一位领导人进入全国人大、全国政协、国务院任职，体现了党对少数民族的感情。在教育招生对象方面还专门成立了一所全国性的少数民族中学，面向全国招收少数民族学生集中到北京学习，培养少数民族人才。高等教育体系更是体现了党中央对少数民族的感情，少数民族第一个本科生、第一个硕士生、第一个博士生都是从中央民族大学毕业走出来的，他们对中国共产党的感情很深厚，忠诚于党，坚定走社会主义道路。我们作为民族高等教育的工作者，没有什么理由不维护少数民族的感情。我们普通高等教育系列的领导、教授、专家没有理由不热爱和支持少数民族高等教育事业。同志们啊，少数民族高等教育事业任重道远，十分需要得到各级领导、院士、专家的大力支持和帮助！

我的话音刚落，清华大学院士、教授左铁镛先生就说："中国少数民族高等教育事业的发展问题还是由管理少数民族高等教育事业的同志来说，因为他们最了解情况，他们对这份事业感情最深，最有发言权，最贴近少数民族的心声，最能反映少数民族教育事业的实情。我听了荣校长的陈述很感动，很受启发，我现在改变原来的态度，同意中央民族大学进入'985工程'大学行列。"接着，北京大学、中国人民大学、北京师范大学等重点大学的院士、教授都纷纷表示同意。一下子掌声雷动，经久不息。我高兴至极，一时说不出有多么喜悦、多么开心。我立即告诉学校的工作人员，通知学校领导，庆贺一番，感谢各位专家、教授的支持和帮助，感谢教育部周部长的支持。

这个"985工程"大学来之不易，是中央民族大学发展历史上的里程碑。总结起来，我有三点深刻体会。第一，发挥优势，找准优势亮点，是办成事的基础条件。中央民族大学有哪些优势和亮点呢？实际上就是两张牌，一张是民族牌，另一张是特色牌。在陈述过程中，我就紧紧围绕发挥好这两张牌的作用，在我国民族牌和政治牌的特殊作用。但在陈述理由中，重点要说服大家，让大家理解和支持，首先要牢记一个原则性的前提条件，在中国共产党的领导下，拥护党的路线方针政策，拥护党的民族政策的前提下，据理力争。在党的正确领导下的框架内发挥民族工作的优越性，以理服人、以情感人、以德召人，变被动为主动、变失望为希望、变失败为成功。第二，发挥敢于拼搏的勇气。在成事与败事的缝隙中间，你敢不敢穿越？摆在你面前的是一大堆的障碍，你有没有勇气？有一股拼搏的勇气，搏一搏成功有望，不搏什么都没有。正如常人说，有百分之一的希望就用百分之百的努力去争取，还有百分之五十的希望；一点都不努力，那只有零的希望了。所以，结论就是搏。事实证明，中央民族大学能够进入“985工程”一流大学重点建设行列，完全是靠拼搏得来的。爱拼就会赢，这是硬道理。第三，发挥千钧一搏的定力。陈述理由是基础，说服专家才是硬道理。所以我在陈述过程中，始终把握于理于情都在理的思路，最后我们如愿以偿，胜利了！时针倒转，确实需要千钧一搏的定力。

后　记

著书立说为什么？仁者见仁智者见智，说法不一。有的说，著书立说是大学教师的职责所在，是深化教学内容、提高科研水平的需要；有的说，著书立说是总结人生、研究科学，以启迪后来人学习的需要。我自己为什么要著书立说呢？我既是教授又是高级领导干部，有着丰富的实践经验和深刻的体会，这是一笔宝贵的思想财富。恩格斯在《自然辩证法》中说，“一个民族想要站在科学的最高峰，就一刻也不能没有理论思维”。我深切地认识到，不把这些精神财富发掘出来，传承下去，为民所用，实在是极大的浪费。通过著书立说在更广阔的空间播撒理论的种子，为学术论坛这片森林多种下一颗能传播种子的树。作为教师，传道授业解惑是一名人民教师的职责所在。作为一名高级领导干部，我对党的事业，对人民有着深厚的感情，最朴实的初衷就是全心全意为人民服务，我想把我人生的工作经历、经验、智慧奉献给我服务的人民，让大家读后有所感悟、有所收获。托尔斯泰曾说：“一个人若没有热情，他将一事无成，而热情的基点正是责任心。”我愿为人梯，也甘为孺子牛，哪怕工作再忙，我仍孜孜不倦地笔耕，不懈地努力翻越更高的学术高峰，到目前为止我已经出版了行政管理方面的著作20多部，完成数十个国家及省部级的科研项目。虽达不到本学术领域泰斗级的人物，但也是成果斐然。

人们常说领导干部特别是高级领导干部著书立说者少。我可能是个例外，这本《高等教育行政管理实例分析》从2015年撰写提纲到2018年9月完成初稿，又经过两个多月的修改，用了三年时间，终于成书了。萌发将工作中的具体实例总结、概括、提炼、升华为学术成果，是受到小小的触动启发而萌生写作念头的。一次偶然，我将工作中的一件事当故事绘声绘色地跟学生讲，一个学生听后说：老师，如果能将这些有趣的故事写成文章发表供大家学习多好呀。学生的一席话触动了我，感觉是个好主意，于是，我就开始思考如何将这些日常的工作案例与学术理论结合，升华为一篇篇趣味性、知识性、理论性兼具的文章。

人生有很多让人印象深刻，影响久远的经历，我经历的一些事情涉及一些领导，最初我有些犹豫能否公之于众，后来我想，绝密档案都有公开的一天。授人玫瑰，手有余香，我将这些事情让大家分享，为读者提供运用好领导科学理论与艺术的指导，也未尝不是传道授业解惑的途径。最初定的实例为100篇，案例中主要的发生地是北京、广西和宁夏，2018年恰逢广西壮族自治区和宁夏回族自治区成立60周年，而我曾在广西和宁夏工作过，为两区高等教育事业的发展做过贡献，此时，我著作中的案例正好写完60篇，45万字，于是提前出版精选的60篇实例，作为纪念广西和宁夏60周年的献礼。

这本《高等教育行政管理实例分析》是我以行政管理理论体系、实践方案、实例分析这三部分组成的行政管理科学体系中的重要组成部分。写作的过程中，李秋映、吴伟镔两位学生帮助打字、校对，李秋映还帮助进行一些文字修改，邓小飞、潘启富两位教授审阅，进行个别文字修改；更得到中央民族大学出版社社长赵秀琴同志的大力支持，责任编辑杨爱新同志认真负责编审。在此，向他们表示真诚的感谢！书中难免有错漏的地方，还望读者指正。